Heiligenkreuzer Studienreihe

Band 9

Philosophisch-Theologische Hochschule Heiligenkreuz

seit 1802

Heiligenkreuzer Studienreihe

Band 9

Philosophisch-Theologische Hochschule Heiligenkreuz

Karl Josef Wallner (Hrsg.)

Denken und Glauben

Perspektiven zu „Fides et Ratio"

Heiligenkreuz 2000

Heiligenkreuzer Hochschulreihe Band 9

Karl Josef Wallner (Hrsg.)

Denken und Glauben

Perspektiven zu „Fides et Ratio"

Mit Beiträgen von

Christian Berger
Hanna-Barbara Gerl-Falkovitz
Marian Gruber
Johannes-Maria Hanses
Maximilian Heim
Wolfgang Klausnitzer
Imre Koncsik
Franz Lackner
Nikolaus Lobkowicz
Dominicus Trojahn
Karl Josef Wallner
Wolfgang Wehrmann

Heiligenkreuz 2000

Die Deutsche Bibliothek - CIP-Einheitsaufnahme

Wallner, Karl Josef (Hrsg.):
Denken und Glauben: Perspektiven zu „Fides et Ratio" /
Karl Josef Wallner; Hanna-Barbara Gerl-Falkovitz u. a.
Im Auftrag von: Verein der Heiligenkreuzer Hochschulfreunde. -
Heiligenkreuz: Verlag Stift Heiligenkreuz, 2000
    (Heiligenkreuzer Studienreihe der Philosophisch-
    Theologischen Hochschule Heiligenkreuz; Bd. 9)

ISBN 3-85105-121-1

Eigentümer und Verleger:

Verein der Heiligenkreuzer Hochschulfreunde.

Zisterzienserabtei Stift Heiligenkreuz 1

A-2532 Stift Heiligenkreuz 1

Tel. 02258-8703

Homepage: www.stift-heiligenkreuz.at

Email: hochschule@stift-heiligenkreuz.at

© Verlag Stift Heiligenkreuz 2000

Das Buch wird gegen Spenden abgegebenen. Bestellungen nimmt entgegen: Klosterladen Stift Heiligenkreuz, Tel. 02258-8703-143; Fax: 114;
Email: information@stift-heiligenkreuz.at

Empfohlener Richtpreis: 320,-öS.

Konto „Heiligenkreuzer Hochschulfreunde" bei:
Sparkasse Baden, BLZ 20205, Konto-Nummer 0700-163140

Inhaltsverzeichnis

III. Exempla

IV. Mysteria

V. Personalia

Vorwort des Herausgebers

Johannes Paul II. wird aus vielen Gründen in die Geschichte eingehen, er hat Kirche und Welt geprägt. Während die konkreten Auswirkungen dieses Pontifikates bis hinein in die politische Neuordnung der Welt seit 1989 überall greifbar und anschaulich sind, darf man nicht übersehen, daß dieser Papst der Kirche auch eine Reihe von mehr oder weniger „leisen" intellektuellen Denkanstößen und Denkaufgaben mit auf den Weg in das 3. Jahrtausend gegeben hat: die Würde des erlösten Menschen, die christlich-anthropologische Dimension der Arbeit, die Ethik des menschlichen Lebens, die Würde der Frau, die Unverbrüchlichkeit des Anspruches der Wahrheit usw. Jedes dieser zukunftsweisenden Themen ist mit dem Titel einer Enzyklika verbunden. Beachtenswert ist in dieser Hinsicht auch, daß die Schreiben dieses Papstes zu umfangreichen Traktaten angewachsen sind. Offensichtlich will das Lehramt nicht (nur) dozieren, sondern mit Argumenten überzeugen.

Bei dem Instinkt des Papstes für die Symbolkraft der Geschichte darf man davon ausgehen, daß sich die *letzte Enzyklika*, die er vor der Jahrtausendwende veröffentlicht hat, nicht bloß zufällig mit dem fundamentalen Verhältnis von Glauben und Denken beschäftigt: „Fides et Ratio". Dieses quantitativ umfassendste Lehrscheiben des Papstes von 1998 muß als eine Art Programmansage verstanden werden: die Vorgabe eines großen Denkers und Mystikers im obersten Lehramt der Kirche, der sich mit der jahrhundertelangen „unseligen Trennung" von Glaube und Vernunft nicht abfinden will und kann. Es gelte, die Trennung der beiden Erkenntnisprinzipien zu überwinden, denn sie habe dazu geführt, daß „sowohl die Vernunft als auch der Glaube verarmt und beide gegenüber dem je anderen *schwach* geworden sind". In einem „eindringlichen Aufruf" wünscht Johannes Paul II. daher, daß Glaube und Philosophie „die tiefe Einheit wiedererlangen sollen, die sie dazu befähigt, unter gegenseitiger Achtung der Autonomie des anderen ihrem eigenen Wesen treu zu sein" (FR Nr. 48). Der vorliegende Sammelband greift dieses Anliegen auf und denkt einige Perspektiven der großen Enzyklika weiter oder veranschaulicht sie.

Die Entstehung dieser Sammlung von Beiträgen zu „Fides et Ratio" ist ein Werk der Vorsehung. Seit 1998 fanden an der Philosophisch-Theologische Hochschule der Zisterzienser in Heiligenkreuz Vorträge und Veranstaltungen statt, die um das Verhältnis von Denken und Glauben kreisen. Anlaß war jedoch keineswegs das Erscheinen der Enzyklika, die am Kreuzerhöhungsfest 1998 publiziert wurde, sondern das 900-Jahr-Jubiläum der Gründung von Cîteaux (Cistercium) in eben demselben Jahr. Das Jubiläum des Zisterzienserordens, der doch in *prä-scholastischer* und *prä-universitärer* Zeit entstanden war, war für unsere Ordenshochschule – im Jahre 1998 war sie sogar noch das einzige Institut dieser Art im ganzen Orden von Cîteaux – Grund genug, um über das Verhältnis von akademischer Intellektualität und gläubiger Spiritualität nachzudenken und entsprechende Referentinnen und Referenten einzuladen.

Im darauffolgenden Jahr 1999 organisierten einige junge Mitbrüder auf Anregung von Kardinal Christoph Schönborn und mit Unterstützung von Abt Gregor Henckel-Donnersmarck ein „Jugendseminar" unter dem anspruchsvollen Titel „Intellektuell und katholisch". Junge Akademiker beschäftigten sich mit christlichen Denkern, die persönlich und exemplarisch um eine Synthese von Glauben und Wissen gerungen haben. Das Niveau dieser Beiträge über einzelne Gestalten der Theologie wurde so gehalten, daß auch jene Seminarteilnehmer, die keine theologische Vorbildung hatten, mithalten konnten.

So entstand schließlich die Idee, die Beiträge zu veröffentlichen, wobei klar war, daß in einem solchen Sammelband auch der Eros jener Lehrenden an unserer Hochschule zu berücksichtigen war, die sich dem Dialog mit Naturwissenschaft und Technik sowie deren Sprachformen verschrieben haben. Johannes Paul II. verpflichtet ja in „Fides et Ratio" die Theologie, diesen Dialog mit allen Kräften zu betreiben, da er heute faktisch nicht stattfindet. Leider scheint sich die gegenwärtige Theologie in ein mindestens ebenso enthobenes Wolkenkuckucksheim geflüchtet zu haben wie in verflossenen Zeiten die Neuscholastik. Vielleicht kann die Ordenshochschule Heiligenkreuz sich dieser Herausforderungen in den kommenden Jahren auch noch in vertiefter Weise stellen.

Am Schluß des Bandes stehen dann Beiträge, in denen es nicht um das das „scire", sondern um das „credere" geht, besser gesagt: um die Verabgründung des Erkennbaren und Aussprechbaren im Mysterium der überwältigenden Überfülle Gottes. Dort, im Mysterium, muß ja jede theologische Rede enden, da nach der berühmten Definition des 4. Laterankonzils von 1215, zu der bekanntlich der Zisterzienserabt Joachim von Fiore Anlaß gegeben hat, die Unähnlichkeit Gottes zur Welt immer größer ist als die Ähnlichkeit zu dem, was Vernunft oder Glaube von ihm erkennen können.

An dieser Stelle dankt der Herausgeber allen, die die Veröffentlichung dieses 9. Bandes der Heiligenkreuzer Hochschulreihe ermöglicht haben. Allen voran richtet sich diese Danksagung an das Ehepaar Dr. Gustav und Dr. Gertrude Jelinek, die als Vorstand der „Heiligenkreuzer Hochschulfreunde" über viele Jahre die finanziellen Voraussetzung geschaffen haben. Der neue Vorstand dieses Fördervereines unter Leitung von Prof. Dr. Wolfgang Wehrmann hat die Drucklegung großzügig unterstützt. Schließlich danken wir auch DDr. Kurt Melcher, der als Pensionist noch das Studium an unserer Hochschule absolviert hat, und sich der Mühe des Korrekturlesens unterzogen hat.

Das Jahr 2000 ist das Tor in das 3. Jahrtausend, in die Zukunft der Welt also, die auch weiterhin von dem geprägt werden soll und wird, der sich „Weg, Wahrheit und Leben" nennt. Auch Vernunft und Glaube, „Fides et Ratio", sind Tore, Tore in das Geheimnis Gottes. Dieses wird freilich dann, wenn es wirklich erreicht ist, nicht mehr bloß „erdacht" oder „geglaubt", sondern „geschaut" und „genossen": *videbimus eum sicuti est!*

Karl Josef Wallner

September 2000

I.

PRINCIPIA

Wissenschaft und Gottverlangen

Hanna-Barbara Gerl-Falkovitz

> *„Machtvoll entfaltet die Weisheit ihre Kraft*
> *von einem Ende zum andern*
> *und durchwaltet voll Güte das All.*
> *Sie habe ich geliebt und gesucht von Jugend auf,*
> *ich suchte sie als Braut heimzuführen*
> *und fand Gefallen an ihrer Schönheit. "*
>
> *Weish 8,1ff*

Das Dilemma

Im Raum der neuzeitlichen Universität sind Sätze wie jene aus dem Buch
der Weisheit selten, wenn nicht unmöglich. Bräutliche Bilder liegen dem
Wissenschaftsbetrieb nicht. Die Kultur steht (oder vielmehr schon nicht
mehr) in einem Dilemma zwischen Wissenschaft und Gottverlangen. Tief
steckt der Zweifel - seit der sich atheistisch gebenden Aufklärung -, ob es
Gott, neutraler formuliert: das Heilige überhaupt gebe. Goethe schlug dafür
gewissermaßen eine einschränkende Bestimmung vor, die gleichermaßen
das äußere Verschweigen wie das innere Gefühl rechtfertigt:

„Was ist heilig? Das ists, was die Seelen zusammen
Bindet; bänd es auch nur leicht, wie die Binse den Kranz."[1]

Dies soll wohl heißen, daß keine absoluten Setzungen, kein dogmatisches
Befestigen, kein Anathema der Ungebundenen anzuklingen hat - daß vielmehr etwas Schwebendes und der Empfindung Angehörendes schwebend
bleiben darf. Wenn aber der Gottesgedanke tatsächlich ernsthaft gefaßt
wird, steigt ein umgekehrtes Bedenken hoch: Läßt sich an einer Universität
neutral über Gott, oder vorsichtiger: über das Göttliche sprechen? Neutral
meint: im Raum nicht allein der neuzeitlichen Vernunft, vielmehr im Raum
des Vorurteilslosen, der Bereitschaft zur Selbstdistanz, der Versachlichung

---

[1]   Artemis-Gedenkausgabe 1, 263.

auch des Persönlichsten, ja des „Heiligsten". Damit wird ein absoluter Geltungsanspruch, den die Religionen ausgesprochen oder unterschwellig an sich tragen, notwendig in den Raum des Relativen, der intellektuellen Toleranz, des „offenen Diskurses" gestellt, in dem bekanntlich die Wahrheitsfrage immer schon ins Wanken kommt.

Diese Neutralitätsvoraussetzung universitären Redens streift ohne Zweifel eine Sachgrenze: Lassen sich Intima solcher Art - und Religion ist neuzeitlich ein Intimum geworden - in der offenen Relativierung adäquat zur Sprache bringen? Wird damit nicht notwendig etwas zur Sache gemacht, was nicht „Sache" ist, sondern „Ergriffensein von dem, was uns unbedingt angeht" (Paul Tillich)[2]? Ergriffensein und Unbedingtes - das sind bereits zwei Termini, die das akademische Sprechen meidet und meiden muß. Wo ich „ergriffen" bin, erst recht von einem „Unbedingten", bin ich bereits „innen", nicht mehr „gegenüber", bereits dem vernünftigen, dem abständigen Urteilen entzogen. Und ist es nicht immer nur erschlichen, dann trotzdem so zu tun, als hätten Redner wie Hörer ein kritisches Verhältnis zu etwas, worin sie vorkritisch schon befangen sind? Muß nicht die Vernunft hier mit der Leidenschaft kollidieren - mit der Leidenschaft, der Furcht und dem Eros zum Heiligen als den Erstgeburten der religiösen Erfahrung, der gegenüber die Vernunft eine bloße Zweitgeburt ist? In diesem Tatbestand gründete die Abneigung des Franziskus von Assisi, Theologie zu studieren, denn wer über Gott redet, redet nicht mehr mit ihm. Theologie läßt sich nicht einzig im Sitzen, vielmehr im Knien betreiben. Denn der Theologe ist ja gar nicht der bestallte Ausleger, wenn ihm nicht der Urtheologe, Gott selber gegenübertritt, wie Dionysius Areopagita bemerkt, und es wäre eine Frechheit, gegenüber dem Urlogos kritische Prüfung anzumelden (eine Frechheit, die Kierkegaard den protestantischen Predigern seiner Zeit immer wieder vorwirft.)

Das Dilemma scheint also unaufhebbar und läuft als innere Spannung der „Rede vom Heiligen" mit, irritierend wie befruchtend: das Dilemma, daß vernünftig, das heißt im tendenziell neutralen Abstand über etwas zutiefst und dem Anspruch nach Ergreifendes zu reden ist, und auf der anderen Seite, daß mit dem quasineutralen Reden darüber der Inhalt bereits getötet wurde. Begreifen und Ergriffenwerden sind hier genau gegenläufig. Ob dieses Dilemma mehr Irritation oder mehr Befruchtung ist, läßt sich zunächst nicht beantworten.

---

[2]   Paul Tillich, Wesen und Wandel des Glaubens, Frankfurt 1961, 50ff.

Universitäre Einordnung des „Heiligen" in seine Funktionen

Damit verschärft sich die Frage: Kann man an einer Universität gemäß dem wissenschaftlichen Standard vom Heiligen sprechen? Da die Wahl der Waffen schon längst stattgefunden hat, nämlich im Arsenal moderner und mittlerweile postmoderner Rationalität, muß sich solches Reden dem universitären Waffengang jedenfalls anpassen. Kant hatte sich bereits gewünscht, die Philosophie solle der Theologie nicht die Schleppe nach-, sondern die Fac??kel vorantragen.[3] Bei diesem Überholmanöver scheint freilich die Fackel der Vernunft mehr versehentlich die Gewänder der Herrin angezündet zu haben und diese steht, so der Eindruck, eher im Hemd da, notdürftig ihre Blöße bedeckend, während die ehemalige Dienerin mit der Fackel nach vorne enteilt. Genug der Metaphern: Wie kann „das Heilige" tatsächlich Gegenstand akademischen Sprechens werden?

Immerhin: In mehreren Hinsichten gibt es ein neutrales Reden über Gott oder über das Heilige.

1. Zum einen lassen sich Religionen wissenschaftlich aufarbeiten als *Doxographie*, Geschichte des Glaubens anderer. Als Zuschauerin fremder Prozesse ist Religionsphilosophie letztlich methodisch und materialiter der Kulturgeschichte, der Anthropologie, der Psychologie, auch der Mythenforschung usf. zuzuordnen, also dem interdisziplinären Spektrum der empirischen Humanwissenschaften, mit denen sie in der Facette *„vergleichende Religionswissenschaft"* in der Tat zu tun hat und wo seit Jahren beeindruc??kende Forschung geleistet wird.[4]

2. Von einem zweiten „legitimen" Ansatz her muß „das Heilige" weder als existentieller Anspruch noch gar als Transzendierung der Wissenschaft aufgefaßt werden, sondern als ein *analytisch zu behandelnder Gegenstand*

---

3   *Zum ewigen Frieden (1795)* und *Streit der Fakultäten (1798; entst. 1794)*; freilich geht der Vergleich auf ältere Autoren zurück, s. Aloysius Winter, Theologiegeschichtliche und literarische Hintergründe der Religionsphilosophie Kants, in: Friedo Ricken/François Marty (Hgg.), Kant über Religion. Münchener philosophische Studien Neue Folge 7, Stuttgart 1992, 21f.

4   Die Religion in Geschichte und Gegenwart (RGG), hg. v. K. Galling, Tübingen 1957ff. - Die Religionen der Menschheit. Enzyklopädie in ca. 50 Bänden, hg. v. Chr. M. Schröder u. a., Stuttgart 1960ff. - Mircea Eliade, Geschichte der religiösen Ideen, 5 Bde., Freiburg 1992. - The Encyclopedy of Religion, hg. v. M. Eliade u. a.

(über dessen Existenz selbstverständlich noch nichts gesagt ist). Das Heilige wird *per definitionem* zwar als etwas Metaempirisches vorausgesetzt, kann aber, falls es so etwas gibt, natürlicherweise nur in seiner empirischen Manifestation, in der alltäglichen Lebenswelt untersucht werden. Die *analytische Religionsphilosophie*, die sich längst etabliert hat[5], bearbeitet daher methodisch - gemäß den Kriterien von E. Moore und B. Russell - religiöses Sprechen nicht isoliert, sondern als Spezialfall sonstiger Sprechweisen.

3. Zwei andere universitäre Einordnungen der Rede vom Heiligen sind noch zu nennen: Religion als Koeffizient der Gesellschaft und als Koeffizient der Individualpsyche. Daß Religion einer *Funktion* dient, ist bereits im analytischen Ansatz als Suchformel und Ergebnis verwendet. (Suchformel und Ergebnis bedingen auch hier einander.) Zwei andere Wissenschaften haben solche Funktionen bereits seit längerem erarbeitet: die Soziologie und die Psychologie. Beide begannen jeweils keineswegs „religionsfreundlich", vielmehr „ideologie"kritisch nach der Maßgabe des 19. Jahrhunderts, konnten aber im Zuge der Untersuchungen den Faktor Religion in seiner positiven Leistung nicht übergehen.

Soziologisch wurden vor allem zwei Funktionen des Gottesgedankens herausgestellt:

- erstens ihre *fundamentale* Integrationskraft und Verhaltensstabilisierung für die Gesellschaft, wie sie schon Francis Bacon formuliert: *religio praecipuum humanae societatis vinculum*;

- zweitens ihre Kompensationskraft: Soziale Schwierigkeiten werden religiös aufgefangen und erträglich gemacht (was mittlerweile keineswegs mehr nur zynisch als „Opium" dargestellt wird).[6]

4. Solche *funktionalen* Gesichtspunkte führt auch die *Psychologie* der Religion weiter. Freud selbst liefert eine gespaltene Deutung der Religion: Einerseits bringe sie „Wunschillusionen mit Verleugnung der Wirklichkeit, wie wir es isoliert nur bei einer amentia, einer glückseligen halluzinatorischen Verworrenheit, finden", dazu hemmende kindliche Zwangsneurosen,

---

5   Anton Grabner-Haider, Vernunft und Religion. Ansätze einer analytischen Religionsphilosophie, Graz/Wien/Köln 1978.

6   Das Zitat von Bacon und die Funktionsthesen sind entnommen: Friedrich Fürstenberg, Problemgeschichtliche Einleitung, in: F. Fürstenberg (Hg.), Religionssoziologie, Neuwied 1964, 14.

die mit der Reifung überwunden würden.[7] Andererseits läßt sich eine hilfreiche Handreichung des Religösen zur Selbstwerdung des Menschen - neben den genannten Schädigungen - nicht leugnen, ihr möglicher Heilcharakter also: „Will man sich vom großartigen Wesen der Religion Rechenschaft geben, so muß man sich vorhalten, was sie den Menschen zu leisten unternimmt. Sie gibt ihnen Aufschluß über Herkunft und Entstehung der Welt, sie sichert ihnen Schutz und endliches Glück in den Wechselfällen des Lebens und sie lenkt ihre Gesinnungen und Handlungen durch Vorschriften, die sie mit ihrer ganzen Autorität vertritt. Sie erfüllt also drei Funktionen."[8] Ähnlich sieht Erich Fromm in der Religion, sofern sie glückt, in seinen Worten „humanitär" und nicht „autoritär" ist, die Anleitung zur Selbstverwirklichung. So wird „Gott das Symbol für die Eigenkräfte des Menschen, die er in seinem Leben zu verwirklichen sucht, und nicht ein Sinnbild für Stärke, Herrschaft und Macht über den Menschen."[9]

Auf diese Weise hat die Betrachtung der „Rede vom Heil" unter *funktionalen* Gesichtspunkten eine Entlastung von der religionskritischen Zerstörung des Religiösen überhaupt gebracht. Während das Erbe des 19. Jahrhunderts wesentlich in einer Verdächtigung und radikalen Revolte gegen alles Religiöse bestanden hatte, scheint diese Aggressivität sozialwissenschaftlich und auch psychologisch, eben durch die Aufdeckung der „religiösen Leistungen" für die menschliche Lebenswelt, weithin überwunden. Die konstruktive Bedeutung von Religion für Anthropologie, Ethik, Kulturgeschichte, Soziologie, Psychologie ist nicht mehr zu leugnen. (Freilich unterscheidet sich dieses universitär konstruktive Interesse an der Religion durchaus von der lebensweltlichen Austrocknung der verfaßten Religion und dem epigonalen Nachsagen ihrer angeblichen Lebens- und Wissensfeindlichkeit - ein populistischer und gegenwärtig erstaunlich gehässiger Nachklang des 19. Jahrhunderts.)

Plus ultra?

Mit dem Bisherigen wurde die Religion in das geschichtliche, analytische und funktionale Betrachten eingeräumt, auf dem Campus der Universität

---

7   Sigmund Freud, Die Zukunft einer Illusion, in: S. Freud, Das Unbewußte. Schriften zur Psychoanalyse, Frankfurt 1960, 325f.

8   Ohne Quellenangabe zitiert bei Erwin Menne, Religionsphilosophie. Philosophisches Kolleg 8, Düsseldorf 1983, 22.

9   Erich Fromm, Psychoanalyse und Religion, Zürich 1966, 50.

also als Theoriegegenstand legitimiert. Bei aller sachlichen Wertschätzung solcher Art aber bleibt die Anfangsfrage durchaus offen und stellt sich jetzt erneut verschärft: Kann der Gegenstand der Religion nur im doxographischen Sinn Gegenstand der postaufklärerischen Universität sein? Wie heute bei Feiertagsprozessionen immer mehr Zuschauer an der Straße stehen, um den Glauben anderer ästhetisch, archäologisch, als museale Folklore zu erleben... Ist das Specificum der „Rede vom Heiligen" mit dem Nachweis seiner Nützlichkeit, Analysierbarkeit und Wissenschaftsfähigkeit erreicht?

Trotzdem: Die Angleichung der „Rede von Gott" an die gegenwärtigen Wissenschaftspostulate ist, frank und frei vermutet, möglicherweise suizidal, wie ja auch von „Unterwerfung" und Selbstauflösung des Religiösen in der Wissenschaft die Rede war. Selbst Habermas, nicht als Wortführer des „Heiligen" verdächtig, sieht den Verfall des religiösen Bewußtseins durch Philosophie keineswegs kompensiert, was umgekehrt heißt, daß Religion keineswegs einfach in Philosophie aufzugehen habe: „Erst heute zeigt sich, daß die [...] philosophische Weltauslegung auf die Koexistenz mit einer breitenwirksamen Religion geradezu angewiesen war. Philosophie ist, auch nachdem sie aus der jüdisch-christlichen Überlieferung die utopischen Inhalte in sich aufgenommen hat, unfähig gewesen, die faktische Sinnlosigkeit des kontingenten Todes, des individuellen Leidens, des privaten Glücksverlustes, überhaupt die Negativität lebensgeschichtlicher Existenzrisiken durch Trost und Zuversicht so zu überspielen (oder zu bewältigen?), wie es die Erwartung des religiösen Heils vermocht hat."[10] Vernunft wird hier bemerkenswerterweise keineswegs unterwerfende Maßgabe für religiöses Bewußtsein, sondern deren zerbrechliche, wesentlich unzureichende Parallele.

Wo bleibt dann die Rede von Gott, die sich der universitären Einräumung widersetzt und „mehr" beansprucht als Vernünftigkeit und Nutzen? Wenn Gott nur Funktion wäre, könnte das Nachdenken bereits enden. In keiner Religion, ob entwickelt oder „primitiv", ist aber Gott als Funktion des Menschen ausgelegt, ganz im Gegenteil: Es beansprucht ihn und darauf beruht seine - gesellschaftsbildende, ethische, individualpsychologische - Wirkung. Kann es genügen, nur von den sekundären Wirkungen auszugehen, das verursachende Prinzip aber nicht zur Sprache zu bringen und mit einer gewissen Genierlichkeit darüber zu schweigen? Was seit Wittgenstein sogar

---

10   Jürgen Habermas, Wozu noch Philosophie?, in: Philosophisch-politische
      Profile, Frankfurt 1971, 31.

als Signatur intellektueller Redlichkeit gilt. Wenn aber das Heilige, der Heilige „mehr als Funktion" umschließt, wird das Reden darüber dann der Universität unangemessen? Oder wird es möglicherweise umgekehrt zur Herausforderung der Wissenschaft, und ihrer beider Beziehung bleibt so lange einfach tot, so lange es nicht über diesem „Mehr" zu einem wirklichen Duell zwischen Religion und den Humanwissenschaften (als den Vollstreckern universitärer Wissensauffassung) kommen? Um diese Herausforderung mit Kierkegaard zu formulieren: „Hat der begeisterte Blick es nicht vermocht, ihm [dem Betrachter] zum Bruch mit dem Verstand zu verhelfen, hat die Liebe nicht vermocht, ihn aus der Knechtschaft zu reißen?"[11]

Der Anspruch Gottes an das Denken: Dionysius Areopagitas Entwurf

Dem jüdisch-christlichen Anspruch nach ist Gott anders zu berühren: Alles, was mit ihm zu tun hat (die Liturgie zuvorderst) ist „zweckfrei, aber voll tiefen Sinnes"[12]. Diese Sinnfülle ist vom menschlichen Begreifen nicht zu umgreifen. Kann sie dann nur noch von der Leidenschaft, der Passion, nicht mehr von der Vernunft erreicht werden? Dem widerspricht die abendländische Theologie begründet und mit höchster Anstrengung der Vernunft. Gehen wir an einen ihrer großen Anfänge: zu Dionysius Areopagita. Dieser geheimnisvolle, vermutlich syrische Autor des 5. Jahrhunderts wirkt zweifellos bis zu Thomas, dessen Theologie dionysische Züge trägt. Tatsächlich beginnt Thomas die Gotteslehre der *Theologischen Summe* mit dem Grundgedanken des Areopagiten: „Weil wir nicht vermögen von Gott zu wissen, was er sei, sondern nur, was er nicht sei: darum können wir nicht betrachten, wie Gott sei, sondern vielmehr nur, wie er nicht sei."[13] Und verstärkt: „Dies ist das Äußerste menschlichen Gotterkennens: zu wissen, daß wir Gott nicht wissen."[14]

Dionysius Areopagita, der große Vermittler der (neu)platonischen Antike ins Christentum, hat im 20. Jahrhundert eine wichtige und gleichwohl unausgeschöpfte Deutung erfahren: durch Edith Stein (1891-1942). Seit 1939

---

11   Sören Kierkegaard, Abschließende unwissenschaftliche Nachschrift zu den Philosophischen Brocken (1846), in: Kierkegaard, ausgew. u. eingel. v. Hermann Diem, Frankfurt 1956, 105.

12   Diese schöne Unterscheidung stammt von Romano Guardini, Vom Geist der Liturgie (1918), Freiburg 1983, 99.

13   S. th. I, 3 *prologus*.

14   *Quaestiones disputatae de potentia Dei* 7,5 ad 14. Beide Übersetzungen stammen aus: Josef Pieper, Thomas-Brevier, München 1956, 37.

bereits als Karmelitin von Köln ins holländische Echt geflüchtet, schrieb sie 1941 die Studie „Wege der Gotteserkenntnis - Dionysius der Areopagit". Für ihr letztes Werk über Johannes vom Kreuz bedurfte sie der ursprünglichen Grundlagen der mystischen Theologie. Ihre Annäherung an den „Vater der abendländischen Mystik" sei im Folgenden verwendet, um dessen umfangmäßig kleine, im Gehalt aber gewaltige Aussage leichter zu erschließen.[15]

Zu unterscheiden sind mit Dionysius Areopagita die *positive*, die *negative* und die *mystische* Theologie als Weisen der Näherung an das Ziel. Dabei meint „Theologie" nicht Wissenschaft von Gott, sondern das Sprechen Gottes von sich selbst, mittelbar durch die Theologen = Künder, die seine Offenbarung als Kunde weiterzugeben haben. Daraus ergibt sich eine Gegenläufigkeit zum kreatürlichen Sprechen: „Aber je höher die Erkenntnis ist, desto dunkler und geheimnisvoller ist sie, desto weniger ist es möglich, sie in Worte zu fassen. Der Aufstieg zu Gott ist ein Aufstieg ins Dunkel und Schweigen."[16] Positive Theologie ist noch durchaus wortreich, weil sie die Vielfalt des Kreatürlichen in die Rede über Gott einbezieht. Sie ist „Unterschieds-Theologie" und, so eigenartig es klingt, wenig schwierig: Sie beginnt mit der Betrachtung der Sinnenwelt und arbeitet sich über die Verwandtschaft des vielfältig Geschaffenen zu dem in sich selbst Gleichen vor, hat also den methodischen Vorzug der Anschaulichkeit. Dagegen wird die negative Theologie eine „Einheits-Theologie"[17] vorlegen und mit ihr in eine ungeheure Anspannung des Geistes geraten, Anspannung im wörtlichen Sinn: „Je einfacher der Gegenstand ist - und er ist um so einfacher, je geistiger er ist -, desto mehr kann mit einem Blick umspannt werden: mit einem geistigen Blick, zu dem der Geist sich kraftvoller zusammenfassen

---

15   Erstveröffentlicht 1946 in der Tijdschrift voor Filosofie; dann hg. mit Vorwort von W. Herbstrith OCD und V. E. Schmitt OCD, München 1979. Jetzt veröffentlicht in ESW XV, Freiburg u. a. 1993, 65-127. Die Seitenzahlen nach dem Sigel WG (= Wege der Gotteserkenntnis) beziehen sich noch auf die Ausgabe Herbstrith / Schmitt.
      Zur tieferen Klärung sei verwiesen auf die wertvolle Arbeit von Maria-Judith Krahe OSB, Von der Wesensart negativer Theologie. Ein Beitrag zur Erhellung ihrer Struktur, (unveröfftl.) Doktorarbeit München 1976; bes. Kap. III. A über Dionysius Areopagita.

16   WG 22.

17   WG 23.

muß als bei der Betrachtung der Sinnenwelt, und desto mehr läßt sich mit kurzen Worten sagen."[18]

Negative Theologie wird wortarm, weil sie die Worte aufgibt, die zur Bezeichnung Gottes aus der Schöpfung aufsteigen. Sie setzt Nein und Abstand zwischen Gott und Schöpfung: auch in einer Stufenleiter der Prüfung, jedoch um auf jeder Stufe festzustellen, daß der Schöpfer hier nicht zu finden sei. So betreibt sie äußerlich gesehen das Geschäft der Entleerung und Verarmung und hat in dieser Aufgabe zwar die ganze Anstrengung der positiven Theologie einzubegreifen, muß sie aber durch den Ernst und die Geduld des Negativen übersteigen. Die schwierigste Stufe ist die letztmögliche: „Sie muß schließlich sich selbst aufheben, da die Verneinung ihn so wenig trifft wie die Behauptung. 'Und wenn wir von dem, was nach ihm kommt, etwas behaupten oder verneinen, so setzen wir ihn weder noch leugnen wir ihn; denn er ist über jeder Setzung als die vollkommene und einzige Ursache aller Dinge und über jeder Verneinung als die Überlegenheit des über allem einfach Abgelösten und jenseits von allem.'"[19]

Auch Thomas von Aquin hat positive wie negative Theologie gekannt und angewendet. Doch wird Dionysius Areopagita über diese komplementäre Möglichkeit hinaus noch ein Drittes leisten, das in der Systematik von Aufstieg und Abstieg, sei er positiv oder negativ, nicht aufgeht und in seiner Abruptheit die thomanische Systematik auf die Seite setzt. Dionysius wird die *mystische* Theologie zum Gegenstand der wenigen von ihm überlieferten Seiten machen, in welcher auch die bisherigen Anleitungen nicht mehr greifen. Es wird darum gehen, daß wir, „beim Eintauchen in die Dunkelheit über allen Verstand, nicht nur Wortkargheit, sondern vollständige Wortlosigkeit und Verständnislosigkeit treffen."[20] Dies ist nicht der Gipfel des Negativen, sondern die dunkle Entschleierung der Geheimnisse Gottes selbst, die eigentliche Rückkehr in Anfang und Ziel. Zugleich bleiben die Geheimnisse „undurchdringlich".[21] Dieser Widerspruch darf nicht nur behauptet, er muß theoretisch aufgehellt werden.

Die unterste Stufe der positiven Theologie nennt Dionysius Areopagita „symbolische Theologie", weil sie über Symbole das unanschauliche Wesen Gottes in die Anschauung hebt. Hier treten die aus den beiden Testa-

---

[18]	WG 23f.
[19]	WG 24f.
[20]	WG 24.
[21]	WG 25.

menten bekannten Bilder für Gott auf, die das Irdische in seiner Durchsicht auf das Göttliche nutzen: Feuer als Darstellung der Weisheit[22], der Mischkrug als Sinnbild für die überfließende Güte, die zu allem ausgeht und doch bei sich selbst bleibt, „zugleich immer stehend und bewegt und nicht stehend und bewegt, sondern sozusagen das Wirken ihrer Vorsehung im Beharren und das Beharren in der Vorsehung zugleich auf naturgemäße und die Natur übersteigende Weise besitzend".[23]

Andere Bilder sind Tau und Wasser, Milch, Wein und Honig, oder das kühne Bild von der Trunkenheit Gottes, von seinem Schlafen und Erwachen. Solche Symbole stammen aus äußerer wie innerer Erfahrung. Formal ist das symbolische Sprechen bildlich, will aber über das Bild hinaus etwas aufrufen, was sich aus der Alltagsbedeutung ins Unalltägliche weiterspannt.

So weist der bildbedürftige Glaube auf anderes weiter, als er selbst vorstellen kann. Ans Ende der Verweiskette setzt Dionysius Areopagita den Lebendigen selbst, der in die Erfahrung wenigstens einiger eingehen muß - sonst hängen die biblische Offenbarung, aber auch die verschleierte Abbildlichkeit der Schöpfung in der Luft. Nur von diesem brennenden Mittelpunkt aus bekommt das Vorläufige Richtung und Sinn, selbst wenn das Feuer der Mitte sich nur durch Boten zum Ausdruck bringt. Am Ursprung und Ausgang aller Bilder müssen sich *zwei* begegnen, sonst bleibt das symbolische Reden willkürlich: einmal der Lebendige als der nunmehr endlich Erkannte selbst und zum zweiten der Inspirierte, der weiß, daß er Gott vor sich hat und daß er das ihm offenbar Gewordene weitergeben kann, weitergeben muß. Die „Begegnung mit Gott von Person zu Person"[24], wie sie etwa in der Vision des Isaia auftritt, ist unabdingbare Voraussetzung des symbolischen Redens: wo *vor* dem Bild und dem Bildreden das Wirkliche, der unbedingte Gott selbst erfahren und bezeugt sind.

Dieser Brennpunkt ist der mystischen Theologie eigen, die schlichter die persönliche Begegnung mit dem Herrn heißt.[25] Bis es dazu kommt, sind Übergänge und Zwischenstufen möglich, nicht notwendig. Treten aber solche Zwischenstufen auf, dann sind sie wiederum dialektischer Gewinn und Verlust: Gott offenbart sich immer reicher und tiefer, der Mensch vollzieht

---

22   WG 29.
23   WG 30.
24   WG 50.
25   WG 54.

die immer restlosere Übergabe.[26] *amare est redamare*, gemäß Augustinus und seiner Theologie des Herzens. Oder mit Richard von St. Victor formuliert: *amor oculus intellectus*. Jedenfalls wird die gegenseitige Anziehung zur Hingabe; Erkenntnis geht in Flammen der Liebe auf. Die Unendlichkeit dieser Erfüllung ist wörtlich zu nehmen: Sie erschöpft sich nicht in der Begegnung, sondern kennt die Stufe eines „seligen Schauens", das nicht in dieser Welt stattfindet.

Reiz und Gefahr der Selbstverbergung Gottes

Wenn die übernatürliche Gotteserfahrung ausfällt, fehlen Ausgang wie Ziel des von Dionysius Areopagita benannten Kreislaufs der geschaffenen Dinge. Bricht die übernatürliche Gotteserfahrung ein, dann trägt sie freilich ein Ungeheures an sich: den ausdrücklichen „Charakter einer inneren Erschütterung und Umwandlung"[27], den Charakter der Begnadung. Solange Glaube erst das Porträt dieses lebendigen Ursprungs, nicht aber das wirkliche Angesicht kennt, steht er unter dem schweren Gesetz, „weitgehend ein leeres, erlebnismäßig unwirksames Erfassen des Wortsinnes zu sein"[28]. Wenn das Licht des Gegenübers aufleuchtet, ist freilich der Weg zur höchsten Erhebung frei. Theologie kann diesen Weg angeben, sie kann sogar in der „Richtung dahinführen", sie kann aber nicht die „Einigung mit dem Einen" erzwingen.[29] Das Verhältnis von „Intention" und „Erfüllung" bleibt als Spannung in die Theologie eingetragen. Doch ist sie verpflichtet, die Begegnung so vorzubereiten, daß letztlich ein „Wiedererkennen" und nicht nur ein Erkennen Gottes stattfindet[30].

Zu dieser Unsicherheit über den Ausgang des Weges kommt die Last persönlicher Blindheit.[31] Der Wirklichkeit gerecht wird man aber nur, wenn die Möglichkeit der Verblendung einbezogen und nicht von Anfang an aus dem Problemfeld, das sich zwischen Mensch und Gott aufbaut, harmonisierend ausgewiesen wird. Die Wahrheit leuchtet durch Schleier so hindurch, das man sich ihr absichtlich verschließen, nicht nur irrtümlich fehlgehen kann. Hier kommt ins Spiel noch eine Sicht auf Gott vom Personalen her.

---

26   WG 54.
27   WG 56.
28   WG 60.
29   WG 61.
30   WG 62.
31   WG 64.

Denn in ihm wird nicht nur eine Ordnung des Seins, eine sich der Erkenntnis abgestuft mitteilende Intensität sichtbar. Wäre dies im neuplatonischen Sinn der Emanationen, also der von ihm gleichsam natürlich abfließenden Ströme oder Abstrahlungen seines Lebens der Fall, so wäre der Mensch entschuldigt, der für einen solchen Strahl aus der Ferne nur mäßig empfänglich sein kann. Das theologische Spiel des Dionysius Areopagita ist aber reizvoller, persönlicher. Gott entzieht sich aus Lust, sich finden zu lassen. „Er will also zunächst einmal gesucht werden."[32] In solchen Sätzen ist aufs einfachste verdichtet die ganze Dramatik göttlicher und menschlicher Beziehung enthalten. Statt des Naturgesetzes, das auch über der Selbstmitteilung Gottes walten könnte, entwirft Dionysius Areopagita die Freiheit und also Geschichtlichkeit des göttlich-menschlichen Spieles - mit dem Risiko, daß dieses Spiel den menschlichen Partner nicht entzündet, nicht zum Suchen reizt. Anstelle des Lebendigen, der zum Zwiegespräch auffordert, sucht man Selbstbestätigungen, vielleicht Anklagen, weil das göttliche Leben nicht gefunden wird und nicht gefunden werden will. Es gibt das Drama der beiderseitigen Enttäuschung, „wenn Gott sich von denen zurückzieht, die der Aufforderung zum Suchen nicht nachkommen, die stumpfsinnig vor seinen Selbstbezeugungen stehen bleiben oder darin nicht ihn suchen, sondern Mittel für ihre Zwecke, je sogar gegen ihn. Wer das Wort Gottes nicht als Gottes Wort annimmt, für den wird es zum toten Wort."[33]

Enthüllung und Verhüllung, Finden und Neusuchen, Verlieren und Wiedererkennen - dieses wundervolle Spiel macht den Reiz des Hörens auf das göttliche Wort aus: das Gottverlangen.

Wegfall der Grenze des Denkens

Die Antithese, die in diesem Drama angelegt ist, kennt also von sich aus die beiden Formen positiver Wahrnehmung Gottes und negativer Nichtwahrnehmung Gottes: Die Vernunft müht sich ab sowohl an dem, was ihr die Schöpfung aufschließt, wie an dem, was sich im Endlichen unbegreiflich verhüllt. Sie ist einer nicht endenden Spannung ausgesetzt zwischen den Namen, die Gott sich selbst in der Schöpfung wie in der Schrift gab, und der Namenlosigkeit, die sich alle Namen durchziehend aufdrängt. Wie läßt sich mit dem „namenlosen Namen" umgehen? Wie läßt sich am „Unteil-

---

32   WG 65.
33   WG 66.

nehmbaren" teilnehmen? Wie läßt sich der Eine im Nicht-Einen überhaupt denken? Diese Fragen führen zu jener mystischen Einsicht, die Gott „jenseits von jedem Ja und Nein", jenseits aller Gegensätze und Antithesen weiß, wenn auch nicht versteht. Das „überlichte Licht", das ebenso gut als Dunkelheit bezeichnet werden kann, geht über alle Rede von Vielem und Einem, Unendlichem und Endlichem hinaus; es läßt sich erfahren, nicht mehr aussprechen, bestenfalls weisen.

Dieser Weg darf jedoch nicht zu rasch gegangen, in seinen Entwicklungen übersprungen werden. Immer noch hält die Rationalität Schritt für Schritt mit. Sie ist genötigt, und das macht ihre Würde aus, die endliche Schöpfung zu denken und dabei aufzudecken, daß Endliches sich nur denken läßt, weil es im Nicht-Endlichen Stand gefunden hat. Dies ist keine Mystifizierung, sondern Ergebnis des Weges der Erkenntnis. Schon die erste Wegstrecke enthält sowohl Bejahung als Verneinung, da ihre Aufgabe darin besteht, ähnliche Eigenschaften der Schöpfung mit ihrer Ursache herauszufinden, aber der Verstand ebenso ihre Unähnlichkeit verneinend erfaßt. Die Analogie zum Ursprung setzt ja gerade das Paradox frei, daß sie die Nichtanalogie gedanklich an sich trägt.

Ferner wird der Verstand an der Grenze, die anderes vor ihm verbirgt, wiederum Schritt für Schritt das bisher gewonnene Wissen, das sich eigentümlich mit Nichtwissen mischt, ablegen müssen. Diese negative Theologie bleibt ihrerseits rational: Sie besteht im klaren Eingestehen der Unwissenheit, im Verneinen und Forträumen des bisher Erkannten, in der Dunkelheit, ja Finsternis, wenn die gewonnenen Begriffe entfallen. Der letzte Schritt ist freilich bereits mehr ein Flug als eine Bewegung: Der mystische Grund der Theologie zieht über die negative Ausgrenzung hinweg in sich selbst hinein; dabei hebt er die bisherigen Stufen nicht auf, macht sie aber vorläufig. Er verursacht beim Überschreitenden eine Umwendung, Reinigung, Erleuchtung bis zur Angleichung: Im Ziel dieser Bewegung taucht sogar Einswerdung auf (henosis), die sich schweigend vollzieht.

Man befindet sich hier in einer die Grenze selbst abbauenden Verstandestätigkeit. Wo die Begriffe gesprengt sind, können auch die Reste der Begrifflichkeit ohne Bedauern abgegeben werden. Philosophie ist hier in ihrer eigenen Verfolgung aufgehoben, weder geleugnet noch bestätigt, einfach nicht mehr gültig vor dem Widerstand oder besser vor der Größe des eigentlich Gültigen. Also nicht mehr Grenze und Sprung, sondern Öffnung der Grenze, ihr Wegfallen aus dem Jenseits aller Grenze. Von dieser Einsicht aus geht im 20. Jahrhundert wiederum Edith Stein an ihre letzte Arbeit heran: die *Kreuzeswissenschaft* von 1942. Entstanden ist die Arbeit dem äußeren Anlaß nach zum 400. Geburtstag des Ordensvaters des Karmel, Johannes vom Kreuz (1542-1591), dessen Theorie durch Edith Stein neu aufbereitet wird.

Die Struktur des Daseins und das Leiden

Nach Johannes vom Kreuz führt Dasein mit innerer Notwendigkeit einen bestimmbaren Weg entlang. Die innere Notwendigkeit läßt sich genauer benennen: Es ist die Anziehungskraft, Formkraft Gottes selbst, die das Dasein in Bewegung setzt, eine Entwicklung antreibt. Dasein hat von vornherein ein Gefälle (oder einen Anstieg: die räumlichen Bilder sind hier unscharf) - jedenfalls eine Dynamik, die mit dem antreibenden Gott zu tun hat.

Wird dieser Antrieb mit Wissen und Willen gesucht, ersehnt, in der Hingabe des Glaubens herausgefordert - so kümmerlich diese Hingabe, so vorläufig und ihrer selbst nicht sicher sie auch ist -, so scheinen Stationen eines Weges auf. Er verläuft nicht „irgendwie". Der darauf Wandernde geht zwar allein, ist auch tatsächlich allein; dennoch gibt es einen Austausch, eine Ergänzung solcher gewonnener Erfahrungen aneinander: „Anleitungen" für später Kommende, die zumindest von außen, auf eine Wegstrecke und Zeit hin hilfreich sind (obwohl das Wiedererkennen der Stationen eher formal bleiben muß).

Denn in der Regel dieses Weges tritt etwas ein, das sich der Gläubige möglicherweise als Schuld zurechnet: das Phänomen einer Nacht. Ebenso wie anfänglich die Versuchung darin liegt, sich ein Verdienst, eine besondere Einzigkeit der Erwählung zuzurechnen - kraft der spürbaren Nähe zu Gott. Gerade deswegen folgt der Wechsel: in die Nacht. Edith Stein nennt drei Nächte, scheinbares Erlöschen des inneren Feuers, in Wirklichkeit endgültiges Aufgehen Gottes in der endlich unverschlossenen Seele. Und das Öffnen der Verschließung geschieht seltsam, unerwartet, ja scheinbar kontraproduktiv: durch die Nacht der Sinne, die Nacht des Geistes, die Nacht des Glaubens. Diese drei Nächte sind nicht gleich in Qualität, sie meinen sich vertiefende Dunkelheit.

Was Edith Stein nun - Johannes vom Kreuz folgend - zur Sprache bringt, gehört zum ewig Mißverstandenen, auch bei gutem Willen nur in der Regel teilweise Eingesehenen des christlichen Weges - aufgrund der Tatsache mißverstanden, daß der Weg nur beim Betreten und in der Bitterkeit des Wanderns seine Lehre preisgibt. Neben dem Weg stehend erscheint er absurd, für den Gottesbezug sinnwidrig. So kommen lauter Herausforderungen zur Sprache, knapp und eher expressionistisch als detailreich ausgeführt – mit der Sicherheit des Erfahrenen und von der Erfahrung Umgedrehten formuliert. Im Grunde nämlich die Aventure – wenn das Wort nicht romantisch genommen wird –, der voraussagbaren Stationen: Verlust der eigenen Seele und ihrer Bilder, auch der religiösen Bilder, ja gerade dieser! Verlust des Geistes, seiner so notwendigen Klärungen, und: Verlust Gottes. Womit das Christentum erst und eigentlich erreicht ist – nicht vorher, wo es sich mit einer Fülle überall vertrauter religiöser Heilszeichen mischt.

Edith Stein skizziert im Grunde Unerhörtes, freilich mit dem Mut der Zweitbeschreibung. So führt der christliche Weg fort vom „normal" Religiösen. Zuerst trocknet er es einfach aus (wie schnell gesagt, wie ungeheuer religionskritisch jedoch! Die intellektuelle Religionskritik des 19. Jahrhunderts, die das Christentum zu treffen glaubte, wird hier lange schon – erfahrungsmäßig! – vorweggenommen, ja gefordert; freilich nicht aus Sympathie zur Kritik, sondern aus leidvoller Nähe zur Wahrheit des Christlichen.)

Die „reinigende Trockenheit der dunklen Nacht"[34] verliert nämlich als erstes den Geschmack. „Alle frommen Übungen erscheinen ihnen nun geschmacklos, ja widerwärtig. [...] die Seele (findet) auch an den Geschöpfen keinen Geschmack, [...] während der sinnliche Teil aus Mangel an Genuß sich schlaff und kraftlos fühlt."[35] „Gründliche Heilung erfährt die geistliche Habsucht: wenn man an keinerlei Übungen mehr Geschmack findet, wird man sehr mäßig."[36]

Und doch drückte der Geschmack etwas Kostbares aus: das Kostbare aller Schöpfung, ihre wundervolle Faszination, ihre geschaffene, also von Gott gewollte und nicht selten auf ihn durchsichtige Schönheit. Der Geschmack ehrt dies ja, indem er reagiert, anspringt, antwortet. Und Ehrung heißt durchaus nicht – weder bei Edith Stein noch bei Johannes – Übermaß und schlechte Sinnlichkeit, die notwendig zurückgenommen werden müßte, vielmehr ist es die noble Sinnlichkeit, das schöne und selbstverständliche

---

34   Kreuzeswissenschaft (= KW). Studie über Johannes a cruce. ESW I, Freiburg u. a. ³1983, 44. – Vgl. Hanna-Barbara Gerl, Unerbittliches Licht. Edith Stein – Philosophie, Mystik, Leben, Mainz ²1998.

35   KW 44.

36   KW 47.

Antreffen Gottes in den heimatlichen Zeichen seiner Schöpfung, allgegen-
wärtig im Guten jedes All-Tags: „Sie werden vielmehr von Gott behandelt
wie kleine Kinder von einer zärtlichen Mutter, die sie auf ihren Armen trägt
und mit süßer Milch nährt: es wird ihnen bei allen geistlichen Übungen -
bei Gebet, Betrachtung und Abtötungen - reichlich Freude und Trost zuteil."[37]

Eben dies wird in der Wanderung des Lebens ausgetrocknet: die Sinne und
mit ihnen die religiöse Sinnlichkeit, Grund und Heimat aller religiösen Anlage, des Schatzes an Innerlichkeit. Nochmals: nicht ausgetrocknet, weil es
an sich schlecht wäre. Warum aber dann? Die Antwort bleibt hier offen,
oder genauer: die Herausforderung verschärft sich. Gewonnen ist zunächst
„ein Verlangen nach Einsamkeit und Ruhe"[38], bereits unter dem Zeichen,
nichts Bestimmtes mehr zu denken oder zu wollen: „daß sie ihre Seele frei
und unbehindert von allen Erkenntnissen und Gedanken und in Ruhe bewahren, ohne sich darum zu kümmern, was man denken und betrachten
soll; es genügt, wenn sie in einem ruhigen und liebenden Aufmerken auf
Gott verharren und jede Besorgnis, jede Tätigkeit und jedes übermäßige
Verlangen, Gott wahrzunehmen und zu kosten, ausschließen."[39]

Die gewonnene Freiheit ist, schlichter ausgedrückt, Leere und Ruhe. Ein
karges Ergebnis also, das freilich noch weiter beschnitten wird. Edith Stein
nennt, nicht besonders scharf konturiert[40], eine nächste Durchkreuzung natürlicher Vorgaben: die Nacht des Geistes. Hier kommt etwas anderes abhanden: die Fähigkeit des Diskursiven, also das schrittweise, gliedernde
Denken, das sein Ergebnis auf den Begriff bringt. Das Geschäft der Wissenschaft und damit der Theologie, unbeschadet seines akademischen Sinnes, unbeschadet des Anspruches auf Aufklärung, endet, gerade weil es ein
Weg ist: am Nicht-Weg. Die Hilfestellung des Geistes ist nicht falsch, im
Gegenteil. Aber die Nicht-Methode setzt die Methode außer Kraft (anders:
Gott setzt die Theologie außer Kraft). „Unter 'unwegsames Land' aber ver-
steht Johannes die Unfähigkeit, durch diskursives Denken sich einen Be-

---

37   KW 43.

38   KW 45.

39   KW 46.

40   Die „Nacht des Geistes" wird teilweise der „Nacht der Sinne", teilweise
      der „Nacht des Glaubens" zugeordnet; vgl. KW 46-51.

griff von Gott zu machen oder durch nachforschendes Denken mit Hilfe der Einbildungskraft voranzukommen."[41]

Als Ergebnis bleibt hier „Hilflosigkeit" im Weglosen. Hilflosigkeit und Leere also, die ersten Früchte der Wanderung (wo bleibt hier der Verdacht Feuerbachs auf Gott als angenehme Superprojektion?). Und indem sich die Bilder und Begriffe außen verflüchtigen, keimt innen Neues, aber kein Gegenstand, sondern Haltungen, eine offene Spannung: „Durch ihre Hilflosigkeit wird die Seele auch unterwürfig und gehorsam; sie sehnt sich nach Belehrung, um auf den rechten Weg zu gelangen. [...] So geht es mit allen Unvollkommenheiten. Mit ihnen entschwindet dann auch alle Verwirrung und Unruhe. Statt dessen zieht ein tiefer Friede ein und eine ständige Erinnerung an Gott."[42]

Schließlich, unheidnisch, unmagisch, auch im Christentum selber nicht häufig ergriffen: die „Nacht des Glaubens".[43] Dieser gedrängte Ausdruck muß richtig aufgefaßt werden: Er meint nicht einfachhin, daß der Glaube Nacht aushalten muß. Er meint, ein Brett religiöser Sicherheit unter den Füßen wegziehend: Der Glaube erzeugt Nacht. Hier liegt der Grund für Ungeschmack und Aporie der vorausgegangenen Stationen, weil die gewonnene offene Haltung „der Seele die von Gott selbst geoffenbarten Wahrheiten zum Glauben vorlegt, Wahrheiten, die über jedes natürliche Licht erhaben sind und allen menschlichen Verstand ohne jedes Verhältnis überragen. Daher kommt es, daß dies überhelle Licht, das der Seele im Glauben zuteil wird, für sie dunkle Finsternis ist, denn das Größere beraubt und überwindet das Geringere."[44]

Im Glauben wird nicht an etwas oder an jemanden geglaubt - wie an einen Gegen-Stand, der notwendig an mir sein Maß nimmt, von mir gefaßt wird. Der Glaube ist fassungslos, „für die Seele völlig dunkle Nacht".[45] Glaube ist der Zustand des Verlustes. Verlust nämlich der eigenen Maßstäblichkeit, weit über den Bilderverlust hinaus, Verlust seiner selbst, Umschlag des Ergreifens in ein Ergriffenwerden, Aushalten eines Abstandes zu Gott, den man selbst nicht mehr überbrückt. Abgründige Widerlegung - nochmals -

---

41   KW 47.
42   KW 47.
43   KW 49ff.
44   KW 49f.
45   KW 50.

einer Religionskritik, die bis dorthin gar nie geraten ist, den Verlust kritischer Potenz in dieser Tiefe nie riskiert hat.

„Stützt sie [die Seele] sich noch auf ihre eigenen Kräfte, so bereitet sie sich nur Schwierigkeiten und Hindernisse. Für ihr Ziel ist das Verlassen des eigenen Weges gleichbedeutend mit dem Betreten des wahren Weges. Ja, 'das Streben zum Ziel und das Aufgeben seiner eigenen Art ist schon das Ankommen an jenem Ziel, das keine Art hat: d. i. Gott. Denn die Seele, die diesen Stand erreicht, kennt keine Arten und Weisen mehr, noch hält sie daran fest; ja sie kann nicht einmal daran festhalten', an keiner besonderen Art zu verstehen, zu verkosten, zu empfinden; 'sie besitzt jetzt alle Arten zugleich, wie einer, der nichts hat und doch alles hat.' Durch das Hinausgehen aus ihren natürlichen Schranken, innerlich und äußerlich, 'geht sie ohne Schranken ein in das Übernatürliche, das auch keinerlei Art und Weise mehr kennt, weil es in seinem Wesen alle Arten besitzt.'"[46]

In dieser weiselosen Fülle des Ganzen sind die seelisch-selbsterstellten und die rational-begrenzten Gottesbilder aufgehoben, von der Wirklichkeit gelöscht. Geist, der seine eigenen Zeichen übersteigt - dahin ist die Mystik zu lesen, nicht unterhalb dieses Anspruchs.

Schließlich etwas unbegreiflich Bleibendes: der Weg der „gediegenen Vollkommenheit"[47], die *via crucis* selbst. Johannes wählt hier das Wort „Vernichtung", *annihilatio*[48], die *kenosis* des Paulus: das Leer-Werden an sich selbst. Übrigens läßt sich dieser unbegreifliche Vorgang nicht, grundsätzlich nicht wollen, anstreben, noch nicht einmal herbeiführen. Dieser Endpunkt in jedem Sinne ist die Zerschlagung der Gottesbeziehung durch Gott selbst. Übrigens nicht mutwillig und einfachhin aus dämonisch empfundener Lust Gottes an einer solchen Zerschlagung (wie nicht selten unterstellt). Johannes vom Kreuz sieht darin vielmehr die Wahrheit des längst zerbrochenen, und zwar vom Menschen zerbrochenen Verhältnisses aufgedeckt, gleichsam endlich klargemacht und in seiner bösen Wahrheit offengelegt. An der gekrümmten Gestalt Jesu äußern sich dieser Bruch und die Rücknahme des Bruchs, „denn in jenem Zeitpunkt ließ er ihn ja ganz ohne Hilfe, damit er völlig entäußert und gleichsam vernichtet, wie aufgelöst in Nichts, die Schuld tilge und den Menschen mit Gott vereine".[49] Im Grunde

---

[46]   KW 51.

[47]   KW 54.

[48]   KW 55: „Völlig verlassen, ja wie vernichtet."

[49]   KW 55.

geht der Gottesknecht in das Nichts des Menschen ein. Bis zu welchem Grade andere diese Offenlegung von Nichts und Schuld an sich vollziehen lassen, kann nicht bestimmt werden - daß es möglich ist, nehmen Edith Stein wie Johannes vom Kreuz an (und beide beziehen einen Teil ihrer lebendigen Wirklichkeit und des sie einholenden Leides darauf).

Die Kraft des Paradoxen

An dieser kaum zu berührenden und nicht zu ertragenden Stelle setzt ein anderer unausdenkbarer (lebendiger) Vorgang ein. Ihm haben Judentum und Christentum die Anstrengung des Paradoxen gewidmet - eine Weise des Erfahrens und der Theoriebildung, die sich nicht dem Schreibtisch, sondern der nicht domestizierbaren Kraft des Wirklichen verdankt. Denn nur da vollzieht sich die „Umwertung aller Werte", welche die Sprache im scheinbaren Widerspruch ins Wort bringt.

Voraussetzung des Paradoxen ist die ausdrückliche Unzulänglichkeit von Sinnen, Phantasie, Verstand, Wille gegenüber allem, was Gott betrifft. Das heißt noch schärfer in der Umdrehung: „Von Gott zu den Geschöpfen hin gibt es keine Beziehung, keine Wesensähnlichkeit. Denn der Abstand zwischen Seinem göttlichen Sein und dem ihren ist unendlich."[50] Eine Radikalität, deren *radix* nur jüdisch-christlich sein kann und die Johannes fast wörtlich Nicolaus Cusanus (oder der gemeinsamen Quelle: Dionysius Areopagita) entnimmt. Wegen dieser unaufhebbaren Beziehungslosigkeit des „Natürlichen" zu seinem Urheber versagen ja die religiösen Bemühungen. „Darum muß man, um zu Gott zu gelangen, ‚vielmehr dahin trachten,... nicht zu verstehen, als verstehen zu wollen; ... eher blind werden und sich in Finsternis versetzen ..., als die Augen öffnen'."[51] Eben darin überwindet Gott von sich aus den ungeheuren Abstand, eben in diesem Zustand wirkt seine Souveränität; er blendet die innere Wahrnehmung mit einem „Strahl der Finsternis".[52]

Bei diesem merkwürdigen Bild sei verweilt, denn es erweist sich als von großer Genauigkeit. Warum so unbedingt „Entblößtsein, Dunkel und geistige Armut"?[53] Eben aus der exakten Entsprechung: In diese Leere hinein erfolgt unmittelbar die Mitteilung Gottes selbst, ohne alle verengende, ver-

---

50   KW 56.
51   KW 56.
52   KW 56.
53   KW 63.

kleinernde Eigentätigkeit des Menschen. Das Dunkel entbindet ihn zu einer Vereinigung, die dem hellen, in sich eingewurzelten Selbst undenkbar, unmöglich, vielleicht unsinnig vorkommt. Nur das Nichts des einzelnen (der einzelnen Erkenntnis) ist sofort die große Bereitschaft für alles.[54] Nur die „tiefe, schreckliche und überaus schmerzliche Zerstörung der natürlichen Erkenntniskraft"[55] macht sofort gesund. So gesund, daß genau jetzt „die erhabenen, fremdartigen Berührungen der göttlichen Liebe"[28] empfunden werden. So ursprünglich, daß alles Verlorene restlos, aber neu zurückkommt. „Dies erscheint nun der Seele so fremdartig und so verschieden von jeder menschlichen Auffassungsweise, daß sie ganz außer sich gerät. Manchmal meint sie, verzaubert oder in Verzückung zu sein, sie staunt über die Dinge, die sie sieht oder hört; sie kommen ihr ganz fremd und ungewöhnlich vor, obwohl es dieselben sind, mit denen sie gewöhnlich zu tun hat."[56]

Solche Wiedergeburt fällt genau mit dem Untergang des Natürlichen (des Verstandes, des Willens) zusammen - und darin liegt das Paradox. Was Trockenheit, Dunkel, Verlorensein, Leiden heißt, heißt ganz unten angekommen oder am Boden der Entbehrung aufgeschlagen: Geborgenheit, Läuterung, Kraft. Gefaßt ist diese unglaubliche Spannung (unglaublich von außen gesehen) in der wunderbaren Wendung: „Im Dunkel wohl geborgen".[57] Die beiden Seiten der Spannung sind beide ernst zu nehmen, sie schwächen sich nicht aneinander ab. Das Dunkel gilt in seiner Bedrohung, die Bergung gilt in ihrer Seligkeit. Beide vermischen sich nicht, sie gehören aber zueinander, man kann sogar sagen: Sie steigern sich aneinander. Daß die Spannung aber nicht in bloße Widersetzlichkeit zerreißt, gehört ebenfalls dazu: Denn notwendig liegt der Primat beim Licht, bei seiner aufhebenden Qualität. So sehr die Finsternis finster bleibt - das Licht unterfängt sie. Im Grunde erlaubt es sich die Zumutung des Leidens, „weil man im Leiden Kraft von Gott empfängt".[58] Und woher wäre sonst das Leiden zu rechtfertigen, wenn dieser Satz nicht wahr wäre? So gilt das Paradox, „daß das Licht den Finsternissen entspricht"[59], aber es gilt unsymmetrisch: Die Finsternis ruft nach dem Licht, erzwingt das Licht - aber nicht umgekehrt.

---

[54]   K W 114.
[55]   K W 115.
[56]   K W 115.
[57]   K W 123.
[58]   K W 123.
[59]   K W 181.

Der Tod steht nicht in gleichgültiger Balance zum Leben: Er ist dessen bitterer Widerpart und stürzt doch, am Boden der Bitterkeit, auf das Leben zu. Dies geschieht aus einem beispiellos souveränen Willen: „So hat Gottes Hand tötend den Tod in Leben gewandelt."[60]

Es handelt sich also nicht um ein simples, gesetzmäßiges Funktionieren einer eigenartigen Mechanik, sondern um das personale Durchbrechen jeder Mechanik. Die Paradoxie solcher Sätze darf nicht mißverstanden werden als ein psychisches oder sonstiges Gesetz; das Vertrauen auf ihre Stimmigkeit liegt ausschließlich im Bereich des Unerwarteten, Unausdenklichen, gegen alle Hoffnung Erhofften. Und nur da gilt die Paradoxie. Sonst gelangt eine Zweckrichtung in das Ganze, welche das Ganze verdirbt: leiden, um zu... Leiden hat keinen Zweck, aber ein Wille, das Antlitz Gottes, gibt ihm Sinn. Besser gesagt: Der Sinn taucht zugleich mit diesem Antlitz auf (und verliert sich mit ihm). Mit der Paradoxie kann man nicht rechnen, man kann sie noch nicht einmal bis zum Grunde denken - man kann sie leben oder wohl eher: von ihr eingeholt werden.

Sonst wäre das Heilige unter das Maß der Brauchbarkeit für uns gerückt: klein wie wir selbst und Götze im alten Sinn, nach unserem Bild und Gleichnis geschnitzt. In der Charakterisierung Guardinis: „Wer ehrlich in sich selbst, in die Menschen um ihn her und in die Geschichte blickt, nimmt wahr, daß der Eigenwille des Menschen, die beirrenden und niederziehenden Kräfte seines Innern, Unwahrhaftigkeit und Gewaltsamkeit nirgends so verhängnisvoll am Werke sind wie in jenem Zusammenhang, den man gemeinhin 'religiöse Erfahrung' und 'religiöses Leben' nennt. Gewiß geht es darum letztlich um Gott; Sein Bild und Seine Forderung werden aber vom Menschen in den Dienst seines Eigenwillens gestellt. Was Kundwerdung des Göttlichen scheint, ist im Letzten oft nur eine Weise, wie der Mensch sich selbst bestätigt; was Gestalt des Göttlichen zu sein beansprucht, oft nur die Übersetzung des eigenen Wesens ins Absolute."[61]

In solchen Texten kommt anderes zum Ausdruck als der von mir bestellte, aufgestellte Gott. Noch einmal: bis dahin hat sich die Religionskritik gar nie vorgewagt. So sehr sich Gott der Bilder seiner eigenen Schöpfung bedient, so sehr ist er noch einmal das *excessivum*, alle Bilder sprengend, die eigene Schöpfung sprengend. Und das Erstaunliche ist, daß der den Bildern so ver-

---

60   KW 181.
61   Romano Guardini, Freiheit - Gnade - Schicksal. Drei Kapitel zur Deutung des Daseins, München 1948, 85.

trauende Mensch das heimatliche Haus trotzdem verläßt, verlassen will, wenn der Unvertraute sich wirklich meldet. Daß die in Bildern sprechende Seele ihre Bilder selbst willig durchkreuzen läßt, wenn in der Leere Freiheit und Fülle warten. „Dabei ist zu bedenken, daß die Eigentätigkeit der Seele augenscheinlich immer mehr abnimmt, je mehr sie sich dem Innersten nähert: Und wenn sie hier angelangt ist, wirkt Gott alles in ihr, sie hat nichts mehr zu tun, sondern nur noch in Empfang zu nehmen. Doch gerade in diesem In-Empfang-Nehmen kommt der Anteil ihrer Freiheit zum Ausdruck. Darüber hinaus greift aber die Freiheit an noch viel entscheidenderer Stelle ein: Gott wirkt nur darum hier alles, weil sich die Seele Ihm völlig übergibt. Und diese Übergabe ist die höchste Tat ihrer Freiheit."[62]

Die Bilder für den Bildfreien sind notwendig. Aber das Schöne ist, daß sie vor der Wirklichkeit verblassen, besser gesagt: in den Flammen dieser Wirklichkeit ihre letzte Durchsichtigkeit erhalten.

Martin Heidegger hatte 1929 in dem Aufsatz *Vom Wesen des Grundes* den Selbstüberstieg als dem Denken nicht nur zugehörig, sondern im Denken immer schon vollzogen gekennzeichnet. Gemeint ist allerdings eine Transzendenz nach „Innen", dem Denken selbst zugeschlagen als seine erste, selbstursprüngliche Bewegung. Damit müßte das Denken monologisch-zirkelhaft und entsprechend antwortlos in sich selbst zurückmünden. Oder kann es nicht vielmehr doch in den Dialog mit einem befreundeten Anderen eintreten?[63] Gläubiges Denken stellt eben diese Frage nach einem Selbstüberstieg, in dem sich das Erkennen auf ein wirkliches und wirkungsvolles Gegenüber richtet und dabei nicht nur auf ein eigenes, sondern auf ein anderes, ebenso vertrautes wie fernes „Innen" stößt: „innerlicher, als ich mir selbst bin"[64]. Zugleich ist es ein „Oben", wie Guardini meisterhaft entwickelt, also nicht nur ein Widerhall des Ich.[65]

Um das spezifische *Mißlingen* der Spannung von Gottverlangen und Wissenschaft mit einem letzten Zitat von Kierkegaard zu formulieren: „Eines ist, daß einer litt. Ein anderes ist, daß einer Professor dafür wurde, daß einer litt." Um das spezifische *Gelingen* derselben Spannung mit Pascal zu formulieren: Die unverkürzte Wissenschaft hat sachgemäß von dem zu spre-

---

62   KW 145.
63   Dafür steht das eindrucksvolle Lebenswerk von Emmanuel Levinas.
64   Augustinus, *Confessiones*.
65   Romano Guardini, Welt und Person (1939), Mainz ³1950, 30-35: Die Pole des Daseinsraumes. I. Oben und Innen.

chen, worin der Mensch „um ein Unendliches den Menschen übersteigt"
Dazu muß der Professor freilich auf etwas zurückgreifen, was in seinem
Namen mit angelegt ist: auf den Confessor.

Thomismus und Mystik[1]

Dominicus Trojahn

> *„Post haec quaeritur de logica,*
> *quam quod (Beatissima Virgo Maria) sciuerit,*
> *probatur hoc modo.*
> *Haec enim perutilissima est ad scientiam sacrae Sripturae,*
> *& ad haeresum destructionem,*
> *& fidei confirmationem,*
> *& rationis redditionem*
> *de ea quae est in nobis fide:*
> *ergo ista scientia maxime necessaria est sanctis:*
> *ergo & beatissimae Virgini. “[2]*

Des Menschen Ruhestatt ist sein Vorurteil; darin ruht er sanft und still - aus von der Anstrengung des Weltverständnisses. Diese verstört ihr Verständnis in einem Fort und fort kommt einer da nur, wenn er Schluß macht und die Sache zum Abschluß bringt. Dieser eben ist das Vorurteil, die apriorische Welt- und Menschenoptik, die immer nur zu sehen bekommt, was sie schon zu sehen erwartet hatte.

Was im Titel dieses Essays etwas naiv als konjugale Eintracht sich ausspricht, mag dem szenen-geschärften Auge als eine historische, d. h. heute geschiedene Verbindung einleuchten, die auf subtile Weise nur einen Sonderfall jenes Konfliktes vorstellt, der seit Jahrzehnten zum katholisch-kontinentalen Milieu-Vorurteil schlechthin geworden ist. Dabei wird in diesem Fall die erhoffte Abzweckung von Präjudizen gemeiner Art auf intro-

---

[1] Der folgende Essay wurde am 22. Januar A.D. 2000 an der Phil.-Theol. Hochschule Heiligenkreuz im Rahmen einer Festakademie zu Ehren des Hl. Thomas von Aquin vorgetragen.

[2] (PSEUDO) ALBERTUS MAGNUS, Mariale sive Quaestiones CCXXX super Evangelium, Missus est Angelus Gabriel etc. (Luc. I.). q CII, Opera Omnia t. XX, Lugdunus 1651, 78.

verse und geradezu deliziöse Manier befriedigt: sind Vorurteile doch in ihrem Wesen in regensicherer Lebensferne gezeichnete Mental-Topogra-
phien, kraft derer auch ein in Orientierungen wenig geübtes Subjekt un-
schwer bestimmen kann, wo es geistig steht. In diesem Fall also sagt der
Blick auf die Karte, es stehe draußen und gewissermaßen im Regen, und
deliziös ist diese Auskunft, weil das Subjekt masochistisch inkliniert. Und
da Vorurteile Methoden der Weltversicherung sind, wird die durch sie
wahrgenommene Wirklichkeit nicht nur durch sie bestimmt, sondern auch
immer neu bewiesen

Der Titel „Thomismus und Mystik" - um es endlich herauszusagen - kün-
digt nichts anderes an als einen Sonderfall jener Streitsache, die man gerne
unter dem Namen „Glaube und Vernunft" verhandelt. Und das diesbezügliche Vorurteil läge dann darin, zu glauben, daß es diesen Streit tatsächlich gibt. Durch die Brille dieses Apriori betrachtet, wird man ihn überall finden; bei sachlicher Perspektive löst er sich auf.

Zweifellos läßt sich in der Geschichte der christlichen Asketik ein Kapitel
Kriminalisierung der „curiositas", der theoretischen und intellektuellen
Wißbegierde[3] aufschlagen, die sich z. B. beim hl. Augustinus in dem Versuch vollendet, für den Menschen nicht relevantes Wissen zu erfragen und
eben dadurch zur Versuchung wird, zum Fall der Moral.[4] Nicht relevantes
Wissen kommt in diesem Fall, nach der teleologischen Formel Ciceros, dadurch zustande, daß von der Sache her jede dem Menschen erreichbare
theoretische Zugänglichkeit je immer schon ausgeschlossen ist. Damit wäre
dann die Theologie zum *exemplum eximium* diesbezüglicher Vermessenheit
geworden, eben zu deren Muster-Fall. Wer mit Blick auf Gott wissen will,
vermißt sich, der kennt die Maßstäbe des ihm möglichen Pensums nicht.
Gott gewährt sich demnach nur dem Nicht-Wissenden; ist Er selbst doch in
eine Wolke des Nicht-wissens gehüllt, an der sich die Strahlen Seiner Doxa
ebenso brechen, wie die Fragen des menschlichen Geistes. Damit wird der
theologische Diskurs dann nicht allein menschlicherseits zu einem Fall der
Moral, sondern zum Gottesbezüglichen Ab-fall Produkt. So skizziert Plotin

---

3   Vgl. BLUMENBERG, H., Der Prozeß der theoretischen Neugierde. Er-
     weiterte und überarbeitete Neuausgabe von „Die Legitimität der Neuzeit",
     3. Teil (Frankfurt a.M. [4]1988, V, 103-165.

4   AUGUSTINUS, Confessiones X, 35 (55), CCSL XXVII, 185: „Hinc ad
     perscrutanda naturae, quae praeter nos est, operta proceditur, quae scire
     nihil prodest et nihil aliud quam scire homines cupiunt."

die Rede von der gottgeeinten (enthusiastischen) Erschütterung als nüchternes und ernüchtertes *a posteriori,* das im Grunde nur dem verständlich wird, der gleiches erlebt hat.[5] Theologie als systematische Rede von Gott mutiert damit konsequent zur semantischen[6] Geheimlehre zwischen Eingeweihten, für die Dionysius ein erstes Cautelen-Regelment entwickelt.[7] Die Sprache richtet sich nunmehr dialektisch gegen sich selbst: sie teilt mit, indem sie verschweigt, und das optimistische Konzept des Aristoteles vom „Λογος αποφατικος"[8] findet seinen pessimistischen Schattenriß im

---

[5]   PLOTIN, V 3, 14 (1-8): „Wie aber können dann wir wohl etwas über Jenes (sc. „Das Eine") aussagen? Nun, wir sagen wohl etwas über Jenes aus, wir sagen aber nicht Jenes aus, und (γνωσις) noch Denken (νοησις) seiner. Und wie können wir über Es aussagen, wenn wir es nicht haben? Nun, wenn wir es nicht in der Erkenntnis haben, so ist das doch kein vollkommenes Nichthaben, sondern insoweit haben wir es, daß wir wohl über es, nicht aber es aussagen können. Wir sagen ja aus, was es nicht ist; und was es ist, das sagen wir nicht aus; somit geht das, was wir über es aussagen, von den Dingen aus, die später sind als es." Übersetzung von Richard Harder, in: Plotins Schriften, Bd. V: Hamburg 1960, 159-161.

[6]   Vgl. PLOTIN, V 3,13 (5-6): „Daher Es auch in Wahrheit unaussagbar ist; denn was du von Ihm aussagen magst, immer mußt du ein Etwas aussagen. Vielmehr ist allein unter allen anderen die Bezeichnung ‚jenseits von allen Dingen und jenseits des erhabenen Geistes' zutreffend, denn sie ist kein Name, sondern besagt , daß es keines von allen Dingen ist, daß es auch ‚keinen Namen für Es' gibt; sondern wir versuchen nur nach Möglichkeit, uns untereinander einen Hinweis (σημεινειν)über Es zu geben." Übersetzung von Richard Harder, in: Plotins Schriften, Bd. V: Hamburg 1960, 157.

[7]   DIONYSIUS (PSEUDO) AREOPAGITA, De mystica theologia ad Timotheum c. 2 (1000A, 4-7), Corpus Dionysiacum, Bd. II, hrsg. v. G. Heil und A. M. Ritter, Berlin-New York 1991, 142, 12-15.
       „Doch gib acht! Daß dich niemand höre, von denen, die nicht eingeweiht sind (των αμυητων). Ich will sagen, von jenen Ahnungslosen, die noch irgendwo im Sein haften - und die sich nicht vorstellen können, daß es über alle Wesen hinaus ein Nichtsmehr-nichtsein geben muß, ein erst Wesenschaffendes, ein Überhaupt und die sich einbilden, auf den Wegen des Erkennens Dem nahen zu können, der sich die Dunkelheit als Heimat und als Quelle seines Lichtes gewählt hat." Übersetzung von Walter Tritsch, in: DIONYSIOS AREOPAGITA, Mystische Theologie und andere Schriften, München 1956, 162

[8]   Vgl. die Interpretation des Aristotelischen „Λογος αποφατικος" bei W. WEISCHEDEL, Der Gott der Philosophen. Grundlegung einer Philoso-

„Λογος αποφαντικος" einer negativen Theologie. Hier hätte dann die Streitsache um „Glaube und Vernunft" eine ebenso entschiedene, wie mystische
Auflösung gefunden. Und um die Sache noch ein wenig weiter zu verwirren, wäre dann auch noch auf den Umstand zu verweisen, daß bei christlichen Theologen von je her eine gewisse Neigung anzutreffen war, den berühmten Einleitungssatz zum ersten Buch der Metaphysik des Aristoteles,
demgemäß alle Menschen von Natur aus neugierig wären und nach Wissen
strebten, mit dem Hinweis zu versehen, schließlich sei durch das Gift der
Erbsünde eben diese Natur schwach und damit die menschliche Vernunft
der höheren Dinge unfähig geworden.[9]

Zum anderen wird niemand von auch nur einiger theologischer Kompetenz
bestreiten, der Glaube sei ein Akt des Erkennens, der die Vernunft vollendet. Und niemand von nur leidlicher philosophischer Bildung wird übersehen können, daß Aristoteles - der als Gegen-Augustinus die Maßstäbe der
„curiositas" diesbezüglich keck versetzt, insofern ihn uns die göttliche Vorsehung, nach der Überzeugung des Averroes, gegeben hat, um uns das zu
lehren, was zu wissen gar nicht möglich ist[10] - die Vernunft das Göttliche
im Menschen nennt, das darum dessen Natur auf einer selbst nicht mehr
menschlichen Ebene vollende.[11] Dennoch ist und bleibt es wahr: Vorurteile
sind weltbildend und darin wirksam. Und wer den Menschen ernst zu neh-

---

phischen Theologie im Zeitalter des Nihilismus, Bd. II, München ²1985,
16-21.

9   Dies gilt für den bereits zitierten AUGUSTINUS (vgl. Anm. 4), der in
     seinem versteckten Zitat der Aristotelischen Sentenz die Worte „von Natur
     aus" ausläßt und damit den ganzen Zusammenhang von vornherein in die
     Perspective des *status defectus hominis* bringt. Bei DUNS SCOTUS wird
     das „von Natur aus" unmißverständlich als „gemäß der gefallenen Natur"
     interpretiert (Commentaria Oxoniensia, Prolog 1, 2, 11).

10   Das ganze kann man sehr hübsch bei MALEBRANCHE nachlesen: „Ari-
     stoteles doctrina est *summa veritas*, quoniam eius intellectus fuit finis hu-
     mani intellectus. Quare bene dicitur de illo, quod ipse fuit creatus & datus
     nobis divina providentia, ut non ignoremus possibilia sciri. Averroes
     devait même dire, que la Divine Providence nous avait donné Aristote
     pour nous apprendre ce qu'il n'est pas possible de savoir." N. de
     MALEBRANCHE, De la Recherche de la Vérité, Oeuvres Complètes, T.
     I. : Paris 1991, 400, vgl. auch S. 253; auch wenn MANDONNET mit Asin
     y Palacios das Zitat für referenzlos bei Averroes hält. Vgl. ders., Siger de
     Brabant et l'averroisme latin au XIII. siècle, 1911, Bd. I, S. 154.

11   Vgl. ARISTOTELES, Ethica Nikomacea, L. X, c. 7 (1177b, 30-1178a, 8).

men entschlossen ist, wird nicht umhin können, seinen Ernst auch auf dessen Vorurteile auszudehnen.

Erste Spuren hinterläßt das *neuzeitliche* Gespenst vom vernunftlosen Glauben und der ungläubigen Vernunft in der Feder des streitsüchtigen Tertullian, der es nicht unter seinem späteren Namen kennt, sondern als Athen/Jerusalem-Fall in die Akten nimmt. Die Scholastik des 13. Jahrhunderts erlebt einen weiteren Schub der neurotischen Irritation, und versucht sie mit dem Modell „Doppelte Wahrheit"[12] zu therapieren, konnte jedoch nur durch die Aquinaten-Kur erfolgreich geheilt werden. Spätestens im 17. Jahrhundert zeigt sich die Psyche des Abendlandes, das gerade durch die Reformation als einer Art Inkubationszeit der Moderne gegangen war, derart erschöpft, daß aller Widerstand zusammenbrach. Gleichwohl wagte immer noch ein Rationalist mit Namen Renatus Cartesius zu sagen, das nach Gewißheit verlangende Subjekt könne sich seiner selbst nur sicher sein, wenn es sich in seiner Subjektivität zugleich vor die gegebene Idee der Unendlichkeit gestellt wisse. Das heißt mit etwas schlichteren Worten am Ende nichts anderes, als daß jede Möglichkeit philosophischer Verläßlichkeit ein religiöses Wissen voraussetzt, das den *habitus dubitans* dadurch entlastet, daß Gott nicht täuscht und nicht täuschen kann: Möchte denn ansonsten die augenfällige Welt die Fieberphantasie eines höllisch erhitzten Geistes sein. Im Übrigen sollte der Umstand nicht unerwähnt bleiben, daß der Vater der so selbstbewußten neuzeitlichen Philosophie sein „Cogito Sum" für eine göttliche Inspiration gehalten hat und um der Dankbarkeit für diese einzigartige Gnade willen eine Wallfahrt nach Loretto nicht nur gelobte, sondern auch tatsächlich antrat. Ihn raffte die Grippe hinweg.

Dennoch wollte es immer noch nicht ganz dunkel werden, damit dann die Illuminaten in dieser Finsternis ihr künstliches Licht anzünden konnten. Der subtile Oratorianer Nikolaus de Malebranche († 1715) erklärte noch einmal, und für lange Zeit ein letztes Mal, in seinem Hauptwerk „Recherche de la

---

12   Die auf Boethius von Drakiens, zwischen 1272 und 1274 datierte Abhandlung „Über die Ewigkeit der Welt" zurückgehende These war eine der Hauptgründe für die Pariser Verurteilung vom 7. März 1277, die bekanntlich auch Thomas selbst betraf. Vgl. dazu L. BIANCHI, Der Bischof und die Philosophen; in: K. FLASCH u. U. R. JECK, Das Licht der Vernunft. Die Anfänge der Aufklärung im Mittelalter, München 1997, 70-83; ebenso, jedoch kritisch: K. FLASCH, Das philosophische Denken im Mittelalter. Von Augustin zu Machiavelli, Stuttgart 1986, 356f.

Vérité"', dessen Untertitel es als Traktat „über den Gebrauch des menschlichen Geistes in Hinsicht auf das Vermeiden von Irrtümern in den Wissenschaften" versteht, in aller Offenheit:

> „Der Geist nimmt kein Ding anders wahr, als kraft der Idee, die er
> vom Unendlichen hat: und weit gefehlt, daß diese Idee aus der ver-
> worrenen Anhäufung aller Ideen der einzelnen Dinge gebildet sein
> könnte... sind im Gegenteil alle diese besonderen Ideen nur Partizipa-
> tionen der allgemeinen Idee des Unendlichen: ebenso wie Gott sein
> Sein nicht von den Kreaturen erhält, sondern alle Kreaturen nur un-
> vollkommene Partizipationen des göttlichen Seins sind."[13]

Was dies - jenseits der kruden Terminologie der Metaphysik - bedeutet,
kann der Leser als Überschrift dieses zentralen Kapitels finden: „Wir sehen
alle Dinge in Gott"; was nicht anderes meint, als daß hier Augustinus auf
das cartesische Rädchen gesetzt wurde.

Aber in Wahrheit ist Malebranche zu dieser Zeit bereits ein Saurier. Pro-
grammatisch wird das neuzeitliche Dilemma um Glaube und Vernunft, der
lang sich anbahnende Ehekrieg und die daraus hervorgehende Scheidungs-
sache, zum ersten Mal in neuzeitlichem Sinn im Anhang zum 1. Teil der
„Ethices" des Benedikt de Spinoza († 1677) ausgesprochen. Hier hängt bereits die gesamte Garderobe der späteren Aufklärer sozusagen am spino-
zischen Haken (der diesmal kein Stachel ist). Daß die damit konstatierte
Schere eine Chimäre und ein Vorurteil ist, war schon gesagt worden; auch,
daß der Mensch durch sein Vorurteil blickt wie durch ein Okular. Hier
spricht nun einer, der es wissen muß, ein berufsmäßiger Brillenschleifer:

> „Und sie staunen, wenn sie den Bau des menschlichen Körpers be-
> trachten, und weil ihnen die Ursachen von so viel Kunst unbekannt
> sind, so schließen sie, daß er nicht durch mechanische, sondern durch
> eine göttliche oder übernatürliche Kunst gebildet und so eingerichtet

---

13 N. de MALEBRANCHE, op. cit. III, II, VI, Oeuvres Complètes, T. I,
    Paris 1991, 441: „Ainsi l'esprit n'aperçoit aucune chose que dans l'idée
    qu'il a de l'infini: & tant s'en fait que cette idée fut formée de
    l'assemblage confus de toutes les idées des êtres particuliers, comme le
    pensent les Philosophes; qu'au contraire toutes ces idées particulières ne
    sont que des participations de l'idée générale de l'infini: de même que
    Dieu ne tient pas son être des créatrices, mais toutes les créatures ne sont
    que des participations imparfaites de l'être divin." - Deutsch Übersetzung
    von A. Klemmt, in: MALEBRANCHE, N. de, Von der Erforschung der
    Wahrheit, Drittes Buch, Hamburg 1968, 61.

sei, daß kein Teil den anderen verletzt. Und daher kommt es, daß wer nach den wahren Ursachen der Wunder sucht und die Dinge in der Natur als ein Gelehrter zu verstehen und nicht als ein Tor sich über sie zu wundern bemüht ist, allenthalben als ein Ketzer und Gottloser gilt und als solcher von denen verschrieen wird, in denen das Volk die Dolmetscher der Natur und der Götter verehrt. Denn sie wissen, daß mit dem Aufhören der Unwissenheit auch das Staunen aufhört, das heißt, das einzige Mittel, das sie haben, um ihre Beweise zu führen und ihr Ansehen zu erhalten."[14]

Und wer im Versuch, die Willfahrt des Lebens klärend zu verstehen, am Ende auf den Willen Gottes kommt, der hat - nach Meinung des Mijnherr de Spinoza - seine Zuflucht bei der „Freistatt der Unwissenheit", dem „*asylum ignorantiae*"[15] gefunden. Das hehre Wort des Platon, das Staunen sei das Pathos des Philosophen,[16] der darin den Anfang seines Denkens nimmt (wie Aristoteles seinen Lehrer ergänzt),[17] ist mittlerweile so fern gerückt

---

[14]   B. de SPINOZA, Ethica Ordine Geometrica Demonstrata, P. I, Appendix, in: Spinoza Opera, hrsg. Im Auftrag der Heidelberger Akademie der Wissenschaften von C. Gebhardt, Bd. II: Heidelberg ²1972, 81: „*Sic etiam, ubi corporis humani fabricam vident, stupescunt, & ex eo, quod tantae artis causae ignorant, concludunt, eandem non mechanica, sed divina, vel supernaturali arte fabricari, talique modo constitui, ut una pars alteram non laedat. Atque hinc fit, ut qui miraculorum causas veras quaerit, quique res naturales, ut doctus, intelligere, non autem, ut stultus admirari studet, passim pro haeretico, & impio habeatur, & proclametur ab iis, quos vulgus, tanquam naturae, Deorumque interpretes, adorat. Nam sciunt, quod, sublata ignorantia, (of liever botheit,) stupor, hoc est, unicum argumentandi, tuendaeque suae auctoritatis medium, quod habent, tollitur.*"

[15]   B. de SPINOZA, op. cit., ebd.

[16]   Vgl. PLATO, Theaitetos 155d.

[17]   ARISTOTELES, Met. A 2 (982b, 11-24): „Verwunderung war den Menschen jetzt wie vormals der Anfang des Philosophierens, indem sie sich anfangs über das unmittelbare Auffällige verwunderten, dann allmählich fortschritten und auch über Größeres sich in Zweifel einließen, z. B. über die Erscheinungen an dem Mond und der Sonne und den Gestirnen und über die Entstehung des Alls. Wer aber in Zweifel und Verwunderung über eine Sache ist, der glaubt sie nicht zu kennen. (Deshalb ist der Freund der Sagen in gewisser Weise ein Philosoph; denn die Sage besteht aus Wunderbarem.) Wenn sie daher philosophierten, um der Unwissenheit zu entgehen, so suchten sie das Erkennen offenbar des Wissens wegen, nicht um irgendeines Nutzens willen. Das bestätigt auch der Verlauf der Sache;

wie das Wölkchen des Elias; ein Grund dafür, Whiteheads These zu be-
zweifeln, die gesamte Philosophie sei nichts als eine Fußnote zu Platon.
Hier zumindest hat die Note ihren Text verloren. Es nimmt dann auch nicht
wunder, daß just als die Fackelmänner allerorten ihren Auftritt nehmen, der
Spinoza seine eigentliche Blüte erlebt.

Inzwischen ist es Zeit geworden, zu der These zurückzukehren, unter der
dieser Vortrag sich angekündigt hat. „Thomismus und Mystik", das benennt
eine Variante des Ehekrieges, den die Neuzeit geführt und in dem sie - zumindest eine Zeit lang - ihr eigenes Selbstverständnis zu finden schien, nur
eben vor einem anderen Bühnenbild: denn das, was hier genannt werden
soll, entdeckt sich als die Schere von Theologie und Frömmigkeit im Inneren der Kirche selbst, die - es war schon gesagt worden - nichts anderes ist
als die alte Dialektik, mit der Rationalität und Glaube seit dem 18. Jahrhundert aufeinandertrafen. Es erscheint müßig, zu sagen, daß auch diesbezüglich nichts von nichts kommt und die Sache eine lange Geschichte hat, und
doch macht eine historische Analyse sehr schnell deutlich, wie epigonal und
symmetrisch hier nur nachgespielt wird, was unter der Sonne der aufge-
klärten Neuzeit längst schon im großen und ganzen da war und sich abge-
spielt hatte - eben nur etwas zeitversetzt und intimer.

Bis in die Mitte des 19. Jahrhunderts war, zumindest für den kontinentalen
Raum, der hier als der eigentliche Spiel- und Streitplatz anzusehen ist, nicht
klar, welchen Einfluß der Geist der Aufklärung, mit seiner scharfen Diskre-
ditierung jeglichen Bezuges auf die theologische Kategorie des übernatürlichen, auf das Leben der Kirche haben würde.[18] Vor allem im Raum der re-
formierten Kirchen wurde mit Schleiermachers „Reden über die Religion an
die Gebildeten unter ihren Verächtern" ein neuer Stil des Theologisierens
geboren, der für die Dauer fast eines Jahrhunderts maßgeblich werden sollte
und erst in Karl Barths „Dialektischer Theologie", deren erste Spuren sich
konsequenterweise in seinem Schleiermacher-Essay finden, erschüttert
wurde: die Liberale Theologie. Diese besteht *in nuce* in dem Versuch, den
Diskurs des Glaubens insofern im Paradigma der Aufklärung zu leisten, als

---

denn als so ziemlich alles zur Annehmlichkeit und (höheren) Lebensführung nötige vorhanden war, da begann man diese Art der Einsicht zu suchen."

18 Vgl. hierzu: HKG(J) Bd. V, 577-582, 584f.; J. RATZINGER, Wie wird
    die Kirche im Jahre 2000 aussehen? In: Glaube und Zukunft, München
    1970, 109-125.

darin (a.) die Peinlichkeiten des Supranaturalen vermieden werden, und (b.) die Kategorie der Subjektivität eine tragende Bedeutung annimmt. Nicht weiter die Autorität eines sich offenbarenden Gottes, sondern die von der Theologie gedeutete Empfindung des Unendlichen, das kosmologisch-romantisch zum Universum neutralisiert wurde, bestimmen nun die durchaus ins Werben gesetzte Grammatik theologischer Sprache. Noch Romano Guardini berichtet in seinen „Skizzen zu einer Autobiographie" von einer theologischen Atmosphäre, die es dem jungen Dissertanten am Anfang unseres Jahrhunderts nur gestattete das Thema seiner Doktoratsthese zwischen zwei theologischen Disziplinen zu wählen, der Kirchengeschichte und der Exegese. Daß allein diese beiden im Kontext der Universität und ihres Wissenschaftsverständnisses Theologie im Anspruch exakter Wissenschaftlichkeit zu halten vermochten, die eine als Sonderfall der Geschichtswissenschaft, die andere als Spezialfach der Philologie, unterwarf die Theologie nicht nur einer lähmenden Stenose ihres Themeninteresses, sondern muß auch als eine letzte Einflußnahme der Aufklärung im Feld der Gottesgelehrsamkeit verstanden werden.

Im Raum der katholischen Kirche begannen sich die zunächst uneindeutigen Versuche einer Auseinandersetzung mit dem Illuminatismus um die Mitte des 19. Jahrhunderts zu präzisieren. Es sollte in der Folge zu einem zunächst gänzlich unerwarteten Aufschwung auf allen Gebieten des kirchlichen Lebens kommen. Das Kirchenbild, dem manche heute mit einer gewissen Nostalgie und vielleicht auch berechtigter Bitterkeit nachtrauern, entsteht wesentlich zu dieser Zeit. In diesem Zusammenhang ist das 1. Vatikanische Konzil ein bedeutender Höhepunkt, der theologiegeschichtlich die kritische Reaktion des Lehramtes der Philosophie Kants und Hegels gegenüber leistet. Zugleich wurde das Interesse der Theologie durch die, in wesentlichen Positionen von der Arbeit des deutschen Jesuiten P. Joseph Kleutgen beeinflußte Enzyklika „Aeterni Patris Filius" Leo XIII. (4. August 1879) auf die großen Magister des christlichen Erbes verwiesen, unter denen dem hl. Thomas von Aquin, der seit 1317 den Ehrentitel „Doctor Communis" trug und 1567 als erster kirchlicher Theologe nach den „alten" abendländischen Kirchenlehrern Augustinus, Gregor, Hieronymus und Ambrosius zum „Doctor Ecclesiae" erhoben wurde, eine besondere Autorität zugesprochen: Vor allem im Studium seines Denkens sollte sich die kirchliche Theologie zu neuer Blüte erheben.[19]

Trotz der in der Folge mit erstaunlicher schriftstellerischer Fruchtbarkeit einsetzenden Epoche der Neuscholastik, blieb auch der katholischen Theologie eine innere Auseinandersetzung mit dem Liberalismus nicht erspart, die im sogenannten Modernistenstreit von Pius X. weniger mit theologi-

---

[19] „Unter den Lehrern der Scholastik ragt nun aber weit hervor der Fürst und Meister aller, Thomas von Aquin, der, wie Cajetanus bemerkt, weil er die alten heiligen Lehrer aufs höchste verehrte, darum gewissermaßen den Geist aller besaß. Ihre Lehre sammelte und faßte Thomas, wie die zerstreuten Glieder eines Körpers, in eins zusammen, teilte sie nach einer wunderbaren Ordnung ein und vervollkommnete sie vielfach derart, daß er mit vollem Recht als ein ganz besonderer Hort und Schmuck der katholischen Kirche gilt... Hierzu kommt, daß der engelgleiche Lehrer die philosophischen Schlußfolgerungen aus den Ideen und Prinzipien der Dinge ableitete, welche von der weittragendsten Bedeutung sind, und eine Saat fast unendlich vieler Wahrheiten gewissermaßen in ihrem Schoße bergen, welche die nachkommenden Lehrer zur gelegenen Zeit und in fruchtbringendster Weise entfalten sollten. Da er diese Methode zu philosophieren auch bei Widerlegung der Irrtümer anwandte, so ist es ihm gelungen, daß er allein alle Irrtümer der Vorzeit überwandt und zur Widerlegung jener, welche in beständigem Wechsel in Zukunft auftreten, unbesiegbare Waffen dargeboten hat. *Indem er außerdem genau, wie es sich gebührt, zwischen Vernunft und Glauben unterschied, beide aber in einem Freundesbund einte, hat er sowohl die Rechte beider gewahrt, als für beider Würde Sorge getragen, so zwar, daß die Vernunft, auf den Flügeln des hl. Thomas zu ihrer höchsten menschlichen Vollendung emporgetragen, nun kaum mehr höher zu steigen vermag, noch der Glaube von der Vernunft kaum weitere oder triftigere Beweise fordern kann, als er schon durch Thomas erlangt hat.* Aus diesen Ursachen haben die gelehrtesten Männer, besonders in der Vorzeit, die in Theologie und Philosophie rühmlich hervorragen, mit unglaublichem Eifer die unsterblichen Werke des heiligen Thomas gesammelt, und von seiner engelgleichen Weisheit sich nicht so fast unterrichten, als vielmehr vollständig durchdringen lassen." LEO XIII., Enzyklika „Aeterni Patirs Filius", in: Summa Pontificia, Bd. II, Abensberg 1978, 507.
Die lehramtliche Würdigung des hl. Thomas findet sich im Überblick zusammengestellt in: C. FABRO, Introduzione a San Tommaso. La metafisica tomista e il pensiero moderno, Milano 1983, Kapitel 6: „Tomismo e magisterio ecclesiastico", 156-204. Hier finden sich auch die „24 Thesen zum Thomismus", die am 27 Juli 1914 von der Heiligen Kongregation für die Studien mit Billigung Pius X. approbiert wurden.

schen, als diziplinarisch-geheimdienstlichen Mitteln geführt wurde („soda-litium pianum") und durch den Ausbruch des 1. Weltkrieges 1914 abrupt beendet wurde. Das Problem war nicht gelöst worden; später sollte sich zeigen, daß es nur verschoben worden war. In historischer, wenn vielleicht auch nicht kausaler Folge des II. Vatikanums sollte es - diesmal zunächst ungewehrt - wiederkehren.

Zudem mußte irgendwann deutlich werden, daß die Neuscholastik, die wortreich beteuerte „ad mentem Sancti Thomae" Theologie zu betreiben, dem Geist des Rationalismus in Wahrheit näher stand, als sie es selbst ver-mutete. In unzähligen ihrer Traktate banalisierten ihre Autoren die geniale Tiefe der thomasischen Seinsontologie kurzsichtig zu essenzmetaphysi-schen Nichtigkeiten, die gerade in der Mißdeutung der Kontingenzlehre zu den tragischsten Effekten führte.[20] Inzwischen konnte Johannes Hegyi über-zeugend nachweisen, daß diese Blindheit für das metaphysische Profil der Theologie des hl. Thomas bereits für die offiziellen Kommentatoren seiner beiden Hauptwerke zutraf, nämlich Thomas de Vio, genannt Cajetanus, für die „Summa Theologiae" und Silvester Ferrara für die „Summa contra Gen-tiles".[21]

Schließlich gelang es in der ersten Hälfte unseres Jahrhunderts, gänzlich unabhängig voneinander, zwei Philosophiehistorikern, P. Cornelio Fabro[22] und Etienne Gilson,[23] der über Cartesius zu Thomas gekommen war, den

---

20   Dieser tragisch Zusammenhang, der die Theologie in das Drama des po-stulatorischen Atheismus verstrickt, der sich im Laufe des 19. Jahrhun-derts profilierte, kann hier nicht im einzelnen dargestellt werden. Vgl. da-zu D. TROJAHN, Die versteckte Neuzeit. Der Ansatz der Moderne im Mittelalter; in: Philosophie und Politik. Freie Argumente 4, Wien 1999, 45-85.

21   J. HEGYI, Die Bedeutung des Seins bei den klassischen Kommentatoren des heiligen Thomas von Aquin: Capreolus - Silvester von Ferrara - Caje-tan, Pullach 1959.

22   Die Thomasinterpretation Cornelio Fabros liegt in seinen zwei Hauptwer-ken vor und wird durch eine reiche Artikelliteratur weiter entfaltet: C. FABRO, La nozione metafisica di partecipazione secondo S. Tommaso d'Aquino, Torino 1950; ders., Partecipazione e causalià secondo S. Tom-maso d'Aquino, Torino 1960.

23   Die Position GILSONS zur Metaphysik des hl. Thomas kommt am deut-lichsten in einer Sammlung von Konferenzen zum Ausdruck, die der Ver-fasser am Collège de France gehalten hat. Sie wurden 1948 unter dem Ti-tel „L'être et l'essence" in Paris publiziert. 1949 legte Gilson sie in engli-

bisher verborgenen Schlüssel zum metaphysischen Denken des „Doctor Angelicus" zu finden. Zu diesem Zeitpunkt war jedoch bereits die sterile, antiorganische Rationalistik der neuscholastischen Literatur so unerträglich geworden, daß eine von Frankreich ausgehende „neue Theologie" in der vor allem geschichtstheologisch interessierten Patristik erfolgreich die Rückkehr zu Leben und Licht fand und feilbot. 1962 konnte P. Karl Rahner SJ im Vorwort zur gedruckten Dissertation seines Schülers Johann Baptist Metz „Christliche Anthropozentrik" eine Entwicklung zusammenfassen, die schließlich zu der Forderung führte, Thomas sei in jeder Hinsicht als Autor unter Autoren zu lesen und zu deuten.[24] Das Interesse am „Doctor Angelicus" war im Schatten seiner rationalistischen Epigonen erloschen.

Wird heute die Frage nach „Thomismus und Mystik" in den Horizont dieser Problemlage gestellt, dann beschreibt sie eine Schere, worin der Begriff „Thomismus" für eine zweifache Position steht. Zum einen spricht sich dar-

---

scher Sprache in dem Buch „Being and some philosophers" (Toronto 1949) neu vor. Die 1962 in Paris erschienene Neuauflage des französischen Textes wurde um einen Appendix zu Heidegger vermehrt. Vgl. Auch E. GILSON, The Christian Philosophy of St. Thomas Aquinas, Indiana 1994.

[24]   „Dann muß man, wenn man sich weder der konkreten geistigen Situation der Kirche heute noch dem faktischen Tun und lassen der heutigen kirchlichen Theologie und Philosophie verschließen will, fragen: Ist die Lage der Kirche nach innen und außen wirklich so, daß sie mehr oder weniger allein von Thomas leben könnte, wie es doch diese zitierten Empfehlungen des kirchlichen Lehramtes nahezulegen scheinen? Lebt die Kirche und ihre Theologie heute nicht in einem Maße, wie es früher auch nicht annäherungsweise der Fall war, aus Quellen, die nicht im Bezirk des Thomas liegen? Aus der Schrift, aus der Vätertheologie, auch dort noch, wo diese nicht einfach in Thomas eingegangen war, aus der Liturgie, aus der Erfahrung der Neuzeit in Philosophie und dem ganzen heutigen Weltverständnis, wie es eben unseres ist, aus der neuen Begegnung mit der Frömmigkeit und der Theologie der Ostkirche? ... In der Tat hat sich, ob man es sehen will oder nicht, ein Wandel in der faktischen Geltung und dem wirklichen Einfluß des großen Lehrers in der Kirche und in der Schule vollzogen. Er ist nicht mehr derselbe, wie er vielleicht noch vor 30 Jahren war und wie er doch wohl konkret gedacht war in jenen kirchenamtlichen Verlautbarungen, von denen wir eben sprachen. *Thomas ist uns ferner gerückt.*" K. RAHNER, Einführender Essay zu: J. B. METZ, Christliche Anthropozentrik. Über die Denkform des Thomas von Aquin, München 1962, 13.

in der vom Rationalismus ererbte Anspruch aus, eine präzise und darüber hinaus taxative Welt- und Himmelsvermessung vorlegen zu können, die keine Auskunftsverweigerung kennt und deren Coelographie keine weißen Flecken hat. Joseph Pieper, der unzähligen Menschen durch seine Bücher einen ersten Zugang zum Denken des hl. Thomas eröffnet hat, beschreibt in seiner Autobiographie, welche Irritationen bei nordamerikanischen Zuhörern seine Ausführungen „Über das negative Element in der Weltsicht des hl. Thomas", die später unter dem Titel „Unaustrinkbares Licht" als Buch vorgelegt wurden, auslösten.[25] Daß Thomas darin - durchaus korrekt - mit den Worten zitiert werden konnte, das Wesen einer einzigen Mücke sei dem menschlichen Verstand unausdenkbar,[26] das mußte einem apologetisch triumphsicheren, neuscholastisch formierten Auditorium geradezu zum Sakrileg geraten.

Zum anderen meint „Thomismus" mit Blick auf die andere, die mystische Orientierung in diesem Zusammenhang - stilundifferenziert und sozusagen *in globo* - Theologie überhaupt als Versuch einer Rationalität des Glaubens, die dann gerade in dieser Rationalität zugleich auch das Maß dieses Glaubens zu sein beansprucht.

---

[25]   „Durch solchen ziemlich rationalistischen Schulbuch-Thomismus hinwiederum schien mir an der Universität Notre Dame nicht nur der Lehrbetrieb bestimmt, sondern weithin auch die Diskussion mit den Fachgenossen… Fast als Ketzerei erschien einigen Fakultätskollegen vor allem meine hartnäckige Rede von dem Element der *philosophia negativa*, ohne das man, wie ich behauptete, Thomas von Aquin überhaupt nicht verstehen könne. ‚Das Wesen der Dinge ist uns unbekannt.' - dieser Satz war ja tatsächlich in keinem ‚thomistischen' Kompendium zu lesen; aber bei Thomas selbst kommt er duzende Male vor. Schließlich forderte man mich auf, diese befremdliche Position auf einer eigens anberaumten Zusammenkunft der Fakultät einmal zur Diskussion zu stellen. Ich fühlte mich dabei ein wenig wie auf der Anklagebank vor einer Art Inquisitionsgericht; aber man hörte mir respektvoll zu; dann wurde scharf und fair gestritten, und die Sache ging ‚unentschieden' aus. ‚Typisch amerikanisch?' - Übrigens waren mehr als die Hälfte der Kollegen, die da mit mir in der Runde saßen, Priester - damals natürlich alle noch im geistlichen Gewand, die meisten in der Soutane." J. PIEPER, Noch nicht aller Tage Abend. Autobiographische Aufzeichnungen 1945-1964, München 1979, 90-91.

[26]   Bei Thomas im 1. Kapitel seiner Auslegung des „Symbolum Apostolicum"; zitiert bei J. PIEPER, Unaustrinkbares Licht. Das negative Element in der Weltsicht des Thomas von Aquin, München ²1963, 37.

Endlich hier sitzt einer in der Falle und steht jeder am Scheideweg. Da blickt der Theologe von seinem liberal beruhigten Kulturfrieden aus (samt Mitgliedskarte im Lionsclub) etwas belustigt und zugleich ein wenig arrogant auf die schlichte Synthese der Frömmigkeit, der es gar nicht mysteriös und wundersatt genug zugehen kann; wohingegen den gebetssicheren Blick bewußt schlichter Seelen im analytischen Umgang mit dem Heiligsten Gut schon von sich her Verrat und Freigeisterei anäugt. Manchmal, in ganz seltenen Fällen, kommt es dazu, daß beide Seiten einander begegnen. Dann pflegen Theologen bedeutungsschwere Sätze zu sprechen, denen sie durch Tiefe der an sich etwas fistelnden Stimme und eine langsame, meditative Diktion Nachdruck zu geben pflegen. Sie werden meistens zu Zitaten der Frommen, die darin einen geheimen Sieg wittern. „Der Christ der Zukunft wird ein Mystiker sein, oder er wird nicht (mehr) sein!" Ich habe, trotz aufmerksamer Lektüre, nicht finden können, daß der Herr in den Evangelien irgendeinem seiner Jünger gegenüber das „Mysterium", bzw. eine diesbezügliche „Initiation" als Bedingung seiner Nachfolge erwähnt. Und wenn - mit der ganzen Tradition - die mystische Erfahrung als Charisma bestimmt wird, als das, was mit Thomas *gratia gratis data* genannt wird, dann wäre doch die schlichte Frage zu stellen, was mit den anderen ist, den a-mystoi, die nach der Taufgnade alles verpaßt haben? Die Blendung dieser Sätze besteht einzig darin, daß gerade P. Rahner das gesagt hat; denn schließlich gilt: wer hätte das (von ihm) gedacht?! - Desgleichen haben auch die Frommen ihren Humor, der an sich eher ein Anlaß zur Traurigkeit wäre, wenn sich darin nicht ein so sicheres Urteil zeigte. „Zwei Theologen treffen sich in der Kirche." - „Und was ist der Witz?" - „Das ist der Witz!". Am selben Ort vermag man auch zu hören, wie einer, jenseits aller sonst bewiesenen Demut, bekunden kann: „Ich bin stolz darauf, meinen Glauben durch das Theologiestudium gerettet zu haben!" Das ist nicht so zu lesen, wie einer vielleicht meint. Hier wird die Dionysius-Methode anempfohlen: Kopf ab, und durch!

Die These, die dieser Vortrag vorzulegen und zu verteidigen sich müht, geht auf eine bemerkenswerte, historische Beobachtung zurück, die mich schon seit einiger Zeit beschäftigt. Die bereits zuvor erwähnte Renaissance des Thomasstudiums, die von der Enzyklika „Aeterni Patris" motiviert und ausgelöst wurde, hat - neben viel Fleißarbeiterei und Banalität - ohne Zweifel auch große Theologie hervorgebracht. Das erregende Phänomen, auf das ich mich beziehe, besteht nun in dem Umstand, daß ausnahmslos alle bedeutenden Thomisten dieser Epoche zugleich ein nicht nur beiläufiges, sondern ausdrückliches Interesse an Theorie und Praxis der Mystik zeigen.

Das gilt zunächst für den, im Deutschen Sprachraum zu Unrecht fast völlig unbekannten belgischen Jesuiten P. Joseph Maréchal SJ (1878-1944), den Begründer des „Transzendentalthomismus", der dann von P. Karl Rahner SJ (in Deutschland) und P. Bernhard Lonergan SJ (in den USA) weiterentwickelt wurde. Sein in den Jahren 1927-1949 in fünf Bänden erschienenes spekulatives Hauptwerk „Le point de départ de la métaphysique", dessen Fichteanalyse eine selten erreichte Höhe interpretatorischer Sensibilität beweist, versucht eine in der Auseinandersetzung mit Kant und der Erkenntnisproblematik profilierte neue Grundlegung der Metaphysik. Ausgehend von der Frage nach der Möglichkeit der Gotteserkenntnis, gelangte er - ähnlich wie der Franzose Henry Bergson in seinem Buch „Die beiden Quellen der Moral und der Religion" - zum Problem der Mystik. 1908 erscheint sein Essay „A propos du sentiment de présence chez les profanes et le mystiques", der zum Ausgangspunkt zahlreicher Publikationen zum Thema der Mystik wird. Seine diesbezüglichen Veröffentlichungen wurden 1926 und 1937 in zwei Sammelbänden unter dem Titel „Études sur la psychologie des mystiques" herausgegeben.

Das Gesagte gilt in gleicher Weise für den vielleicht glühendsten Neuthomisten der ersten Hälfte unseres Jahrhunderts: Jacques Maritain (1882-1973), der 1906 vom Judentum zum Katholizismus konvertierte und bedeutende Beiträge zu Interpretation und Verteidigung des hl. Thomas geleistet hat. Zeit seines Lebens zeigte er sich an den Fragestellungen der Mystik interessiert. Als enger Freund Etienne Gilsons teilte er nicht nur dessen - von Klaus Kremer *cum plena ira et studio* befehdete These, nach der die Philosophie des „Doctor Angelicus" als „Exodus-Metaphysik"[27] (in Anlehnung an Ex 3,14) zu lesen sei, da sie in einer Theophanie Wurzeln nimmt, die Gott von sich selbst als DEM SEIENDEN (LXX) sprechen läßt, womit - so Gilson - der Eckstein der ganzen christlichen Metaphysik gelegt wäre. In seinem erkenntnistheoretischen Hauptwerk, „Die Stufen des Wissens", deutet Maritain, vor dem Hintergrund seiner Unterscheidung von perinoetischer (empirischer), dianoetischer (metaphysischer Wesenserkenntnis) und ananoetischer Erkenntnis (Erkenntnis qua Analogie a. der geschaffenen rei-

---

[27]   Vgl. E. GILSON, Introduzione alla Filosofia Cristiana, Milano ²1986, 49-57.

nen Geister, b. der Existenz Gottes, c. der „Superanalogie des Glaubens"),
Thomas so, daß jede metaphysische Erkenntnis im mystischen Erkennen
mündet. Maritain formuliert damit eine These, die das ins Auge gefaßt Ergebnis dieses Vortrags andeutet: Die Metaphysik, insofern sie thomasische
Metaphysik ist, führt durch sich selbst zu einer mystischen Vollendung, die
sie selbst jedoch formal nicht einfordert. Der hl. Thomas bringe in seiner
Analyse des geschaffenen Seienden den Blick der Seele in ihrem intellekti-
ven Vermögen in eine so beschaffene Perspektive der Wirklichkeit gegenüber, daß sie sich organisch zu kontemplativ-mystischen Erkenntnisweisen
fortentwickelt. Maritain schreibt:

> „Man versteht nur allzu gut, das auch die vollkommenste Frucht des
> geistigen Lebens den Menschen noch unbefriedigt läßt. Denn in Wirk-
> lichkeit genügt unser geistiges Leben nicht. Es braucht eine Ergän-
> zung. Die Erkenntnis zieht alle Formen und alle Arten des Gutseins in
> unsere Seelen, aber sie sind ihres eigenen Daseins entkleidet und auf
> den Zustand von Gedankendingen beschränkt. Wohl sind sie gegen-
> wärtig…, doch das auf eine wesentlich unvollständige Weise; sie ru-
> fen nach Vervollständigung, sie erzeugen Schwerkräfte in uns, die
> Sehnsucht nämlich, sie in ihrem eigentlichen, wirklichen Dasein ein-
> zuholen, sie nicht mehr nur in der Idee, sondern in Wirklichkeit zu be-
> sitzen. Darum kommt die Liebe hinzu; sie zwingt die Seele in eine
> Vereinigung realer Art, wie sie die erkennende Kraft selbst nicht her-
> vorzubringen vermag, es sei denn im äußersten Fall der Anschauung
> Gottes. Es ist unvermeidlich - außer bei irgendeiner unmenschlichen
> Verirrung -, daß so das geistige leben schließlich sein Ungenügen ein-
> gesteht und eines Tages dem Begehren verfällt. Es ist Fausts Problem.
> Wenn die menschliche Weisheit nicht oben in der Liebe Gottes zur
> Ruhe kommt, sinkt sie zu Gretchen hinab. Im mystischen Besitz des
> allerheiligsten Gottes in der ewigen Liebe oder im physischen Besitz
> eines armen Körpers in der flüchtigen Zeitlichkeit endet jeder, ein wie
> großer Zaubermeister er auch sei; diese Wahl bleibt keinem erspart.
> Das also ist die Not der Metaphysik (und dennoch auch ihre Größe).
> Sie erweckt die Sehnsucht nach der höchsten Vereinigung, nach einer
> geistlichen Besitzergreifung, die sich in der Ordnung der Wirklichkeit
> selbst und nicht nur der Idee vollzieht, und kann sie nicht befriedi-
> gen."[28]

---

28   J. MARITAIN, Die Stufen des Wissens; oder durch Unterscheiden zur
      Einung, Mainz o. J., 19.

Noch in seinem letzten Buch, dem „Bauer von der Garonne", beschreibt er in geradezu mystischer Terminologie jenen intuitiven Akt, kraft dessen der Intellekt des Seins inne wird.[29] Bei all dem bemüht Maritain sich um einen Kongruenznachweis zwischen Thomas von Aquin und Johannes von Kreuz.

Dies gilt in gleicher Weise für den nächsten Listenplatz: P. Reginald Garrigou-Lagrange OP († 1962), Professor am Angelicum in Rom, „neben Mandonnet der herausragende Exponent des klassischen dominikanischen Thomismus unseres Jahrhunderts",[30] der drei umfangreiche Studien zum Thema Mystik vorlegte: „Perfection chrétienne et contemplation selon saint Thomas d'Aquin et saint Jean de la Croix" (1923);[31] „L'amour de Dieu et la croix de Jesus" (1929); „Les trois ages de la vie interieure" (1938/1939). Für ihn ist - ebenso wie für Maritain - charakteristisch, daß er Thomas, gerade unter besonderer Rücksicht der mystischen Fragestellung, in der Interpretation des spanischen Barock-Thomisten Johannes a Sancto Thoma liest.

Bei Maurice Blondel (1861-1949) ist die Sache nicht gleich zu sehen und der Umstand ein wenig verschlungen, aber zu treffen ist die Sache auch hier. Blondel wurde berühmt als der Verfasser eines Buches mit dem Titel „L'Action" (1893),[32] worin er ein neues Interesse der Philosophie am Christentum zu wecken suchte; ein Unterfangen, das paradoxer Weise fast ausschließlich in der Theologie rezipiert wurde. Die rationalistische französische Philosophie lehnte die These Blondels, jeder Akt menschlichen Wollens habe über das konkrete, gewollte Objekt hinaus auch immer ein übernatürliches Gut im Auge, sorbonniert ab. Sein mystisches Interesse, das 1925 in dem Essay „Le problème de la mystique" seinen literarischen Ausdruck fand, wurde - wie Henry Bouillard überzeugend nachweisen konnte - durch eine Annäherung Blondels an Thomas geweckt, vor allem unter dem

---

29 J. MARITAIN, Der Bauer von der Garonne. Ein alter Laie macht sich Gedanken, München 1969, 138-145

30 B. McGINN, Die Mystik im Abendland, Bd. 1: Die Ursprünge, Freiburg-Basel-Wien 1994, 401.

31 Wenige der hier genannten Abhandlungen wurden je ins Deutsche übertragen. Die seltenen Ausnahmen bilden: R. GARRIGOU-LAGRANGE, Mystik und christliche Vollendung, Augsburg 1927; ders., Des Christen Weg zu Gott. Aszetik und Mystik nach den drei Stufen des geistlichen Lebens, München 1953.

32 M. BLONDEL, Die Action (1893). Versuch einer Kritik des Lebens und einer Wissenschaft der Praktik, Freiburg-München 1965.

Einfluß der thèse principale des jung verstorbenen Jesuiten P. Pierre Rousselot (1878-1915): „L'Intellectualisme de S. Thomas d'Aquin" (1908).

Zieht man nun aus dem Ganzen die Summe, dann stellt sich eine schlichte Frage: Ist die konstatierte Kongruenz von metaphysischer Spekulation in der Schule des hl. Thomas und ihrer mystischen Parallelaktion Zufall, oder besteht zwischen beidem eine organische Verbindung - und wenn ja, welcher Art ist diese? Die Lösung dieser Fragen wird nun zunächst durch zwei Umstände behindert: 1.) der Schwierigkeit, zu bestimmen, was „Mystik" eigentlich sei, und 2.) einer methoden-inhärenten Verkürzung der mystischen Qualität der Metaphysik des hl. Thomas, die zwangsläufig dadurch zustande kommt, daß die Mystikforschung selektiv „Ansätze zu einer mystischen Theologie" bei Thomas sucht, die a priori definierten Kriterien entsprechen soll und sich nicht aus der inneren Perspektive des organischen Ganzen der thomasischen Metaphysik und Theologie erschließt. Daß beide Problemfelder ineinander verschränkt und voneinander abhängig sind, erscheint offensichtlich. Wenn demnach Kurt Ruh im Zenit seines Thomaskapitels im III. Band seiner „Geschichte der abendländischen Mystik" bemerkt: „Es wäre verdienstvoll, Thomas' Ausführungen zu einer mystischen Theologie im Horizont seiner christlichen Metaphysik, die jahrhundertelang der katholischen Theologie fast ausschließlich zugrunde lag, zu vermitteln. Ohne ein umfassendes Thomas-Studium, das mir nicht mehr möglich war, ist dies jedoch nicht zu leisten"[33], dann benennt er damit nicht allein das Problem, sondern macht sich selbst zum Prototypen des ganzen Dilemmas.

Über die Mystik hätte Aristoteles wohl auch gesagt, es könne über sie in vielfacher Weise (πολλαχως) gesprochen werden. Bernhard McGinn hat der Erörterung der Frage, was damit nun schließlich präzis gemeint sei, viele Seiten sowohl in der Einleitung, als auch in dem sehr umfangreichen Anhang „Moderne Mystikforschung" des 1. Bandes seines zyklopädischen Werkes „Die Mystik im Abendland" gewidmet.[34] Der Leser empfängt recht bald den Eindruck, es scheint kaum ein Ding zwischen Himmel und Erde zu geben, dessen Begriff und Beurteilung so sehr umstritten sind. Zum einen sprechen manifeste Gründe dafür, die im weitesten Sinn von den Problemstallungen Platons abhängige Philosophie im Ganzen für ein System der

---

33   K. RUH, Geschichte der abendländischen Mystik, Bd. 3: Die Mystik des deutschen Predigerordens und ihre Grundlegung durch die Hochscholastik, München 1996, 163.

34   B. McGINN, op. cit., pp 383-481.

Mystik zu halten, eben wenn unter Mystik der Versuch des Menschen gefaßt wird, in Anschauung der letzten und höchsten Wirklichkeit zu gelangen, die als Ziel allen menschlichen Strebens zugleich mit der Rückkehr zu
dessen Ursprung auch dessen höchstes Glück bedeutet. Aristoteles' Theo-
ria-Lehre läßt sich unter dieses Konzept ebenso subsumieren, wie es in der
neuplatonischen Tradition, vor allem bei Plotin und Proklos, zu seiner un-
überbietbaren Vollendung findet. Mystik bedeutet dann, Aufschwung der
Seele über die Materie, das *non ens*, hinaus zur eigentlichen Wirklichkeit
und von „gottrunkenem Schweigen" umgebene Einigung mit dem welt- und
wesensjenseitigen *superunum ipsius*. Wer je seine Nase in den Kommentar
des Proklos zu Platons Parmenides, dessen Schlußteil (141e-142a), der in
allen bekannten griechischen Handschriften fehlte, 1929 von Raymond Kli-
bansky in einer lateinischen Übertragung des Wilhelm von Moerbeke wie-
derentdeckt wurde, gesteckt hat, der weiß, zu welch schwindelerregenden
Spekulationen es die Metaphysik bringen kann.[35] Da kommt einer schon
mächtig weit über die Welt hinaus, die vielleicht sein Problem ist. Man ist
an Novalis erinnert, der einmal - wenn auch mit Blick auf Spinoza - von
wollüstigem Wissen spricht, „welches allem Mysticism zu Grunde liegt".[36]
Und spätestens hier weiß man sich an die Worte Heimito von Doderes erinnert:

> „Die furchtbare Seite spiritueller Existenz besteht darin, daß der
> Mensch einen langen Schraubengang sich hinaufmüht, um so heftiger
> getrieben, je mehr ihn noch Dunkelheit einpackt. In den oberen und,
> wie er vermeint, helleren Kehren packt ihn jedoch das Gefühl des
> Schwindels, und in den ganz schlimmen, atemversetzenden Fällen
> kommt obendrein noch jenes Wort beinahe zu seiner doppelten Be-
> deutung."[37]

Da schlägt flink Altväterchen Immanuel Kant mit zu, für den Mystik „ein
Übersprung (salto mortale) von Begriffen zum Undenkbaren (...) eine Erwartung von Geheimnissen, oder vielmehr Hinhaltung mit solchen"

---

35   Vgl. PROKLOS, Kommentar zu Platons Parmenides 141E-142A, eingel.,
      übers. und erläutert v. Rainer Bartholomai, St. Augustin 1990.
36   NOVALIS (Friedrich von Hardenberg), Das allgemeine Brouillon, Nr.
      958; in: NOVALIS, Werke, Tagebücher und Briefe, hrsg. v. Hans-
      Joachim Mähl und Richard Samuel, Bd. 2: Das philosophisch-theoretische
      Werk, München-Wien 1978, 693.
37   H. v. DODERER, Repertorium. Ein Begreifbuch von höheren und niede-
      ren Lebenssachen, München 1969, 232.

beabzweckt. Für den Verfasser des Aufklärungs-Manifestes bedeutet sie „Schwärmerei", ist sie „vernufttödtend" und „schweift ins Überschwengliche hinaus".[38] Und Johann Christian Heinroth erklärt in seiner „Geschichte und Kritik des Mysticismus aller bekannten Völker und Zeiten" aus dem Jahre 1830, Mystik sei schlechthin ein Fall für den „psychischen Arzt".[39] Viel nüchterner stellt das „Deutsche Wörterbuch" der Gebrüder Grimm fest: „Mystisch: adj. Nach dem griech. Mystikós, seit dem vorigen Jahrhundert völlig eingebürgert, mit der Bedeutung des dunklen und geheimnisvollen, auf Grund der Vereinigung der Seele mit dem göttlichen Wesen."[40]

Den bisher skizzierten Fassungen des Begriffs Mystik, bejahenden und verneinenden, ist gemeinsam, daß sie den seelischen Aufstieg zu einem selbst unnahbaren Wesen beschreiben. Gerade der mystischste unter allen Neuplatonikern, Plotin, hatte bekanntlich in der VI. Enneade die Transzendenz des göttlichen EINEN auf dessen absolute Freiheit und diese auf eine schrankenlose Selbstgenügsamkeit zurückgeführt. Aus diesem Grund qualifizieren religiös verpflichtete Mystikkonzepte diese Systeme nur in einem weiteren, uneigentlichem Sinn als *mystisch.* Hier bestimmt sich Mystik nun als das aktive Handeln Gottes seinem Geschöpf gegenüber, seit der deutsch-niederländischen Mystik vor allem vermittelt durch die sieben Gaben des Heiligen Geistes.

Dieses kurze Referat der Begriffsgeschichte zeigt, daß das Wort Mystik in einem *weiteren* und einem *engeren* Sinn verstanden werden kann. Nähert sich der speziell an Fragen der mystischen Theologie interessierte Interpret dem Werk des hl. Thomas aus der Perspektive eines engeren Mystikverständnisses, so wird er im Werk eines Denkers, der in umfassendem Sinn Theologie im Anspruch systematischer Wissenschaftlichkeit entwirft, vergleichsweise rasch ein - nach seinem Urteil - mageres Material ausmachen können.

Es sind bei Thomas vor allem 4 Themenkomplexe, die einem solchen Interesse entgegenkommen:

---

38   I. KANT, Akademie Ausgabe, Bd. 8, 398. 335; Bd. 7, p 59; Bd. 5, p 71

39   J. Chr. A. HEINROTH, Geschichte und Kritik des Mysticismus aller bekannten Völker und Zeiten, 1830, V.

40   J. & W. GRIMM, Deutsches Wörterbuch, Bd. 12, Leipzig 1885, Sp. 2848.

1. Die „raptus-Quaestio" S. th. IIa-IIae q 175 im Kontext der Theologie der Charismen (S. th. IIa-IIae qq 171-179), deren Materie ebenso in „De Veritate" q XIII mit erweiternden Varianten[41] behandelt wird;

2. S. th. IIa-IIae q 180[42] (mit dem Höhepunkt in a 5: „Utrum vita contemplativa, secundum statum huius vitae, possit pertingere ad visionem divinae essentiae")[43];

---

[41] THOMAS stellt in „De Veritate" die Frage nach dem „Raptus" in einen für ihn ungewöhnlich breiten Zusammenhang, in dem er nämlich ausdrücklich nach der Möglichkeit *„alicuius viatoris"* (a. 3) fragt, mit der Möglichkeit der göttlichen Wesensschau begnadet zu werden. In S. th. IIa-IIae, q 175 hingegen bleibt der Apostel Paulus exklusiver Empfänger dieses Gnade. Ein weiterer bemerkenswerter Unterschied liegt in der Definition des „raptus" selbst: Während Thomas in „De Veritate" das Ziel der im „raptus" aktuellen Bewegung als „wider-" oder „gegennatürlich" bestimmt („et duo termini motus a quo, et in quem, cum dicitur, ab eo quod est *secundum naturam in id quod est contra naturam"*: DV q 13, a. 1, c.), spricht er in S. th. IIa-IIae, q 174, a. 1 weniger dialektisch von einem „übernatürlichen" Ziel des „raptus" („Et sic loquimur nunc de raptu: prout scilicet aliquis spiritu divino elevatur *ad aliqua supernaturalia,* cum abstractione a sensibus." S. th. IIa-IIae, q 175, a. 1, c.). Der manifeste semantische Unterschied sollte jedoch - gerade in Hinblick auf die Kontroverse um das „desiderium naturale" - systematisch nicht gepreßt werden (etwa durch die Frage: Ist für Thomas das „Übernatürliche" zugleich das „Widernatürliche"?), da er m. E. in der Harmonie-Tendenz der lateinischen Sprache radiziert („ab eo quod est *secundum naturam* in id quod est *contra naturam"*).

[42] THOMAS von AQUIN, S. th. IIa-IIae, q 180: „De Vita Contemplativa".

[43] THOMAS bezieht sich hier ausdrücklich auf seine früher entwickelte „raptus"-Lehre. Der Problemansatz liegt offensichtlich im *„secundum statum huius vitae".* Wie häufig nähert sich Thomas einer Lösung der Frage durch die Differenzierung des Frage-Grundes. „In diesem Leben" könne jemand auf zweierlei Weisen sein: *„actualiter"* und *„potentialiter".* Die Unterscheidung ergibt sich je nach der Bindung der Erkenntnisweisen an die körperliche Sinnlichkeit. „Secundum actum", was nun soviel bedeutet wie „der Natur nach", schließt die Bindung menschlichen Erkennens an die Sinnesorgane jede Möglichkeit einer Wesensschau Gottes aus („Et sic nullo modo contemplatio praesentis vitae potest pertingere ad videndum Dei essentiam"). Sollte sie dennoch möglich werden, so verlangt ein solcher Erkenntnisakt einen anderen, als den natürlichen Habitus des Lebens. Hier schließt Thomas nun die früher im Zusammenhang des „raptus" erarbeitete Auskunft an, ein solcher Zustand bedeute, daß die Seele dem Körper weiterhin als Form geeint ist (und demgemäß weiter von „vita" ge-

3. „De Veritate" q VIII: „De cognitione angelorum";[44] eine Frage, die für das Thema bedeutsam wird, da Thomas die Erkenntnisweise der Engel nur *intensiv,* nicht jedoch *qualitativ* von der des Menschen unterschieden denkt, da beide intelligente Geschöpfe sind. Zu Beginn seines Kommentars der Metaphysik des Aristoteles interpretiert Thomas im gleichen Sinn den bereits genannten Einleitungssatz des Stagariten, jeder Mensch strebe durch seine Natur nach Erkenntnis, u. a. auch mit der Auskunft, dieses Streben käme dadurch zustande, daß alles Lebendige sich in seinem Ursprung vollende: und der Ursprung des menschlichen Intellectes sei das angelische Leben.[45]

4. Der bedeutendste Beitrag des hl. Thomas zu der Frage mystischen Lebens aber liegt in der Lehre über die „Visio beatifica", die zu Beginn der Ia IIae (qq 1-5) entfaltet wird. Hier nun entzieht der „Doctor Angelicus" sich der geläufigen Unterscheidung von Mystik im weiteren und engeren Sinn. Seine Auskunft über die letzte, jeden Lebenssinn tragende und garantierende Finalität des menschlichen Daseins ist hochprozentige Mystik theologischen Zuschnittes - und doch nicht weiter esoterisch-platonisches Verdun-

---

sprochen werden kann), sich dennoch in ihrem Erkennen weder der Sinne, noch der Imagination bedient, sondern rücksichtlich dieses außergewöhnlichen Erkenntnisaktes gleichsam als *„anima separata"* schaut. Thomas beschreibt diesen besonderen („alio modo") Zustand unter dem Oberbegriff: „potest esse aliquis in hac vita *potentialiter".* Damit wird ein Lebensvollzug konstatiert, der die Mitte hält zwischen dem gegenwärtigen und dem zukünftigen Leben des Menschen, der also als eschatologischer Vorgriff anzusprechen ist und wiederum exklusiv dem hl. Paulus vorbehalten wird („Unde supremus gradus contemplationis praesentis vitae est qualem habuit Paulus in raptu, *secundum quem fuit medio modo se habens inter statum praesentis vitae et futurae.")*

44   Mit ihren 17 Artikeln ist diese Quaestio die umfangreichste unter den „Quaestiones Disputatae De Veritate"; ein Hinweis darauf, welche Bedeutung Thomas ihr im Zusammenhang des Erkenntnisproblems zusprach.

45   THOMAS von AQUIN, In Duodecim Libros Metaphysicorum Aristotelis Expositio, L. I, l. I, Turin ³1977, Nr. 4, 6: „Tertio, quia unicuique rei desiderabile est, ut suo principio coniugatur; in hoc enim uniuscuiusque perfectio consistit. Unde et motus circularis est perfectissimus, ut probatur octavo Physicorum (Aristotelis), quia finem coniungit principio. *Substantiis autem separatis, quae sunt principia intellectus humani, et ad quae intellectus se habet ut imperfectum ad perfectum, non coniungitur homo nisi per intellectum; unde et in hoc ultima hominis felicitas consistit.* Et ideo naturaliter homo desiderat scientiam."

kelungsgehaben. Zwar gilt, daß kein Geschöpf *in statu viae* Gott seiner Wesenheit nach zu schauen vermag, es sei denn dies wäre von Gott gewährt und gegeben (ein Umstand den Thomas nur für Moses und Paulus zuläßt); und doch ist gerade dies die letzte Bestimmung des menschlichen Lebens *in statu termini*. Dies geschieht, indem Gott, frei von Materialität und *per se subsistens,* sich zum geschaffenen Verstande gewissermaßen wie eine Form fügt.

Angekündigt wird dieses eminente Lehrstück im Corpus der theologischen Summe bereits früh, in S. th. I, q 12 a 1: „*Utrum aliquis intellectus creatus possit Deum videre per essentiam?*" Die Argumentation des Thomas verweist zunächst auf das metaphysische Prinzip, demgemäß die Erkennbarkeit der Dinge in ihrer Aktualität, in ihrem Wirklich-Sein Grund nimmt („unumquodque sit conoscibile secundum quod est in actu"). Daraus ist nun die erstaunliche Einsicht zu entnehmen, daß demnach kein Wesen erkennbarer ist als Gott: denn Gott ist reine Wirklichkeit, das rand- und restlos Verwirklichte selbst („Deus, qui est actus purus absque omni permixtione potentiae, quantum in se est, maxime cognoscibile est."). Nun hatte bereits Aristoteles darauf hingewiesen, daß bezüglich der Erkenntnis der höchsten Wirklichkeiten mit einer doppelten Perspektive zu rechnen sei, in der die Schwierigkeit einer solchen Erkenntnis ihren spezifischen Grund nimmt: „Vielleicht ist nun aber die Ursache der Schwierigkeit, die ja von zweifacher Art sein kann, nicht in den Dingen, sondern in uns selbst; wie sich nämlich die Augen der Eulen gegen das Tageslicht verhalten, so verhält sich die Vernunft unserer Seele zu dem, was seiner Natur nach unter allem am offenbarsten ist (προς τα τη φυσει φανερωτατα παντων)."[46] Thomas wendet die aristotelische Dialektik des „προς ημιν" und des „φυσει" nun auf die Frage der Wesenserkenntnis Gottes an; dieser ist seiner ontologischen Natur nach („in se") das „maximum cognoscibile", und doch ist davon auszugehen, daß ihn nicht jeder beliebige Intellekt zu erkennen vermag. Als Grund dafür gibt Thomas die Disproportionalität von Erkenntnisgegenstand und Erkenntnisvermögen an: „propter excessum intelligibilis supra intellectum"! Kein Intellekt ist so weit, daß er dem Ausmaß der göttlichen Wesenswirklichkeit entsprechen könnte. Hier findet sich dann auch das Beispiel von der Eule[47] zitiert, das ebenso Bonaventura in seinem „Itinerarium

---

[46]   ARISTOTELES, Met. A ελ, 1 (993b,7-993b,13)
[47]   Die differenzierte Lösung, der Thomas das hier verhandelte Problem entgegenführt, zeigt sich auch in einer Bemerkung, die sich in seinem Kom-

mentis in Deum" verwendet hat, um sein Verwundern („mira igitur est cae-
citas intellectus") über die Blindheit des menschlichen Geistes für das
höchste Sein zu erklären.[48] Bemerkenswert bleibt nun, daß Thomas fort-
fährt, in dem er auf die Meinung von Theologen („quidam") verweist, die
aus eben den von ihm zuvor dargelegten Gründen sich dazu verstanden hätten, jeden geschaffenen Intellekt von der Erkenntnis des göttlichen Wesens
auszuschließen. Dies gibt Thomas Anlaß, im Folgenden seine Lehre vom
„desiderium naturale"[49] anzuschließen, das eine übernatürliche Antwort in
der gnadenhaft gewährten Schau des göttlichen Wesens erhält. Ohne diese
Erfüllung müsse das menschliche Leben für absurd gelten, was nach Thomas der Vernunft widerspricht. Thomas gibt also eine differenzierte Antwort, auf die Frage, die er sich zu Beginn der 12. Quaestio gestellt hatte.
Zwar wird die Möglichkeit göttlicher Wesensschau für den Menschen „in
statu viatoris" ausgeschlossen, als Inhalt der „vita beatorum" jedoch trägt
und garantiert sie den gesamten Sinn der irdischen Existenz des Menschen:

„Im menschlichen Leben gibt es ein natürliches Streben danach, die Ursache zu kennen, wann immer man eine Wirkung gewahrt. Genau hier entspringt im Menschen die Verwunderung. Stände es nun so, daß die Vernunft der geistigen Kreatur die erste Ursache aller Welt niemals zu erken-

---

mentar zur Nachtvogel-Analogie in der aristotelischen Metaphysik findet.
Hier wird das Bild von Thomas im Sinne seines eigenen Lösungsvor-
schlages erweitert (wenn der Zusammenhang auch nicht im strengen Sinn
die Frage der göttlichen Wesenserkenntnis betrifft): „sicut solem etsi non
videat oculus nycticoracis, videt tamen eum oculus aquilae." THOMAS
von AQUIN, In Duodecim Libros Metaphysicorum Aristotelis Expositio,
L.II, l. I, Turin ³1977, Nr. 286, 82.

48   BONAVENTURA, Itinerarium mentis in Deum, c. V/4: „Quia assuefactus
     ad tenebras entium et phantasmata sensibilium, cum ipsam lucem summi
     esse intuetur, videtur sibi nihil videre; non intelligens, quod ipsa caligo
     summa est mentis nostrae illuminatio, sicut, quando videt oculus puram
     lucem, videtur sibi nihil videre."

49   THOMAS definiert das „desiderium naturale" sehr früh als „nihil est aliud
     quam inclinatio inhaerens rebus ex ordinatione primi moventis, quae non
     potest frustrari." (In Aristotelis Ethica Nicomacea Expositio, L. I, l. 2, 21).
     Der Anspruch notwendiger Erfüllung ergibt sich aus der Vollkommenheit
     der Schöpfung selbst; ohne ihn wäre das sehnsuchts-verfaßte Geschaffene
     Seiende ohne Sinn, d. h. seine Existenzrichtung vergeblich und „leer":
     „Frustra enim est, quod non consequitur finem ad quem est." (In XII Me-
     taphysicorum, Nr. 286).

nen vermöchte, dann bliebe die Sehnsucht des Menschen unerfüllt. Und das ist gegen jegliche Vernunft."[50]

Für Thomas wird der Mensch durch eine seiner Natur eigene Sehnsucht zu Gott erhoben,[51] der ihm in sich selbst gnadenhaft die Erfüllung dieser Sehnsucht schenkt. Zeit seines irdischen Lebens verbleibt der Mensch jedoch in der sehnsuchtsvollen Spannung auf diese Antwort, die Gott ist.[52]

Es läßt sich nun eine erregende Kongruenz dieses ontologischen Konzeptes zur Gebetstheologie des hl. Thomas herstellen.[53]

In seinem Sein sieht Thomas den Menschen auf ein übernatürliches Ziel bezogen, dessen Abwesenheit er sich in der Weise der Sehnsucht inne ist. Diese Sehnsucht war zunächst als ein gewissermaßen anonymes Prinzip oder klandestines Motiv seines lebendigen Strebens gedacht, als eine Art ontischer Tendenz. Dennoch vermag der Mensch diese Sehnsucht in seiner Vernunft wahrzunehmen und zu ihr Stellung zu beziehen. Er vermag sie zu bejahen, sie in den Mund zu nehmen und auszusprechen. Nach der Meinung des hl. Thomas wird durch diese Vollzüge das „desiderium naturale" zum Prinzip des Gebetes. Diese Annahme wird gestützt durch den für das Mittelalter bedeutsamen Versuch Cassiodors, das Wort „oratio" aus der etymologischen Wurzel „oris ratio" zu verstehen, was Thomas als „das Äußern eines Aktes des Verstandes mit dem Mund" deutet.[54] Das Gebet wäre dem-

---

50   THOMAS von AQUIN, S. th. I, q 12, a 1, c.: „Similiter etiam est praeter rationem. Inest enim homini naturale desiderium cognoscendi causam, cum intuetur effectum; et ex hoc admiratio in hominibus consurgit. Si igitur intellectus rationalis creaturae pertingere non possit ad primam causam rerum, remanebit inane desiderium naturae."

51   Eine überschaubare Zusammenfassung der diesbezüglichen Lehre des hl. Thomas, sowie der entsprechenden Begriffsgeschichte gibt P. ENGELHARDT in seinem Artikel „Desiderium naturale" in: HWP 2, Spalten 118-130.

52   Es sei nicht verschwiegen, daß dieses Konzept (vor allem in den Jahren 1924-1964) eine der heftigsten Kontroversen ausgelöst hat, die die Geschichte der Thomasinterpretation kennt. Auf die Landschaft dieser Diskussion kann hier jedoch nicht näher eingegangen werden.

53   Vgl. zum Folgenden: L. MAIDL, Desiderii interpres. Genese und Grundstruktur der Gebetstheologie des Thomas von Aquin, Paderborn-München-Wien-Zürich 1994, 125-140.

54   THOMAS von AQUIN, 4 Sent d. 15, q 4, a 1 (Nr. 516): „Unde ex suo nomine oratio significat expressionem alicuius actus rationis per effectum oris." (Zitiert nach L. MAIDL, op. cit. p 132, Anm. 51.)

nach zu verstehen als ein in die Form des Bewußtseins gebrachtes und darin gedeutetes Sehnen des Menschen nach seinem übernatürlichen Ziel. Wer so betet, hätte sich demnach als der Mensch verstanden, dem die Worte des Herrn gelten: „Μακαριοι οι πτωχοι τω πνευματι".[55] Das Gebet ist damit nicht schon an sich mit der natürlichen Sehnsucht des Menschen nach Gott identisch, wird jedoch zu dessen bewußtem Ausdruck und zu dessen Deutung. In diesem Sinn nennt Thomas das Gebet „quodammodo desiderii interpres".[56]

Das damit erschlossene Denkmodell erlaubt nun eine endgültige Bestimmung des Verhältnisses von „Mystik" und „Thomismus" vor dem Hintergrund der oben skizzierten Problemstellung. Es wäre demnach zu folgern, daß ebenso, wie die Sehnsucht nach Gott im Gebet ihren bewußten und bejahten Ausspruch findet, der damit zugleich zum Ausdruck der Bedürftigkeit der geschaffenen Natur im Ganzen wird und so deren verstandesmäßige Interpretation voraussetzt, die Metaphysik dieses Verständnis vorbereitet und wesentlich mitbedingt. Von daher erscheint es nun nicht weiter verwunderlich, wenn spekulative Analyse der Wirklichkeit und deren kontemplative Transzendierung in einer organischen Synthese zusammenfinden, die durch die Geschichte des Thomismus im 20. Jahrhundert so eindrucksvoll belegt ist. Damit wäre dann auch - als geringster Effekt unter allen - eine Möglichkeit erschlossen, sozusagen in zweiter Instanz, die Akten im Falle eines heute nur noch frommen Vorurteils zu schließen, daß nämlich Vernunft und Glaube sich zwangsläufig bekriegen

---

[55] Mt 5, 3: „Selig, die sehnend sind nach dem Geist."
[56] THOMAS von AQUIN, S. th. IIa-IIae, q 83, a 1, ad 1.

Wahrheit als hermeneutischer Schlüssel zu „Fides et Ratio"

Marian Gruber

1. Wahrheit

Bereits in der Begrüßung weist der Papst auf den auf den „Hebammendienst" der Wahrheit hin: „Glaube und Vernunft (Fides et ratio) sind wie die beiden Flügel, mit denen sich der menschliche Geist zur Betrachtung der Wahrheit erhebt. Das Streben, die Wahrheit zu erkennen und letztlich ihn selbst zu erkennen, hat Gott dem Menschen ins Herz gesenkt, damit er dadurch, daß er Ihn erkennt und liebt, auch zur vollen Wahrheit über sich selbst gelangen könne".[1]

Sowohl das Objekt wie das Subjekt besitzen die Wahrheit nicht nur an sich, als Natur, sondern für sich, als Freiheit sofern sie Natur sind, sind sie je schon zur Wahrheit hin in Bewegung gesetzt: das Objekt in die Bewegung der Selbsterschließung, das Subjekt in die Bewegung der Erschlossenheit für die Dinge. Sofern sie aber Freiheit besitzen, können beide über den Vollzug dieser Bewegungen mitverfügen. Sie können nach freiem Ermessen sich an der Gestaltung der Wahrheit mitbeteiligen; und so ist die Wahrheit in ihre Hände gelegt. *Gott will die Wahrheit nicht allein verwalten, er setzt die Menschen zu Mitverwaltern (besonders in der Kirche) ein.*

Am Kreuzungspunkt zwischen Natur und Freiheit steht *das Zeugnis.* Der Mensch ist berufen, von der Wahrheit Zeugnis abzulegen[2]. Es steht nicht in seinem Belieben, ob er eine wahre Darstellung seines Wissens geben wolle oder nicht. Sofern er auf die mögliche Selbsterschließung und Erschlossenheit für andere hin angelegt ist, ist ihm das willkürliche Verfügen über die

---

[1]   Fides et ratio, Gruß.

[2]   Fides et Ratio 50: „Wir Bischöfe haben... die Aufgabe, „Zeugen der Wahrheit" zu sein bei der Ausübung eines demütigen, aber unermüdlichen Dienstes, den jeder Philosoph anerkenn sollte, zum Vorteil der *recta ratio,* das heißt der Vernunft, die über das Wahre in rechter Weise nachdenkt."

Wahrheit entzogen. *Sich in Wahrheit erschließend und in Wahrheit für andere erschlossen vollzieht er kein fremdes Gebot über ihm, sondern das Gesetz seines eigenen Seins.* Er muß, weil er Geist ist, von der Wahrheit Zeugnis ablegen. Er muß diesem Imperativ, der in sein innerstes Wesen eingeschrieben ist, gehorchen. Er muß diese Last, die doch nur sein Glück ist, auf sich nehmen, wenn er seinen Geist nicht zugrunde richten will. Und er muß diese Last so übernehmen, daß er in Freiheit sich der Aufgabe widmet, der er sich nicht entziehen kann. Denn anders als in Freiheit kann menschliche Wahrheit nicht verwaltet werden. Die Intimität beider Räume, des objektiven wie des subjektiven, bringt es mit sich, daß ihre Wahrheit in Freiheit kundgetan werden muß, um nach außen bekannt zu sein. Niemand kann sich darauf verlassen, daß die Wahrheit auch ohne ihn an den Tag kommen werde, daß die Wahrheit für ihre eigene Offenbarung zu sorgen habe. Sie bleibt auf der Stufe der Menschheit angewiesen auf die freie gegenseitige Offenbarung der Menschen, die voreinander Zeugnis ablegen von der Wahrheit. Weil die Wahrheit nicht naturhaft offen daliegt, muß sie geistig eröffnet werden, und weil sie auch als *geoffenbarte*, soweit es sich um die Wahrheit eines Subjekts handelt, nicht nachgeprüft werden kann, muß das offenbarende Subjekt mit seiner ganzen Verantwortung für die Wahrheit seines Zeugnisses einstehen.

Sofern nun *die Verwaltung der Wahrheit der menschlichen Freiheit* anheimgestellt ist, erheben sich mehrere Fragen, die die Regelung und das *rechte Maß* dieser Verwaltung betreffen.[3] Für den sich Erschließenden, seine Wahrheit Mitteilenden entsteht das Problem, welche Norm seine Selbsterschließung bestimmt –siehe Lehramt. Wann soll er sich offenbaren; wem und wie weit und in welcher Weise? Von seiten des für die fremde Wahrheit Erschlossenen stellt sich die gleiche Frage, nach welcher Norm er seine Wahrheitsaufnahme zu regeln habe, da es ihm offenbar unmöglich ist, wahllos aller Wahrheit, die ihm über den Weg läuft, zur Verfügung zu stehen. Nun wird die rechte Auswahl sowohl in der Erschließung wie in der Erschlossenheit zweifellos durch die Tugend der Klugheit geregelt. Sie stellt in jeder Situation die Richtigkeit oder Unrichtigkeit einer Handlung

---

3   Fides et Ratio 50: „Die Kirche hat die Pflicht anzuzeigen, was sich in einem philosophischen System als unvereinbar mit ihrem Glauben herausstellen kann. Denn viele philosophische Inhalte, wie Themen von Gott, Mensch, seine Freiheit und sein sittliches Handeln, rufen die Kirche unmittelbar auf den Plan, weil sie an die von ihr gehüteten geoffenbarte Wahrheit rühren."

vor Augen, indem sie die allgemeinen Richtlinien, die ohne sie abstrakt und unanwendbar bleiben, auf die konkreten Umstände anzuwenden versteht. So kann man zwar allgemein sagen, daß man sich dem erschließen soll, der ein Recht darauf hat, der vertrauenswürdig ist, der die Wahrheit braucht und sie nicht mißbraucht. Wer aber jeweils dieser Betreffende ist, das muß die Klugheit uns sagen. In wenigen menschlichen Gebieten ist dieser Tugend so viel Spielraum gelassen, so viel Vertrauen geschenkt, so viel Verantwortung aufgeladen. Sie besitzt als Mitgift im Grunde nur zwei Gesetze: daß die Wahrheit gesagt werden muß, und daß sie in Freiheit, also mit Auswahl gesagt werden muß. An ihr ist es, den weiten Zwischenraum zwischen diesen allgemeinen Sätzen und ihrer besonderen Anwendung zu überbrücken. Sie müßte aber bei dieser Aufgabe scheitern, wenn ihr nicht eine höhere Richtschnur gegeben wäre. Denn auch die Tugend der Klugheit, der die spontane, produktive Anwendung des Abstrakten auf das Konkrete zusteht, kann diese erfinderische Tat, die immer eine echt schöpferische Leistung bleibt, nicht allein aus sich selbst rechtfertigen. Sie muß jeweils aussagen können, warum es klug war, so zu entscheiden. *Sie muß auf eine letzte Norm hinblicken.* Diese Norm kann aber zuletzt nur entweder der Egoismus oder die Liebe sein. Alle andern Normen sind vorläufig und richten sich nach dieser letzten Entscheidung. So kann ein Mensch in seiner Selbsterschließung sehr klug sein, aber Grund und Norm seiner Klugheit ist, die Wahrheit nur insoweit zu sagen, als für ihn selbst dabei ein Vorteil entsteht. Oder es kann ein Mensch sich zur Regel gemacht haben, *nur jene Wahrheit in sich einzulassen, die er selbst gerne hört,* die in seine vorgefaßte Idee hineinpaßt und seine in sich befriedigte Ruhe nicht stört. Und er kann diese Auswahl ebenfalls mit großer Klugheit durchführen. Beide gehen frei mit der Wahrheit um, beide besitzen ein Gesetz der Auswahl, das von Klugheit diktiert ist. Aber dieses Gesetz ist der Egoismus, und dieser widerspricht dem Gesetz der Liebe. Nun aber ist die Liebe, wie gezeigt worden ist, von der Wahrheit nicht trennbar.[4] Sie steht sogar am Ursprung der Wahrheitsbewegung, sowohl im Objekt wie im Subjekt. Sie ist der Sinn der Seinserschließung wie seiner Erschlossenheit, und so kann auch kein Zweifel darüber bestehen, daß sie das Maß der jeweiligen Anwendung der Wahrheit in sich selbst hat. *Der Egoismus dagegen, der die Liebe nicht kennt, kann auch um die Wahrheit im vollen Sinne nicht wissen.* Er kann wohl mit einzelnen Wahrheiten umgehen, sie als materielle Sätze auffassen und weiter-

---

[4]   1 Kor, 13,6: Liebe sucht die Wahrheit!

geben, er kann sie aber nicht als die eigene Wahrheit besitzen. Denn die Bewegung, die er in seinem Egoismus vollzieht, widerstreitet unmittelbar der Bewegung der Wahrheit, die von der Liebe geleitet ist. Wer Wahrheit nur darum mitteilt, um auf seine eigene Rechnung zu kommen, der kann wohl den Anschein erwecken, sich zu eröffnen und hinzugeben, er tut es im letzten doch nicht. Er benützt vielmehr die Bewegung der Selbsthingabe nur als Mittel, um sich besser in sich selbst zu verschließen. Er widerspricht sich selbst in seinem Tun und steht darum gar nicht in der Wahrheit. Seine Selbsterschließung ist nur ein Schein, nur die Vortäuschung einer Bewegung der Liebe und hat darum viel mehr von Lüge als von Wahrheit an sich.

Wenn also der *echte Egoismus keiner Wahrheit fähig* ist, so ist anderseits die *echte Liebe keiner Unwahrheit fähig.* Denn sie steht an der Quelle der Wahrheit, und wenn sie als Liebe zu strömen beginnt, so kann sie nicht anders, als Wahrheit erzeugen. Liebe ist die selbstlose Mitteilung des eigenen, wie sie die selbstlose Aufnahme des Andern in sich selbst ist. *Liebe ist das vorbestimmte Maß aller Wahrheit.* Die Selbstmitteilung wird dann echte Offenbarung des eigenen sein, wenn sie zu ihrem letzten Sinn die Hingabe selbst hat, und der Empfang fremder Offenbarung wird dann zu echter Einsicht führen, wenn sie wiederum von der Hingabe an das sich Darbietende getragen ist. Sofern die *Liebe die wahrheitserzeugende Bewegung selber ist, hat sie allein auch den letzten Schlüssel der Wahrheitsanwendung in der Hand.* Sie ist das wahre Maß aller Mitteilung und alles Empfanges.

Es kann also außerhalb der Liebe zwar eine Nachahmung der Wahrheit geben; es kann mit Sätzen umgegangen werden, die, formal gesehen, Wahrheit enthalten, vielleicht sogar unwiderleglich sind, es kann aber dort nicht jene Wahrheit geben, die alle Einzelsätze erst wirklich wahr macht: die Wahrheit der Selbsterschließung des Seins. *Es kann der Mund der Lüge von Einzelwahrheiten triefen, sie kann Systeme erbauen, deren innere Logik verblüffend und fehlerlos ist. Aber abgelöst von der Grundbewegung der Liebe bleiben alle diese formal richtigen Sätze im Dienst der Lüge und helfen durch ihre „Wahrheit" mit zur Vermehrung der Lüge.* Umgekehrt kann es wohl sein, daß die Liebe sich im einzelnen irrt. Aber dieser Irrtum ist harmlos und unschädlich, solange er eingebettet bleibt in die umfassende Bewegung der Liebe, die als solche sich niemals täuscht. *Innerhalb der Liebe kann ein formaler Irrtum nicht schaden, während jede Wahrheit, die außerhalb der Liebe verwendet wird, nur zerstörerisch wirken kann.* Dadurch ist nicht ausgeschlossen, daß einer, der die Liebe nicht hat, Wahrheit in fruchtbarer Weise vermitteln kann. Er wirkt dann als ein bloßer Durchgang; die Quelle der Wahrheit, die er vermittelt, ist nicht er selbst. So kann die Wahrheit eines Platon oder Augustinus auch durch solche weitergegeben werden, die innerlich nicht von dieser Wahrheit leben; sie strahlt aber in ähnlicher Weise durch sie hindurch, wie die sakramentalen Gnaden Christi sich unbeschadet der Würdigkeit des spendenden Priesters in den Empfangenden auswirkt. Dennoch wird es selbst hier nicht ohne eine gewisse Beeinträchtigung der Wahrheitsfülle abgehen, ein Teil der Strahlen, die durch das Medium hindurchgehen sollten, werden von diesem absorbiert, während ein angepaßtes Medium die Lichtkraft dessen, was es vermittelt, noch steigern würde.

Wer nach dem Gesetz der Wahrheitsverwaltung sucht, braucht sich nur an die Liebe zu halten, um niemals zu fehlen. Jede in der Liebe mitgeteilte und in ihr aufgenommene Wahrheit ist richtig verwaltet, auch wenn noch so viele Gründe dagegen zu sprechen scheinen. Es kann eine Wahrheit noch so unangenehm zu sagen und zu hören sein; ist sie in der Liebe mitgeteilt und aufgenommen, so konnte nichts Besseres als diese Mitteilung geschehen. Das Kennzeichen der wahren Liebe wird dabei immer sein, daß die Gerechtigkeit, auf der sie beruht, vollkommen erfüllt und erst in dieser Erfüllung überholt und überstiegen wird. *Eine Liebe, die die Gerechtigkeit[5] mißachten zu dürfen glaubte, wäre eben dadurch als eine schwärmerische Illusion entlarvt.* Darum kann die Liebe in der Verwaltung der Wahrheit scheinbar hart und unerbittlich sein; sie kann auf schonungslose Enthüllung drängen, weil sie nicht anders aufbauen kann als auf der Grundlage der Wahrheit. Die Liebe weiß, wann diese Enthüllung der Wahrheit notwendig ist, damit sich ihr Werk fruchtbar entfalten kann. Denn nicht immer ist sie notwendig. Manches kann für ewig in Vergessen begraben werden, ohne daß der Geliebte jemals erfährt, daß der Liebende darum wußte. Manches hingegen muß geoffenbart werden, wenn das Verhältnis der Liebe klar und durchsichtig sein soll. Alles aber, was geoffenbart werden muß, um erst dann verziehen und vergessen zu werden, darf nur um der Liebe willen geoffenbart werden. Niemals ist das bloße Wissen um etwas ein hinreichender Grund, es auch zu enthüllen. Eine solche Enthüllung diente nichts anderem als einer Kundgabe der eigenen Überlegenheit. Man will durch die Offenbarung von Wahrheit den Beweis erbringen, daß man mehr weiß als

---

[5]   1 Kor 13,6: Liebe sucht nicht das Unrecht!

der andere, man will ihn vielleicht sogar unter der Maske harmloser Äußerungen verletzen. Gesellschaftliche Gespräche, die scheinbar im besten Einvernehmen verlaufen, sind oft nichts als eine Kette feiner Grausamkeiten, deren Kunst darin besteht, den Partner aus der Deckung der eigenen Unangreifbarkeit so empfindlich wie möglich zu treffen. Offen überreicht man Rosen, aber man meint die versteckten Dornen.

Bei alldem ist nicht von der Lüge als der Verkehrung der Wahrheit die Rede, sondern von dem Mißbrauch der Wahrheit selbst durch den Mangel an Liebe. Es zeigt sich aber, daß beide Verstöße gegen die Wahrheit sich letztlich doch treffen. Denn auch der Mißbrauch der Wahrheit verstößt gegen die Wahrheit und steht somit im Bund mit der Lüge. Jede Enthüllung, die nicht im Dienst der Liebe steht, ist einem Exhibitionismus vergleichbar, der als solcher gegen die intimen Gesetze der Liebe verstößt. Nicht alles darf zu jeder Zeit offenbar werden. *Im Schweigen der Liebe, die sich selbst und die Wahrheit verhüllt, liegt mehr Wahrheit als in jeder lieblosen Preisgabe.* So wird deutlich, wie die Wahrheit ganz im Dienste der sie umfassenden und übersteigenden Liebe steht. Die Wahrheit als Enthüllung von Sein hat Maß und Grenzen an den Gesetzen der Liebe; die Liebe dagegen hat kein Maß und keine Grenze an etwas anderem als an ihr selbst.

Wenn die gerechte Liebe das Maß der Offenbarung der Wahrheit besitzt, dann besitzt sie notwendig auch *das Maß ihrer Nicht-Offenbarung.* Es kann die Liebe gezwungen sein, die Wahrheit nur teilweise, nur mit Vorbehalten bekanntzugeben. In solchen Fällen liegt die Regel der Wahrheitsverwaltung darin, daß die Liebe selbst nicht geteilt, nicht mit Vorbehalt mitgeteilt werden darf. Alles ist erlaubt, wenn es notwendig ist, um der Liebe ihre Ganzheit zu bewahren. Nicht daß es der Liebe gestattet wäre, in einer Art von Sorglosigkeit mit der Wahrheit umzuspringen, wie es ihr beliebt. Sie achtet ja, wenn sie das volle Gesetz der Wahrheit achtet, damit nur sich selbst und ihr eigenstes Lebensgesetz. Aber sie muß sich letztlich auch in diesem Gesetz frei bewegen und sich nicht zum Sklaven ihres eigenen Gesetzes der Freiheit machen. Nichts ist letztlich freier als die Liebe, die sich grundlos offenbart und verschenkt, und es wäre widersinnig, wenn dieses freieste Tun der Liebe sie selbst in die Bande formalistischer Gesetze schlagen würde. Die Liebe muß wissen, daß es zu ihrem *Gesetze*[6] gehört, in der Be-

---

6   Vgl. S. KIERKEGAARD, Der Liebe Tun – Etliche christliche Erwägungen in Form von Reden. Band 1, Düsseldorf u. Köln 1966, 116: „Liebe ist des Gesetzes Erfüllung, denn das Gesetz ist trotz seiner vielen Bestimmungen

wegung der Hingabe freier zu sein als alles, was sonst zu verpflichten vermag.

So ist auch das Gesetz der Wahrheit in ihre Hände gelegt, damit sie es ihrem eigenen Wesen entsprechend verwalte. Sie wird in jedem Falle die Wahrheit so bemessen und dosieren, daß die Liebe selbst nicht bemessen und dosiert zu werden braucht. Wo es um der Liebe und ihrer Ganzheit willen erforderlich ist, wird sie die Wahrheit nur bruchstückhaft und verschleiert wiedergeben. Denn die Wahrheit verträgt eine Teilung, die Liebe verträgt sie nicht. Die Wahrheit, wie wir sie in der Welt kennen, besteht immer aus einzelnen Offenbarungen, Sätzen, Urteilen, die eine bestimmte Perspektive enthüllen. Aber jede dieser Perspektiven behält ihre Endlichkeit und muß von anderen ergänzt werden. Keine weltliche Wahrheit ist absolut, auch wenn sie echte, wirkliche Wahrheit ist. Sie ist aber Wahrheit nur, wenn sie den Zusammenhang mit der gesamten Wahrheit besitzt, wenn sie wirklich ein Ausdruck (ob auch ein beschränkter, bemessener) einer nicht bedingten, nicht bemessenen Offenbarung und Hingabe ist. So muß in der menschlichen Verwaltung der Wahrheit jede endliche Zumessung von Wahrheit der Ausdruck eines nicht bemessenen Willens zur Hingabe sein. Es geht nicht an, daß ein Mensch sich in dieser Lage so, in jener Lage anders gibt, die Wahrheit einmal so, einmal anders darstellt, nur weil es ihm behaglich ist, sich in die jeweilige partielle Situation hineinzupassen, das zu bieten, was gerne gehört wird, was nicht auffällt, nicht absticht, und seine Charakterlosigkeit mit entsprechender Mimik zu bemänteln. Wenn er sich gezwungen sieht, die Wahrheit, die er auszusprechen hat, nach der gegebenen Situation auszuwählen und darzustellen, dann kann es nur so geschehen, daß er selbst, mit seiner vollen Hingabe und seiner vollen Verantwortung, hinter jeder seiner Äußerungen steht. Alles Partielle, was seiner Darstellung anhaftet, und jeder bewußte Vorbehalt (*reservatio mentalis*), den er dabei machen kann, muß jederzeit von seinem totalen Standpunkt aus übersehbar, vereinbar und so zu rechtfertigen sein. Aus den unterschiedlichen Darstellungen der Wahrheit, die ein Mensch in verschiedenen Lagen zu geben verpflichtet sein kann, müßte bei ihrer gegenseitigen Ergänzung[7] das einheitliche Bild des totalen Lebensauftrages dieses Menschen ablesbar

---

dennoch das in gewisser Weise Unbestimmte… Gesetz ist der Schatten des Zukünftigen und damit Entwurf … so ist das Gesetz der Entwurf, die Liebe die Erfüllung und das ganz Bestimmte, in der Liebe ist das Gesetz das ganz Bestimmte."

[7]   Vgl. M. CH. GRUBER, Im Schatten des Wissens, Sittendorf 1998, 126ff.

sein. Aus dieser Ganzheit heraus, die in jeder Teildarstellung als Haltung sichtbar und fühlbar bleiben muß, wird die partielle Wahrheit zu einem möglichen Ausdruck der uneingeschränkten Wahrheit. Ist sie das wirklich, dann bedarf sie zu ihrer Rechtfertigung keiner formalistischen Kasuistik mehr.

Im Verhältnis zwischen der partiellen Wahrheit, die allein jeweils dargestellt und ausgesprochen werden kann, und der totalen Wahrheitshaltung, die hinter ihr steht, liegt der Zugang zu allen wesentlichen Gesetzen der Wahrheitsverwaltung. Jeder Mißbrauch der Wahrheit liegt in einer Verselbständigung des Bruchstückhaften zu Ungunsten der Ganzheit. In der Möglichkeit dieses Mißbrauchs liegt die Wurzel des Ärgernisses. Das Ärgernis wird überall dort genommen, wo man sich auf Grund eines partiellen Wahrheitsstandpunktes gegenüber der absoluten, umgreifenden Wahrheit verschließt. Der partielle Standpunkt kann eine einzelne, vorgefaßte Meinung sein, deren Beschränktheit man nicht durchschaut oder nicht durchschauen will, er kann aber auch ein ganzes System von Meinungen sein, eine „Weltanschauung", in die hinein man sich geflüchtet oder verschanzt hat, und die nun den Ausblick auf größere Zusammenhänge nicht mehr gestattet. *Immer aber liegt das Ärgernis in einer Grenzziehung gegenüber einer weiteren Wahrheit, im Festhalten und Verabsolutieren einer endlichen Perspektive,* die man nicht mehr als einen Teil und Ausdruck der übersteigenden, unendlichen Wahrheit ansehen will. Nicht darin, daß der Mensch nur einen Ausschnitt aus der unendlichen Wahrheit kennt, liegt seine Schuld, sondern darin, daß er sich bei diesem Ausschnitt beruhigt, sich gegen erweiternde und ergänzende Ausblicke abriegelt und sich so von der lebendigen Quelle der Wahrheit *trennt*[8]. Er nimmt diese Ärgernis im Grunde jedesmal, wenn er sich von der Liebe trennt. Denn die Liebe ist es, die ihm den übergreifenden Standpunkt, den er erkennend nicht einzunehmen vermag, zusichert. In der Liebe öffnet er sich selbst ohne Bedingung und ist darum auch für alle Wahrheit offen, die ihn und seinen personellen Stand-

---

[8]   Fides et Ratio 27: „An und für sich erscheint jede Wahrheit, auch Teilwahrheit, wenn sie wirklich wahr ist, als universal. Was wahr ist, muß für alle und für immer wahr sein. Außer dieser Universalität sucht der Mensch jedoch nach einem Absoluten, das in der Lage sein soll, seinem ganzen Suchen und Forschen Antwort und Sinn zu geben: etwas Letztes, das sich als Grund jeder Sache herausstellt. Mit anderen Worten, er sucht nach einer endgültigen Erklärung, nach einem höchsten Wert, über den hinaus es weitere Fragen oder Verweise weder gibt noch geben kann."

punkt übersteigt. In der Liebe ist er gewillt, mehr gelten zu lassen, als was er selbst zu überblicken und zu beurteilen vermag. *Die Liebe ist jene Rezeptivität, die jeder fremden Wahrheit Kredit gibt, sich als solche zu offenbaren.* Sie ist das weiteste Apriori, das es gibt, weil sie nichts anderes voraussetzt als sich selbst.

In der Auseinandersetzung der partiellen Standpunkte und Perspektiven, die ja der Anlaß der meisten Gespräche unter Menschen ist, angefangen von den alltäglichsten Meinungsverschiedenheiten bis zu den entscheidungsvollsten Gesprächen zwischen Weltanschauungen und Konfessionen, kann es keine höhere Regel der Wahrheitsverwaltung geben als die der Totalität. Jede partielle Perspektive wird um so mehr Anspruch auf Wahrheit erheben dürfen, je mehr Wahrheit sie in sich zu integrieren vermag. Partielle Wahrheit, die in der Haltung der Abwehr gegenüber fremder Wahrheit verharrt, ist eben dadurch schon ihrer Unterlegenheit im Wettlauf der Wahrheiten überführt. *Partielle Wahrheit, die sich einen Teil der Wahrheit herausnimmt und sich damit abseits der Totalität ansiedelt, kennzeichnet das Wesen der Häresie und das Irren[9] der Sekte.* Nur Naivität und persönliche Unwissenheit über die Negativität der Grenzsetzung, die im Wesen der Sekte liegt, kann ihren Anhängern trotz allem den Zusammenhang mit der totalen Wahrheit und damit das Heil zusichern. Denn gerettet wird nur, wer die Liebe besitzt, das heißt im Ursprung der Wahrheitsbewegung selbst steht. Keine partielle Wahrheit kann als solche die gültige Selbstaussprache einer geistigen, unsterblichen Person sein. Ohne Zusammenhang mit der absoluten Wahrheit kann sie nicht zu ihrer Darstellung und Offenbarung gelangen. Dieser Zusammenhang aber wird nur möglich, wenn sie ihr partielles Wissen in der Liebe potentiell grenzenlos werden läßt.

Die Liebe ist das Gegenteil der sektiererischen Rechthaberei. Sie ist geneigt, eher die fremde Wahrheit als die eigene gelten zu lassen. Sie hat die Freiheit, alle Wahrheit zu bejahen, auch jene, die sie selbst nicht unmittelbar übersieht und zu richten vermag, wenn sie nur aus der Liebe stammt.

---

9   Vgl. M. HEIDEGGER, Wegmarken, 194: „Der Irrtum erstreckt sich vom gewöhnlichsten Sich-Vertun, Sich-Versehen und Sicht-Verrechnen bis zum Sich-Verlaufen und Sicht-Versteigen in den wesentlichen Haltungen und Entscheidungen. Was man jedoch gewöhnlich und auch nach den Lehren der Philosophie als Irrtum kennt, die Unrichtigkeit des Urteils und die Falschheit der Erkenntnis… Die Verbergung des verborgenen Seienden im *Ganzen* waltet in der Entbergung des jeweiligen Seienden, die als Vergessenheit der Verbergung zur Irre wird.“

Sie ist aber auch hellsichtig genug, den jeweiligen Abstand einer partiellen Wahrheit von der totalen Wahrheit irgendwie zu überblicken, und so imstande, die Wahrheiten *hierarchisch*[10] zu ordnen. Sie weiß, welche Wahrheiten die umfassenden, welche die umfaßten sind. Sie kann sich daher den jeweils weiteren und höheren Standpunkt zu eigen machen, und diese Fähigkeit wird ihre stärkste Waffe im Gespräch der Weltanschauungen sein. *Sie besiegt ihren Gegner weniger durch Schärfe als durch Fülle.* Sie zeigt ihm, daß das, was er zu sagen hat, in ihrem Standpunkt bereits einbegriffen, vielleicht schon überholt ist. Sie urteilt nicht, sie weist nur auf und überläßt das Urteil der Evidenz ihrer strahlenderen Offenbarung.

Sie ist schließlich so sehr von der Totalität der Wahrheit überzeugt, im Akt der Hingabe ihrer selbst so sicher, daß sie sogar bereit ist, um dieser Totalität willen auf ihren eigenen partiellen Standpunkt zu verzichten. Sie sieht die Notwendigkeit der totalen Wahrheit so klar und mit solcher Gewißheit, daß ihr diese Notwendigkeit viel wichtiger ist als die Durchfechtung irgendeiner partiellen Evidenz, hätte sie sich diese auch in langem persönlichem Ringen erkämpft. *Die Echtheit der Wahrheit zeigt sich darin, daß die partielle Wahrheit immer bereit ist, auf sich selbst zu verzichten, wenn die Gesamtheit der Wahrheit auf dem Spiel steht.* Dieser Verzicht ist für die Liebe kein absurdes Opfer, da sie immer bereit ist, um der andern willen auf das Eigene zu verzichten. Dieses Eigene kann auch einmal die persönliche Perspektive sein, an der man naturgemäß mehr hängt als an äußerem Hab und Gut. Aber keine persönliche Perspektive drückt die ganze Wahrheit aus; diese wird vielmehr in der Welt nur durch die Liebe verkörpert. So ist der Verzicht der Liebe auf die partielle Wahrheit um der Liebe willen eine höchste Form der Offenbarung der Wahrheit.

Liebe macht hellsichtig, sie spannt den Blick in die Tiefe wie in die Höhe. Sie ordnet und kristallisiert die endliche Wahrheit um den Pol der absoluten Wahrheit. Sie wird durch ihre Bewegung der Selbsthingabe mit einer Flut von Wahrheit beschenkt, deren Hauptmerkmal eine Fülle ist, die in kein menschliches Schema eingeht. Darum erhält die Liebe, je mehr sie sich offenbart, um so mehr neue, zu offenbarende Wahrheit. Ihr innerer Reichtum nimmt in dem Maße zu, als sie ihn ausspendet. *Ihr Geheimnis steigert sich,*

---

10   „Hierarchisch" in dem Sinn, daß im Sinne, daß es eine „heilige" Wahrheit gibt.

je mehr sie es kundtut.[11] Keine Wahrheit, die aus dem Zentrum des sich offenbarenden Seins ausgeht, ist je erschöpfbar; sie enthält in sich den Hinweis auf jeweils neue, tiefere Wahrheit. So weiß, wer liebend in der Bewegung der Wahrheit steht, immer mehr als er sagen kann. *Wissen macht einsam,* gerade wenn es ein Wissen der Liebe ist. Diese häuft im Liebenden eine Last von Geheimnissen an, unter der er erliegen müßte, wenn sie nicht an die unendliche Wahrheit, an Gott, als den Mitwisser aller Geheimnisse, zurückgegeben werden könnte. Der nichtauflösbare Rest des Unmitteilbaren in aller Hingabe und Enthüllung, der sich steigert mit steigender Mitteilung, läßt hinter der freien Enthüllung als Kennzeichen der Wahrheit diese weitere Eigenschaft aller Wahrheit aufscheinen: daß sie in sich selbst ein bleibendes Geheimnis birgt.

2. Offenbarung

In der Beschreibung der Wahrheit stießen wir auf die Eigentümlichkeit, daß die Wahrheit einerseits abschließende Gewißheit schafft, sofern sie das Ende eines tastenden Strebens nach Richtigem setzt, daß sie aber anderseits in diesem Schließen Vertrauen und Glauben in sich erweckt und dadurch jeweils öffnet zu unendlichem Suchen hin. Diese öffnende Wirkung der Wahrheit wurde dann des nähern so ausgelegt, daß im grundlegenden Akt des Selbstbewußtseins, in welchem der Geist sein eigenes Maß nimmt, ihm auch das Maß des Seins im ganzen erschlossen wird, innerhalb dessen das eigene Sein und Bewußtsein eingebettet liegt. Die Wahrheit über ein einzelnes Seiendes wird nie anders vermittelt als zugleich mit der Eröffnung des Horizonts des Seins überhaupt, d. h. auf je mehr Wahrheit und Erkennbarkeit hin, und dieser komparativisch ins Unendliche offene Charakter gehört so apriorisch zum Wesen der Wahrheit, daß diese, wenn sie ihn verlöre, sofort aufhören würde, Wahrheit zu sein. Das ganze Pathos der Suche nach jeweils weiterer Wahrheit lebt von einer der Wahrheit selbst immanenten Verheißung, die auf sich selbst als unendliche hinweist und deren Nichterfüllung einem inneren Betrug der Wahrheit, also ihrer Selbstzerstörung gleichkäme. Nun aber kann, wie gezeigt wurde, das jeweils noch zu

---

11   Vgl. M. HEIDEGGER, Wegmarken, 191ff.: „Das eigentliche Un-wesen der Wahrheit ist das Geheimnis… Indem das Geheimnis sich in der Vergessenheit und für sie versagt, nimmt der Mensch, des Seienden im Ganzen vergessend, seine Maße. Auch in der insistenten Existenz waltet das Geheimnis, aber als das vergessene und so „unwesentlich" gewordene Wesen der Wahrheit."

enthüllende, bisher unenthüllte Sein keinesfalls, wenn es überhaupt erkennbar sein soll, ein in sich selbst verborgenes, noch von niemandem erkennend Gemessenes sein. Meßbar ist nur, was in sich selbst ein Maß hat, darum ist auch nur das erkennbar, was je schon erkannt ist. Die Verheißung der Wahrheit kann daher nicht auf eine bloße indefinite Aufreihung endlicher Erkennungsgegenstände hinzielen, die erst allmählich vom endlichen Subjekt entdeckt und erkannt werden könnten, sie setzt vielmehr mit Notwendigkeit eine Sphäre absoluter Wahrheit voraus, in der sich ewiges Sein und ewiges Selbstbewußtsein immer schon decken und von der her alle endlichen Objekte je schon gemessen und damit der Erkennbarkeit durch endliche Subjekte übergeben sind. So ergab sich dann auch in der Analyse des endlichen Selbstbewußtseins die Entdeckung nicht nur eines leeren, grenzenlosen Horizontes von Sein überhaupt, als eines über-kategorialen Apriori zur Ermöglichung jeder beliebigen endlichen Erkenntnis von Objekten, sondern der ausdrückliche und notwendige Schluß auf ein unendliches Bewußtsein als der Bedingung der Möglichkeit von endlichen Subjekten. In der sich so eröffnenden Analogie des Selbstbewußtseins galt als innerste und unumstößliche Evidenz die Nichtidentität des endlichen und des unendlichen Bewußtseins; das endliche Bewußtsein wurde vielmehr, sobald es an die Sphäre des göttlichen rührte (und es mußte als Selbstbewußtsein daran rühren), sogleich in die jeweils größere Distanz zu ihm zurückgeworfen. Diese Distanz wird nun endgültig verständlich von all dem her, was über die Wahrheit der Freiheit und Intimität gesagt worden ist. Jede pantheistisch-idealistische, ummittelbare oder dynamisch-progressive Gleichsetzung zwischen dem endlichen und dem unendlichen Subjekt verkennt die elementarsten Gesetze der Wahrheit, die immer einen freien, personalen Innenraum voraussetzt, und dies um so mehr, je vollkommener und unabhängiger von untergeistiger Natur das erkennende Subjekt ist. Es muß nun aber im Wesen eines absoluten Selbstbewußtseins liegen, in sich das Maß alles Seins zu besitzen und daher keiner naturhaften, unfreien Ausdrucksbeziehung und passiven Rezeptivität zu bedürfen. Die unendliche Freiheit, die mit einem unendlichen Selbstbewußtsein gegeben ist, verbürgt dem unendlichen Subjekt auch eine unendliche Intimität und somit eine absolute Transzendenz gegenüber allen weltlichen Subjekten und Objekten.

Diese Transzendenz der Wahrheit Gottes sagt nun aber sofort auch das Weitere, daß, wenn es überhaupt endliches Sein und endliche Wahrheit gibt, diese nur möglich sind auf Grund einer freien und aus keiner Notwendigkeit ableitbaren schöpferischen Tat und Äußerung Gottes. Dies folgt aus

dem personalen Charakter des Absoluten, der keinen Raum läßt für irgendwelche der Freiheit vorausliegenden oder entzogenen Emanationen. In der
ursprünglichen Analogie zwischen göttlichem und weltlichem Sein und
Bewußtsein muß dieses Moment des freien Schaffens und Geschaffenseins
auch ursprünglich hervortreten, weil in der Enthüllung des Seins im ganzen
von dieser ersten Unterscheidung und ihrem Verständnis alle weitere
Wahrheitserkenntnis abhängt.

Die Geschaffenheit der endlichen Wahrheit - denn um diese geht es hier vor
allem, und nicht so sehr um die des endlichen Seins - ist unmittelbar aus
ihrer „Geschöpflichkeit", das heißt, aus ihrer Kontingenz zu erschließen.
Diese Eigenschaft ist so aufdringlich, so penetrant, daß sie vollkommen un-
übersehbar ist. Nichts in der weltlichen Wahrheit ruht in sich selbst, alles
bleibt schwebend, unabgeschlossen, ja innerlich unabschließbar im Sinne
einer immer weitern Angewiesenheit auf Ergänzung. Alles bleibt bis zuletzt
gebunden an den jeweils sinnlichen Ausgangspunkt; kein Erkennender ist
fähig, die Wahrheit anders als durch das Spiegelbild des äußern Ausdrucks
hindurch zu betrachten. So behält nicht nur der jeweils erkannte seiende
Gegenstand die Kennzeichen der Kontingenz, sondern in ausgesprochener
Weise auch die ihn ausdrückende Wahrheit, die sein Maß ist. *Kontingenz ist
eine innere Qualität der weltlichen Wahrheit,* und kraft dieses ihr anhaften-
den unauslöschlichen Merkmals unterscheidet sie sich schon im ursprüng-
lichsten Akt des Selbstbewußtseins von der göttlichen Wahrheit.

Wenn also in diesem ersten Akt, in dem das endliche Subjekt das Maß seiner selbst und des Seins im ganzen nimmt, Gott, das unendliche Subjekt,
wenn auch noch so verhüllt und noch so indirekt, als der notwendige Grund
jeder weltlichen Wahrheit ansichtig wird, so setzt er sich doch, gerade in
dieser Erkenntnis seiner, als das in sich verborgene Geheimnis des unendlichen personalen Seins vom endlichen Selbstbewußtsein ab. Gott muß in
jeder Wahrheitserkenntnis, bewußt oder unbewußt, notwendig mitgesetzt
werden, aber so, daß die Offenbarkeit seines Seins unmittelbar zurückgeführt wird auf eine ursprüngliche Freiheit seines Sich-offenbarens - (die also nur eine hypothetische Notwendigkeit ist: vorausgesetzt nämlich, daß es
Gott gefallen hat, eine Welt zu erschaffen) - und daß in diesem Offen-
barwerden Gottes gerade seine herrschaftliche Freiheit und somit seine
Verborgenheit in sich selbst ansichtig wird. *Die endliche Wahrheit, die von
der Erkenntnis erfaßt wird, hat den Charakter eines freien Geschenkes Got-*

tes aus seinem Schatz an unendlicher Wahrheit.[12] Sofern dieser Charakter der endlichen Wahrheit anhaftet, wird etwas vom Wesen Gottes kund: nämlich seine Güte als Schöpfer, der mitteilt, was keine Not ihn mitzuteilen zwingt. Und da die Form der Mitteilung, eben ihre Freiheit, an der Gabe haftet und an ihr ablesbar ist, erhält dann auch der Inhalt, das Mitgeteilte, die Bedeutung einer Mitteilung, die etwas vom Wesen des Schöpfers verrät. Aber da keinerlei naturhafte Beziehung zwischen dem Ausdruck und dem, der sich darin ausdrückt, besteht, weil die Schöpfung in jeder Beziehung frei und ungeschuldet ist, darum gibt es keine weiteren Möglichkeiten, außerhalb dieser freien Äußerung Gottes, die das geschaffene Objekt darstellt, oder an diesem vorbei irgendetwas vom Wesen des Schöpfers zu erspähen. Die Erkenntnis der Existenz und des Wesens Gottes hat sich streng innerhalb der Beziehung zwischen endlichem Subjekt und endlichem Objekt zu ereignen. Was Gott in der Schöpfung von sich selbst offenbart, das hat er ganz in die Natur der erkannten Objekte und der erkennenden Subjekte hineingelegt. Aus ihrem Wesen, ihrer Kontingenz wie ihren positiven Werten und Eigenschaften ist das zu entnehmen, was der Schöpfer in der Schöpfung von sich darzustellen gewünscht hat. Er hebt sich also, indem er sich als der Schöpfer offenbart, unmittelbar auch als der in sich selbst nicht offenbare Hintergrund der Welt ab; er zeigt gerade genug von sich selbst, damit das Geschöpf wisse, daß er, der Schöpfer, in sich selbst das Freie und Verborgene ist.

Jetzt erst wird der Charakter der Wahrheit als Geheimnis ganz verständlich. Der unendliche Hintergrund, der sich hinter jeder endlichen Wahrheit abzeichnet, mehr noch: der innere Wesenszug auch aller weltlichen Wahrheit, alles Ausgedrückten, sich nicht anders ausdrücken zu lassen, als daß ein bleibendes Geheimnis miterscheint, der Wahrheit selbst also einen innerlich komparativen Charakter zu lassen: das alles wird erst sinnvoll im Lichte der inneren Analogie aller Wahrheit zwischen unendlicher und endlicher, göttlicher und weltlicher Wahrheit. *Weil* die göttliche Wahrheit, als die Wahrheit einer *absoluten* Intimität, notwendig in jeder Offenbarung Geheimnis bleibt[13], darum hat jede weltliche Wahrheit etwas von diesem Geheimnischarakter an sich. Und zwar so, daß das Geheimnis, das der weltlichen Wahrheit anhaftet, ein dem weltlichen Sein zu *eigen* geschenktes ist, das es in einer eigenen, persönlichen Intimität, in freier und spontaner Weise ver-

---

12   Vgl. Fides et Ratio 12.
13   Vgl. Fides et Ratio 13.

walten kann, und dabei doch immer nur ein zu eigen *geschenktes* bleibt, als eine Teilnahme an der absoluten Intimität der göttlichen Wahrheit, von der her es seinen Geheimnischarakter bezieht. Das letztere ist so wahr, daß das Geschaffene, auch wenn es wollte, sein Geheimnis nie so verraten und entweihen kann, wie es im sündigen Streben wohl möchte: das Geheimnis ist ihm nie so sehr zu eigen gegeben, daß es nicht zugleich im Gewahrsam Gottes verbliebe; es ist ihm nie soweit anvertraut, daß es nicht auch für sich selber ein ewiges Geheimnis bleibt. Das ist das Siegel, das der Schöpfer seinem Geschöpf aufgedrückt hat und durch das er es als sein Eigentum stempelt. Auch die letzte Grundlosigkeit, die in der frühern Analyse der Wahrheit heraufkam, wird nun in ihrer Notwendigkeit verständlich: Grundlos ist alle geschaffene Wahrheit, sofern sie ihren Grund nicht in sich selbst hat, ihren eigenen letzten Grund also durchbricht in eine nicht mehr endlich auszulotende Tiefe des göttlichen Geheimnisses hinein; grundlos ist aber auch die göttliche Wahrheit in dem Sinne, daß sie auf nichts anderem mehr aufruht als auf sich selbst, auf ihrer eigenen Unendlichkeit. Die Grundlosigkeit alles weltlichen Grundes steht also wiederum in Analogie zu der des göttlichen Grundes, aber so, daß in der betonten Kreatürlichkeit der weltlichen Grundlosigkeit, also im Abstand des Nicht-in-sich-selber-Stehens die betonte Göttlichkeit der Grundlosigkeit Gottes: sein Ganz-in-sich-selber-Stehen ansichtig wird.

Die Beziehung zwischen endlicher und unendlicher Wahrheit erscheint daher von der Kreatur her betrachtet als Beziehung innerlicher, naturnotwendiger *Teilnahme, so* sehr, daß wenn die Beziehung zur göttlichen Wahrheit abgebrochen wäre, die weltliche sofort in sich zusammensinken und aufhören würde, Wahrheit zu sein; von Gott aus betrachtet aber als Beziehung freier, durch keine natürlichen Voraussetzungen geforderter Offenbarung. Diese Beziehung ist einzigartig und mit keiner anderen vergleichbar, weil alle innerweltlichen Wahrheitsbeziehungen zwischen relativen, kreatürlichen Polen gespannt sind. Unmöglich ist es, das zwischen Gott und Geschöpf herrschende Verhältnis von Teilnahme und Offenbarung unter irgendeinem (univoken) Begriff zu subsumieren als einen „Fall", eine Ausprägung von Teilnahme oder Offenbarung unter anderen. Die durch die Schöpfung hergestellte Analogie zwischen Gott und Geschöpf ist so beschaffen, daß sie mit jeder anderen Analogie selbst nur analog übereinkommt. Daß nun dennoch eine solche Analogie der Analogien tatsächlich besteht, das folgt aus dem Wesen der jede innerweltliche Analogie begründenden Analogie der Schöpfungsoffenbarung Gottes. Denn gerade in dieser

Offenbarung erhält das Geschöpf durch Gottes freie Güte teil an der Wahrheit Gottes, und die Offenbarung der göttlichen Wahrheit vollzieht sich in der Gestalt solcher Teilgabe.[14] Damit wird das Geschöpf innerlich als ein relatives Zentrum von Wahrheit ausgestattet, das seinerseits fähig wird, Wahrheit zu erkennen und von sich selbst auszudrücken. Die innerweltlichen Analogien besitzen also ihr letztes Maß in der Schöpfungsanalogie, aber es ist eben deshalb auch erlaubt, jene zu benützen, um das Wesen dieser zu klären, zumal dabei in letzter Instanz doch wieder das Innerweltliche durch das Zwischen-Gott-Weltliche seine entscheidende Deutung erhält.

Zu dieser Klärung der Schöpfung als Teilnahme und Offenbarung bieten sich also jene innerweltlichen Formen der Teilgabe an, wie sie früher als Bild, Bedeutung und Wort beschrieben worden sind.[15] Was innerhalb der Schöpfung, und zwar grundlegend in der Beziehung zwischen Materie und Geist, mit diesen drei Kategorien sich ausdrücken ließ, das muß sich übertragen lassen auf die Beziehung zwischen Geschöpf und Gott, wenn dabei nur beachtet wird, daß diese letzte Beziehung das *Maß* der anderen ist. Bei einer solchen Übertragung wird man die drei Kategorien in ihrer Einheit zu nehmen haben, weil jene naturhaften Äußerungen, die nicht freies Wort, freier Ausdruck eines geistigen Sinnes in materiellen Bildern und Gleichnissen sind, nur eine entferntere, dunklere Analogie der Schöpfung bieten können als die freien Äußerungen und Gestaltungen des Menschen. Anderseits wird man aber die willkürliche Sprache doch wiederum nicht loslösen dürfen von ihrer Einbettung in die organische Leiblichkeit, weil diese keine reine Behinderung, sondern im Gegenteil eine Bereicherung des Ausdrucks-Apparates bedeutet. Die Wortsprache für sich allein genommen bietet großenteils nur solche Zeichen, die dem Bezeichneten äußerlich bleiben, während die Ausdruckssprachen des Leibes und aller anderen natürlichen Äußerungen den Vorteil haben, in einer innerlichen Analogie zum Ausgedrückten zu stehen.

So betrachtet erscheint die Welt als ein ungeheures Bild und Symbol des göttlichen Wesens, das sich in gleichnishafter Sprache ausdrückt und offenbart. Die Welt als ein solches Feld von Gleichnissen zu lesen wissen, heißt zugleich sie selber und den darin ausgedrückten Gott, soweit er begriffen sein will, verstehen. Die aufgestellte Proportion: „Materie zu Geist wie

---

14   Vgl. B. HÄRING, Frei in Christus – Der Weg des Menschen zur Wahrheit und Liebe, 199.
15   Vgl. B. HÄRING, Frei in Christus, a. a. O. 202.

Welt zu Gott" bietet in der Tat den umfassendsten Zugang zum Problem der Gotteserkenntnis, und wer sich innerhalb der Welt gedanklich wie existentiell dazu geschult hat, alles Leibliche als ein Gleichnis und Ausdrucksfeld geistiger Wahrheit zu schauen, der wird die beste Vorbedingung mitbringen, die gesamte Schöpfung als das Gleichnis und Ausdrucksfeld des Schöpfers zu deuten.

In dem Verhältnis zwischen Gott und Welt taucht daher die analoge Spannweite zwischen Unmittelbarkeit und Mittelbarkeit der Äußerung auf wie im innerweltlichen Verhältnis zwischen bedeutendem Bild und sich darin ausdrückendem Geist oder Grund. Diese Spannweite ist auf der einen Seite durch den Satz festgelegt, daß wir Geistiges nur im sinnlichen Bild (*phantasma*) erkennen, daß uns also jede eigentliche Intuition in den fremden Geist verwehrt ist. Nur in der Deutung des sinnlichen Ausdrucks, in der Abstraktion und Konkretion, die der erkennende Verstand diskursiv im Bilde vornimmt, gewinnt er ein geistiges Bild und Verständnis dessen, was im sinnlichen Bild ausgedrückt war. Durch diese Indirektheit der diskursiven Erkenntnis war die Intimität des sich offenbarenden Seins geschont, während die Spontaneität des erkennenden Seins Gelegenheit erhielt, sich zu betätigen. Auf analoge Weise nun bleibt alle Offenbarung Gottes innerhalb der Schöpfung eine indirekte, auf das geschöpfliche Zeichen beschränkte, und nur durch dieses Zeichen hindurch kann das endliche Subjekt etwas vom Wesen des sich offenbarenden Gottes erfahren. Unsere gesamte Gotteserkenntnis bleibt streng beschlossen auf die Deutung weltlicher Zeichen, schon darum, weil eben jede menschliche Erkenntnis von Geistigem außerhalb des Ich auf das sinnliche Ausdrucksfeld eingeschränkt bleibt. Dies gilt aber, wie schon gezeigt, auch für die innerhalb des Selbstbewußtseins des Subjekts zu gewinnende Erkenntnis Gottes, da Gott auch im Innern des Subjekts nicht unmittelbar in sich selbst erschlossen ist, sondern nur indirekt auf Grund der Erschlossenheit des Seins im ganzen. Auf keinem Wege, weder innen noch außen, erhascht der endliche Geist etwas von Gott unmittelbar; er bleibt auf die Zeichensprache der Dinge angewiesen, durch die Gott zu ihm redet.

Aber so wie in den materiellen Zeichen der geistige Gehalt nun wirklich erscheint und sich ausdrückt, wie die weltliche Wahrheit darin besteht, daß der Grund sich im Ausdruck wirklich enthüllt und als Enthüllter anzeigt und beglaubigt, die Erscheinung also kein Schein und keine Verhüllung, sondern eine wirkliche Offenbarung des Wesens ist, so ist auch die Welt als

Ganzes und jedes einzelne Sein und jede einzelne Wahrheit in ihr ein echtes Hervortreten Gottes. Das Zeichen, in dem er sich ausdrückt, ist für ihn keinerlei Hindernis, das zu sagen, was er sagen will. Zwischen Inhalt und Ausdruck besteht kein Zwischenraum, weil der Ausdruck ganz vom Offenbarenden herkommt und vom Inhalt, den er ausdrücken soll, bestimmt ist. Es gibt keine fremde Materie, in die Gott seine Ideen eingeprägt hätte, sondern die einzige vorliegende „Materie", aus der Gott die Welt schafft, ist sein freier Wille und seine ewige Idee. Darum kann in der Schöpfung Gottes Wesen unbehindert transparent werden, so sehr, daß der Betrachter der weltlichen Dinge durch das Bild hindurch das Urbild schauen und dabei vergessen kann, daß er dieses nicht unmittelbar, sondern im Spiegel der Kreatur erblickt *(et sic quando aliquid cognoscitur per similitudinem in effectu suo existentem, potest motus cognitionis transire ad causam immediate, sine hoc quod cogitat de aliqua alia re; et hoc modo intellectus viatoris potest cogitare de Deo, non cogitando de aliqua creatura)*[16]. Die Bildhaftigkeit der weltlichen Dinge wird so sehr zu ihrem wahren Wesen, und das Bild selbst so transparent, daß Gott darin wie unmittelbar (*immediate*) herausleuchtet. Es ist dies die besondere Form der „Intuition", die in der symbolischen Erkenntnisform liegt, und die in einer psychologischen Unmittelbarkeit des Überganges über das immer noch vorhandene ontologische Zeichen (*medium quo*) hinweg besteht. Darum ist es ebenso richtig, von einer Art Schau Gottes im Medium der Kreatur zu sprechen (vgl. Röm 1,20) wie von einem mittelbaren Schlußverfahren. Jene „Schau" hat mit irgendeiner irrationalen Erkenntnisweise nichts zu tun, da sie implizit, als Übergang vom Zeichen zum Ausgedruckten, einen logischen Schluß enthält und jederzeit in einen solchen übersetzt werden kann. Meistens wird eine solche Übersetzung nicht notwendig sein, weil das Lesen der symbolischen Zeichensprache der Welt dem erkennenden Geist so geläufig geworden ist wie das Lesen von Buchstaben in einem Buch oder die Auffassung eines Kunstwerkes aus Farbe oder Tönen.

Dieses Erscheinen Gottes innerhalb der Zeichen seiner Schöpfung kann sich nun aber wiederum in jener Spannweite entfalten, die für das Erscheinen des Grundes im Bild aufgestellt worden war. Es kann sich dieses Erscheinen einerseits als ein äußerstes Hervortreten des Grundes im Bild selber geben, so daß das Bild fast mit dem Grunde selbst verwechselbar wird. So sprechend sind seine Züge, so lebendig der Ausdruck, daß man glaubt, den

---

16   Thomas v. Aquin, De Veritate, q. 8 a. 3 ad 18.

lebendigen Menschen selbst vor sich zu haben. Die Illusion, auf die der Künstler es abgesehen hatte, ist so stark, daß man an Stelle des Bildes unmittelbar die Wirklichkeit selbst gesetzt glaubt. So kann auch der Blick eines Menschen so enthüllend sein, daß man durch seine Augen hindurch schleierlos in seine Seele zu schauen vermeint. Das Bild wird hier so sehr bis zum Rand mit der ganzen Bedeutung des Grundes erfüllt, daß das Gefäß fast überzulaufen scheint, oder besser, daß der Inhalt, den es faßt, größer zu sein scheint als es selbst. Dieser Charakter ist denn auch der weltlichen Wahrheit der Geschöpfe gegeben, daß sie oft eine innere Unendlichkeit in sich zu bergen scheint, etwas Unerschöpfliches an Wahrheit, Schönheit und Güte, einen unmittelbaren Glanz der Ewigkeit und Unendlichkeit Gottes, die Ausstrahlung von etwas mehr als was sie auf Grund ihrer kreatürlichen Wahrheit in sich enthalten könnte. Dieses geheimnisvolle Mehr, von dem schon so viel die Rede war, ist die äußerste Füllung des weltlichen symbolischen Gefäßes mit dem Inhalt Gottes. So kann sich in einen Augenblick der Zeit eine Fülle eindrängen, die diesen Augenblick wie eine unmittelbare Erscheinung der Ewigkeit empfinden läßt, oder es kann ein Kunstwerk so vollkommen sein, daß es die Qualität einer nicht mehr irdischen, sondern unmittelbaren göttlichen Idee zu haben scheint. Diese Eigenschaft, die dem Geschöpf wohl zukommen kann und die ihm seinen höchsten Zauber verleiht, ist etwas so Zartes und mit solcher Vorsicht zu Handhabendes, daß ein völlig geordnetes Verhältnis zu Gott nötig ist, um der Gefahr einer Vergötzung nicht zu erliegen. Der Zauber, den die Geschöpfe auf Grund der Immanenz der Herrlichkeit Gottes ausstrahlen können, legt eine Verheißung in sie, die eine unmittelbare Ankündigung Gottes ist. Gott spricht aus ihnen, Gott zieht den Betrachtenden durch sie zu sich, Gott lehnt sich gleichsam aus diesen Augen der Welt heraus, um den von der Schönheit der Dinge Verzückten unmittelbar anzuschauen. Jener Komparativ, der aus dem Wesen der Dinge in ein Unabsehbares lockt, meint Gott und nicht die Welt. Aber weil dieser Zauber sich nun doch tatsächlich innerhalb der Zeichensprache der weltlichen Dinge abspielt, weil auch in diesem äußersten Hervortreten Gottes der Schleier der Kreatürlichkeit zerreißt, hat das Geschöpf die verderbliche Möglichkeit, diesen ihm anvertrauten Schein der Ewigkeit zu mißbrauchen und ihn als seine eigene Wahrheit auszugeben. Oder der Betrachtende läßt sich durch diesen Schein verführen, den Dingen, die vielleicht naiv und schuldlos ewige Wahrheit ausstrahlen, etwas zuzuschreiben, was ihnen als Geschöpfen nicht gehört. Was nur Teilnahme ist und Offenbarung, wird umgedeutet zu einer immanenten, stehenden Eigenschaft. Ein solcher Gebrauch des Symbolismus der Welt ist unmittelbare Verkehrung der Wahrheit in Lüge. So wenig das Kunstwerk sich selbst als der Künstler ausgeben kann, obwohl es das Beste des Künstlers in sich enthält, so wenig darf das Geschöpf die Werte, die ihm anhaften, als Eigenbesitz ansprechen, denn sie haben innerlich nur Sinn und Bestand als Anteilnahme an Gott und Gottes Offenbarung.

Die Gefahr wird gebannt durch den anderen Spannungspol in der Breite der möglichen Erscheinungen Gottes in der Schöpfung. Darin, daß das geschöpfliche Bild bis zur Überforderung mit göttlicher Wahrheit angefüllt werden kann, zeigt sich die Souveränität des Verfügens Gottes und die völlige Werkzeuglichkeit der Kreatur. Gerade dann, wenn sie am meisten Wahrheit und Herrlichkeit Gottes ausstrahlt, wenn Gott ihr am immanentesten ist, gerade dann ist sie am wenigsten Inhalt, am meisten Schale und Gefäß. Wenn Gott am transparentesten wird, muß das Geschöpf sich zum Transparentesten machen. Wenn Gott das Geschöpf am höchsten in Liebe zu sich erhebt, muß es sich am tiefsten in Ehrfurcht unter ihm demütigen: nur Knecht und nur Magd des Herrn. Das Geschöpf wird also von sich aus dem Schöpfer und seiner Offenbarung am meisten entgegenkommen, wenn es sich ganz werkzeuglich von ihm zu seinen Zwecken benützen läßt. Es wird dann am lebendigsten sein, durch die Einwohnung göttlichen Lebens in ihm, wenn es sich selbst tot stellt unter der Hand des göttlichen Töpfers. Es wird seine eigene Wahrheit, so weit sie der göttlichen gegenübersteht, in nichts anderem suchen als in der reinen Distanzstellung der Instrumentalität, die sich selbst nur als ein Konsekutives und in keiner Weise als ein Eigenthematisches gebärdet. In diesem Zurücktreten vor Gott bis zur Durchsichtigkeit der Sache, die man nicht mehr achtet, über die der Blick einfach hinweggleitet, unmittelbar (immediate) zum Urbild hin, das sich darin ausdrückt, liegt die Objektivität der geschöpflichen Haltung. *Denn so ist es richtig, so entspricht es dem Verhältnis der Analogie: daß alle Wahrheit vom Grunde Gottes her stammt und daß die Wahrheit der Erscheinung keine andere ist als die: die Erscheinung des Grundes zu sein.*

Damit vollendet die Kreatur in Bewußtheit jene Bewegung der materiellen Bilder, die vor dem erscheinenden Wesen verblassen, in einer Art rückläufigen Bewegung gleichsam in das Wesen sich auflösen, um so die Offenbarung des Wesens in ihnen zu krönen. Aber auch dann, wenn das Geschöpf diese Haltung nicht freiwillig einnimmt, wird sie faktisch von der Wahrheit Gottes zuletzt doch erzwungen. Denn auf die Dauer erweist sich die Geschöpflichkeit der Wahrheit des Bildes in ihrer ganzen Vergänglichkeit und Hinfälligkeit. Es ist ein Gleichnis zwar, aber doch „nur ein Gleichnis". Der Zauber, den die weltliche Gestalt ausstrahlen konnte, als sei sie ihr eigener Zauberer, verblaßt; die Gestalt steht herbstlich entblättert da, und die verführerische Illusion weicht einer ernüchternden Desillusion. Die Erscheinung löst sich gleichsam vom Grunde ab und zeigt in ihrer Verselbständigung ihre innere Scheinhaftigkeit. Es wird deutlich, daß die absolute Wahrheit zuletzt nicht in der Kreatur, sondern hinter und über ihr steht, und daß die Geschöpfe ihr wahres „Wesen" (im Sinne der deutschen Mystik) nicht in sich selber, sondern in Gott besitzen. Kein „Gottesbeweis" ist eindringlicher als dieser Rückzug der Transzendenz Gottes in sich selbst. Keine Erscheinung Gottes ist überwältigender als dieses Nichterscheinen der Wahrheit im bloßen Schein. So kann das Verstummen eines Menschen mehr von seiner persönlichen, unnahbaren Freiheit offenbaren als eine ausführliche Rede, in der er sein Inneres zu schildern versucht. Das heißt nun selbstverständlich nicht, daß die Geschöpfe nur Schein, nur Akzidenzien oder Modi der göttlichen Substanz wären. Das innerweltliche Verhältnis von Erscheinung und Wesen ist ja nur eine Analogie zum Verhältnis zwischen Geschöpf und Gott. Vielmehr ist es das ganze, aus Erscheinung und Wesen bestehende Geschöpf, das in dieser Weise gleichnishaft, nichtig und durchsichtig wird, um die Qualität der Absolutheit der göttlichen Wahrheit[17] siegreich wie eine Sonne durch das weltliche Gewölk hervorbrechen zu lassen.

Die Beziehung der Teilnahme des Geschöpfes an Gott und der Offenbarung Gottes im Geschöpf ist somit analog der Beziehung zwischen weltlichem Ausdruck und Ausgedrücktem, Materie und Geist. In der innerweltlichen Analogie scheinen die beiden Pole durch ein Drittes in der Mitte verbunden zu sein: die sinnliche Anschauung oder Einbildungskraft, die das Materielle in den Geist hineinhält, ohne es an sich noch zu vergeistigen, und den Geist in der Materie organische, physiologische Wurzeln schlagen läßt. Eine analoge Vermittlung zwischen der göttlichen und der weltlichen Wahrheit scheint in der transzendenten Analogie die Sphäre der „Ideen" oder „Urbilder" einzunehmen, welche die weltliche Wahrheit nach oben hin zusammenfaßt und gleichsam innerhalb der Sphäre des göttlichen Geistes[18] repräsentiert, anderseits jene allgemeine und notwendige Form der Wahrheit dar-

---

[17]   Fides et Ratio 44.

[18]   THOMAS V. AQUIN, Summa theolgoica I, II, 109, 1 ad 1: „*Omne verum a quocumque dicatur a Spiritu Sancto est.*"

stellt, in welcher sich die göttliche Wahrheit innerhalb der vergänglichen Welt einwurzelt und offenbart. Aber diese Analogie zwischen der Ideenschöpfung der sinnlichen Einbildungskraft und einer Ideenwelt zwischen Gott und Geschöpf kann, wenn sie weiter durchgeführt wird, nur zu einer Verkennung der Offenbarung Gottes führen. Die Existenz einer Einbildungskraft im System der menschlichen Erkenntnis ist durchaus bedingt durch die Naturhaftigkeit (im Sinne der Untergeistigkeit) des menschlichen Erkenntnisvermögens. Sie ist der wesentliche Ausdruck dafür, daß der geschaffene Geist in die Erkenntnis hineingeworfen ist, lange bevor er sich zu ihr entscheiden kann, daß ihm das Material der Verarbeitung von außen her geliefert wird und daß auch sein spontaner Ausdruck sich an die vorgegebene Ausdruckssprache einer von seinem Wirken nicht abhängenden Natur halten muß. Nichts dergleichen kann in der Selbstoffenbarung Gottes in der geschöpflichen Welt Geltung haben. Denn diese Offenbarung ist die freieste, die es gibt; sie schafft sich aus der Souveränität des sich offenbarenden Gottes heraus sowohl den Ausdruck wie die Mittel des Ausdrucks selber, ohne an irgend etwas gebunden zu sein, was nicht Gott selbst wäre. Die Aufstellung einer Ideensphäre zwischen Gott und Welt kommt daher, wenn mit ihr Ernst gemacht wird, einer Leugnung der Freiheit Gottes gleich und führt zu einer Art von Gnosis oder Pantheismus. Von Ideen kann innerhalb des Verhältnisses von Teilnahme und Offenbarung nur in einem doppelten Sinne rechtmäßig gesprochen werden: einmal als von den Urbildern, die in Gott selber im Zusammenhang mit seinem freien Schöpfungsentschluß entworfen werden als die möglichen Nachahmungen seiner unendlichen Wesenheit und Wahrheit. Sodann als von deren Abzeichnung innerhalb der geschaffenen Welt als den in ihr verkörperten Sinngestalten. Diese Sinngestalten sind, den einzelnen Dingen nicht nur immanent, sondern als Gesetze des Geltens und Sollens[19] auch transzendent, in der Weise, daß die einverkörperten Sinngestalten, ohne daß eine Grenze feststellbar wäre, übergehen in solche über den Dingen, als ewige, von Gott selbst vorgestellte Normen, die ihre in Gott zusammengefaßte Wahrheit vorbildlich enthalten. In diesem doppelten Sinn kann man wohl von Ideen sprechen; aber die unaufhaltsame Reduktion aller Geltens- und Sollensgesetze auf das an der unendlichen Nachahmbarkeit des göttlichen Wesens sich orientierende, souveräne Verfügen des Schöpfers macht es unmöglich, die Welt der Ideen wie eine in sich gefestigte Zwischeninstanz zwischen Schöpfer und Geschöpf aufzufas-

---

19   Vgl. M. CHR. GRUBER, Im Schatten des Wissens, a. a. O. 34-40.

sen. Diese Welt der Ideen ist, menschlich gesehen, eine dynamisch bewegte, sie ist die für uns jeweils neue Zumessung der unveränderlichen ewigen Wahrheit Gottes an die geschöpfliche Wahrheit der Welt und die jeweils neue Ausrichtung dieser letzten nach der ersten. Sie kann deshalb als das Formale der zwischen-gott-geschöpflichen Analogie selbst bezeichnet werden, indem sie sowohl den göttlichen Ausgangspunkt der Wahrheit wie ihren Endpunkt in der Welt, wie endlich die Ausdrucksbewegung von Gott zur Welt in sich schließt. In diesem Sinne stellt die Idee das Maß der Wahrheit dar. Aber dieses Maß ist in keiner *Weise dem Maß des sich offenbarenden Gottes* als ein eigenes, selbständiges entgegengesetzt. Es ist nicht Maß im Sinne einer in sich schwebenden, ausgewogenen Proportion, vielmehr reduziert sich alles, was an ihm wie ein Verhältnis zwischen zwei Größen erscheint, unaufhaltsam auf die von der souveränen Freiheit Gottes her erfolgende Zumessung. Jede in sich ruhende Ideenwelt löst sich damit auf in ein nicht mehr überblickbares Maß, das im Geheimnis des Schöpfers verborgen ist.

Der Ursprungspunkt der Offenbarung Gottes und der Zielpunkt der Teilnahme des Geschöpfs ist von der Welt her gesehen die absolute Einheit des schaffenden Gottes. An dieser Einheit schlechthin hängt die ganze Vielfalt der geschaffenen Welt, mit all ihren immanenten Entgegensetzungen von Artwesen und Individualität, von Essenz und Existenz, von Geltung und Faktizität, von Grund und Erscheinung, von innerweltlicher Notwendigkeit und innerweltlicher Kontingenz. Alle diese Spannungen sind Verfassungen und Zeichen der Nichtgöttlichkeit der weltlichen Wahrheit. In der Nichtidentität ihrer Geschöpflichkeit offenbart sich die Identität der göttlichen Wahrheit. Diese nicht zu zerlegende Identität ist das *Maß* sowohl ihrer selbst wie jeder ihrer Mitteilungen nach außen. In sich ist sie die Identität des unendlichen Seins und des unendlichen Bewußtseins, somit absolute, unbedingte, auf keinen anderen Grund als sie selbst zurückführbare Souveränität. Weil diese Selbstherrlichkeit unmittelbar eins ist mit dem unendlichen Sein und der unendlichen Erkenntnis, fällt sie zusammen mit der unendlichen und unbedingten Notwendigkeit, und es kann auch in Gott von seiner Selbstbestimmung keine Notwendigkeit unterschieden werden, von der sie in irgendeiner Beziehung abhängig wäre. Die Wahrheit Gottes ist Identität von Notwendigkeit und Freiheit: Gott ist frei, was er notwendig ist, und notwendig, was er frei ist. Er begründet sich selbst, und diese Selbstbegründung ist ein Ausdruck seines Wesens und dafür, daß er absolute Person ist. Seine personale Freiheit beruht nicht, wie die des Geschöpfes, auf naturhaftem Fundament, das in irgendeiner Beziehung seinem freien Geistsein vorausginge. Darum ist auch jeder Ausdruck Gottes nach außen, in einer nichtnotwendigen Schöpfung, also durch einen Akt Gottes, der in einer neuen, mit der vorigen nicht zu verwechselnden Art frei ist, doch immer Ausdruck seiner innergöttlichen Einheit von freier Souveränität und Notwendigkeit. Schon der Begriff der Nachahmbarkeit des göttlichen Wesens setzt wenigstens einen hypothetischen Willen in Gott zu einer möglichen, freien Schöpfung voraus. Und jede Notwendigkeit innerhalb der Welt hat ihre letzte Instanz und Appellationsmöglichkeit an dieser sich selbst begründenden göttlichen Einheit von Freiheit und Notwendigkeit. In diese souveräne Einheit hinein reduziert sich jede „Wesensschau" notwendiger Ideen über der Welt als in ihren letzten Grund. Für das Geschöpf gibt es keine anderen letzten Begründungen als die der souveränen Freiheit Gottes, deren Verfügungen darum die richtigen sind, weil Gottes Freiheit eins ist mit dem Gesetz der Notwendigkeit. Stünde die Freiheit in Gott den Ideen so gegenüber wie der platonische Demiurg seiner Ideenwelt, so hätte das Geschöpf an diesen Ideen *(possibilia)* eine Appellationsinstanz, die von der Souveränität der göttlichen Verfügung unabhängig wäre. Die Freiheit Gottes wäre damit beschränkt und bedingt, und das Geschöpf wäre in einem heimlichen Bund mit einem der Freiheit vorausliegenden Unbedingten getreten. Es könnte von diesem Unbedingten her die freie Verfügung Gottes beurteilen und richten; es wäre gleichsam hinter die Freiheit Gottes geraten, in eine Zone, von der her diese bedingt und geregelt würde. Es hätte über die Freiheit Gottes hinweg eine geheime Identität zwischen der geschöpflichen Wahrheit und der ewigen Wahrheit in Gott hergestellt und damit die Wahrheit der von Gott her zumessenden Analogie der Wahrheit zerstört.[20] Die Freiheit Gottes hätte dann innerhalb der Welt nur noch ein begrenztes Gebiet, in welchem sie sich offenbaren könnte, nämlich die „Existenz", in genauer Abscheidung von der „Essenz". Die Existenz müßte allein jene kreatürlichen Züge tragen, die sie als eine kontingente, von Gottes Freiheit geschaffene anzeigen würde. Die Essenz dagegen könnte, ohne Berührung mit der Freiheit Gottes, auf eine in Gottes Wesen und deren notwendige Nachahmbarkeit gelegene Nezessität zurückverfolgt werden.

---

20   Vgl. 1. VATIKANISCHES KONZIL, Dei Filius, DH 3017: „Gott aber kann sich nicht selbst verleugnen, noch kann jemals Wahres Wahren widersprechen."

Eine solche Deutung der gottweltlichen Analogie würde die Analogie selbst zugunsten einer verborgenen Identität aufheben. Nur noch ein Teil der geschöpflichen Welt, ihr Dasein „außer Gott", wäre Ausdruck ihrer Geschaffenheit, während ihr Wesen sich in einer Art mystischen Einheit mit den notwendigen Ideen" und naturgegebenen Nachahmungsmöglichkeiten Gottes befinden würde. *Das Maß der Wahrheit des Geschöpfes wäre unmittelbar das Maß der göttlichen Wahrheit.*

Dem aber widerspricht alles, was früher über das Verhältnis von Wesen und Dasein in der geschöpflichen Welt gesagt worden ist. Die sehr reale, unlösliche Spannung zwischen den Polen des weltlichen Seins drückt die Kontingenz nicht nur eines Teilmoments, sondern der ganzen geschöpflichen Seinsstruktur aus. Die Spannungseinheit des geschöpflichen daseienden Wesens hängt somit als ganze an der absoluten göttlichen Einheit souveräner Verfügung und Notwendigkeit. Wenn auch der göttliche Schöpferakt sein Maß an der möglichen Nachahmbarkeit des göttlichen Wesens besitzt, so verrät uns Gott doch nicht außerhalb seiner freien Schöpfung, auf welche Weisen er nachahmbar sein will. Darum bleibt für das Geschöpf die letzte Begründung alles weltlichen Sinnes die freie Verfügung Gottes, in der wir mit vollem Recht den Ausdruck der höchsten Sinnhaftigkeit finden sollen. Jede Frage nach einem Warum führt daher zurück auf die Antwort: weil Gott es will, und in dieser Antwort liegt beschlossen, daß dieser Wille höchste Vernunft ist. An dieser Einheit Gottes hängt nicht nur das Dasein, sondern ebenso auch das Wesen der Kreatur (*ipsa quidditas creari dicitur*)[21], so wahr es anderseits ist, daß dieses Wesen eine Nachahmung der göttlichen Natur ist. Darum kann jede teilnehmende Angleichung der Kreatur an Gott nur in einer Einfügung ihrer kreatürlichen Freiheit in die absolute souveräne Freiheit des göttlichen Willens bestehen, der sich in ihr und über ihr offenbart. Sowohl in der Nahstellung, in der die göttliche Wahrheit das irdische Gefäß bis zum Rande zu füllen scheint, wie in der Fernstellung, in der sich die göttliche Fülle, ihre Unbedürftigkeit offenbarend, aus dem irdischen Gefäß zurückzuziehen scheint, in beiden Möglichkeiten der göttlichen Offenbarung, deren Weise und Form allein von Gottes freiem Ratschluß abhangen, in der Consolatio der Nähe wie in der Desolatio der Ferne, besteht die Wahrheit des Geschöpfes einzig darin, diesen göttlichen Willen in sich als göttlichen anzuerkennen und die Verfügung ihm allein zu überlassen.

---

[21]   THOMAS VON AQUIN, De Potentia q 3 a. 5 ad 2.

Die letzte Schärfe erhält dies alles aber erst, wenn die jeweils außerhalb der geschöpflichen Wahrheit sich offenbarende göttliche Wahrheit in ihrem situationserzeugenden Charakter betrachtet wird. In der Analyse der Situation konnte dieser der weltlichen Wahrheit als solcher anhaftende Charakter irgendwie abgelöst von seiner Verankerung in der göttlichen Wahrheit beschrieben und glaubhaft gemacht werden. Aber der Zusammenhang mit der Zeitlichkeit einerseits, mit dem sozialen, dialogischen Wesen der innerweltlichen Wahrheit anderseits genügt nicht, um die ganze Dringlichkeit der Situation bis zum Grund zu klären. Sie erhält diese Dringlichkeit erst in dem Augenblick, da durch die Erscheinung weltlicher Wahrheit hindurch das Auge der Ewigkeit uns trifft. Wäre die weltliche, vergängliche Wahrheit in sich selbst geschlossen, so wäre nicht einzusehen, warum sie uns mit solchem Ernst anfordern könnte. Wir wären frei, ihre Endlichkeit uns anzueignen oder auch an uns vorübergehen zu lassen; niemand könnte uns zwingen, uns mit dem Augenblick so auseinanderzusetzen, als ob er der erste, der letzte, der einzige wäre. Erst wenn der zeitliche Augenblick in all seiner Vergänglichkeit eine Teilnahme und Offenbarung des ewigen Augenblicks ist, und wenn uns darüber hinaus diese Ewigkeit in der Form eines souverän verfügenden Willens angeht, erhält er diese nicht mehr zu überbietende Schärfe. Denn nun wird die Zeitlichkeit des Seins zum Ausdruck der schöpferischen göttlichen Freiheit selbst: sie ist die Form, in der sich der pure Schöpferakt anzeigt: als ein solcher, der das Geschöpf je-jetzt aus sich entläßt und je-jetzt in seiner Abhängigkeit hält. Darum ist der zeitliche Augenblick auch das Gefäß des je-jetzt sich neu offenbarenden, qualitativen und unverschiebbaren Willens des Schöpfers über seinem Geschöpf. Weil durch die Zeitlichkeit hindurch die Wahrheit Gottes als seine schöpferische Freiheit und Souveränität uns angeht, darum ist es unmöglich, diese Zeitlichkeit in eine eingebildete Zeitlosigkeit, die immer noch Zeit hat und immer noch Zeit läßt, zu verharmlosen, in die Überzeitlichkeit einer Region „allgemeiner Geltungen" und „zeitloser Wahrheiten". Sondern durch die positive Intensität der Zeitform des Daseins - der je-jetzt zukommenden, um wieder zu vergehenden Gegenwart - wird die unendliche Intensität der göttlichen Daseinsform transparent, die das Dringendste und Drängendste ist, was es gibt. Nur von dieser Transparenz her erhält die Zeit ihren Situationscharakter. Sie fordert nicht aus sich selbst, sondern im Namen Gottes Entscheidung, und sie fordert sie nicht für sich selbst, sondern für Gott. Sie steht mit ihrem innerweltlichen Situationscharakter im Dienste des Schöpfers. So wird auch eine Analogie der Situation deutlich: die Vergänglichkeit des weltlichen Augenblicks, die als solche die betonte Nicht-Ewigkeit der irdischen Daseinsform anzeigt, wird zum Ort und Mittel, dessen die Ewigkeit sich bedient, um ihre unvergängliche Intensität anzuzeigen. Gerade weil hinter dem vergänglichen Augenblick die unvergängliche Ewigkeit steht, ist die Vergänglichkeit so aufregend, so kostbar, so fordernd. Wieder reduziert sich die Dringlichkeit des zeitlichen Augenblicks - ohne Übergang über eine Sphäre arkadischen Zeithabens in irgendeinem weltüberlegenen Idealhimmel - auf die nackte Unmittelbarkeit der göttlichen Freiheit. Und weil diese das Maß des Geschöpfs in den Händen hält und jeweils neu in der Situation offenbarend zumißt, weil das Geschöpf in dieser ihm je neu offenbarten Wahrheit das wirkliche Letztmaß seiner selbst anerkennen muß, darum reißt die Forderung des Augenblicks das endliche Wesen je neu über sich selbst empor, um es, vom Standpunkt der in sich beruhigten Immanenz, auch je neu zu überfordern. Alles was ihm der göttliche Wille vorstellt, erscheint dem mit sich selbst und seinem irdischen Wollen beschäftigten Geschöpf als eine Überforderung; sie ist es aber nur insoweit, als die eigene immanente Idee über sich selbst hinaus bezogen ist auf die transzendente Idee in Gott. *Das Maß des weltlichen Seins liegt, als ganzes betrachtet, bei Gott;* so ist das Geschöpf dann in der Wahrheit, wenn es, sein eigenes Maß Gott übergebend, danach trachtet, über sich selber, sein Erkennen und Wollen hinaus, dem durch *Gottes Erkennen und Wollen ihm zugemessenen Maß zu entsprechen.* Dieses Maß Gottes ist aus keinem vorgegebenen irdischen Maß zu erraten, abzulesen, auszurechnen. Es kann nur im jeweils neuen sich Öffnen zu Gott hin in der Situation erhorcht und entgegengenommen werden. Darum vollendet sich die Analogie der Wahrheit als Teilnahme und Offenbarung in dem je-größeren Gehorsam des Geschöpfes dem sich in der Situation je-neu offenbarenden Verfügen des je-größeren Gottes.

3. Lehramt

Die Kirche legt weder eine eigene Philosophie vor noch gibt sie irgendeiner besonderen Philosophie auf Kosten der anderen den Vorzug.[22] Andererseits gibt es keine Theologie ohne Philosophie. Der tiefere Grund für diese Zurückhaltung liegt darin, daß die Philosophie auch dann, wenn sie mit der Theologie in Beziehung tritt, nach ihren eigenen Regeln und Methoden

---

22   Vgl. Pius XII., Humani generis, vom 12. August 1950: AAS 42 (1950) 566.

vorgehen muß; andernfalls gäbe es keine Gewähr dafür, daß sie auf die Wahrheit ausgerichtet bleibt und mit einem von der Vernunft her überprüfbaren Prozeß nach ihr strebt. Eine Philosophie, die nicht im Lichte der Vernunft nach eigenen Prinzipien und den für sie spezifischen Methoden vorginge, wäre wenig hilfreich. Im Grunde genommen ist der Ursprung der Autonomie, deren sich die Philosophie erfreut, daran zu erkennen, daß die Vernunft ihrem Wesen nach auf die Wahrheit hin orientiert und zudem in sich selbst mit den für deren Erreichung notwendigen Mitteln ausgestattet ist. Eine Philosophie, die sich dieser ihrer „Verfassung" bewußt ist, muß auch die Forderungen und Einsichten der geoffenbarten Wahrheit respektieren.

Die Geschichte hat jedoch gezeigt, auf welche Abwege und in welche Verirrungen vor allem das moderne philosophische Denken[23] nicht selten geraten ist. Es ist weder Aufgabe noch Zuständigkeit des Lehramtes einzugreifen, um die Lücke eines fehlenden philosophischen Diskurses auszufüllen. Seine Pflicht ist es hingegen, klar und entschieden zu reagieren, wenn fragwürdige philosophische Auffassungen das richtige Verständnis des Geoffenbarten bedrohen und wenn falsche und parteiische Theorien verbreitet werden, die dadurch, daß sie die Schlichtheit und Reinheit des Glaubens des Gottesvolkes verwirren, schwerwiegende Irrtümer hervorrufen.

So ergingen gleichermaßen Zensuren: einerseits gegen den Fideismus[24]- gerade er entraubt sich jeder Rationalität - und den *radikalen Traditionalismus* wegen ihres Mißtrauens gegenüber den natürlichen Fähigkeiten der Vernunft; andererseits gegen den Rationalismus[25] und den Ontologismus[26], weil sie der natürlichen Vernunft etwas zuschrieben, was nur im Lichte des Glaubens erkennbar ist. Die positiven Inhalte dieser Debatte wurden in der dogmatischen Konstitution Dei Filius formalisiert, mit der zum ersten Mal

---

23   So enden oft die Versuche, z. B. den Marxismus zu adaptieren, in der Sackgasse der „Befreiungstheologie".

24   Vgl. DH 2751-2756: Theses a Ludovico Eugenio Sautain iussu sui Episcopi subscriptae, vom 8 September 1840; DH 2765-2769: Theses a Ludovico Eugenio Sautain ex mandato s. congr. Episcoporum et Religiosorum subscriptae, vom 26. April 1844.

25   Vgl. DH 2811-2814: Dekret der Indexkongregation: Theses contra traditionalismum Augustini Bonnetty, vom 1. Juni 1855.

26   Vgl. DH 2828-2831: Breve Pius' IX., Eximiam tuam, vom 15. Juni 1857; DH 2850-2861, Breve Pius' IX. Gravissimas inter, vom 11. Dezember 1862.

ein ökumenisches Konzil, nämlich das 1. Vatikanum, zu den Beziehungen zwischen Vernunft und Glaube in feierlicher Form eingriff. Die in jenem Text enthaltene Lehre charakterisierte einprägsam und auf positive Art und Weise die philosophische Forschung vieler Gläubiger und stellt noch heute einen normativen Bezugspunkt für eine einwandfreie und konsequente christliche Reflexion in diesem besonderen Bereich dar.[27]

Mehr als mit einzelnen philosophischen Auffassungen haben sich die Urteile des Lehramtes mit der Notwendigkeit der Vernunfterkenntnis und daher letzten Endes der philosophischen Erkenntnis für die Glaubenseinsicht befaßt. Das 1. Vatikanische Konzil, das die Lehren, die das ordentliche Lehramt schon aufgestellt hatte, in feierlicher Form zusammenfaßte und neu bestätigte, hob hervor, wie *untrennbar* und zugleich *unabhängig* natürliche Gotteserkenntnis und übernatürliche Offenbarung, natürliche Vernunft und übernatürlicher Glaube sind. Das Konzil ging von der durch die Offenbarung selbst vorausgesetzten Grundforderung nach der natürlichen Erkennbarkeit der Existenz Gottes, dem Ursprung und Ziel aller Dinge, aus und schloß mit der bereits zitierten feierlichen Beteuerung: „Es gibt zwei Erkenntnisordnungen, die nicht nur im Prinzip, sondern auch im Gegenstand verschieden sind".[28] Es mußte also gegenüber jeder Art von Rationalismus der Unterschied der Glaubensgeheimnisse von den philosophischen Entdeckungen und die Transzendenz und Priorität jener gegenüber diesen bekräftigt werden; andererseits war es notwendig, den fideistischen Versuchungen gegenüber die Einheit der Wahrheit und somit auch den positiven Beitrag zu betonen, den die Vernunfterkenntnis für die Glaubenserkenntnis leisten kann und soll: „Aber auch wenn der Glaube über der Vernunft steht, so kann es dennoch niemals eine wahre Unstimmigkeit zwischen Glaube und Vernunft geben: denn derselbe Gott, der die Geheimnisse offenbart und den Glauben mitteilt, hat in den menschlichen Geist das Licht der Vernunft gelegt; Gott aber kann sich nicht selbst verleugnen, *noch (kann) jemals Wahres Wahrem widersprechen*".[29] Darin zeigt sich die Universalität der Wahrheit, die weder zeitlich bedingt noch relativiert werden kann.

Auch in unserem Jahrhundert ist das Lehramt wiederholt auf das Thema zurückgekommen und hat vor der rationalistischen Versuchung gewarnt. In dieses Szenarium sind die Interventionen Papst Pius X. einzuordnen, der

27   Fides et Ratio 52.
28   Gaudium et spes 59
29   Fides et Ratio 53.

feststellte, daß dem Modernismus philosophische Anschauungen phänomenalistischer, agnostischer und immanentistischer Tendenz zugrunde lagen. Auch die Bedeutung, die der katholischen Ablehnung der marxistischen Philosophie und des atheistischen Kommunismus zukam, darf nicht vergessen werden.

Sodann erhob Papst Pius XII. seine Stimme, als er in der Enzyklika *Humani generis* vor irrigen Erklärungen im Zusammenhang mit den Auffassungen von Evolutionismus, Existentialismus und Historizismus warnte. Er stellte klar, daß diese Auffassungen nicht von Theologen erarbeitet und vorgelegt worden sind, haben sie doch ihren Ursprung „außerhalb des Schafstalls Christi";[30] er fügte allerdings hinzu, daß derartige Abirrungen nicht einfach verworfen, sondern kritisch untersucht werden sollten: „Nun sollen aber die katholischen Theologen und Philosophen, denen die schwere Aufgabe obliegt, die göttliche und menschliche Wahrheit zu schützen und sie den Herzen der Menschen einzupflanzen, diese mehr oder weniger vom rechten Weg abirrenden Auffassungen weder ignorieren noch unbeachtet lassen. Ja, sie sollen diese Auffassungen sogar gründlich kennen, sowohl weil Krankheiten nicht angemessen geheilt werden können, wenn sie nicht vorher richtig erkannt wurden, als auch, weil manchmal selbst in falschen Ansichten ein Körnchen Wahrheit verborgen liegt, als auch schließlich, weil diese den Geist herausfordern, bestimmte Wahrheiten, sowohl philosophische als auch theologische, genauer zu durchforschen und zu untersuchen".[31]

Das Lehramt hat also in der Vergangenheit wiederholt und unter verschiedenen Bedingungen die kritische Unterscheidung in bezug auf das Gebiet der Philosophie vorgenommen. Das Lehramt hat einen wertvollen Beitrag geleistet, der nicht in Vergessenheit geraten darf. *Als Norm der Wahrheit hat das Lehramt die unaufgebbare Pflicht des Korrektivs.*

Wenn wir uns die heutige Situation anschauen, sehen wir, daß die Probleme von einst wiederkehren, wobei sie aber neue Eigenheiten aufweisen. Es handelt sich nicht mehr nur um Fragen, die einzelne Personen oder Gruppen betreffen, sondern um Überzeugungen, die in der Gesellschaft so verbreitet sind, daß sie gewissermaßen zu einer gemeinsamen Denkweise werden. Das gilt zum Beispiel für das radikale Mißtrauen gegen die Vernunft, das die jüngsten Entwicklungen vieler philosophischer Studien an den Tag legen.

---

30   Pius XII., Humani generis: AAS 42 (1950) 562-563.
31   Pius XII., Humani generis, ebd. 563-564.

Von mehreren Seiten war diesbezüglich vom „Ende der Metaphysik" zu hören: Man will, daß sich die Philosophie mit bescheideneren Aufgaben begnügt, sich also nur der Erklärung des Tatsächlichen oder der Erforschung nur bestimmter Gebiete des menschlichen Wissens oder seiner Strukturen widmet. Das Problem der heutigen Philosophie ist, daß sie sich oft in einem bloßen Horizontalismus erschöpft.

In der Theologie selbst tauchen wieder die Versuchungen von einst auf. In einigen zeitgenössischen Theologien bahnt sich zum Beispiel neuerdings ein gewisser Rationalismus seinen Weg, vor allem wenn angeblich philosophisch begründete Aussagen als normativ für die theologische Forschung übernommen werden. Das geschieht vor allem dann, wenn sich der Theologe aus Mangel an philosophischer Fachkenntnis auf unkritische Weise von Aussagen beeinflussen läßt, die zwar in die gängige Sprache und Kultur Eingang gefunden haben, aber ohne ausreichende rationale Grundlage sind. Philosophische Systeme werden in dilettantischer Weise übertragen.

Es fehlt auch nicht an gefährlichen Rückfällen in den *Fideismus,* der die Bedeutung der Vernunfterkenntnis und der philosophischen Debatte für die Glaubenseinsicht, ja für die Möglichkeit, überhaupt an Gott zu glauben, nicht anerkennt. Ein heutzutage verbreiteter Ausdruck dieser fideistischen Tendenz ist der „Biblizismus", dessen Bestreben dahin geht, aus der Lesung der Heiligen Schrift bzw. ihrer Auslegung den einzigen glaubhaften Bezugspunkt zu machen. So kommt es, daß man das Wort Gottes einzig und allein mit der Heiligen Schrift identifiziert und auf diese Weise die Lehre der Kirche untergräbt, die das 2. Vatikanische Konzil ausdrücklich bestätigt hat. Nachdem die Konstitution *Dei Verbum* darauf hingewiesen hat, daß das Wort Gottes sowohl in den heiligen Texten als auch in der Überlieferung gegenwärtig ist,[32] führt sie mit Nachdruck aus: „Die Heilige Überlieferung und die Heilige Schrift bilden den einen der Kirche überlassenen heiligen Schatz des Wortes Gottes. Voller Anhänglichkeit an ihn verharrt das ganze heilige Volk, mit seinen Hirten vereint, ständig in der Lehre der Apostel".[33] Die Heilige Schrift ist daher nicht der einzige Anhaltspunkt für die Kirche. Denn die „höchste Richtschnur ihres Glaubens"[34] kommt ihr aus der Einheit zwischen der Heiligen Überlieferung, der Heiligen Schrift und dem Lehramt der Kirche zu, die der Heilige Geist so geknüpft hat, wobei keine der

---

32   Dei Verbum 9-10.
33   Dei Verbum 10.
34   Dei Verbum 21.

drei ohne die anderen bestehen kann.[35] Das komplementäre Ineinander dieser drei Prinzipien ist eine Absage an das Sola-Scriptura-Prinzip.

Nicht unterschätzt werden darf zudem die Gefahr, die der Absicht innewohnt, die Wahrheit der Heiligen Schrift von der Anwendung einer einzigen Methode abzuleiten, und dabei die Notwendigkeit einer Exegese im weiteren Sinn außer acht läßt, die es erlaubt, zusammen mit der ganzen Kirche zum vollen Sinn der Texte zu gelangen. Die Methode ist nicht wertneutral und wird dem Gegenstand nur gerecht, wenn sie sich an der Wahrheit orientiert. Alle, die sich dem Studium der Heiligen Schriften widmen, müssen stets berücksichtigen, daß auch den verschiedenen hermeneutischen Methoden eine philosophische Auffassung zugrunde liegt: sie gilt es vor ihrer Anwendung auf die heiligen Texte eingehend zu prüfen.

Weitere Formen eines latenten Fideismus sind an dem geringen Ansehen, das der spekulativen Theologie entgegengebracht wird, ebenso erkennbar wie auch an der Geringschätzung für die klassische Philosophie, aus deren Begriffspotential sowohl das Glaubensverständnis als auch die dogmatischen Formulierungen ihre Begriffe geschöpft haben. Papst Pius XII. hat vor solcher Vernachlässigung der philosophischen Tradition und vor dem Aufgeben der überlieferter Terminologien gewarnt.[36] *Mit der Begrifflichkeit ändert man auch das Sein.*

Schließlich beobachtet man ein verbreitetes Mißtrauen gegen die umfassenden und absoluten Aussagen, vor allem von seiten derer, die meinen, die Wahrheit sei das Ergebnis des Konsenses und nicht der Anpassung des Verstandes an eine objektive Wirklichkeit. Es ist sicherlich verständlich, daß es in einer in viele Fachbereiche unterteilten Welt schwierig wird, jenen vollständigen und letzten Sinn des Lebens zu erkennen, nach dem die Philosophie traditionell gesucht hat. Die Kirche ermutigt also die christlichen wie auch die nichtchristlichen Philosophen, den Fähigkeiten der menschlichen Vernunft zu vertrauen und die Fragen nach dem Letzten zu wagen. Die Leidenschaft für die letzte Wahrheit und der Wunsch, sie zu suchen, verbunden mit dem Mut zur Entdeckung neuer Wege, dürfen nicht verloren gehen! Es ist der Glaube, der die Vernunft dazu herausfordert, aus jedweder Isolation herauszutreten und für alles, was schön, gut und wahr ist, etwas zu riskieren. Es sind gerade die Transzendentalien, die wahre Wissenschaft-

---

35　　Dei Verbum 10.

36　　Vgl. Pius XII., Enzyklika Humani generis AAS 42 (1950) 565-567.

lichkeit garantieren. Das Maß jeden Wissens ist das Gewissen. So wird der Glaube zum überzeugten und überzeugenden Anwalt der Vernunft.

Das Lehramt hat sich freilich nicht darauf beschränkt, nur die Irrtümer und Abweichungen der philosophischen Lehren aufzudecken. Mit derselben Aufmerksamkeit hat es die Grundprinzipien für eine echte Erneuerung des philosophischen Denkens unterstrichen und auch konkret einzuschlagende Wege aufgezeigt. In diesem Sinn vollzog Papst Leo XIII. mit seiner Enzyklika *Aeterni Patris* einen Schritt von wahrhaft historischer Tragweite für das Leben der Kirche. Jener Text war bis zum heutigen Tag das einzige päpstliche Dokument auf solcher Ebene, das ausschließlich der Philosophie gewidmet war. Der große Papst griff die Lehre des 1. Vatikanischen Konzils über das Verhältnis von Glaube und Vernunft auf und entwickelte sie weiter, indem er zeigte, daß das philosophische Denken ein grundlegender Beitrag zum Glauben und zur theologischen Wissenschaft ist.[37] Nach über einem Jahrhundert haben viele in jenem Text enthaltene Hinweise sowohl unter praktischem wie unter pädagogischern Gesichtspunkt nichts von ihrer Bedeutung eingebüßt; das gilt zuerst für die Bedeutung in bezug auf den unvergleichlichen Wert der Philosophie des hl. Thomas. Das Denken des Doctor Angelicus neu vorzulegen, erschien Papst Leo XIII. als der beste Weg, mit der Philosophie wieder so umzugehen. daß sie mit den Ansprüchen des Glaubens übereinstimmt. Der Papst schrieb: „Im selben Augenblick, in dem er (der hl. Thomas), wie es sich gehört, den Glauben vollkommen von der Vernunft unterscheidet, vereint er die beiden durch Bande wechselseitiger Freundschaft: Er sichert jeder von ihnen ihre Rechte zu und schützt ihre Würde".[38] Die Lehre des Aquinaten ist zeitlos, weil sie in der Wahrheit begründet ist.

Die glücklichen Folgen, die jene päpstliche Aufforderung nach sich zog, sind bekannt. Die Forschungen über das Denken des hl. Thomas und anderer scholastischer Autoren erfuhren einen neuen Aufschwung. Starken Auftrieb erhielt die historische Forschung mit der Wiederentdeckung der bis dahin weithin unbekannten Schätze des mittelalterlichen Denkens zur Folge: außerdem entstanden neue thomistische Schulen. Durch die Anwendung der historischen Methode machte die Kenntnis des Werkes des hl. Thomas große Fortschritte: zahlreiche Gelehrte brachten mutig die thomistische

---

[37]   LEO XIII., Enzyklika Aeterni Patris vom 4. August 1879: AAS 11 (1878-1879) 97-115.

[38]   Aeterni Patris, a. a. O. 109. Vgl. Fides et Ratio 57.

Überlieferung in die Diskussionen über die damaligen philosophischen und theologischen Probleme ein. Die einflußreichsten katholischen Theologen dieses Jahrhunderts, deren Denken und Forschen das 2. Vatikanische Konzil viel zu verdanken hat, sind Kinder dieser Erneuerung der thomistischen Philosophie. So stand der Kirche im Lauf des 20. Jahrhunderts eine starke Gruppe von Denkern zur Verfügung, die in der Schule des Doctor Angelicus herangebildet worden waren.

Die thomistische und neothomistische Erneuerung war allerdings nicht das einzige Zeichen einer Wiederaufnahme des philosophischen Denkens in die christlich geprägte Kultur. Schon vor der Aufforderung Papst Leos und parallel zu ihr waren zahlreiche katholische Philosophen aufgetreten, die an aktuelle Denkströmungen angeknüpft hatten. Dabei waren philosophische Werke von großem Einfluß und bleibendem Wert entstanden, in denen Synthesen von solchem Profil entwickelt worden waren, daß sie den großen Systemen des Idealismus in nichts nachstanden; wieder andere legten die erkenntnistheoretischen Grundlagen für eine neue Behandlung des Glaubens im Lichte eines erneuerten Verständnisses des moralischen Gewissens; andere schufen eine Philosophie, die mit Hilfe der Analyse des Innerweltlichen den Weg zum Transzendenten eröffnete; und schließlich gab es auch Dekner, welche die Forderungen des Glaubens im Horizont der phänomenologischen Methode anzuwenden versuchten.[39] Von verschiedenen Perspektiven her hat man also fortwährend Formen philosophischer Spekulation hervorgebracht, die die großartige Tradition christlichen Denkens in der Einheit von Glaube und Vernunft lebendig erhalten wollten.

Das 2. Vatikanische Konzil legt seinerseits eine sehr reiche und fruchtbare Lehre in bezug auf die Philosophie vor. Ich kann besonders im Rahmen dieser Enzyklika nicht vergessen, daß ein ganzes Kapitel der Konstitution *Gaudium et spes* gleichsam eine Zusammenfassung biblischer Anthropologie und damit auch Inspirationsquelle für die Philosophie darstellt. Auf jenen Seiten geht es um den Wert der nach dem Bild Gottes geschaffenen menschlichen Person, es werden ihre Würde und Überlegenheit über die übrige Schöpfung begründet und die transzendente Fähigkeit ihrer Vernunft aufgezeigt.[40] Auch das Problem des Atheismus kommt in *Gaudium et spes*

---

39   Gerade die phänomenologische Schule hat vielen den Weg zur Konversion geebnet. Das berühmteste Beispiel ist Edith Stein, die spätere Karmelitin und heiliggesprochene Märtyrin.

40   Gaudium es Spes 14-15.

in den Blick; dabei werden die Irrtümer jener philosophischen Anschauung, vor allem gegenüber der unveräußerlichen Würde der Person und ihrer Freiheit, genau begründet.[41]

Das Wort Gottes richtet sich an jeden Menschen, zu jeder Zeit und an jedem Ort der Erde; und der Mensch ist von Natur aus Philosoph. Die Theologie als durchdachte wissenschaftliche Erarbeitung des Verständnisses dieses Wortes im Lichte des Glaubens, kann sowohl für manche ihrer Verfahrensweisen wie auch für die Erfüllung bestimmter Aufgaben nicht darauf verzichten, mit den Philosophien in Beziehung zu treten, die im Laufe der Geschichte tatsächlich ausgearbeitet worden sind. Ohne den Theologen besondere Methoden empfehlen zu wollen, was dem Lehramt auch gar nicht zusteht, möchte ich vielmehr einige Aufgaben der Theologie ins Gedächtnis rufen, bei denen aufgrund des Wesens des geoffenbarten Wortes der Rückgriff auf das philosophische Denken geboten ist.

Die Theologie konstituiert sich als Glaubenswissenschaft im Lichte eines methodischen Doppelprinzips: dem *auditus fidei* und dem *intellectus fidei*. Durch das erste gelangt sie in den Besitz der Offenbarungsinhalte, wie sie in der Heiligen Überlieferung, in der Heiligen Schrift und im lebendigen Lehramt der Kirche fortschreitend ausgefaltet worden sind.[42] Mit dem zweiten Prinzip will die Theologie den Anforderungen des Denkens durch die spekulative Reflexion entsprechen.

Was die Vorbereitung auf einen korrekten *auditus fidei* betrifft, so leistet die Philosophie der Theologie ihren eigentlichen Beitrag dann, wenn sie die Struktur der Erkenntnis und der persönlichen Mitteilung sowie besonders die vielfältigen Formen und Funktionen der Sprache betrachtet und bedenkt. Ebenso wichtig ist der Beitrag der Philosophie für ein zusammenhängendes Verständnis der kirchlichen Überlieferung, der Erklärungen des Lehramtes und der Sätze der großen Lehrer der Theologie: diese drücken sich nämlich häufig in Begriffen und Denkformen aus, die einer bestimmten philosophischen Tradition entlehnt sind. In diesem Fall wird vom Theologen verlangt, daß er nicht nur die Begriffe und Formulierungen erklärt, mit denen die Kirche über ihre Lehre nachdenkt und sie erarbeitet; er muß auch die philosophischen Systeme, die möglicherweise Begriffe und Terminologie beeinflußt haben, gründlich kennen, um zu korrekten und kohärenten

---

41   Gaudium et Spes 20-21.
42   Dei Verbum 10.

Interpretationen zu gelangen, weil sie nicht immer eins zu eins übertragbar sind.

Was den *intellectus fidei* betrifft, so ist vor allem zu beachten, daß die göttliche Wahrheit, „die uns in den von der Lehre der Kirche richtig ausgelegten Heiligen Schriften vorgelegt wird",[43] eine eigene, in ihrer Logik so konsequente Verständlichkeit besitzt, daß sie sich als ein echtes Wissen darstellt. Der *intellectus fidei* legt diese Wahrheit aus, indem er nicht nur die logischen und begrifflichen Strukturen der Aussagen aufnimmt, in denen sich die Lehre der Kirche artikuliert, sondern auch und vorrangig die Heilsbedeutung sichtbar werden läßt, die diese Aussagen für den einzelnen und für die Menschheit enthalten. Von der Gesamtheit dieser Aussagen gelangt der Glaubende zur Kenntnis der Heilsgeschichte, die in der Person Jesu Christi und in seinem Ostergeheimnis ihren Höhepunkt hat. Durch seine Zustimmung aus dem Glauben hat er an diesem Geheimnis teil.

Die *dogmatische Theologie* muß ihrerseits imstande sein, den universalen Sinn des Geheimnisses des dreieinigen Gottes und des Heilsplanes sowohl in erzählerischer Weise als auch vor allem in Form der Argumentation darzulegen. Das muß sie mit Hilfe von Ausdrücken und Begriffen tun, die aus der Urteilskraft heraus formuliert und allgemein mitteilbar sind. Denn ohne den Beitrag der Philosophie ließen sich theologische Inhalte, wie zum Beispiel das Sprechen über Gott, die Personbeziehungen innerhalb der Trinität, das schöpferische Wirken Gottes in der Welt, die Beziehung zwischen Gott und dem Menschen, die Identität Christi, der wahrer Gott und wahrer Mensch ist, nicht veranschaulichen. Dasselbe gilt für verschiedene Themen der Moraltheologie, wo ganz offenkundig Begriffe, wie z. B. Sittengesetz, Gewissen, Freiheit, persönliche Verantwortung, Schuld usw. zur Anwendung kommen, die im Rahmen der philosophischen Ethik definiert werden.

Daher muß die Vernunft des Gläubigen eine natürliche, wahre und stimmige Kenntnis der geschaffenen Dinge, der Welt und des Menschen besitzen, die auch Gegenstand der göttlichen Offenbarung sind; mehr noch: die Vernunft des Gläubigen muß in der Lage sein, diese Kenntnis begrifflich und in der Form der Argumentation darzulegen. Die spekulative dogmatische Theologie setzt daher implizit eine auf die objektive Wahrheit gegründete Philosophie vom Menschen, von der Welt und, radikaler vom Sein voraus.

---

43   THOMAS V. AQUIN, Summa theologica, II-II, 5, 3 ad 2.

Wie sich aus der oben kurz angedeuteten Geschichte der Beziehungen von Glaube und Philosophie ergibt, lassen sich verschiedene Standorte der Philosophie in bezug auf den christlichen Glauben unterscheiden. Da ist zuerst der Status der von *der Offenbarung des Evangeliums völlig unabhängigen Philosophie:* Gemeint ist die Philosophie, wie sie geschichtlich in den der Geburt des Erlösers vorausgehenden Epochen und danach in den vom Evangelium noch nicht erreichten Regionen Gestalt angenommen hat. In dieser Situation bekundet die Philosophie das legitime Bestreben eine Unternehmung zu sein, die autonom ist: das heißt: sie geht nach ihren eigenen Gesetzen vor und bedient sich ausschließlich der Kräfte der Vernunft. Dieses Bestreben muß man unterstützen und stärken, auch wenn man sich der schwerwiegenden, durch die angeborene Schwäche der menschlichen Vernunft bedingten Grenzen bewußt ist. Denn das philosophische Engagement als Suche nach der Wahrheit im natürlichen Bereich bleibt zumindest implizit offen für das Übernatürliche.

Mehr noch: Auch dann, wenn sich die theologische Argumentation philosophischer Begriffe und Argumente bedient, muß der Anspruch auf die rechte Autonomie des Denkens respektiert werden. Denn die nach strengen Vernunftkriterien entwickelte Argumentation ist Gewähr für das Erreichen allgemeingültiger Ergebnisse. Auch hier erfüllt sich das Prinzip, wonach die Gnade die Natur nicht zerstört[44], sondern vervollkommnet: Die Glaubenszustimmung, die den Verstand und den Willen verpflichtet, zerstört nicht die Willensfreiheit eines jeden Glaubenden, der das Geoffenbarte in sich aufnimmt, sondern vervollkommnet sie.

Von diesem korrekten Anspruch weicht ganz klar die Theorie von der sogenannten „getrennten" Philosophie ab, wie sie von einigen modernen Philosophen vertreten wird. Über die Bejahung der berechtigten Autonomie hinaus fordert sie eine Unabhängigkeit des Denkens, die sich klar als unzulässig erweist: Die aus der göttlichen Offenbarung kommenden Beiträge zur Wahrheit abzulehnen, bedeutet nämlich, sich zum Schaden der Philosophie den Zugang zu einer tieferen Wahrheitserkenntnis zu versperren.[45]

Ein weiterer Standort der Philosophie ist jener, den viele mit dem Ausdruck christliche Philosophie bezeichnen. Die Bezeichnung ist an und für sich zulässig, darf aber nicht mißverstanden werden: Es wird damit nicht beab-

---

44   Vgl. das Axiom „gratia supponit naturam".
45   Fides et Ratio 75.

sichtigt, auf eine offizielle Philosophie der Kirche anzuspielen, da ja der Glaube an sich keine Philosophie ist. Vielmehr soll mit dieser Bezeichnung auf ein christliches Philosophieren, auf eine in lebendiger Verbundenheit mit dem Glauben konzipierte philosophische Spekulation hingewiesen werden. Man bezieht sich dabei also nicht einfach auf eine Philosophie, die von christlichen Philosophen erarbeitet wurde, die in ihrer Forschung dem Glauben nicht widersprochen haben. Wenn vom christlicher Philosophie die Rede ist, will man damit alle jene bedeutenden Entwicklungen des philosophischen Denkens erlassen, die sich ohne den direkten oder indirekten Beitrag des christlichen Glaubens nicht hätten verwirklichen lassen.

Es gibt daher zwei Aspekte der christlichen Philosophie: einen subjektiven, der in der Läuterung der Vernunft durch den Glauben besteht. Als göttliche Tugend befreit er die Vernunft von der typischen Versuchung zur Anmaßung, der die Philosophen leicht erliegen. Hier liegt ein wesentliches Korrektiv. Schon Paulus, die Kirchenväter, einige Philosophen wie Pascal und Kierkegaard, die uns zeitlich näher sind, haben sie gebrandmarkt. Mit der Demut gewinnt der Philosoph auch den Mut, sich mit manchen Problemen auseinanderzusetzen, die er ohne Berücksichtigung der von der Offenbarung empfangenen Erkenntnisse kaum lösen könnte.

Ein weiterer bedeutsamer Standort der Philosophie ergibt sich, wenn *die Theologie selbst sich auf die Philosophie beruft,* weil die gegenseitige Befruchtung ja keine Einbahn ist. In Wirklichkeit hat die Theologie immer den philosophischen Beitrag gebraucht. Sie braucht ihn auch weiterhin. Da die theologische Arbeit ein Werk der kritischen Vernunft im Lichte des Glaubens ist, ist für sie bei ihrem ganzen Forschen eine in begrifflicher und argumentativer Hinsicht erzogene und ausgebildete Vernunft Voraussetzung und Forderung. Darüber hinaus braucht die Theologie die Philosophie als Gesprächspartnerin, um die Verständlichkeit und allgemeingültige Wahrheit ihrer Aussagen festzustellen, weil die Philosophie das semantische Vehikel liefert. Nicht zufällig wurden von den Kirchenvätern und von den mittelalterlichen Theologen nichtchristliche Philosophien für diese Erklärungsfunktion übernommen. Diese historische Tatsache weist auf den Wert der *Autonomie* hin, den die Philosophie auch in diesem dritten Standort bewahrt, zeigt aber zugleich die notwendigen und tiefgreifenden Veränderungen auf, die sie auf sich nehmen muß.

Ganz im Sinne eines unerläßlichen und vortrefflichen Beitrags wurde die Philosophie seit der Väterzeit *ancilla theologiae* genannt. Der Beiname wurde nicht verwendet, um eine sklavische Unterwerfung oder eine rein funktionale Rolle der Philosophie gegenüber der Theologie zu bezeichnen. Er wurde vielmehr in dem Sinne gebraucht, in dem Aristoteles von den Erfahrungswissenschaften als „Mägden" der „ersten Philosophie" sprach. Der Ausdruck, der heute wegen der oben angeführten Autonomieprinzipien schwer anwendbar ist, diente im Laufe der Geschichte dazu, auf die Notwendigkeit der Beziehung zwischen den beiden Wissenschaften und auf die Unmöglichkeit ihrer Trennung hinzuweisen.[46]

Würde sich der Theologe weigern, von der Philosophie Gebrauch zu machen, liefe er Gefahr, ohne sein Wissen Philosophie zu treiben und sich in Denkstrukturen einzuschließen, die dem Glaubensverständnis wenig angemessen sind. Der Philosoph wiederum würde sich, wenn er jeden Kontakt mit der Theologie ausschlösse, verpflichtet fühlen, sich eigenständig der Inhalte des christlichen Glaubens zu bemächtigen, wie das bei einigen modernen Philosophen der Fall war. Im einen wie im anderen Fall würde sich die Gefahr der Zerstörung der Grundprinzipien der Autonomie ergeben, deren Garantie jede Wissenschaft mit Recht für sich fordert.

Der hier besprochene Status der Philosophie steht wegen der Implikationen, die er im Verständnis der Offenbarung mit sich bringt, zusammen mit der Theologie unmittelbarer unter der Autorität des Lehramtes und seiner Prüfung; dies habe ich vorher dargelegt. Denn aus der Glaubenswahrheit ergeben sich bestimmte Forderungen, welche die Philosophie in dem Augenblick respektieren muß, wo sie mit der Theologie in Verbindung tritt. Wissenschaftstheoretisch besteht zwischen beiden ein mengentheoretischer Durchschnitt.

Im Lichte dieser Überlegungen wird es wohl verständlich, warum das Lehramt wiederholt die Verdienste des Denkens des hl. Thomas gelobt und ihn als führenden Lehrmeister und Vorbild für das Theologiestudium herausgestellt hat. Es war dem Lehramt weder daran gelegen, zu eigentlich philosophischen Fragen Stellung zu nehmen noch die Zustimmung zu besonderen Auffassungen aufzuerlegen. Die Absicht des Lehramtes war und ist es weiterhin zu zeigen, daß der hl. Thomas ein authentisches Vorbild für alle ist, die nach der Wahrheit suchen. Denn in seinem Denken haben der Anspruch der Vernunft und die Kraft des Glaubens zur höchsten Zusammenschau gefunden, zu der das Denken je gelangt ist. Er hat es verstanden, das radikal

---

46   Fides et Ratio 76.

Neue, das die Offenbarung gebracht hat, zu verteidigen, ohne je den typischen Weg der Vernunft zu demütigen.

Mit einer weiteren ausführlichen Darlegung der Inhalte des bisherigen Lehramtes möchte ich einige Forderungen aufzeigen, die heute die Theologie - und zuvor noch das Wort Gottes - an das philosophische Denken und die modernen Philosophien stellt. Wie ich bereits hervorgehoben habe, muß der Philosoph nach eigenen Regeln vorgehen und sich auf seine eigenen Prinzipien stützen; die Wahrheit kann jedoch nur eine sein. Die Offenbarung mit ihren Inhalten wird niemals die Vernunft bei ihren Entdeckungen und in ihrer legitimen Autonomie unterdrücken können; umgekehrt wird jedoch die Vernunft in dem Bewußtsein, sich nicht zu absoluter und ausschließlicher Gültigkeit erheben zu können, nie ihre Fähigkeit verlieren dürfen, sich fragen zu lassen und zu fragen[47]. Indem die geoffenbarte Wahrheit von dem Glanz her, der von dem subsistenten Sein selbst ausgeht, volle Erhellung über das Sein gewährt, wird sie den Weg der philosophischen Reflexion erleuchten[48]. Die christliche Offenbarung wird somit zum eigentlichen Ansatz- und Vergleichspunkt zwischen philosophischem und theologischem Denken, die zueinander in einer Wechselbeziehung stehen. Daher ist es wünschenswert, daß sich Theologen und Philosophen von der einzigen Autorität der Wahrheit leiten lassen und eine Philosophie erarbeiten, die im Einklang mit dem Wort Gottes steht. Diese Philosophie wird der Boden für die Begegnung zwischen den Kulturen und dem christlichen Glauben sein, der Ort der Verständigung zwischen Glaubenden und Nichtglaubenden. Sie wird hilfreich sein, damit sich die Gläubigen aus nächster Nähe davon überzeugen, daß die Tiefe und Unverfälschtheit des Glaubens gefördert wird, wenn er sich mit dem Denken verbindet und nicht darauf verzichtet. Und wieder ist es die Lehre der Kirchenväter, die uns zu dieser Überzeugung führt: „Dasselbe glauben ist nichts anderes als zustimmend denken... Jeder, der glaubt, denkt, wenn er glaubt, denkt er, und wenn er denkt, glaubt er... Wenn der Glaube nicht gedacht wird, ist er nichts."[49]

---

47   Vgl. das „intellego ut credam" in Fides et ratio, Kapitel 3.

48   Vgl. das „credo ut intellegam" in Fides et ratio, Kapitel 2.

49   AUGUSTINUS, De praedestinatione sanctorum 2, 5: PL 44, 963.

II.

SCIENTIA

Schnittstellen zwischen Materie, Energie und Geist

Die interdisziplinäre Erfassung der Wirklichkeit

Imre Koncsik

Einleitung

Was ist *Wirklichkeit*? Wie komplex und wie wirksam ist sie „wirklich"? Die Frage scheint gerade in gegenwärtiger Zeit an Gewicht zuzunehmen. Wahrscheinlich hat jeder Mensch irgendwann einmal *Entfremdungserlebnisse* durchgemacht, die sich besonders durch eine Grunderfahrung auszeichnen: den scheinbaren *Verlust der Wirklichkeit* als Grundlage des eigenen Lebens und Seins. Entfremdung bezieht sich also auf das *Sein* und meint daher *Seinsentfremdung*. Dem Menschen wird in solchen Momenten die Nicht-selbstverständlichkeit seiner Existenz bewußt. Der Grund der Möglichkeit solcher Erfahrung der Entfremdung ist schlicht die Tatsache, daß der Mensch nicht die ganze Wirklichkeit selbst definiert, sondern vom Wirklichkeitsgrund *different* ist. Erfährt er demnach seine Differenz zur Wirklichkeit - auch zu der eigenen! -, so ist er der Wirklichkeit „entfremdet", also scheinbar aus ihr herausgefallen, nicht mehr in ihr „Zuhause" etc.

Ähnliche Erfahrungen machen auch *Wissenschaftler* auf dem Gebiet ihrer Wissenschaft: sie stellen bestimmte *Grenzen* ihres Wissensgebietes fest, an denen die ihnen zur Verfügung stehenden Methoden und Axiome *nicht* mehr weiterhelfen. Es verhält sich etwa wie beim Fahren mit einem *Raumschiff* im *Weltall*: man bewegt sich zwar in einem bestimmten Raum, der *einheitlich* und nicht in verschiedene Räume gespalten ist. Man gelangt nicht an ein *Ende*, sondern wittert irgendwie einen unendlichen *Horizont*, in den der Raum selbst eingebettet erscheint. Dieses Wittern bedingt eine Entfremdung, weil man um die Nicht-selbstverständlichkeit des Raumes weiß, der von „woanders her" unterfaßt wird.

Übertragen auf die Wissenschaften von der *empirisch* und *rational* zugänglich gemachten *Naturwirklichkeit*: Naturwissenschaften bilden einerseits in sich eine saubere, *geschlossene Einheit*; andererseits jedoch sind sie in bestimmter Hinsicht *nichtig*, weil sie sich selbst *nicht* schlechthin *begründen* kann - ebenso wenig wie der Raum sich selbst begründen kann, sondern können einfach als „da seiend" *a priori* vorgefunden wird. Die Nichtigkeit der Naturwissenschaften bedeutet *positiv* ihre *Offenheit* gegenüber anderen Erfassungen der einen universalen Wirklichkeit.

Diese Offenheit wird besonders deutlich, wenn die *eigenen Axiome und Grundlagen* reflektiert werden sollen oder wenn die Forschung so weit in das *Wesen* der Naturwirklichkeit vordringt, daß sie *unmittelbar* am Ursprung der Naturwirklichkeit - etwa der Materie und Energie - rührt. Hier erwächst die Frage nach *anders* gearteten Erfassungen der Wirklichkeit. Es tun sich bestimmte *Schnittstellen* zwischen der naturwissenschaftlichen, naturphilosophischen und theologischen Erfassung der *einen* Wirklichkeit auf, die *allen* gemeinsam ist.

Schema 1: Einheit und Differenz zwischen ontologischer und naturwissenschaftlicher Erfassung der Wirklichkeit

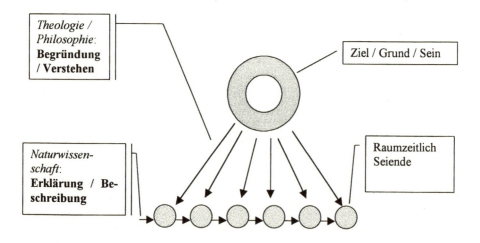

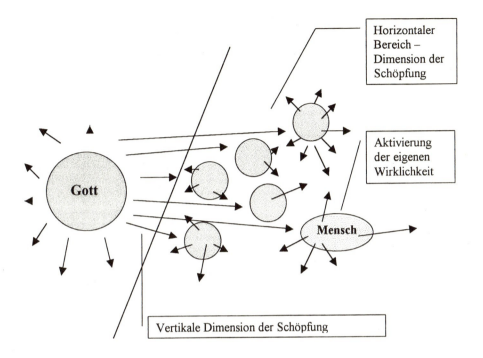

Hier hilft eine Unterscheidung zwischen der „*vertikalen*" und „*horizonta-len*" Dimension der Wirklichkeit weiter: die *vertikale* ist irgendwie „über-raumzeitlich". Sie entspringt der transzendenten Wirklichkeit (Gottes) und garantiert damit die „transzendentale" Ge- und Verwiesenheit der raum-zeitlich-materiellen Wirklichkeit. Die „*horizontale*" Wirklichkeit ist iden-tisch mit der raumzeitlichen Wirklichkeit samt ihrer relativen Eigengesetz-lichkeit, ihren kausalen Verknüpfungen etc. Beide schließen sich nicht aus, sondern *ein*: so ist das Wirken einer konkreten Wirklichkeit *ganz* das Er-gebnis der eigenen Wirklichkeit und *ganz* das Ergebnis der transzendenten Wirksamkeit. Es gilt also *nicht*, daß nur ein *Teil* auf den vertikalen und ein *Teil* auf den horizontalen Bereich zurückzuführen ist. Vielmehr bilden bei-de eine *analoge Einheit*, sodaß eine konkrete Wirkung „totum, sed non tota-liter" der vertikalen Wirksamkeit entspringt und „totaliter, sed non totum" der eigenen Wirklichkeit. Somit wird die Wirklichkeit nur dann „umfas-send" und *ganzheitlich* erfasst, wenn *beide* „Dimensionen" der Schöpfung beachtet werden.

Um einen sinnvollen Dialog zwischen Naturwissenschaften, Naturphilosophie und Theologie zu führen, müssen daher einige einfache *Voraussetzungen* akzeptiert werden.

1. Naturwissenschaft, Philosophie und Theologie bilden eine *analoge Einheit* der Identität und Differenz der Wirklichkeit. Sie sind demnach sowohl in bestimmter Hinsicht miteinander relativ *identisch* als auch voneinander relativ *different*. Von ihrer Differenz und Identität wird wiederum ihre *Einheit* ausgesagt. Diese Einheit kann auch in Anlehnung an das bekannte Dogma von *Chalcedon*[1] als „*unvermischte und ungetrennte*" Einheit von naturwissenschaftlicher, naturphilosophischer und theologischer Erfassung der Wirklichkeit begriffen werden. So sind alle Erfassungsweisen zueinander *analog*, weshalb in dieser Hinsicht ihre Einheit selbst analog genannt werden kann.

2. Die unvermischte und ungetrennte, analoge Einheit der Identität und Differenz der *Erfassungsweisen* der Wirklichkeit hat ihre notwendige Entsprechung in der *Wirklichkeit* selbst. Sie ist es, die die einzelnen Wissenschaften konstituiert. Erkenntnistheoretisch wird hier *entgegen* dem neuzeitlichen *Subjektivismus*[2] eine analoge Einheit von *Denken* und *Sein*, menschlichem *Geist* und erkannter *Wirklichkeit* behauptet - also weder eine idealistische Identität noch eine rationalistische Differenz zwischen beiden. So können Aussagen mit *objektivem* Rückbezug zum „entgegengeworfenen" (=objektiven) Seienden formuliert werden, da dem menschlichen Geist die Fähigkeit zugesprochen wird, kraft seiner *eigenen* Wirklichkeit die Wirklichkeit der *konkreten* Seienden der Raumzeit analog zu erfassen. Der Grund dafür ist schlicht: die Wirklichkeit des Menschseins steht in *analoger Einheit* zur Wirklichkeit aller Seienden, weshalb sie sie entsprechend „intern repräsentieren"[3] und evident deuten, weil intuitiv verstehen kann.

Man beachte bitte sowohl die relative Identität als auch die relative Differenz der Erfassungsweisen:

---

1   DH 350f (Alle Abkürzungen richten sich nach dem Standard des Abkürzungsverzeichnisses des Lexikons für Theologie und Kirche, dritte Auflage, Freiburg u. a. 1993.

2   Siehe dazu besonders Müller, G. L., Erkenntnistheoretische Grundprobleme einer Theologie der Religionen, in: FoKTh 15 (1999) 161-179

3   Gemeint ist hier die sinnliche Wahrnehmung als interne Repräsentation der Außenwelt vermittelt durch bestimmte neuronale Konfigurationen (siehe dazu SINGER, W., Gehirn und Bewußtsein, Heidelberg u. a. 1994). „Parallel" und „gleichursprünglich" zu ihr verläuft die rationale und geistige Wahrnehmung.

Relative Identität: Naturwissenschaft, Naturphilosophie und Theologie erfassen eine gemeinsame Wirklichkeit, weshalb ihre Ergebnisse sich auch gegenseitig beeinflussen müssen.

Relative Differenz: die genannten Wissenschaften erfassen die eine gemeinsame Wirklichkeit auf verschiedene bzw. differente Weise. Naturwissenschaft fragt nach dem WIE: sie verfährt mehr deskriptiv. Philosophie fragt nach dem WAS, sie verfährt in einer allgemeinen Weise begründend; Theologie fragt nach dem WER, sie verfährt in einer besonderen, weil letztgültigen Weise begründend.

Analoge Einheit: es kann zwischen einer raumzeitlichen „horizontalen" und einer über-raumzeitlichen, „vertikalen" Ebene der Wirklichkeit unterschieden werden. Beide bilden eine unvermischte und ungetrennte Einheit. Daher können und müssen die Erkenntnisse einer Wissenschaft auf die andere in einem analogen Sinn anwendbar sein, also ineinander analog transformiert werden können. Freilich ist das in der Praxis alles andere als einfach.

Wie kann der wegen der „vertikalen" und „horizontalen" Dimension postulierte interdisziplinäre Dialog *konkret* aussehen? Man sucht nach *Schnittstellen* zwischen den Wissenschaften. Sie sind nicht so abstrakt wie sie auf Anhieb klingen mögen. So muss etwa ein Physiker, wenn er die Formel $E=mc^2$ liest, irgendwie *verstehen*, was Energie, Masse, Lichtgeschwindigkeit, Gleichheit etc. sind. Das setzt ein *Vorverständnis* der Wirklichkeit voraus. Wenn etwa ein Naturwissenschaftler sagt: „Meinem Gefühl nach verhält sich das so und nicht anders....", meint er eben dieses Vorverständnis.

In der Naturwissenschaft wird oft ein *philosophisches Vorverständnis* wird in eine „konkretere" Deutung der Wirklichkeit durch *mathematische* Formeln umgesetzt, die der *empirisch* messbaren Wirklichkeit nicht widersprechen dürfen. Je reflektierter ein solches philosophisches Wissen, desto wahrscheinlicher sind „neue Ideen" und Modelle zwecks vollständiger Erfassung der Wirklichkeit: so erhielt etwa ALBERT EINSTEIN die Idee zu seiner Relativitätstheorien durch seine Beeinflussung durch die idealistische Philosophie SPINOZAS. In interdisziplinärer Anstrengung sollte daher der inspirierende und motivierende *philosophische Hintergrund* nach Möglichkeit durch die *Theologie* vertieft werden. So sollte etwa zwischen *konkurrierenden* naturwissenschaftlichen Modellen, die *nicht* der empirischen Messung widersprechen können, eine Entscheidung aufgrund der philosophisch-theologischen Antizipationen gefällt werden dürfen.

Im folgenden soll eine solche mögliche philosophische Deutung der Materie, Energie und des Geistes *angedeutet* werden, die sich mit naturwissenschaftlichen Befunden (hoffentlich) verträgt. Damit werden *Möglichkeiten* eines Dialogs auf einer gemeinsamem Basis konkret angerissen.

1. Materie, Energie und Raumzeit

Wenden wir uns auf diesem Hintergrund einigen *Schnittstellen* zwischen den Wissenschaften und den ihr zugeordneten Erfassungsweisen der Wirklichkeit zu, die dazu anreizen, die Wirklichkeit in *interdisziplinärer* Anstrengung möglichst *ganzheitlich* zu verstehen. Demgemäß wird in einem ersten Schritt stets eine kurze Skizze *naturwissenschaftlicher* Befunde gegeben, um in einem zweiten Schritt sie *naturphilosophisch* und *ontologisch* zu deuten. Die *theologische* Deutung kann leider angesichts der Kürze nur angerissen werden.

1. 1. Naturwissenschaftliche Befunde

Bilden Raum Zeit, Energie und Materie wirklich einen *Berührungspunkt* zwischen Naturwissenschaft, Philosophie und Theologie? Wo bleibt der *Geist*? Es scheint nützlich, zuerst den Begriff der Raumzeit kurz zu erörtern. Hier ist an zwei „Revolutionen" der Physik Anfang des 20. Jahrhunderts zu erinnern. Die eine beschreibt die Raumzeit „im Großen" (*Relativitätstheorie*), die andere „im Kleinen" (*Quantenmechanik*).

ALBERT EINSTEIN forderte modellhaft das *Ineinander* von Raum und Zeit. Er faßte sie zunächst als variable *Koordinaten* auf und fragte *nicht* weiter danach, was damit „in Wirklichkeit" gemeint sei. Indem er sie selbst transformierte, konnte er die *Konstanz* der Lichtgeschwindigkeit c und damit die *universale Gültigkeit* bzw. *Symmetrie* der physikalischen Gesetze in beliebigen Bezugssystemen erhalten. Er entwickelte zwei *Theorien der Transformation* von Bezugssystemen ineinander: für den speziellen Fall ohne Gravitation (*Spezielle* Relativitätstheorie), also für Systeme mit konstanter Bewegung. „Relativitätstheorie" bedeutet, daß kein Bezugssystem vor dem anderen ausgezeichnet ist, sondern daß alle Bezugssysteme gleichwertig sind und ineinander überführt werden können - sie sind zueinander „relativ". Für die Spezielle Relativitätstheorie genügt die sog. *Lorentztransformation*, um verschiedene Bezugssysteme als Glieder einer übergeordneten Symmetriegruppe erfassen und ineinander überführen zu können. Seine zweite Theorie bezieht sich auf den *allgemeinen* Fall mit Gravitation (*All-*

gemeine Relativitätstheorie); sie gilt auch für beschleunigte Bezugssysteme. Hier werden kompliziertere mathematische Operationen erforderlich über sogenannte *Tensoren*.

Die Modifizierbarkeit von Raum und Zeit garantiert hier die *Symmetrie* der Naturgesetze. Die Symmetrien können entweder *algebraisch* gemäß der sog. Gruppentheorie oder *geometrisch* in Form von Raumzeitmetriken[4] wiedergegeben werden. Zur Zeit ist man auf der Suche nach umfassenden Raumzeitmetriken und Symmetrien, um alle bislang bekannten Wirkungen (Kräfte) und Wirklichkeiten (Teilchen) zu *vereinheitlichen*. Das Problem ist nur, daß es *verschiedene* Raumzeitmetriken und Symmetrien gibt, die sich mit der Beobachtung vertragen. Zwischen ihnen kann experimentell kaum eine Entscheidung getroffen werden.

Eine andere Revolution ist die der *Quantenmechanik*. Sie stellt im Grunde eine mathematische *Regel* bzw. *Vorschrift* dar, anhand deren das Verhalten der Materie auf kleinster Ebene korrekt beschrieben werden kann. Daher kann sie auch fast beliebig auf andere Theorien angewandt werden - von jeder gibt es eine „Quantenversion". „Mechanik" heißt sie, weil sie wie die klassische Mechanik die *Bewegung von Teilchen* untersucht - jedoch unterhalb der sog. Planck-Größe (10^{-33}m oder 10^{-41}sec). „Quanten" meint, daß es nur „*gequantelte*" Energieniveaus geben kann, also nur „diskrete" Energiezustände und *nicht* etwa ein „Energiekontinuum" - sonst würde etwa ein Elektron, das um einen Atomkern kreist, ständig und *kontinuierlich* Energie abgeben, bis es in den Kern stürzt. Weil jedoch nur *diskrete* Energieniveaus erlaubt sind, funktioniert das nur unter Emission *eines* Photons. Bis die Energie nicht da ist, um das Photon zu emittieren, bleibt das Elektron auf seiner Bahn. Es verhält sich wie eine in einen idealen Zylinder eingeschlossene Schallwelle, die einfach bestehen bleibt.

Man denke nun an das berühmte *Doppelspaltexperiment*: aus einer Lichtquelle werden Photonen emittiert, die durch zwei Spalte „gehen" können. Hinter den Spalten befindet sich ein Schirm als Detektor. Das Eigenartige ist, daß sich die Photonen auf ihrem Weg zum Schirm durch die Spalten wie *Wellen* verhalten – am Schirm verhalten sie sich wie *Teilchen*, die „einschlagen". Es kommt auf dem Weg zu *Interferenzen*, also zu Überlagerungen und Auslöschungen von Wellenbergen und -tälern. Es sind demnach

---

4   Das ist das Generalthema bei Penrose, R.; Hawking, S., Raum und Zeit, Reinbek bei Hamburg 1998

Wege für das Photon *verboten*, die es nehmen könnte, wenn nur ein Spalt offen wäre! Auf dem Schirm ergibt sich ein charakteristisches Interferenzmuster, das nur noch quantenmechanisch beschrieben werden kann.

Es ergeben sich verschiedene *Interpretationen* der Interferenz: die eine enthält sich einfach jeder ontologischen Aussage und faßt die Quantenmechanik als nützliche Beschreibung auf, die eben funktioniert. Warum dieses Modell funktioniert, interessiert nicht. Hauptsache, daß es funktioniert. Oder es werden Deutungen unternommen: die übliche ist die von NIELS BOHR und der „Kopenhagener Schule", nach der das Photon beide Wege durch Spalt 1 und 2 zugleich genommen hat. Es war „hier und dort" zur gleichen Zeit, also „nicht lokal". Seltener ist die Deutung von EINSTEIN, der in einer berühmten Diskussion mit BOHR angeblich unterlag[5]: er weigerte sich zuzugeben, daß die Natur sich in dieser eigenartigen Weise verhält. „Gott würfelt nicht": es liegt mehr an *unserer* Unkenntnis der Natur, daß wir eine so fremdartige Beschreibung entwickeln und *nicht objektiv* an der Natur selbst. Es kann nur einen Weg geben und keine reale, weil wirksame / wirkende „Überlagerung" verschiedener Wege.

Es gibt scheinbar *zwei Grenzen* der Raumzeit: nach unten und nach oben, mikroskopisch und makroskopisch. Die eine wird durch die Relativitätstheorien beschrieben, die andere durch die Quantenmechanik.

---

5   Held, C., Die Bohr-Einstein-Debatte. Quantenmechanik und physikalische Wirklichkeit, Paderborn u. a. 1998

Schema 2: Grenzen der Raumzeit

[SEIN DER SEIENDEN]

Quantenmechanik:
Wahrscheinlichkeitsamplituden, lineare Superposition von aktpotentiellen Zuständen, Unschärferelation (Dekohärenz, Kollaps der Wellenfunktion)

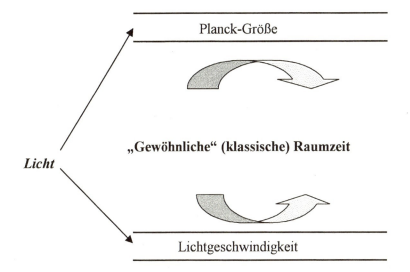

Relativitätstheorien:
Zeitdilatation, Längenkontraktion, Transformation von Raum und Zeit, Äquivalenz von Masse und Energie

[SEIN DER SEIENDEN]

Dasselbe Licht markiert die Grenze der Raumzeit in beide Richtungen als „Bürger zweier Welten":

Als Wirkung (Energie) und Wirklichkeit (Photon) [jedoch ohne Ruhemasse].

Interessant ist folgender Befund: die Grenze wird in beiden Fällen durch das *Licht* markiert. Das Licht ist eine besondere Zustandsform von *Energie* bzw. *Wirkung* - hier kommt zur Raumzeit auch das Licht als *Energie*, besser: als *Wirkung* hinzu. Das gilt einmal im „ganz Großen": würden wir uns

etwa mit Lichtgeschwindigkeit bewegen, dann würde gemäß der Relativitätstheorie für uns keine Zeit mehr vergehen (*Zeitdilatation*) und wir wären
sofort überall (*Längenkontraktion*). Wir wären irgendwo „am Rand" der
Raumzeit: einerseits *in* ihr, andererseits irgendwie auch *außer* ihr. So wurde
das Licht auch als „Bürger zweier Welten" beschrieben: einer „ewigen" und
einer „raumzeitlichen" Welt. Das Licht scheint so etwas wie eine „*Brücke
zur Ewigkeit*" des Seins darzustellen, weil sie *unmittelbar* dort entspringt,
wo – philosophisch ausgedrückt – das Sein sich „ins Anwesen" ereignet: an
der „vertikalen" *Wurzel* der Raumzeit.

Auch im „ganz Kleinen" offenbart uns das Licht merkwürdige Eigenschaften – viele können hier leider nicht angeführt werden -: es verhält sich einerseits als *Teilchen* – was ihrem raumzeitlichen Charakter entspricht –,
andererseits als *Welle*, exakter: unterhalb der sog. Planck-Größe von 10^{-41}m
als „Wahrscheinlichkeitsamplitude"[6]. Es breitet sich als sog. „Wellenfunktion" unitär und deterministisch aus – bezogen auf den Beobachter[7]. Wird
es jedoch durch eine Messung gezwungen sich zu „entäußern", so erfolgt
der bekannte „Kollaps der Wellenfunktion": das Licht wird zum Teilchen,
das einen fest bestimmten Ort hat. Seine Eigenschaften, die es vorher hatte,
gehen zum Teil verloren.

Doch auch bei der *Messung* herrscht eine ganz bestimmte *Unsicherheit*, die
durch die *Unschärferelation* von WERNER HEISENBERG beschrieben wird:
es können niemals *Ort* – der seinem *räumlichen* Charakter entspricht – und
Impuls – der seinem *energetischen* und daher „überräumlichen" Charakter
entspringt – bzw. ihre Ableitungen Energie und Zeit eines Photons *zugleich*
exakt bestimmt werden! Wird das eine gemessen, so „verschwimmt" das
andere und umgekehrt – als ob das Licht gewissermaßen „zittern" und „os-
zillieren" würde.

Das Licht zeigt sich hier als *einerseits* nichtlokal, irgendwo „über-räum-
lich" und mit anderen möglichen Zuständen „real verschränkt", *anderer-*

---

6 Daher gibt die Planck-Größe an, ab welcher *Größenordnung* ein *Wechsel*
   der „Metrik" bzw. der Geometrie der Raumzeit erfolgen sollte (so Penrose, R., in: Penrose, R.; Hawking, S., Raum und Zeit, Reinbek bei Hamburg
   1998, 101).

7 „In sich", also im eigenen Bezugssystem jedoch ist die Wellenfunktion
   instantan sofort überall gegeben (siehe Nichtlokalität, Verschränktheit,
   Kohärenz aller gequantelten „Zustände" etc.). Siehe dazu Feynman, R. P.,
   Vorlesungen über Physik, bes. Band 3, 1988; Müller, V. F:, Quantenmechanik, München u. a. 2000.

seits bei der Messung und „Verfestigung" seiner Wirkung als lokal, begrenzt und *räumlich*. Einmal ist das Licht eine *Wirkung*, das andere mal eine konkrete *Wirklichkeit*. Gleiches gilt für die *Zeit: einerseits* vergeht für die Wellenfunktion keine eigentliche Zeit: sie ist in sich sofort gegeben und instantan überall - daher die Pressemeldungen über die vermeintliche Entdeckung einer „Überlichtgeschwindigkeit". Erneut zeigt sich hier eine „transzendente" Eigenschaft des Lichtes. *Andererseits* ist sie bezogen auf raumzeitliche Messungen durchaus „eine Zeit lang unterwegs". So wird die Forderung der Relativitätstheorie, daß die Lichtgeschwindigkeit die maximale Geschwindigkeit sei, auf *raumzeitlicher* Ebene nicht verletzt - nur unterhalb der Planck-Größe verhält es sich anders.

Man erkennt des weiteren das *Ineinander* von *Energie* - hier in Form von Licht -, der *Materie* sowie der *Raumzeit*: das eine *definiert*, besser: *konstituiert* das andere. Es herrscht eine *unvermischte und ungetrennte Einheit* von Materie, Energie und Raumzeit:

- Gemäß der *Allgemeinen Relativitätstheorie* ist kein Raum ohne Masse und keine Masse ohne Energie – man denke an die berühmte Formel EINSTEINS $E = mc^2$.

- Auch gemäß der *Quantenmechanik* sind Teilchen „Schwingungszustände" einer „Wahrscheinlichkeitsamplitude", die quasi in die Raumzeit hinein „ausschwingt": *Energie* als reine *Aktpotenz* der Wahrscheinlichkeitsamplitude ist unmittelbar mit der konkreten *Materie* verbunden. Ebenso sind *Raum* und *Zeit* nur *Folgen* des Schwingens der Wahrscheinlichkeitsamplitude bzw. der Ausbreitung und permanenten Verwirklichung der Wellenfunktion. Also gilt auch hier eine untrennbare und intime Einheit von Materie, Energie und Raumzeit. Sie sollte unbedingt berücksichtigt werden, wenn vom Verhältnis des *Geistes* zur Materie die Rede ist.

Wichtig für den Aufweis der *Offenheit* der naturwissenschaftlichen Befunde für ontologische Interpretationen ist folgendes: wir gehen von der Möglichkeit der *objektiven* Erfassung der Wirklichkeit durch die Naturwissenschaften aus. Sie erstellt demnach *nicht* beliebige und willkürliche Modelle, die lediglich „formal konsistent" sein müssen, sondern weist eine *eigene Affinität* zur untersuchten *Wirklichkeit* auf, die *objektiv* getragen, ermöglicht und wirksam ist. Wie *weit* freilich die damit verbundene Objektivität der Modelle reicht, ist eine andere Frage.

Beispiel: kann das *gesamte* Universum als *eine* quantenmechanische *Wellenfunktion* beschrieben werden? So will es etwa der bekannte STEPHEN HAWKING tun, der bestimmte „Metriken" untersucht, die mit einer solchen Beschreibung kompatibel sind. Doch übersieht eine solche Beschreibung nicht den *Unterschied* zwischen dem *mikroskopischen* und *makroskopischen* Verhalten der Materie, der Energie und der Raumzeit?[8]

Ein anderer Forscher argumentiert auf ähnlicher Grundlage für eine sog. *Exorealität* als einer transsubjektiven Wirklichkeit, die unabhängig von der beobachterspezifischen Endorealität jedem Menschen zugänglich ist.[9] Diese Exorealität meint eben eine *verborgene Wellenfunktion*, die entsprechend *aktiv* und *wirkend* am Werke ist. Sie bestimme die gegenwärtige *Konfiguration* der Raumzeitmetrik und damit die *Konstellation* sämtlicher Materie - quantenmechanisch sind Teilchen lokale „Verdichtungen" der Wirkung der Wahrscheinlichkeitsamplitude. Würde nun die universale Wahrscheinlichkeitsamplitude *geändert*, so könnte man nach RÖSSLER eine „Paradiesbombe" bauen: man würde einfach die Konfiguration und Raumzeitmetrik wählen, die „paradiesisch" ist. Ebenso wäre natürlich eine furchtbare *Höllenwaffe* möglich, die die Reichweite jeder bekannten Waffe bei weitem *übersteigen* würde, weil sie die *Raumzeit selbst* verändern könnte.

Leider kranken solche Behauptungen an *philosophischen Hintergrundannahmen*: eben um diese sollte und kann es im interdisziplinären Dialog gehen. RÖSSLER etwa setzt wie HAWKING die *Identität* der *mikroskopischen* mit der *makroskopischen* Beschreibung der Wirklichkeit - im Sinn der sog. „Viele-Welten-These" von HUGHES EVERETT[10] - voraus, indem die reale *Eigenständigkeit* der makrokopischen Wirklichkeit ignoriert wird.

Dennoch lohnt es sich, hier etwas *weiterzudenken*. Es tut sich an dieser Stelle eine *technisch* interessante Frage auf bezüglich *prinzipiellen Grenzen*

8   Siehe dazu klar verständlich Bublath, J., Geheimnisse unseres Universums. Zeitreisen, Quantenwelten, Weltformeln, München 1999

9   Rössler, O., Endophysik. Die Welt des inneren Beobachters, Berlin 1992; Ders., Das Flammenschwert oder wie hermetisch ist die Schnittstelle des Mikrokonstruktivismus?, Bern 1996

10   Danach ist jede quantenmechanische Möglichkeit automatisch eine faktische Wirklichkeit - wenn auch in einem anderen Universum. So werden fortwährend neue „Welten" durch die Spaltung der quantenmechanischen Wahrscheinlichkeitsamplitude erzeugt. Sie koexistieren dann nicht einfach nebeneinander, sondern gründen sich in der „Ur-Wellenfunktion". Wird sie modifiziert, so werden alle realisierten „Welten" mitverändert.

technischer Machbarkeit: wie weit läßt sich die *Wirklichkeit* durch den Menschen manipulieren und beeinflussen? Wie weit reicht eine „feed-back-Schleife", die einerseits durch irgendwelche „Energietransformationen" *in* der Raumzeit und andererseits durch die Beeinflussung der Raumzeitmetriken *selbst* gegeben ist? Wird etwas *in* der Raumzeit geändert: kann damit die Raumzeit selbst verändert werden?

Ein Vergleich mit *Computern* kann diese mögliche „feed-back-Schleife" veranschaulichen: jemand schreibt ein Programm (der Programmierer), andere „bewegen" sich darin (die User). Der *Hintergrund* wird etwa bei *Windows* „still" vorausgesetzt, man kann - sehr zum Ärger der User - ihn - etwa im Gegensatz zu *Linux* - nicht einmal selbst auf der Programmierebene ändern. Die Frage lautet hier: wie *weit* läßt sich das Programm selbst durch die User umschreiben? Wie viel „Sein" steht im Verfügungsbereich des Menschen? Wie weit folgt das Sein aller Seienden seinen schöpferischen und konkreten Akten?

Ontologisch naheliegende Antwort: da das Sein als Wirkung primär dazu „da" ist, die *konkrete* Wirklichkeit der raumzeitlich Seienden zu vermitteln und zu *disponieren*, wird sich jede Verwirklichung des Seienden auf eben *dieses* beziehen. Denn: das Sein als göttliche Wirkung scheint *konstitutiv* für die konkrete Wirklichkeit zu sein - umgekehrt gilt sicher *nicht* das Gleiche.

Doch wie weit reicht die *gestaltbare* Wirklichkeit? Der Mensch vermag in seinem *Geist* bereits *ideell* die *ganze* Wirklichkeit in einem analogen Sinn zu erfassen. „Erfassen" meint eine Art und Weise, das ganze Sein „ganz, aber *nicht* ganzheitlich" („totum, sed non totaliter") in der eigenen menschlichen Wirklichkeit zur analogen *Subsistenz* zu bringen. Damit „greift" der Mensch kraft seines Geistes durchaus „in das Sein" ein – doch nur in seine Idealität und nicht in seine reale Wirkung auf das Seiende. Das erlaubt daher nur bedingt einen Rückschluß auf die *Gestaltbarkeit* der Raumzeit selbst durch den Menschen. So vermag der Mensch raumzeitlich seinen Geist „*nicht wirklich*", sondern nur *ideell* auszuwirken: er erfährt sich hier als begrenzt und beschränkt. Ob er jemals raumzeitlich durch irgendwelche *Modifikationen* in der Raumzeit eine *höhere Weise* der Existenz erreichen kann, muß wohl *offen* bleiben.

Die obige Frage kann präzisiert werden: ontologisch wird *nicht* „irgendein" feed-back zwischen Raumzeit und konstituierendem Sein behauptet, sondern auch der *Modus* des feed-backs angegeben: das Sein kommt immer *zuerst* (daher ist sich das Seiende kraft Gottes Wirkung geschenkt), *dann* das Seiende, *dann* die „Reaktion" auf die „Aktion" Gottes. Die Reaktion kann jedoch die Aktion Gottes *nicht determinativ* manipulieren, weil Gott ja *frei* ist. Ein Vergleich zum ethischen „Bereich" des Menschseins zeigt das deutlich: Gott reagiert zwar auch auf die Sünden und Taten des Menschen, jedoch verändern sie nicht die Substanz des geschaffenen Seins. Zudem ist Gottes Reaktion immer frei und gnadenhaft. Zweifelhaft erscheint es daher, daß die *Substanz* der göttlichen Wirkung, also des geschaffenen Seins („esse creatum") - also die entscheidenden Metriken und Parameter der raumzeitlichen Wirklichkeit - geändert werden können. Die *Rahmenbedingungen* scheinen durch Gott *fest* vorgegeben zu sein - inklusive *prinzipieller* Grenzen der Machbarkeit und Verwirklichung der dem Menschen übereigneten Wirklichkeit. Eine andere Frage ist es freilich, *wo genau* diese Grenzen liegen[11].

Doch da der Mensch selbst bereits jetzt schon in seiner geistigen Wirklichkeit analog alle Wirklichkeit *erfassen* kann, bedeutet das nicht auch eine seiner Erfassung entsprechende *Verwirklichbarkeit* der erfaßten *Möglichkeiten* der Wirklichkeit? Doch was entspricht denn *genau* der ideellen Erfassung der Wirklichkeit? So erfaßt der Mensch auch *Gott*, ohne diese Erfassung substantiell zu verändern. Aus der reinen Idealität der Erfassung kann demnach *nicht* einfach auf eine prinzipielle Veränderung derselben geschlossen werden.

Doch kann der Mensch Gott zumindest so weit „beeinflussen", als dieser auf seine menschlichen Selbst-Verwirklichungen *frei*, also nicht automatisch oder determinativ, *reagiert*. Was entspricht analog dieser Weise der Beeinflussung im Bereich der schöpferischen Gestaltung der *Raumzeit*? Kann der Mensch jemals die *Parameter* der Raumzeit mit den *Mitteln* der Raumzeit verändern? Wird sich die Raumzeit dem menschlichen Eingriff bereitwillig gewähren oder wird sie sich entziehen? Muß der Mensch nicht vielmehr selbst die Raumzeit „von außen" umgreifen, also „auferstanden" sein, um sie entscheidend verändern zu können?

Wie weit reicht die „Macht des *Geistes*" über die Materie? Wie kann *exakter* ihr Verhältnis bestimmt werden? Gerade an solchen Fragen entzündet sich eine präzise *Verhältnisbestimmung* von Geist und Materie.

---

11   Siehe dazu die Bemühungen des bekannten Barrow, J.D., Die Entdeckung des Unmöglichen. Forschung an den Grenzen des Wissens, Heidelberg u. a. 1999.

Man kann die gesamte Problematik mit einer *Hypothese* schließen: *Substantielle* Modifikationen werden wohl erst möglich sein, wenn die ganze Schöpfung *vollendet* ist und der Mensch kraft der Universalität seines Geistes zu einer „höheren" Seinsweise „befreit" und ermächtigt ist. So kann er dann - im „*Himmel*" als „Ort" einer *unmittelbaren Nähe* zu Gott - vermittelt durch totale Ganzhingabe an Gott, also im Akt von Glaube, Hoffnung und Liebe an der Schöpfung in einem umfassenden Sinn - eben so wie *Gott* es selbst will - kreativ „*mit Gott zusammen wirken*". Er besitzt also *keine* Macht *ausschließlich* aus sich selbst heraus - im Sinn einer titanischen Überheblichkeit -, sondern immer nur kraft seines *Glaubens* und seiner *Ganzhingabe* an Gott, also kraft seiner *Einbindung* in die analoge Einheit mit dem Schöpfer. Nur wenn er in den göttlichen Willen „einschwingt", *gewährt* sich ihm die Wirklichkeit auch in ihrer *Substantialität*. Doch dann will der Mensch bereits nichts anderes als was *Gott* will, wenn auch auf die ihm *eigene* und menschlich-schöpferische Weise.

1. 2. Ontologische Deutung

Ontologisch fragen wir nach einer Begründung der physikalischen Ergebnisse. Man möchte verstehen, *was* Materie, Energie und Raumzeit sind. Eine mögliche Auslegung dessen, die das Ineinander aller berücksichtigt, kann lauten:

Schema 3: Ontologische Deutung von Teilchen (Materie), Energie und Raumzeit

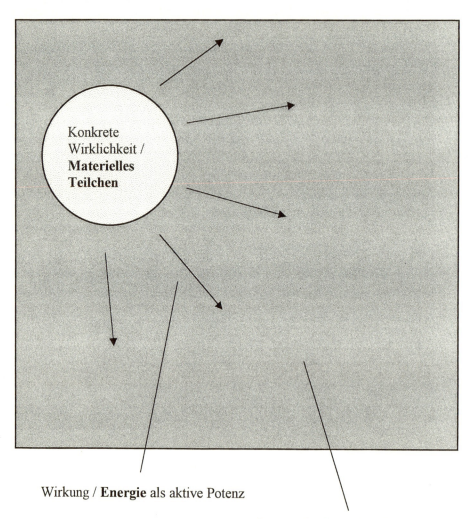

Wirkung / **Energie** als aktive Potenz

Raumzeit als passive Potenz

- der *Wirklichkeit* entspricht die Materie; hier gelten die Grundbestimmungen dessen, was im eigentlichen Sinn „seiend" ist: Subsistenz, Unaustauschbarkeit, Selbststand und relative Unableitbarkeit. Anzeichen für diese Eigenschaften sind etwa in der Relativitätstheorie die Einmaligkeit eines jeden Bezugssystems und in der Quantenmechanik das sog. *Paulische Aus-schließlichkeitsprinzip*,[12] das u.a. die Einmaligkeit eines Seienden verbürgt;

- ihrer *aktiven Wirkung* die unterschiedslose Energie - daher der Spin $^1/_2$, der *nicht* dem *Paulischen Ausschließlichkeitsprinzip* unterliegt; die Wirkung kann nur unterschieden werden als Wirkung von unterschiedenen Wirklichkeiten, denen sie zugeschrieben wird;

- schließlich entspricht der *passiven Wirkung* der Wirklichkeit die Raumzeit. Sie ist die Potenz der Ermöglichung und Verwirklichung der materiellen Wirklichkeiten durch ihre energetische Wirkung. Die Raumzeit ist (fast[13]) beliebig „beschreibbar" und „einnehmbar". Daß sie immer noch „Anteil" an der umfassenden Wirksamkeit und Wirkung Gottes hat, zeigt die Wirkung der sog. *Vakuumenergie* aufgrund der Unschärfe der Energie.[14]

Interessanterweise wurde bereits vor nunmehr 50 Jahren eine *ontologische Deutung* der Quantenmechanik sowie der einsteinschen Relativitätstheorien von WENZL unternommen, die sogar einen Preis erhalten hat[15]. Dazu erschien kurz darauf eine konkurrierende und nur leicht differierende Deutung von Conrad-Martius[16]. Nach WENZL ist ontologisch die *Welle* Ausdruck und direkte Manifestation der *Potentialität* des Seins; das *Teilchen* jedoch, das bei einer Messung beobachtet wird, zutiefst ein verwirklichter *Akt*. Nach CONRAD-MARTIUS hingegen verhält es sich umgekehrt: die *Welle* ist als das ontologisch vorgeordnete ein nicht subsistenter *Akt*; das *Teilchen* wird als defiziente Realisation des Aktes im Sinn der *Potenz* verstanden, die den Akt „empfängt".

---

12 Danach ist es ausgeschlossen, daß zwei Teilchen mit *demselben* Spin *denselben* Ort besetzen können. Vielmehr bleiben sie in dieser Hinsicht *unaustauschbar* und voneinander different.

13 Bis auf sog. *Singularitäten*, in denen eine andere Topologie herrscht, die es etwa Seienden verbieten würde, dort sich zu verwirklichen.

14 Bekanntlich ist sie für die *Expansion* des Raumes *selbst* seit dem Urknall verantwortlich. Ob sie mit der berühmten *kosmologischen Konstante* Albert Einsteins identisch ist, konnte bislang (Juni 2000) nicht definitiv geklärt werden. Konkret kann sie indirekt nachgewiesen werden, etwa durch den „Kasimir"-Effekt.

15 Wenzl, A., Philosophie der Freiheit, Band I: Metaphysik, München 1947; ders., Metaphysik der Physik von heute, Leipzig 1935, bes. 23ff.

16 Conrad-Martius, H., Der Selbstaufbau der Natur, München ²1961.

Beide Deutungen schließen sich unserer Ansicht nach *nicht* aus, sondern auf einer *höheren* Ebene ein[17]: die *Welle*, korrekter: die Wahrscheinlichkeitsamplitude ist in *gewisser* Hinsicht wirklicher, weil *wirkender* als das Teilchen, das als eine reduzierende Verdichtung der Materie gefaßt werden kann. In *gewisser* Hinsicht jedoch ist das *Teilchen* wirklicher, weil *subsistent* und verfestigt. Der Welle kann daher die klassische „potentia activa", die relational auf die konkrete Verwirklichung bezogen ist, und dem Teilchen der partiell reflektierte (Seins-)Akt zugeschrieben werden.

Man beachte: hinter solchen Bestimmungen steht die *ontologische Differenz* zwischen *Sein* und *Seiendem*: dem *Sein* als „actus iam perfectus" / "actus purus non subsistens" würden die Klassifizierungen der *Welle* entsprechen, dem *Seienden* hingegen die des *Teilchens*. Auch „in facto" erscheinen diese Zuordnungen von Sein – Welle sowie Seiendes – Teilchen gerechtfertigt, insofern das Sein als unterhalb der Planck-größe entspringend erkannt werden kann: somit steht die Welle dem Sein seiner Genese nach näher als das Teilchen.

Solche ontologischen Deutungen können *weiter* ausgezogen werden: dem Sein selbst kommt, weil es unmittelbar aus Gott als dessen Wirkung entspringt, eine gewisse *Ubiquität* zu. Sie äußert sich in der sog. *diffinitiven Gegenwart* der Wahrscheinlichkeitsamplitude, also der Energie als irgendwo universaler Wirkung. So ist sie noch nicht an einen Raumzeitpunkt festgelegt, sondern irgendwo noch *außerhalb* der Raumzeit, wenn auch auf sie relational und konstitutiv bezogen. Wird es zum *Teilchen*, so kann von der sog. *circumskriptiven Gegenwart* gesprochen werden: die Wirkung verdichtet sich zur konkreten raumzeitlichen Wirklichkeit.

Die *Materie* tritt derart als *rezeptive Potenz* zum Seinsakt nach dem klassischen Modell der Ermöglichung des Aktes durch die Potenz konstitutiv hinzu, sodaß aus *beiden* das konkrete Seiende konstituiert wird[18]. Freilich

---

17   Das erkennt man auch an einer gewissen Konvertibilität der Eigenschaften von Welle und Teilchen: so können Wellen durch Einwirkung eines gravitativen Zentrums nach Einstein gebeugt werden, was eine Masse der Welle impliziert – wenn auch nicht notwendig eine Ruhemasse, wie es beim Licht der Fall ist. Freilich steht dann das Licht als eine Wirkung ohne Ruhemasse der Genese des Seins näher als eine andere Welle mit Ruhemasse, weshalb an den Eigenschaften des Lichtes direkter Eigenschaften des Seins als solchen ablesbar sind.

18   Siehe dazu die Werke von André, H., die sämtlich aufgelistet und zusammenfassend dargestellt werden bei Beck, H., Natur-Geschichte-

muß auch die damit angedeutete klassische ontologische Deutung in ihren Mängeln und ihrer Ergänzungsbedürftigkeit gesehen werden, insbesondere was die Anwendung des aristotelischen Hylemorphismus anbelangt.

Setzt man die obige ontologische Deutung voraus, so können daraus *Eigenschaften* für die *Materie* abgeleitet werden, die auch einem anderen Modus der Wirklichkeit zukommen: dem *menschlichen Geist*. Doch gilt das nur im *analogen* Sinn: man kann höchsten von einer „*allgemeinen Geistigkeit*" der Materie sprechen. Was ist mit ihr gemeint und was ist von ihr zu halten?

1. Gemeint sind v.a. *quantenmechanische Befunde*, wonach sich die Wahrscheinlichkeitsamplitude *nichtlokal* (bezogen auf den Raum) und *instantan* (bezogen auf die Zeit), also raumzeitlich als wirkmächtige „Überlagerung verschiedener Zustände" *verschränkt* verhält - eben so wie der menschliche Geist auch: nichtlokal, instantan, zeit- und raumlos und irgendwo universal und verschiedene aktpotentiell gegebene *Zustände* miteinander verschränkt[19]. Zur *Materie* ist der Geist analog, insofern er „fest" und im Modus seines Selbstbewußtseins subsistent ist; zur *Energie* ist der Geist analog, insofern er energetisch aufladend, dispositiv, aktpotentiell und aktiv wirkt.

2. Gedacht ist auch an die *heisenbergsche Unschärferelation*, wonach irgendwie „unterhalb" der Planck-Größe die Materie sich „diffus" und „nicht fest", also - philosophisch gesprochen - als *Aktualisierungspotenz* zeigt. So kann die quantenmechanische Wahrscheinlichkeitsamplitude als *Aktpotenz* interpretiert werden, die sich im Augenblick der Messung konkretisiert: die Materie verhält sich also unterhalb einer bestimmten Größe wie eine spezifische *Wirkung*, die noch nicht Wirklichkeit geworden ist, die sich also noch nicht raumzeitlich ausgewirkt hat - wir betreten die untere Grenze der Raumzeit, gewissermaßen ihre *Wurzel* und ihren ontologischen Ursprung, also den *unmittelbaren Efflux* aus dem Sein. Auch das erinnert an den menschlichen *Geist*, der irgendwie „außerhalb" der Raumzeit ist und sich dennoch in ihr auswirkt.

3. Ebenso können die Befunde der *Relativitätstheorie* angeführt werden, wonach sich das Licht „zeit- und raumlos" - im Sinn einer absoluten Zeit-

---

Mysterium. Die Materie als Vermittlungsgrund der Seinsereignung im Denken von Hans André, in: Salzb. Jahrbuch für Philosophie XII/XIII (1968/69) 95-129.

19 So ist nach THOMAS der menschliche Geist „quodammodo omnia", weil er sich *ideell* an *jede* Wirklichkeit angleichen kann.

dilatation und Längenkontraktion - verhält: erneut erinnert das an den menschlichen Geist.

4. Berücksichtigt man auch noch die *Evolutionstheorie*, so kann aus der simplen Tatsache, daß aus weniger *nicht* mehr werden kann und der menschliche Geist faktisch entstanden ist, zunächst eine *Zielgerichtetheit* aller Entwicklung und Geschichte des Seins im Sinn ihrer *Teleologie* gefolgert werden, die wiederum eine *gewisse apriorische Vorhandenheit* des Geistes „von Anfang an" erfordern kann - nicht muß. Vorausgesetzt werden muß nur, daß wirklich mehr - eine *neue Qualität* - entstanden ist und daß alles *auf einmal* gegeben werden muß: und schon fordert man „mentale Entitäten"[20] oder „Psychone"[21] oder ein „morphogenetisches" geistiges Feld[22].

Beim Dialog zwischen Naturwissenschaft und Ontologie dürfen nach dem eingangs Gesagten beide Wissenschaften *nicht* miteinander *vermischt* werden - was bei aller „Be-geisterung" und „Be-Geistung" beachtet werden sollte. Wird von einer „allgemeinen Geistigkeit" der Materie gesprochen, so meint das *nicht* die Meßbarkeit „mentaler" Entitäten nach naturwissenschaftlicher Manier, sondern eine *ontologische Deutung* der Wirklichkeit. Man entdeckt eine *Analogie* der materiellen Wirklichkeit zur geistigen Wirklichkeit - *beides* sind Wirklichkeiten und reale Wirksamkeiten, wenn auch voneinander substantiell verschieden. Beide sind zueinander analog, beide sind also in bestimmter Hinsicht relativ *identisch* und in bestimmter Hinsicht voneinander *different*.

Wie *weit* reichen die *Identität* und *Differenz* bei einer näheren Verhältnisbestimmung? So schlug - was angesichts des allgemeinen Desinteresses am interdisziplinären Gespräch seitens der Theologie mehr als nur erfreulich

---

[20] So schon bei Whitehead (vgl. Busch, E., Viele Subjekte, eine Person: das Gehirn im Blickwinkel der Ereignisphilosophie A.N. Whiteheads, Würzburg 1993; siehe dazu auch die „Wiederbelebung" bei Penrose, R.; Das Große, das Kleine und der menschliche Geist, Heidelberg 1998 (Anhang: Diskussionen). Die These wird nicht von Penrose selbst vertreten.

[21] Eccles, J., The Human Mystery. Gifford-Lectures, Berlin 1979 (dt. Das Rätsel Mensch, München 1982); siehe auch seine letzte (sehr lesenswerte!) Veröffentlichung vor seinem Tod: Wie das Selbst sein Gehirn steuert, Berlin u. a. [2]1997

[22] Sheldrake, R., Denken am Rande des Undenkbaren. über Ordnung und Chaos, Physik und Metaphysik, Ego und Weltseele, München u. a. [2]1997

erscheint - WOLFHART PANNENBERG eine „ontologische Feldtheorie" vor[23] -
der Begriff stammt nicht von ihm selbst, sondern wurde ihm etikettenhaft
verliehen. *Hermeneutisch* zeigt er, wie sich der Feldbegriff von FARADAY
auf antike Vorstellungen stützt, näherhin auf ANAXIMARES. Nach ihm ist
die Wirklichkeit eine *Verdichtung der Luft*. Ähnlich denkt sich die *Quantenmechanik* die Wirklichkeit als „Schwingungszustand" einer Wellenfunktion, die eben im Grunde eine Aktpotenz, also die „Präsenz einer Wirksamkeit" im Sinn des physikalischen Feldes meint. Nun erblickt Pannenberg eine Analogie des *physikalischen Feldes* und seiner Wirksamkeit zur
Wirksamkeit des *Heiligen Geistes*: auch er kann als „übernatürliches" Feld
verstanden werden, womit er der *gestalterischen Potenz* Gottes gerecht
werden will. Ein wenig erinnert dieser Gedanke schon an die scholastische
bzw. thomistische Idee einer „*praemotio physica*" durch Gott, wobei auch
damals *nicht* der *Modus*, sondern nur die *Tatsache* des Wirkens Gottes festgehalten werden sollte. Trifft eine solche Analogisierung die Wirklichkeit?

MUTSCHLER meint *nein*[24]. Nach ihm herrscht zwischen der naturwissenschaftlichen und theologisch-philosophischen Beschreibung der Wirklichkeit eine unüberwindbare *Differenz*, die jede Analogisierung verhindert,
hinter der er eine unzulässige Vermischung unterschiedlicher Ebenen der
Wirklichkeit wittert[25]. EWALD hält dem entgegen, daß bei Pannenberg *keine*

---

23 Pannenberg, W., Kontingenz und Naturgesetz, in: Müller, A.M.K., Erwägungen zu einer Theologie der Natur, Gütersloh 1979, 34-80; ders., Wissenschaftstheorie und Theologie, Frankfurt 1987, 60-73; Ders., Theologie
der Schöpfung und Naturwissenschaft, in: Dorschner, J. u. a., Mensch und
Universum. Naturwissenschaft und Schöpfungsglaube im Dialog, Regensburg 1995, 146-162

24 Mutschler, H.-D., Schöpfungstheologie und physikalischer Feldbegriff bei
Wolfhart Pannenberg, in: ThPh 70 (1995), 543-558; ders., Physik-
Religion-New Age, Würzburg 21992. Radikaler bei Esterbauer, R., Verlorene Zeit - Wider eine Einheitswissenschaft von Natur und Gott, Stuttgart
(u. a.) 1996; ders., Metaphysische Physik? Zum Metaphysikbegriff in reduktionistischen Weltbildentwürfen moderner Physiker, in: ThPh 72
(1997), 395-404

25 Mutschlers Kritik ist eher bei eindeutigen Vermischungen oder Reduktionen zulässig und darüber hinaus gefordert, wie es etwa bei Tipler der Fall
ist (Die Physik der Unsterblichkeit. Moderne Kosmologie, Gott und die
Auferstehung der Toten, München 1994). Er vermischt in der Tat
„diesseitige" und „jenseitige" Wirklichkeit. Nach ihm „speichert" eine
universale Wellenfunktion alle Informationen als eine Art „konstitutive
Hintergrundmetrik" der Raumzeit. Die Raumzeit ist als ganze ein
„Schwingungszustand" dieser Wellenfunktion, weshalb ihr die eigentliche

Vermischung, sondern eine *Plausibilisierung* theologisch gesicherter Erkenntnis durch eine Analogie aus der Physik vorliegt, die auch nur der klassischen Naturphilosophie entlehnt sei[26].

Wird die *Analogie* streng als unvermischte *und* ungetrennte Einheit von naturwissenschaftlicher und theologisch-philosophischer Beschreibung der Wirklichkeit durchgehalten, so ist gegen eine solche Analogisierung *nichts* einzuwenden. Gottes Geist kommen *Eigenschaften* zu, die in einem *analogen* Sinn auch dem Feld der Physik zukommen. Besonders zählen dazu eine *unsichtbare Wirksamkeit* - wer hat jemals ein Feld oder eine physikalisch postulierte Wirkung gesehen? -, eine *disponierende Wirkung*, die den „Freiheitsgrad" eines Seienden respektiert und es nicht determiniert, eine *verborgene Aktivität* sowie eine *aktive Potenz* zur „energetischen Aufladung" einer konkreten Wirklichkeit.

Bei allen legitimen Analogieschlüssen sollte beim interdisziplinären Dialog auch *nicht* vergessen werden, daß die moderne Physik noch weit von der Präsentation einer *umfassenden* Theorie der Wechselwirkungen und Wirklichkeiten entfernt ist (die sog. „Grand Unified Theories" = GUT's, oder sogar die Suche nach einer „Supersymmetrie"). So laufen interdisziplinäre *Analogieschlüsse* immer wieder Gefahr, *falsch* verstanden zu werden. Wird etwa der *Feldbegriff* physikalisch *revidiert*, dann kann mit einer Feldanalogie *nicht* mehr viel angefangen zu werden.

Ein letztes sollte beachtet werden: die Suche nach einer *exakten* Verhältnisbestimmung von Geist und Materie kehrt *paradigmatisch* wieder in den klassischen Verhältnisbestimmungen von (Raum-)*Zeit*[27] und *Ewigkeit*. Lei-

---

gungszustand" dieser Wellenfunktion, weshalb ihr die eigentliche Wirkmacht zugeschrieben wird - bis herauf zur Reaktivierung von alten Schwingungszuständen, was dann „Auferstehung" genannt wird. Die Wellenfunktion scheint hier ein Derivat eines pantheistischen Weltbildes zu sein: sie wirkt und erhält alles im raumzeitlichen Sein und ist selbst ein Teil der Raumzeit. Ähnlich scheint auch S. HAWKING zu denken, ohne jedoch mit seiner Interpretation so weit zu gehen.

26   Ewald, G., Die Physik und das Jenseits. Spurensuche zwi schen Philosophie und Naturwissenschaft, Düsseldorf 1998, bes. 243-246

27   Damit wird impliziert: Ewigkeit ist nicht nur der Begriff, welcher der Zeit korrespondiert, sondern auch dem Raum. Ewigkeit gibt auch einen besonderen „Ort" der Gottesnähe an. Man erkennt aus der Möglichkeit, sowohl Zeit als auch Raum der Ewigkeit zuzuordnen, daß Ewigkeit einen anderen Seinsmodus als den raumzeitlichen beschreibt. Ewigkeit ist nur eine, wenn auch sehr essentielle Eigenschaft des neuen Seins in

der herrscht hier auch noch viel *Unklarheit*. Es sind oft nur *allgemeine* Formulierungen möglich, die meist auf einer *klassischen Ontologie* basieren[28]. *Wie* Gott faktisch wirkt, wie sowohl die Realität und Offenbarkeit als auch die Verborgenheit - und den geschöpflichen Selbststand respektierende und fördernde Macht - seines Wirkens „korrekt", also unverkürzt erfaßt werden kann, steht auf einem *anderen* Blatt. *Wie weit* überhaupt präzisierende *Angaben* geleistet werden können, steht leider zur Zeit ebenfalls noch offen.

Hier kann in der Tat ein *Fortschritt* im interdisziplinären Dialog helfen, die Wirklichkeit einerseits *in sich* und andererseits in ihrer konstitutiven *Relation zu Gott* besser zu verstehen. Wollen wir die Hoffnung nicht aufgeben und Schritt für Schritt voranschreiten, um das scheinbar „unüberwindbare" Problem in einzelne *kleine Problemschritte* zu zerlegen, die für sich jeweils lösbar sind! Wie weit freilich ein solches Vorgehen interdisziplinär, besonders *philosophisch* möglich ist, ist leider ebenfalls noch unklar: jedes *Teilproblem* enthält philosophisch das *ganze* Problem analog, beinahe „holistisch" in sich - in den Naturwissenschaften ist das anders, insofern ein Teilproblem eher (wenn auch hier nicht vollständig) „getrennt" vom ganzen betrachtet werden kann.

Die *Philosophie* kann hier wirksame Hilfe leisten - ebenso die *Naturwissenschaft* gegenüber der Philosophie, insofern eine *gemeinsame ontologische Basis* vorausgesetzt wird. Durch den Nachweis der *Analogie* von Geist und Materie, geistiger und materieller Wirklichkeit – beide werden also nur als differente Seins*modi* gefaßt – eröffnet sich ein universaler Blick darauf, *was* Wirklichkeit ist: es geht dem Wissenschaftler die „große Einheit" der Wirklichkeit in einem *intuitiven Verständnisakt* auf. Sie kann er *sowohl* naturwissenschaftlich *als auch* philosophisch - *als auch* theologisch - *verifizieren*. Gefordert wird nur, daß seine *Verifikationsinstanzen* ein analog *einheitliches* Bild ergeben, sich also nicht widersprechen und sich daher notfalls gegenseitig *korrigieren* können.

So kann er beispielsweise die *kosmische Evolution* ontologisch deuten: der *Urknall* wäre die *Urenergie*, die der „energeia" des Seins, also der unmittelbaren *Wirkung* Gottes *entspricht* – wie ein Schatten zum Stift. Sie er-

---

auch sehr essentielle Eigenschaft des neuen Seins in unmittelbarer Nähe zu Gott.

28   Siehe etwa den noch unveröffentlichten Vortrag von Beck, H., Zeit und Ewigkeit.

zeugt *selbständig* konkrete Wirklichkeiten, vom *Teilchen* über Moleküle, Gaswolken, Sternen, Galaxien, Planeten bis zum Menschen. Damit ist die Raumzeit die „*Bühne des Seins*" als seine Verwirklichung, also eine Art „Symmetriebrechung" der Einheit des ganzen Seins. So wie die Energie des Urknalls die Teilchen als *selbständige* Wirklichkeiten entläßt und „*horizontal*" vermittelt, so vermittelt zugleich in *überraumzeitlicher* („*vertikaler*") Hinsicht das Sein *alle* Seienden - bis zur Vermittlung der spezifisch menschlichen Wirklichkeit. So wäre der *wirksame Hintergrund* aller Raumzeit das *Sein* aller Seienden, also die *Wirkung Gottes*. Diese Wirkung wirkt *wirklich*, was dem aufgeschlossenen Wissenschaftler gerade bei der Beschäftigung mit den Grenzen der Raumzeit, Energie und Materie aufgehen könnte. Die Raumzeit ist der „Austrag" oder das „Ereignis" des Seins.

Ontologie bereitet sogar den Boden für das Verständnis der Wirkung Gottes, wie es etwa theologisch als „Wehen des *göttlichen Geistes*" thematisiert wird. Hier kann der Dialog zwischen den Wissenschaften bezogen auf die Frage nach *Geist und Materie* ernsthaft und konkret geführt werden! Das „Wehen des Geistes" wäre *identisch* mit der „Umsetzung" – also dem „*Sprechen* (*nicht* nur Denken) des göttlichen Wortes" – der göttlichen Wirkung in *konkrete Wirklichkeiten*, die *zu sich selbst* (und *nicht* zur allgemeinen Wirkung) vermittelt werden.

Ein konkreter *Vergleich* sei an dieser Stelle erlaubt: Gott ist wie die *Sonne*, die durch sich selbst leuchtendes Licht ist, das geschaffene Sein ist wie das *Leuchten* der Sonne, das notwendig mit ihr gegeben ist; die Seienden sind wie farbig selbst leuchtende und zugleich zum Leuchten angeregte „*Luftkugeln*", also die konkreten Wirklichkeiten. Das „Wehen des Geistes" wäre die *gezielte* „Formung" des Leuchtens, also die „*Begeistung*" der göttlichen „Idee" der Schöpfung durch das *Sprechen* des göttlichen Wortes.

So wirkt die göttliche Wirklichkeit *einerseits* „automatisch", insofern Gott *notwendig* eine „Idee" von der Schöpfung hat und sich selbst analog abbilden kann; *andererseits* jedoch müssen diese Ideen erst „*begeistet*" werden, insofern Gott sich zur „Erwirkung" von konkreten geschöpflichen Wirklichkeiten *frei* und ungezwungen *entschließen* muß. Die Freiheit dieser Wirkung äußert sich u.a. in der Freiheit, Gratuität und Ungeschuldetheit der *Gnade* sowie in der *Unableitbarkeit* der Zuwendung zum Menschen und zur Wirklichkeit: die *Evolution* des Universums ist in dieser Hinsicht die *spielerische und freie Entfaltung* und Frei-setzung der göttlichen Wirksamkeit zwecks Mitteilung seiner Wirklichkeit.

Man beachte demnach zusammenfassend: es herrscht nur eine *mittelbare* Bindung der Materie an Gottes Geist im Sinn ihrer *allgemeinen Geistigkeit* und *keine* unmittelbare. Sie ist vermittelt durch die konkrete Subsistenz der realen Seienden / Teilchen, wenn auch auf diese Weise noch keine Unmittelbarkeit Gottes im „eigentlichen" Sinn erreicht ist. Die ist dem menschlichen Geist reserviert.

Daher sollte klar zwischen der *subsistierenden* Wirklichkeit des menschlichen Geistes und der *nicht-subsistierenden,* sondern nur *allgemein* wirksamen Aktpotenz der Materie unterschieden werden: nur der menschliche Geist ist *„bewusst",* also in seiner subsistierenden Wirklichkeit als „realer personaler Partner" an Gott rückgebunden, nicht die „blinde" Materie. Der menschliche Geist ist bereits die „heimgeholte" und auf sich selbst zurückgebeugte Wirkung Gottes - die Materie ist erst der Anfang der selbstständigen Vermittlung konkreter Wirklichkeiten durch die göttliche Wirkung. Beide sind nur sehr *entfernt* als Wirklichkeiten miteinander „verwandt".

2. Gehirn und Geist

Nun wird daher ein kurzer Abriß der Dialogmöglichkeiten zwischen den Wissenschaften bezogen auf die Frage nach dem *menschlichen Geist* und dem *Gehirn* gegeben. Sie kann ebenfalls ontologisch plausibilisiert werden.

2. 1. Naturwissenschaftliche Befunde

Naturwissenschaftlich sind zwei Ansätze zur Erforschung des Gehirns und des menschlichen Geistes gängig: der *neurophysiologische* Ansatz untersucht die neuronalen Interaktionen im Gehirn, die intern die Umwelt durch elektrische Signale repräsentieren. Der *behaviouristische* Ansatz versucht anhand des Verhaltens auf die zuständigen Hirnareale zu schließen. Beide Ansätze können den Geist empirisch *nicht* erfassen, wohl jedoch seine (Aus-)Wirkungen „wittern" und ahnen. Das bedeutet *nicht,* das Wirken des menschlichen Geistes wäre einfach „meßbar".

Nein, das Gehirn bildet sicher in sich eine geschlossene systemische *Einheit.* Diese Einheit ist jedoch - negativ ausgedrückt - *nichtig* und - positiv ausgedrückt - notwendig *offen* für „mehr" an Wirklichkeit und Wirksamkeit, die es vermitteln kann. Um sie zu erkennen, muß freilich die Bereitschaft vorhanden sein, *Phänomene* im „ursprünglichen" Sinn *weder* via Reduktionen „unter zu bewerten" *noch* enthusiastisch „über zu bewerten" und mehr hineinzulesen, als wirklich bzw. „an Wirklichkeit" gegeben ist.

Der menschliche Geist erklärt etwa *spezifische Verhaltensweisen* des Menschen gegenüber anderen Säugern - beispielsweise den Suizid, das sog. „satanische Böse" um des Bösen willen - oder auch *Phänomene* – etwa die Immaterialität geistiger Erfassung, die Intuition als ganzheitliche Aktion des Geistes, die erfahrene Freiheit, das Streben nach Unendlichkeit, die nonverbale Selbstgegenwart etc.. Solche Phänomene sind reale *Wirkungen*, denen eine *Wirklichkeit* zugrunde liegen muß[29]. Sie können daher *unverkürzt* und *irreduziert* nur durch Annahme einer subsistierenden, selbständigen geistigen Wirklichkeit verstanden werden.

Entgegen reduktionistischen Tendenzen, die entweder *monistisch* eine Identität zwischen Gehirn und Geist – entweder zugunsten des Gehirns oder zugunsten des Geistes – oder *dualistisch* eine unüberbrückbare Differenz zwischen beiden betonen, sollte eine *umfassende*, ganzheitliche und v.a. einheitliche Wirklichkeitsschau die *analoge Einheit* der Identität und Differenz zwischen Gehirn und Geist festgehalten werden. So *widerspricht* die geistige Wirklichkeit der neuronalen Wirklichkeit *nicht*, sondern *entspricht* ihr und *überhöht / vertieft* sie[30] – ohne sie aufzuheben oder zu negieren noch andererseits lediglich ein Epiphänomen des Gehirns zu sein.

---

[29]   Hier kann an den thomasischen Grundsatz „*omne agens agit sibi simile*" erinnert werden, um von der erfahrenen Wirkung auf die zugrundeliegende Wirklichkeit analog zurückschließen zu können.

[30]   Das sind die drei Redeweisen der Analogie, die alle zusammen nach THOMAS beachtet werden müssen (De pot. q7 a5 ad2).

**Schema 4: Die unvermischte und ungetrennte, analoge Wechsel-
wirkungseinheit von Geist und Gehirn**

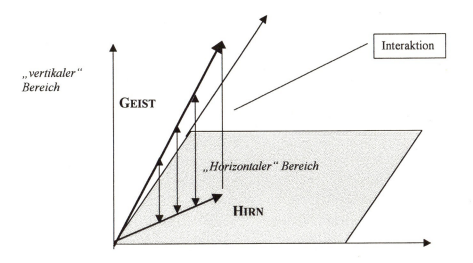

Gehirn und Geist sind *analoge Modi* der menschlichen *Wirklichkeit*; beide
wirken daher auf die ihr *eigene* Weise, beide *interagieren* miteinander, beide sind *aufeinander* angelegt. Weil beide zueinander *analog* sind, ist jedoch
jeder auf die ihm *eigene* Weise auf den je anderen ausgerichtet: das Gehirn
operiert als Gehirn und der Geist als Geist. Indem beide *sich selbst* auf *ihre*
Weise verwirklichen und einen relativen Selbststand besitzen, können sie
dementsprechend interagieren, weil sie sich gegenseitig auf differente Weise *disponieren*. Beiden können analog *zukommende* Eigenschaften und
Merkmale zugeordnet werden, was den interdisziplinären Dialog erleichtern
sollte.

Dabei ist die geistige Wirklichkeit *mächtiger* als die neuronale Wirklichkeit, weil sie „mehr seiend" ist: sie hat *mehr* Selbstverfügung, *mehr* Selbststand, *mehr* Wirkung und *mehr* Wirklichkeit. So *disponiert* – nicht determiniert – der Geist sein Gehirn *stärker* als umgekehrt, weil der *Wurzelgrund*
menschlicher Existenz zutiefst *geistig* wirksam ist. Gemäß der damit skizzierten analogen Einheit beider können dem Geist und Gehirn entsprechende relativ identische, relativ differente und analog einheitliche *Merkmale* zugeordnet werden:

Identische Merkmale:

- formal: ganzheitliche Operation, Koordination und Vereinheitlichung differenter Teile zu einem kohärenten Ganzen, Gedächtnis als Iteration und Wiederholung derselben Prozeduren und Reflexionsschleifen;

- inhaltlich: Unableitbarkeit, Selbststand, schöpferische Potenz bzw. Kreativität[31], gegenseitige dispositive Wechselwirkung; Abstraktion als analoge Repräsentationen der und Reaktionen auf die Umwelt;

Differente Merkmale:

Gehirn: materielle und quantifizierbare Architektur, selbständige und spezifische 3-D-Repräsentationen der Umgebung sowie spezifische Antwort via Reaktionen auf Reize; unmittelbare dispositive Abhängigkeit von der Umwelt (analoge Einheit des Gehirns mit der Umwelt), beschränkte Erfassungs- und Reflexionstiefe: Erfassung, Repräsentation und Verarbeitung visueller Reize ist noch kein Verstehen derselben;

Geist: trans- und immaterielle Architektur, Über-sinnlichkeit, intuitives Verstehen als instantanes Erfassen der Ganzheit einer beliebigen Gegebenheit[32], Introspektion als Selbstbewußtsein[33], Selbststand und Unableitbarkeit des Geistes: Distanzierungsfähigkeit von materiellen Gegebenheiten, freiheitliche und schöpferische Macht, die sogar bis zur Selbstaufopferung reicht, Erkennen: Erfassung der logischen Prinzipien und ontologischen Wahrheiten durch Seinserkenntnis, Wollen: Freiheit, Unbedingtheit, existentielle Erfassung des Zieles und Grundes allen Seins[34]

---

31 Aktuell erregt besonders die Kreativität die Aufmerksamkeit der Naturwissenschaftler für den interdisziplinären Dialog. Vgl. Bohm, D. u. a., Das neue Weltbild. Naturwissenschaft, Ordnung und Kreativität, München 1990; Guntern, G. (Hg.), Chaos und Kreativität = Rigorous chaos [Internationales Zermatter Symposium], Zürich u. a. 1995; Kümmel, R., Energie und Kreativität, Stuttgart u. a. 1998

32 Bes. betont das Weier, W., Das Phänomen Geist. Auseinandersetzung mit Psychoanalyse, Logistik, Verhaltensforschung, Darmstadt 1995

33 Das betont bes. als Verfechter der Existenz des Geistes Searle, J.R., Die wissenschaftliche Erforschung des Bewußtseins, in: Meier, H., Ploog, D. (Hg.), Der Mensch und sein Gehirn. Die Folgen der Evolution, München 1997, 9-34, 9; vgl. Searle, J., Minds, Geist, Hirn und Wissenschaft, Frankfurt a.M. 1985; ders., Die Wiederentdeckung des Geistes, München 1993

34 Bes. Weier, W., Sinn und Teilhabe. Das Grundthema der abendländischen Geistesentwicklung, Salzburg u. a. 1970

Einheitliche Merkmale, die beiden analog zukommen:

- Unteilbarkeit: es herrscht eine Analogie zur körperlichen Differenzierung, zu der auch die Möglichkeit des Zerfalls als Auseinandernehmen des Körpers und Verabsolutieren seiner internen Differenz zu rechnen ist: auch der Geist differenziert sich. Er könnte auch analog zerfallen;

- Reflexion als prinzipieller Selbstvollzugs- und Existenzmodus: beim Hirn als Kreisen von neuronal initiierten Strömen, beim Geist als Einheit von Existenz und Insistenz[35], Prozession und Redition. Man beachte: der Startpunkt der Aktivierung ist zum Endpunkt analog und von ihm different, wodurch der Fortschritt als analoge Intensivierung gewährleistet wird. Die Einheit dieser Differenz ist der neue Gedanke: die realisierte Erfassung modifiziert das Gehirn und den Geist auf analoge Weise;

- Potentialität sowie bedingte/relative Aktivität wegen ihrer relationalen Abhängigkeit;

- initiale Eigenaktivität (bedingte Unendlichkeit des Willens) und Unspezifität der Wahrnehmung und Reaktion (extreme Variabilität der Wahrnehmungs- und Reaktionsmuster – bedingte Unendlichkeit der Erkenntnis);

- Erkenntnis durch analoge Einigung, indem die innere Struktur intern differenziert wird, also durch Setzung von Differenzen, die eine Einheit analog repräsentieren (sensorische Aktivität) oder generieren (motorische Aktivität) sollen;

- Wiedergabe der Erkenntnis durch leiblich-physisch durchformte geistige Sprache[36] und ihre Verwertung durch Inkulturation.

---

[35]   Dazu siehe Beck, H., Ek-Insistenz. Positionen und Transformationen der Existenzphilosophie. Einführung in die Dynamik existentiellen Denkens, 1989

[36]   Die Sprachfähigkeit manifestiert direkt die analoge Einheit von Gehirn und Geist, weshalb sie für den interdisziplinären Dialog besonders geeignet erscheint. Vgl. Ashbrook, J. B., Making Sense of God. How I Got to the Brain, in: Zygon. 31 (1996) 401-420; ders., Interfacing religion and the neurosciences. A review of twenty-five years of exploration and reflection, in: ebd. 545-582; ders., „Mind" as humanizing the brain. Toward a neurotheology of meaning, in: Zygon. 32 (1997) 301-320; Deacon, T. W., Why a brain capable of language evolved only once. Prefrontal cortex and symbol learning, in: Zygon. 31 (1996) 635-669

2. 2. Ontologische Deutung

Schreiten wir zur ontologische Deutung der *Gehirn-Geist-Einheit* voran. Das Gehirn ist eine besondere *Zustandsform, besser: Verwirklichungsform* der Materie. Hier kommt die reine Wirkung Gottes, also das geschaffene Sein, im analogen Sinn *zu sich selbst*, indem ein besonderer Seins*modus* möglich wird. Hier wirkt das Sein *nicht* im *allgemeinen* Sinn, sondern wird als Wirkung - klassisch formuliert - *„reflektiert"* und mit sich zur „wirklichen", subsistenten und konkreten Einheit gebracht. Es gelangt zu einer *größeren* Einheit mit sich selbst durch ein „Herausgehen" und „Zurückkehren", durch *„processio"* und *„reditio".*[37] Im menschlichen *Gehirn* erfolgt eine *besondere* Weise dieser Rückkehr, sodaß es *„geistdurchwirkt"* wird. Um *alle* Leistungen des menschlichen Gehirns zu verstehen, muß eine Wirklichkeit *hinter* und *in* ihr angenommen werden, die *relativ selbststän-dig* wirkt.

Die Einheit der Wirklichkeit wird im menschlichen Gehirn durch seine Komplexität verstärkt, ebenso die mannigfachen Möglichkeiten zur Einigung (Stichwort: *Selbstorganisation* der neuronalen Verbände). Das menschliche Gehirn *unterscheidet* sich *morphologisch* kaum von anderen Primaten- und Säugergehirnen. Dennoch soll es „geistdurchwirkt" sein! Wieso? Scheinbar wegen der erreichten *Komplexität: geringe* morphologi-sche Differenzen zu anderen Gehirnen reichen demnach aus[38]. Überschreitet die Komplexität einen bestimmten *Schwellenwert*, so wird sie fähig, ei-ner „höheren" Einheit und Wirklichkeit teilhaftig zu werden: der *geistigen* Wirklichkeit. Hier gelangt das, was bereits im *Urgrund* der Materie akt-potentiell grundgelegt wurde – der *Sinn des Seins* – in einem analogen Sinn *ganz* zu sich selbst[39].

Doch wie *wirkt* der Geist, ohne die geschlossene Einheit des Systems „Ge-hirn" zu verletzen, deren Ausdruck die physikalische „Energieerhaltung"

---

37   So auch ein Grundsatz von THOMAS VON AQUIN: „Redire ad seipsum dicit
       rem subsistere in se ipsa" - „Zu sich selbst zurückkehren bedeutet, daß ei-
       ne Sache in sich subsistiert bzw. besteht".

38   „Geringe" Differenzen sind freilich nicht immer so „gering" wie sie für
       eine rein quantitativ verfahrende Betrachtungsweise erscheinen mögen. So
       herrscht quantitativ nur wenig mehr „graue Substanz" im menschlichen
       Gehirn als in anderen Primatengehirnen. Doch verursacht das bißchen
       Mehr an Quantität sogleich sehr viel mehr an Qualität!

39   Total gelangt es nur in *Gott* zu sich selbst.

ist? – Wahrscheinlich ist sein Wirken dem Wirken des Seins, d.h. der *göttlichen* Wirkung, ähnlich. Also: der Geist wirkt *dispositiv, verborgen, analog, eindringend, ausrichtend*, aber *nie* determinativ, „linear", als ob das Gehirn nur eine Marionette wäre. Der Geist wirkt auf das Gehirn wahrscheinlich ähnlich – nicht identisch – wie das *allgemeine Sein* auf die konkreten Seienden an der „Wurzel" seiner raumzeitlichen Verwirklichung. Umgekehrt wirkt in ähnlicher Weise das *Gehirn* auf den Geist.

Dennoch besteht auch ein *wesentlicher Unterschied* zwischen dem Wirken des *allgemeinen* Seins und der *konkreten* geistigen Wirklichkeit des Menschen: das Wirken der geistigen Wirklichkeit ist zielgerichteter und „grundgelegter", also nicht blind, vage, unspezifisch und allgemein, sondern konkret, bewußt und spezifisch: eine subsistente Wirklichkeit wirkt *unmittelbarer* als eine allgemeine Wirkung – obwohl man nicht vergessen darf, daß nur kraft der allgemeinen Wirkung Gottes überhaupt eine geistige Wirklichkeit möglich ist. Daher ist in gewissem Sinn die allgemeine Wirkung unmittelbarer als die menschlich-geistige Wirkung.

Der Geist ist demnach *nicht* eine allgemeine Wirkung, die die einzelnen raumzeitlichen Wirklichkeiten disponiert, sondern eine *reflektierte* Wirkung des Seins, also eine subsistierende, eigenständige Realität und Wirklichkeit. Der Geist lenkt *gezielt* das Gehirn in bestimmte Richtungen, das Sein jedoch disponiert in *allgemeiner* Weise die raumzeitlichen Wirklichkeiten. Die Disposition des Seins bezieht sich lediglich auf die *Selbstentfaltung* der schöpferischen Potenz, die in ihm aktpotentiell enthalten ist - man denke an die „Zufälligkeit" der quantenmechanischen Messung als „Zwang zur Entäußerung" einer „Wirkamplitude", wonach das Messergebnis, also das konkrete Teilchen, in keiner Weise determiniert, sondern statistisch disponiert ist. Hier ermöglicht das Wirken des Seins der Aktpotenz (beschrieben als Wahrscheinlichkeitsamplitude) eines Seienden lediglich die schöpferische Selbstentäußerung als konkretes Teilchen. Die Disposition des menschlichen Geistes jedoch richtet die schöpferische Potenz des Gehirns aus, indem es dessen Komplexität als *Werkzeug* seiner Verwirklichung in die Raumzeit hinein gebraucht.

Ein Vergleich kann das illustrieren: das Sein wirkt wie das Meer, das die Küste in einer allgemeinen Weise formt und „disponiert"; der Geist wirkt wie ein Urmensch, der ein Werkzeug zielgerichteter formt, also der Materie eine bestimmte Form verleiht.

Wie der menschliche Geist – entsprechend zur quantenmechanisch erahnbaren allgemeinen Wirkung des Seins – wirken könnte, scheinen auch zwei Naturwissenschaftler zu ahnen: der leider mittlerweile verstorbene ECCLES und neuerdings PENROSE, der Doktorvater von HAWKING. ECCLES postulierte bekanntlich eine quantenmechanische Deutung des Gehirns und versuchte sogar Strukturen dafür ausfindig zu machen. PENROSE stützt sich darauf und versucht, die quantenphysikalischen Grundlagen exakter zu benennen.

Die Hypothese lautet konkret: der menschliche Geist steuert das Gehirn auf quantenmechanischer Ebene, indem er die Konkretionen der Wellenfunktion zielgerichtet heraufführt. Er dirigiert auf diese Weise das myriadenfache Spiel der Neuronen und der durch sie erzeugten elektrischen Entladungsmuster. Immer, wenn eine quantenmechanische Messung stattfindet, ist sie Resultat einer geistigen Aktion. Es gibt Millionen solcher geistig empfänglicher Module mit quantenmechanischen Eigenschaften. Der Geist benutzt sie als Interface zum Gehirn wie umgekehrt der Geist kraft seiner Unendlichkeit fähig ist, die komplexen neuronalen Erregungsmuster zu deuten / zu lesen und in ihrer informationellen Komplexität zu verstehen.

Eine *quantenmechanische Deutung* der Wirkung des Geistes setzt voraus, daß *a)* es eine unitäre Entwicklung der Wellenfunktion gibt, in der verschiedene Zustände eine „lineare Superposition" bilden, und daß *b)* die quantenmechanische Überlagerung aktpotentieller Zustände zugunsten eines Zustandes *reduziert* wird, was der „Messung" bzw. bezogen auf das Gehirn einem konkreten und bewußten *Gedanken* entspricht. Zur Zeit ist umstritten, inwieweit der Prozeß der „*Reduktion* des Zustandsvektors" bzw. der „*Kollaps* der Wellenfunktion" *real* ist und v.a. *welchen Naturgesetzen* er unterliegt. Eben hier forscht PENROSE weiter, um anhand solcher „sauberer" Grundlagen das Ineinander von Geist und Gehirn besser zu verstehen. Leider erfordert eine exakte Beschreibung des „Kollapses der Wellenfunktion" wohl die korrekte Formulierung der GUT's (!), was wohl noch eine Zeit lang dauern wird - wenn sie überhaupt eindeutig möglich ist, zumal sich hier *experimentelle* Bestätigungen sehr schwierig gestalten.

Auf jeden Fall verfolgt der Ansatz den ontologisch richtigen Gedanken, daß das Sein in der Raumzeit *ähnlich* wirkt wie die menschliche Wirklichkeit, die primär geistig ist. Daher „dockt" der *menschliche Geist* wohl auf eine ähnliche Weise an der *Materie* an wie das *allgemeine Sein*. Doch eben *nicht* auf eine *identische*. Auch ein solcher Ansatz sollte die *Differenz* zwischen

„konkret-geistiger" und „allgemein-geistiger" Wirkung beachten, wenn auch nur eine Konzentration auf den *Modus* der Interaktion erfolgt. Der menschliche Geist wirkt *anders* als das allgemeine Sein, was sich *auch* auf seinen *Interaktionsmodus* mit dem Gehirn niederschlagen sollte.

Hier bedarf es noch viel Forschung, die sowohl die *quantentheoretischen Grundlagen* eines solchen Interaktionsmodells als auch die *neurophysiologischen Fundamente* benennen kann, also *wo konkret* die quantenmechanische „lineare Superposition" sich ereignet, ob es zur „Dekohärenz" kommt oder nicht etc. Verhält sich etwa das Gehirn *als Ganzes* quantenmechanisch, sodaß das Wirken eines Geistes die Energieerhaltung weder verletzt noch einfach in der Weise „bestehen" läßt, wie es „sonst" – also ohne menschliches Gehirn – der Fall ist? Oder nur in einigen *lokal begrenzten* Bereichen – etwa den von ECCLES postulierten Synapsenenden? Wir dürfen mit Spannung die Forschung der Zukunft verfolgen.

Man beachte zusammenfassend: es herrscht eine *unmittelbare* (reflektierte) Bindung des menschlichen Geistes an zwei „Schnittstellen": an das *Gehirn* sowie an *Gottes Geist* – sowie dadurch vermittelt an *andere* geistbegabte und geistlose Wirklichkeiten. Damit wird die *nächste Plattform* des interdisziplinären Dialogs betreten, die kurz angedeutet werden kann: die Frage nach dem Verhältnis von *göttlicher* Wirkung und eingebundener *geschöpflicher* Eigenwirkung, also von *Gottes Geist* und *Schöpfung*. Hier können *drei Modi* göttlichen Wirkens unterschieden werden, denen *drei interdisziplinäre Schnittstellen* entsprechen.

3. Ausblick: Gottes Geist und Schöpfung

Die Überschriften lassen sich wie folgt einordnen: zuerst wird der *Grund* der Wirklichkeit reflektiert. Dann wird die *Bedingung* der Möglichkeit ihrer raumzeitlichen Entfaltung sowie ihr eigentliches *Ziel* benannt.

Man kann dabei von einer *Einheit* - nicht Identität - der drei Wirk- und Interaktionsweisen, die als *creatio ex nihilo, continua* und *nova* bestimmt werden, ausgehen. Diese Einheit ist letztlich in Gottes Sein selbst fundiert: sein „ewiger Heilsratschluß", der „immer schon" erfolgt ist und „immer wieder" erfolgt, wird raumzeitlich *differenziert* „entfaltet" und „Schritt für Schritt" offenbar.

Schema 5: Creatio ex nihilo, continua et nova

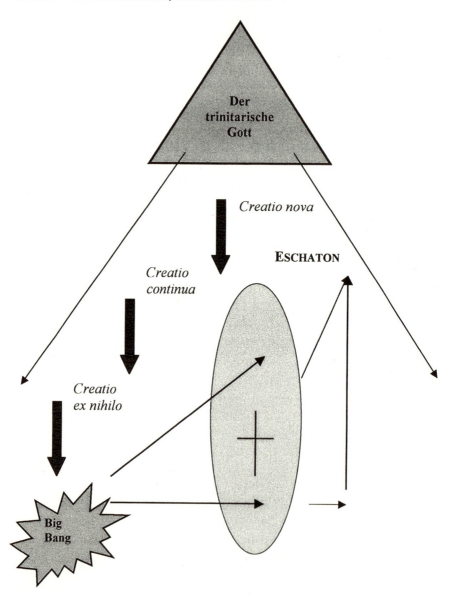

3. 1. Creatio ex nihilo und Urknall

Kosmologisch wird eine Retrogenose über den Ursprung des Universums vorgenommen, indem die raumzeitliche Anfangsbedingung als „Singularität" im Sinn der Allgemeinen Relativitätstheorie erfasst wird: diese „Singularität", in der die üblichen Beschreibungen der Raumzeit versagen, weil es sich ja um ihren Ursprung handelt, ist der *Urknall*: er „entsteht" unterhalb der Planck-Größe von 10^{-41} m als „energetische" Aufladung einer Potenz, die sich dadurch „auswirkt", daß sie sich in eine Raumzeit hinein „ergießt", d.h. sie als Potenz gegenüber sich selbst als Akt „setzt".

Woher stammt diese „Aufladung" der fast unendlichen Aktpotenz der „*Urspungssingularität*"? - Man kann der Frage auszuweichen versuchen und sich auf andere - exotischere - Theorien stützen: andere Theorien sind denkbar, die ebenfalls nicht der empirischen Beobachtung widersprechen, etwa die These der *kontinuierlichen Materieerzeugung* im Sinn eines statischen Universums, oder *Modifikationen* der Urknall-Theorie als „lokale" Materieeruptionen durch Entladung von Gravitationsfeldern und „lokalen" Materievernichtungen durch Schwarze Löcher etc.

Doch entledigt man sich damit der Frage des PARMENIDES „Warum ist *überhaupt* etwas und nicht vielmehr nichts"? Hier wird nach der „vertikalen" Dimension des Seins selbst gefragt - naturwissenschaftlich kann nur das WIE und *nicht* das WOHER oder WARUM erkannt werden. Hier verhilft der interdisziplinäre Dialog zu einer „*vollständigeren*" Erfassung der Wirklichkeit, indem sich die Ergebnisse der Wissenschaften untereinander *befruchten* und sich auch unter Umständen wechselweise *korrigieren* können.

So benennt die Theologie den Urknall als „*Selbstentladung*" der Energie, die in Analogie zur (vertikal wirksamen) „*energeia*" des Seins zu sehen ist, als „creatio ex nihilo" - *Schöpfung aus nichts*. Gott schafft souverän *ganz* aus sich selbst heraus die Schöpfung durch seine „bara"-Taten (hebräisch „bara" = „schaffen") bzw. durch sein Denken *und* Sprechen (Schöpfung durch das göttliche *Wort* als göttlich-schöpferische Begeistung der *Idee* bzw. *Möglichkeit* der Schöpfung).

Man beachte dabei den *Unterschied* zwischen *theologischer* und *philosophischer* Erfassung der „ersten" Wirkung Gottes (=sein Schöpfungsakt): theologisch wird das „Motiv" Gottes klarer erkennbar (Güte, Liebe, völlige Hingabe an seine Schöpfung bis zur Erlösung, eschatologische Heilszubereitung durch Auferstehung und nicht nur philosophische Weiterexistenz des Menschen etc.) - ebenso die vollkommen selbstständige Subsistenz des absoluten Seins als Person - entgegen pantheistischer Tendenzen. Theologisch kann vom göttlichen Geist „über den Wassern" gesprochen werden, der die Schöpfung vermittelt und als Person kreativ gestaltet.

3. 2. Creatio continua und Evolution

Doch mit dem Wirken des göttlichen Geistes „am Anfang" ist es *nicht* getan. Er wirkt fortwährend im Sinn der „creatio continua": nicht nur *erhaltend*, sondern *schöpferisch gestaltend*.[40] Wieso? So wie das *Spiegelbild* verschwindet, wenn man sich vom Spiegel entfernt, so würde die Schöpfung sogleich wegen ihrer Nichtigkeit verschwinden, wenn Gott nicht beständig am Wirken wäre. So kann von einer *ständigen* „Auswirkung" Gottes Wirklichkeit in seiner Schöpfung gesprochen werden. Wird die Auswirkung Gottes auf seine ganze Fülle bezogen, so muß sie darüber hinaus *weiter* „*entfaltet*", also *schöpferisch* als Potenz zur evolutiven „*Selbstüberladung*" und Selbstüberschreitung des Seienden wirken.

Der „creatio continua" korrespondiert das naturwissenschaftliche Modell der *Evolution* - ebenso wie der damit verbundenen *Geschichte* als Wissenschaft die sog. *heilsgeschichtliche* Perspektive der Theologie entspricht. So widerspricht bekanntlich die naturwissenschaftliche Betrachtungsrücksicht der Geschichte als „Geschehen des Seins" und „Auswirkung der göttlichen Wirkung" gemäß der Enzyklika Humani Generis (1950) von PIUS XII. *nicht* dem theologischen Befund. Beide Erfassungsweisen der Wirklichkeit sind zueinander *komplementär*, indem sie *unterschiedene*, wenn auch *nicht geschiedene* Hinsichten der analog gestuften Wirklichkeit bedeuten. Der göttliche Geist wirkt daher *nicht* nur erhaltend, sondern „begabend", „energetisch" die empfängnisbereite Potenz des Seienden „aufladend", „informierend" - also die Form eingießend - sowie zur evolutiven Selbsttranszendenz ermächtigend.

---

40   Im *klassischen Sinn* wird die creatio continua v.a. im Sinn der *Erhaltung* verwendet. Für die schöpferische „*Weiterführung*" im Sinn des energetischen Anreizes zur permanenten Selbsttranszendenz wurde der Begriff „*providentia*" gebraucht (siehe etwa Müller, G.L., Katholische Dogmatik, Freiburg u. a. 1995, 219-221). Dennoch scheint letztere unter der creatio continua *subsumierbar* zu sein: was meint denn *providentia* anderes als einen göttlich-schöpferischen Akt der Gestaltung und Mitwirkung an der Schöpfung?

Wenn das oben Gesagte über die Wirkung Gottes unterhalb der Planck-Größe berücksichtigt wird, gilt: Gottes Wirken setzt beim Möglichen (Akt-potenz) als „Er-möglichung" des Seins und „Ermächtigung" zum Sein an: Schöpfung kann theologisch daher auch als Wort, Idee, Wirkung und wirkende Möglichkeit gefaßt werden, die sich evolutiv und schöpferisch selbst ent- und ausfaltet[41]. Die göttliche „gubernatio mundi" – im Sinn der „creatio continua" – ist eine weise „providentia" der relativen Unendlichkeit des Universums durch die absolute Unendlichkeit Gottes.

Gott schafft immer neue Einigungs- und Durchdringungspotenzen des Seienden, die immer weiter entfaltet werden, um zu immer höherer Seinsfülle zu gelangen. Durch einfache Repetition derselben Struktur / derselben Gesetze - und derselben göttlichen Wirkung der „energeia" - entsteht unableitbar Neues, wie dies etwa beim fraktalen Wachstum, bei der Erzeugung von seltsamen Attraktoren etc. zutage tritt. Damit die Repetition jedoch erfolgen kann und wird, ist ein zusätzliches Wirken erforderlich: Gott „magis influit in effectu" des Seienden[42]; er „läßt es wachsen"[43].

Gott disponiert / überlädt das Sein eines Seienden seinem ganzen Umfang nach, so dass das Geschöpf sein eigenes Sein seinem ganzen Umfang nach selbst verwirklichen kann und muß. Die göttliche Wirkung ist die „Kraft" zur Selbsttranszendenz und Selbstüberschreitung - klassisch als „principium inclinationis" gefaßt[44], das in der Substanz liegt und nicht durch äußere Relationen vollständig determiniert wird.

Es besteht demnach eine analoge Einheit von geschöpflichem und göttlichem Wirken: die Evolution dient der sukzessiven Ermächtigung des Geschöpfes durch den Schöpfer zur Übernahme des über-eigneten Seins. Gott wirkt folglich primär innerlich, sodaß das Wirken ganz Gott und ganz dem Geschöpf zugeschrieben werden muss. Das Geschöpf gestaltet sein innerlich geschenktes Sein von innen her selbsttätig und schöpferisch, indem es sich nach „außen" mitteilt und darin verwirklicht. Insofern diese Gestaltung

---

41   Das Geschöpf ist - wie unter Kap. 3 erwähnt - *jenseits* seiner Geschaffenheit geschaffen, also primär *ungeschaffen*, um die Ungeschaffenheit Gottes selbsttätig nachzugestalten. Die vertikale „energeia" und die raumzeitliche Energie dienen daher der Vermittlung der Selbstschöpfung (Autopoesis) der Geschöpfe.

42   Thomas von Aquin, De Ver. 24, 1, 4

43   Vgl. 1 Kor 3, 6f

44   Thomas von Aquin, De Ver. 24, 1

von Gott selbst ermöglicht wird, wirkt Gott dadurch vermittelt auch äußerlich.

Wird das berücksichtigt, so ergibt sich das vorne angedeutete Bild für die kosmische Evolution: zuerst wird die „vertikale" Energeia als „begeistete und begeistende" göttliche Wirkung gesetzt, dann ihr „Heraufgang" von „unterhalb der Planck-größe" als Energie (Urknall), dann die gleichursprüngliche Generation der Raumzeit als passive Erweiterungspotenz der Energie, dann vermittelt durch die Expansion der Raumzeit die Reflexion auf konkrete Wirklichkeiten (Teilchenentstehung) - so dass hier Energie, Raumzeit und Materie als das Ineinander von aktiver und passiver Potenz sowie von subsistenten Seienden entstehen. Wegen ihrer ständigen „vertikalen" Überladung durch die „Energeia" Gottes „entlädt" diese sich raumzeitlich, indem Einigungs-/Verdichtungs- und Expansionsprozesse in Gang gesetzt werden: einzelne Teilchen finden sich zu Molekülen, diese zu Staub, diese zu Sternen etc. bis herauf zum Menschen zusammen. Die schöpferische Entladung der „Energeia" ist Folge der Brechung ihrer Symmetrie bzw. ihre analog abstufende Verwirklichung, die wiederum Resultat ihrer Differenz gegenüber Gott ist: er läßt sich nicht identisch, sondern nur analog darstellen.

Der Urknall setzt dabei als Anfang der kosmischen Evolution unterhalb der Planck-Größe an. Dieser Ursprung der Raumzeit bleibt immer erhalten und wird nicht eliminiert; er wird lediglich re-integriert durch neue und höhere Seinsmodi. Daher kann Gott immer „unterhalb" der Planck-Größe - sowie jenseits der Grenze der Lichtgeschwindigkeit – am Ermöglichungsgrund aller Seienden wirken, um die Evolution von konkreten Ausformungen und raumzeitlich faßbaren „Auswirkungen" zu disponieren - nicht zu determinieren.

Auch die scheinbar zufälligen Symmetriebrüche werden von Gott gelenkt. Ebenso „erlaubt" und will Gott die Höhertransformation, indem er die Seienden dazu (vertikal-)energetisch ermächtigt. „Rein" naturwissenschaftlich ist nur ihre höchst eigenartige Zufälligkeit und die sehr unwahrscheinliche Entsprechung der durch sie entstehenden neuen Strukturen zu konstatieren, die auf wunderbare Weise zueinander passen und miteinander synchronisiert werden.

Ein besonderes Augenmerk sollte auf die *Analogie* der *creatio continua* des göttlichen Geistes zu dem Wirken des menschlichen *Geistes* auf das Gehirn gelenkt werden. Der *creatio continua* entspricht zunächst das *allgemeine*

Wirken des Seins, das oben kurz erwähnt wurde. Bezogen auf den *menschlichen Geist* jedoch wirkt der *göttliche Geist* äußerst *konkret*, weil personal als „Gewissen" und göttlicher „Ruf". Der menschliche Geist bezieht sich auf ein beschränktes Raumzeitareal, der göttliche Geist hingegen auf alle Raumzeitareale.

So, wie der *göttliche* Geist in der *materiellen* Schöpfung verborgen, dispositiv etc. wirkt, so auch im *menschlichen* Geist - und dennoch wiederum *anders* als im menschlichen Geist: zwar ist Gott dem menschlichen Geist auch nur verborgen etc. anwesend, dennoch ist er ihm - mit AUGUSTINUS - „*innerlicher*" als er sich selbst ist und auch innerlicher als irgendeinem nicht-geistigen Seienden. Diese „Innerlichkeit" zeigt sich in einer *unmittelbareren Wirkung* auf den menschlichen Geist an, die so weit reicht, daß sogar der menschliche *Leib* „Tempel des Heiligen Geistes" wird[45] - vorausgesetzt, der Mensch schwingt in den göttlichen Willen freiheitlich ein und wirkt auf seine eigene menschliche Weise das, was *Gott* wirken will und wirkt.

Gott wirkt so, daß scheinbar die Entäußerung der quantenmechanischen Wellenfunktion zufällig[46], im Nachhinein jedoch durch eine verborgene Weisheit gelenkt und disponiert erscheint. Die Analogie zur Interaktion von Geist und Gehirn kann folgendermaßen ausgesagt werden: so wie der menschliche Geist die komplexen und scheinbar zufälligen neuronalen Erregungsmuster steuert, so steuert Gott das gesamte Universum der Seienden und ihr scheinbar zufälliges Spiel. So wie der menschliche Geist unterhalb der Planck-Größe ansetzt und disponierend wirkt, so setzt der göttliche Geist an der Schöpfung unterhalb der Planck-Größe an, indem er seine „energeia" als über-raumzeitliche Wirkung in die Geschöpfe „von unten her" einströmen läßt.

Man beachte erneut den Unterschied zwischen *theologischer* und *philosophischen* Aussagen über Gottes wirklichem Wirken. Theologisch kann über sein *ideell* postulierbares Wirken, insofern philosophisch lediglich seine

---

45   1 Kor 6, 19

46   Die Zufälligkeit der Entäußerung resultiert aus der raumzeitlichen Unableitbarkeit der göttlichen Energeia (=„esse creatum" als vertikal „einfließende" göttliche Urwirkung): bezogen auf die Raumzeit „fällt" die Strukturierung und Verwandlung der Schöpfung von außen „zu". Man kann höchstens indirekt/analog vom ordnenden Effekt der lenkenden Energeia auf die Nicht-zufälligkeit der entstehenden Strukturen folgern.

Wirklichkeit überhaupt vorausgesetzt wird, hinausgegangen werden und die aposteriorische Verwirklichung dieses Wirkens näher angegeben werden, indem der göttliche Heilswille selbst mitgeteilt, ansichtig und offenbar wird. Das wiederum erlaubt sogar eine tiefere Erfassung der göttlichen Wirklichkeit - etwa als trinitarische Einigungseinheit.

Denn: die Erkenntnis, daß es Gott gibt und daß er wirkt, kann unmöglich ausreichen anzugeben, wie er konkret wirken wird, da das konkrete Wirken unableitbar bleibt - trotz aller Analogieschlüsse. Ebenso wenig reicht es aus, zu wissen, was ein Mensch ist und daß er wirken kann, um zu erfahren, wie er konkret wirken wird. Dennoch ist es hilfreich - besonders bei Gott -, analog von seinem bereits erfolgten Wirkung (=die Schöpfung) auf sein „weiteres" Wirken zu schließen. Doch betrifft das die „creatio nova" im Eschaton.

3. 3. Creatio nova und Eschaton

Die „creatio nova" meint die biblisch bezeugte *Neuschöpfung*. Sie meint *nicht*, daß eine *zweite* Schöpfung neben der Schöpfung oder nach ihr geschaffen wird, sondern eine tiefgreifende Verwandlung *dieser* Schöpfung. Eine Verwandlung, die aufgrund des ständigen Wirkens Gottes mit dem Begriff „Neuschöpfung" belegt werden kann. Sie gibt eine Art von *universaler* und *ultimativer „Teleologie"* der Evolution an[47]. Sie impliziert zumindest eine Änderung der Raumzeitmetrik selbst.

Das, worauf sich die Verwandlung bezieht, ist das sog. *Eschaton*, also der *Zielpunkt* aller Schöpfung. Das Eschaton steht hier für die *Vollendung* der Raumzeit selbst - in welcher Weise sie gedacht werden kann, ist wohl nur auf dem Weg von *Analogieschlüssen* möglich. *Daß* sie überhaupt geschehen wird, ergibt sich aus der *Offenbarung* Gottes im Alten und Neuen Bund.

Dabei kann eine Unterscheidung bezüglich des Eschatons getroffen werden:

Entweder wird damit das Schicksal des Universums *im ganzen* gemeint. Es erfolgt hier eine Prognose über die Zukunft der Raumzeit.

Oder es wird der Schwerpunkt auf das Schicksal des *einzelnen* geistbegabten Menschen und seine persönliche Auferstehung bzw. Verwandlung ge-

---

[47]   Freilich zeigt sich eine theologisch oder philosophisch aussagbare *Teleologie* im Rahmen der reinen Evolutionstheorie höchstens abgeschwächt als *Teleonomie* an.

legt. *Ontologisch* wird hier vorausgesetzt, daß geistbegabte Wirklichkeiten, die „reflektiert" das, was wirklich ist, zur *„Aus-wirkung"* bringen, *verwandelt* werden können. Damit können sie die ganze ihnen zugrundeliegende Wirklichkeit zur *„Aus-wirkung"* bringen. Sie müssen dazu „leer werden" bis zum Tod, damit ihre empfangsbereite Potenz gegenüber dem Wirken Gottes bereitgestellt werden kann. Warum ist jedoch bei ihnen eine so umfassende Verwandlung möglich? – Weil geistbegabte Wirklichkeiten „mehr" Sein vertragen als es die rein raumzeitliche Entäußerung zulässt.[48] Materiell mehr eingebundene Seiende ohne eine subsistierende geistige Wirklichkeit jedoch sind früher „gesättigt" und vollendet.

Man beachte auch hier bezüglich des interdisziplinären Dialogs den Unterschied zwischen *theologischen* und *philosophischen* Aussagen: die *Philosophie* lässt *keine* konkreten Prognosen zu; das Maximum, das erlaubt und möglich ist, scheinen *allgemeine* Aussagen über die *Möglichkeit* einer Vollendung zu sein. *Theologisch* hingegen ist der *Heilswille* Gottes ebenso *erkennbar* wie der konkrete *Modus* seiner Durchführung *erahnbar*. Man denke in diesem Zusammenhang nur an metaphorische Ausdrücke wie „Neuer Himmel, neue Erde"[49], oder die Rede von der „Erschütterung, damit das Unerschütterliches bleibt"[50], oder die „Vernichtung aller Elemente" etc.[51]

Zusammenfassung

Bezüglich der Frage nach Geist und Materie gibt es *unterschiedliche Ansatzpunkte* eines Dialogs. Je nach *Differenzierung* der Begriffe Geist und Materie/Energie ergeben sich unterschiedliche Schnittstellen: wird unter Geist der *göttliche* Geist verstanden, so kann über *Grund*, *Vollzug* und *Ziel* des Universums in seiner konstitutiven Relation zu Gott nachgedacht werden.

---

48   *Theologisch* taucht die Differenzierung zwischen dem universalen Schicksal aller und dem Los des einzelnen Menschen als Differenz und Einheit zwischen Individualauferstehung („im Tod") und Kollektivauferstehung auf. Beide Modelle akzentuieren unterschiedliche Modi des Eschatons und können vereinheitlicht werden, ohne daß ihre eigentliche Aussagenintention darunter leiden müsste.

49   Jes 65, 17; 66, 22; 2 Petr 3, 13; Offbg 21, 1

50   Hebr 12, 27

51   2 Petr 3, 10-12

Oder die Differenzierung erfolgt *ontologischer*: dann kann das ontologische Wesen von *Raumzeit*, *Energie* und *Materie* ebenso näher bestimmt werden wie das *Wirken* des göttlichen Geistes. Raumzeit, Energie und Materie werden dann in ihrer *Einheit*, die alle Geschöpfe überhaupt erst ermöglicht, aus ihrem ontologischen Ursprung erahnbar. Dieser ist gar nicht so verschwommen, wie es erste Reflexionen vermuten lassen, sondern ganz und gar konkret. Freilich sollte man sich mit einigen Erkenntnissen der *modernen Physik* vertraut machen, um die beschriebene Wirklichkeit als ganze besser zu verstehen. Sicherlich ist das auch im Hinblick auf die Deutung der *Evolution*, auf die verborgen wirksame und disponierende Zielgerichtetheit des Universums und allen Seins möglich, was hier leider unterbleiben mußte.

„Geist und Materie" kann auch das Verhältnis von *menschlichem Geist* und *Gehirn* als eine besondere Zustands- und Organisationsform der Materie meinen. Hier sind mehr Neurophysiologen und Ethologen als Dialogpartner von Theologen und Philosophen gefragt, um der ganzen menschlichen Wirklichkeit kraft gegenseitiger Befruchtung gerecht zu werden. Schließlich kann die analoge Einheit von göttlichem und menschlichem Geist thematisiert werden, was einen Dialog zwischen Theologie und Philosophie ermöglichen sollte.

Theologen sollten dabei einen *spezifisch theologischen* Ansatz einbringen, der hier leider nicht extra dargelegt werden konnte[52]. Sie sollten *keine* verkappten *Philosophen* sein, sondern von der *gottmenschlichen Einheit* Jesu Christi sowie von der *trinitarischen Einheit* Gottes her argumentieren: sind doch eben sie es, die Grund und Ziel aller Wirklichkeit und Wirkung *präziser* angeben als es jeder „rein" philosophischen Reflexion möglich ist.

---

[52]   Gefordert für eine wirklich umfassende Wahrnehmung der Wirklichkeit sind daher nicht nur die naturwissenschaftliche Erfassung der Wirklichkeit, insbesondere die Grundlagenforschung, und nicht nur eine philosophische Erfassung - es gibt wohl so viele Philosophien wie es Philosophen gibt -, sondern eine spezifisch theologische Erfassung und Grundlegung der Wirklichkeit. Theologisch wird der ultimative Grund sowie das Ziel jeder Wirklichkeit als personale Wirklichkeit offenbar und mitgeteilt. Damit werden konkrete Angaben über Grund und Ziel der Wirklichkeit leistbar - und nicht nur bloße Generalisierungen oder allgemeine Möglichkeiten benennbar. - Siehe dazu: Koncsik I., Große Vereinheitlichung? Band 2: Die interdisziplinäre Suche nach Grundmustern der Wirklichkeit, Hamburg 2000.

Abschließend darf ich eine *Hoffnung* äußern: werden subjektozentrische, relationale und dualistische Philosophien mit all ihren berechtigen Anliegen in eine *neue* Sicht der Wirklichkeit integriert, wird also eine *neue Ontologie* betrieben, die den Anspruch auf die Möglichkeit der Erfassung der *Wirklichkeit* durch das menschliche Denken *bewahrt*, so kann von der untersuchten Wirklichkeit her ein *wirklicher* und daher ernster Dialog gelingen, der nicht nur ein schönes Hobby ist, das irgendwelche „Zufallstreffer" hinsichtlich der Analogisierung und Übertragbarkeit der Erkenntnisse der Wissenschaften untereinander „thematisiert". Dann wären interdisziplinäre Bemühungen in der Tat nur eine *Spielerei* oder das bloße Feststellen der *Indifferenz* der Wissenschaften zueinander.

Meiner Ansicht nach jedoch ist ein *echter* Erkenntnisgewinn für alle Zukunft nur möglich, wenn Naturwissenschaften, Philosophie und Theologie an einem Strang ziehen, um „*synergetisch*" die Wirklichkeit in ihrem komplexen *Reichtum* zu erfassen: wie sie also *in sich* ist (Naturwissenschaften) und wie sie *von Gott her möglich* (Philosophie) und *wirklich* ist (Theologie). Die Wirklichkeit selbst verlangt das von uns, wenn wir selbst durch *Angleichung* an die Vielfalt der Wirklichkeit immer „wirklicher" werden und uns im *positiven* Sinn „selbst verwirklichen" wollen. Lassen Sie uns alle diesen Weg gemeinsam gehen!

Schlußzitat: „Salomos Loblied auf die Weisheit"

„Wir und unsere Worte sind in seiner (sc. Gottes) Hand, auch alle Klugheit und praktische Erfahrung. Er verlieh mir untrügliche Kenntnis der Dinge, sodaß ich den Aufbau der Welt und das Wirken der Elemente verstehe, Anfang und Ende und Mitte der Zeiten, die Abfolge der Sonnenwenden und den Wandel der Jahreszeiten, den Kreislauf der Jahre und die Stellung der Sterne, die Natur der Tiere und die Wildheit der Raubtiere, die Gewalt der Geister und die Gedanken der Menschen, die Verschiedenheit der Pflanzen und die Kräfte der Wurzeln. Alles Verborgene und alles Offenbare habe ich erkannt; denn es lehrte mich die Weisheit, die Meisterin aller Dinge.

In ihr ist ein Geist, gedankenvoll, heilig, einzigartig, mannigfaltig, zart, beweglich, durchdringend, unbefleckt, klar, unverletzlich, das Gute liebend, scharf, nicht zu hemmen, wohltätig, menschenfreundlich, fest, sicher, ohne Sorge, alles vermögend, alles überwachend und alle Geister durchdringend, die denkenden, reinen und zartesten. Denn die Weisheit ist beweglicher als alle Bewegung; in ihrer Reinheit durchdringt und erfüllt sie alles. Sie ist ein

Hauch der Kraft Gottes und reiner Ausfluß der Herrlichkeit des Allherr-
schers; darum fällt kein Schatten auf sie. Sie ist der Widerschein des ewigen
Lichts, der ungetrübte Spiegel von Gottes Kraft, das Bild seiner Vollkommenheit. Sie ist nur eine und vermag doch alles; ohne sich zu ändern, er-
neuert sie alles. Von Geschlecht zu Geschlecht tritt sie in heilige Seelen ein
und schafft Freunde Gottes und Propheten; denn Gott liebt nur den, der mit
der Weisheit zusammenwohnt." (Weish 7,16-28)

Freiheit und Prädestination
im Spannungsfeld zwischen Tradition und Zeitgeist

Lösung der Aporie aus dem Licht des Glaubens
und der naturwissenschaftlichen Vernunft im Sinne
der Enzyklika „Fides et Ratio" von Papst Johannes Paul II.

Wolfgang Wehrmann

Das angesprochene Thema hat in der heutigen Zeit wieder sosehr allgemeine Bedeutung erlangt und weitreichende gesellschaftspolitische Konsequenzen ausgelöst, daß eine allgemein verständliche Einführung den folgenden, etwas schwieriger verständlichen, wissenschaftlichen Darlegungen vorangestellt werden soll.

1. Einführung zum Generalthema

Im Laufe der Kultur- und Geistesgeschichte des Menschen gab es einige Schockerlebnisse, die auch heute noch einem katholischen Wissenschaftler im Zusammenhang einerseits mit dem Prinzip Scientia und andererseits mit dem Paradigma „Fides et Ratio" im Sinne der Enzyklika von Papst Johannes Paul II zu denken geben, weil sie bisher nur partiell aufgearbeitet wurden. Dazu gehört der berühmt-berüchtigte Galilei-Schock, der zu einem massiven ja geradezu feindlichen Spannungsverhältnis zwischen Wissen und Glaube und zu einer „Nuova Scienza" führte. Obwohl im Galilei-Prozeß im heiligen Offizium namhafte Wissenschaftler vertreten waren, die von Physik mehr verstanden als Galilei von der Theologie, irrten sich beide Seiten in ihren jeweils eigenen Kernkompetenzen (Thürkauf). Erst ca. dreihundertsechzig Jahre später versuchte Papst Johannes Paul II. im Jahre 1992 diesen tragischen Irrtum durch eine feierliche Erklärung zu überwinden. Aber Unheil gebiert immer neues, sodaß es im Gefolge der „Causa Galilei" zwangsläufig zum Schock der Aufklärung kommen mußte, der durch den Ausspruch des berühmten Mathematikers Laplace gegenüber Napoleon „wir haben die *Hypothese Gott* nicht mehr nötig" massiv zum Ausdruck kam. Diese tragische Geschichte der Nuova Scienza Galileis hat im Darwinismus des 19. Jahrhunderts und der daraus entstandenen Evoluti-

nismus des 19. Jahrhunderts und der daraus entstandenen Evolutionstheorie mit ihrem modernisierten darwinistischen Schöpfungsprinzip „Zufall und Notwendigkeit" eines Jacques Monod (Nobelpreisträger) und der „Selbstorganisation der Materie" eines Manfred Eigen (Nobelpreisträger) oder E. Jantsch (vgl. Lit.) seine konsequente Fortsetzung im 20. Jahrhundert gefunden. Dabei muß man Charles Robert Darwin ohne Zorn und Eifer zugestehen, daß er nicht nur ein großer Wissenschaftler war, sondern auch ein grundehrlicher Mensch (Lit. Kuhn: „Stolpersteine des Darwinismus" S. 15). Er zögerte jahrelang seine Theorie über die Entstehung der Arten aus Zweifel an deren Richtigkeit zu veröffentlichen. Erst ein Brief eines jungen Kollegen, A. R. Wallace aus Malaysia, bewog ihn, durch die Veröffentlichung seine wissenschaftliche Priorität sicherzustellen. Eigentlich war Darwin selbst gar kein echter Darwinist, denn er schreibt in seinem Hauptwerk „Die Entstehung der Arten durch natürliche Zuchtwahl" (Lit.) selbstkritisch: „Ich halte dafür, daß alle organischen Wesen, die je auf dieser Erde gelebt haben, von einer Urform abstammen, welcher das Leben vom Schöpfer eingehaucht wurde". Erst durch die Ideologisierung der darwinistischen Theorie und den darauf errichteten Lehrgebäuden der modernen Biologie wurde die Wissensbasis der modernen Forschung und das *depositum fidei* der Theologie noch weiter auseinander ja sogar gegeneinander gebracht. Dennoch steht außer Zweifel, daß die genannten Personen, wie schon erwähnt, bekannte und anerkannte Wissenschaftler sind, sowie ihre Ergebnisse durchaus große wissenschaftliche Leistungen darstellen, obwohl diese dem christlichen Schöpfungsglauben theoretisch und praktisch diametral entgegenstehen.

2. Zur heutigen Konstellation des Spannungsfeldes zwischen Tradition und Zeitgeist

Aus der in Kapitel 1 geschilderten Situation stehen die Christen allgemein und die katholischen Vertreter der Wissenschaften über Natur und Technik speziell mit ihrem Glauben an die in den Heiligen Schriften von Gott selbst geoffenbarten Wahrheiten in einer philosophischen und spirituellen Aporie. Dies gilt nicht nur in Bezug auf den Darwinismus sondern beispielsweise auch bezüglich des Widerspruchs von menschlicher Freiheit und göttlicher Prädestination im Spannungsfeld der mentalen Pole *„fides et ratio"* bzw. zwischen den beiden Prinzipien *„religio et scientia"*. Der Hinweis, daß es sich bei der Diskrepanz zwischen darwinistischer und christlicher Auffassung bezüglich der Schöpfung (Entstehung neuer Arten etc.) und anderer anthropologischer Fragestellungen nur um Interpretationsunterschiede handelt und man die moderne Biologie, Physik, Chemie, etc. sowie die Theologie durch strikte Kompetenztrennung bei jeweils ihrer Auffassung in Ruhe lassen soll, kennzeichnet nur den heutigen Stand des wissenschaftlichen Waffenstillstandes zwischen Naturwissenschaft und Theologie, eine dauerhafte Lösung ist das nicht. Diese Position ist auch weder erkenntnistheoretisch noch wissenschaftlich zu halten sowie für Katholiken mit oder ohne akademische Bildung extrem unbefriedigend. Man muß aber auch wissen, daß es heute eine immer größer werdende Anzahl ebenso berühmter Wissenschaftler, darunter ebenfalls Nobelpreisträger, gibt, die den Mut zur Demut aufbringen und den Fehlformen der „Nuova Scienza" massiv entgegentreten. Es seien an dieser Stelle nur die Namen John C. Eccles (Nobelpreisträger), Bruno Vollmert, Joachim Illies, Wolfgang Kuhn, Heini Hediger, Adolf Portmann, Erwin Chargaff, Max Thürkauf als Beispiele genannt (vgl. Lit.). Erwin Chargaff Entdecker des Replikationsmechanismus der Desoxyribonukleinsäure schreibt schon 1975 in der Schriftenreihe aus Stuttgart „Scheidewege" Heft 1 (Lit.) „da hilft uns sowohl der Zufall als auch die Notwendigkeit sehr wenig." Als Professor an einer Technischen Universität, in dessen Lehrgebiet der Zufall und seine Gesetzmäßigkeiten fallen, kann ich mich dieser Aussage nur vollinhaltlich anschließen. Der bereits erwähnte Bruno Vollmert schrieb im Band „Gottes Schöpfung" der internationalen Theologischen Sommerakademie 1994 (Lit.) sinngemäß, daß man sicher weiß, daß die Evolutionstheorie über die Entstehung von Leben falsch ist, die Wissenschaft aber unter den gegebenen Randbedingungen derzeit keine bessere Theorie kennt. In der Zeitschrift „Der Fels" Heft 10 Jahrgang 1999 zitiert Kuhn die Wissenschaftler H. Staudinger und J. Schlütter mit ihrem Satz: „Eine hinreichende Interpretation der Welt ohne die *Hypothese Gott* ist nach dem heutigen Kenntnisstand unmöglich" und widerspricht damit der berühmten Aussage von Laplace nach über 150 Jahren Forschung ohne Gott.

Wie man sieht, gibt es heute zwei wissenschaftliche Denkschulen, die beide von hochgebildeten, fachkompetenten Wissenschaftlern vertreten werden, in denen aber die Theologie viel zuwenig „mitmischt". Wo liegt die Lösung dieser mentalen Aporie der modernen Wissenschaften oder gibt es gar keine wissenschaftlich kompatible Lösung für das Problem der Diskrepanz zwischen Offenbarung und Wissen, Glaube und Vernunft? Einerseits können aufgrund der Komplexität der angesprochenen Probleme im Rahmen dieser Schrift keine erschöpfenden Antworten mit Anspruch auf Vollständigkeit vorgelegt werden, andererseits müssen wegen der naturgemäß sehr beschränkten, verfügbaren Möglichkeit der schriftlichen Darlegung und der Verständlichkeit der Begründungen die Antworten auf die aufgeworfenen Fragen kurz und etwas apodiktisch gegeben werden. Eine qualifizierte Anregung dazu kam zuletzt von Papst Johannes Paul II durch seine Enzyklika *Fides et Ratio*.

3. Einige Gründe für die gegenständliche Aporie

Der Biologe und Theologe Otto Spülbeck (Bischof von Meißen) schrieb bereits 1969 (Lit.), daß es in den Naturwissenschaften nicht ohne ein „Tröpflein Philosophie" also ohne die Geisteswissenschaften geht. Dies gilt auch für die Wissenschaften über Medizin, Biologie, Technologie etc. Dieses Grundprinzip wird aber leider an unseren Universitäten schon seit langem in steigendem Maße durchbrochen. Die „universitas" in unserer Ausbildung und damit die echte Bildung ist verloren gegangen. Die Wissenschaften über Natur, Technik, Biologie etc. sind zu engen „Know-How-Wissenschaften" geworden.

1. Daraus erkennt man als *erste* partielle Lösungsdeterminante für die oben genannte Aporie, daß die naturgemäße und prinzipielle Verschiedenheit der Fragestellung in den theologischen, philosophischen und Know-How-Wissenschaften heute übersehen wird. Wie Max Thürkauf in seinem Buch „Endzeit des Marxismus" (Lit. S. 90) beschreibt, fragt die Theologie nach Gott, nach einer Person, stellt also die *Wer-Frage*. Die Philosophie fragt nach dem Wesen des Seienden, stellt also die *Was-Frage* und die Know-How-Wissenschaften stellen, wie der Name schon sagt, die *Wie-Frage*. Es ist klar, daß aufgrund der Verschiedenheit der Fragestellungen die Antworten selbst auf gleiche Frage unterschiedlich ausfallen müssen.

2. Ein *zweiter* Teil zur Lösung der behandelten mentalen Diskrepanz kommt aus der Mathematik. Die Theorie der Lösungen lehrt, daß das Randbedingungssystem einen entscheidenden Einfluß auf die echte oder wahre Lösung eines Problems hat. Für die meisten Probleme gibt es nämlich nicht nur eine Lösung sondern eine sogenannte „Lösungsmenge", die alle richtigen Lösungen für dieses eine Problem als Elemente enthält. Erst das Randbedingungssystem ermöglicht es, aus der Menge der richtigen Lösungen die echte (Mathematik, Naturwissenschaft) bzw. wahre (Theologie, Philosophie) Lösung auszuwählen. Diesen Umstand hat Vollmert treffend mit seiner Bemerkung über die derzeitigen Randbedingungen hinsichtlich der fal-

schen Folgerungen der richtigen Evolutionstheorie bezüglich der Entstehung des Lebens benannt. Der gleiche Umstand begründet den Wehrmann'schen Satz: *Wahrheit und Irrtum können zwei richtige Lösungen des selben Problems sein.* Dieser Satz bedeutet eine Ergänzung des später zitierten Gödel'schen Satzes (vgl. Lit.: W. Wehrmann „Komplexe Wirklichkeiten Teil I", S. 132).

3. *Drittens* unterscheidet die Erkenntnistheorie zwischen Wahrheit, Wirklichkeit und Richtigkeit in einer fallenden Bedeutungshierarchie. Leider unterschätzt oder unterläßt die moderne Wissenschaft diese Unterscheidung in ihrer Praxis häufig und wird dadurch oft zur Ideologie. Lösungen, die richtig sind, müssen noch lange nicht wahr sein. So ist es also möglich, daß die wissenschaftlichen Ergebnisse der Evolutionstheorie, um nur ein Beispiel zu nennen, richtig sind, aber dennoch nicht wahr und umgekehrt, daß der biblische Schöpfungsbericht, trotz der richtigen Ergebnisse der Evolutionetheorie, dennoch wahr ist. Dieser mentale Quantensprung von richtig zu wahr muß im Sinne obiger Bemerkung über die darstellungsbedingte Apodiktion der Erklärungen und Begründungen verstanden werden.

4. *Viertens* besagt der Gödel'sche Satz, daß in einer Theorie wahre Aussagen existieren können, die mit den Methoden dieser Theorie nicht beweisbar sind und „unentscheidbare Aussagen" genannt werden. Eine Ausfaltung dieses Satzes kennen die Physiker in Form der Heisenberg'schen Unschärferelation. Gödel war übrigens ein österreichischer Mathematiker in den Dreißiger-Jahren und kooperierte mit dem sehr bekannten Erkenntnistheoretiker und Philosophen K. Popper.

5. *Fünftens* begründete und behauptete Popper in seinen erkenntnistheoretischen Arbeiten, daß jede Theorie nicht verifizierbar sondern nur falsifizierbar ist, also höchstens richtig ist und eigentlich nur zufällig auch wahr sein kann. In der Enzyklika „Fides et Ratio" von Papst Johannes Paul II aus dem Jahre 1998 wird auf diesen Umstand Bezug genommen und der Christ zum Einsatz von Glaube (*fides*) und Vernunft (*ratio*) ermutigt. Für uns Christen kommen beide von Gott und müssen schließlich zur Wahrheit und damit zu Gott führen. Ich möchte mich mit einem Zitat des exzellenten Physiko-Chemikers und großen christlichen Denkers Max Thürkauf aus seinem Werk: „Endzeit des Marxismus" (siehe Lit.) solidarisieren und damit das Dargelegte abrunden: „Die Person, die Wahrheit ist, ist Gott: „Ich bin der Weg, die Wahrheit und das Leben" (Joh 14,6). Solange die Philosophen nicht den Mut zur Demut haben, sich zu Gott zu bekennen, werden sie den

Weg der Wahrheit nicht finden, sondern - wie die Wissenschaftler - im Ge-
wirr von systemimmanenten Richtigkeiten, die unwahr sind, steckenblei-
ben. Weil Jesus Christus der Weg ist, ist auf Erden der Weg das Ziel des
Menschen. Der Mensch soll sich stets bewußt sein, daß er auf Erden ein
Pilger ist, er muß den Weg als Ziel ernst nehmen, damit er das Ziel dieses
Zieles erreicht: die ewige Heimat."

Zum Abschluß dieser Einführung kann man zusammenfassend sagen, daß
wir Christen im 21. Jahrhundert daher gut beraten sind, Glaube und Vernunft nicht als zwei von einander unabhängige Lebensgründe zu sehen,
sondern sie als katholische Ganzheit in unserem Leben umzusetzen. Das
lateinische Wort für „glauben" heißt „credere" und kommt etymologisch
von „cor dare". Wir Katholiken müssen also im Glaubensakt „unser Herz
geben". Auch in jeder Wissenschaft kann man auf den Glauben gegenüber
„Autoritätswissen" nicht verzichten, weil man sonst mit dem Studium auf
dem Gebiet der eigenen Kernkompetenz nicht zu Ende käme. Der heutige,
ungläubige Naturwissenschaftler weiß wieder, daß weder Glauben völlig
durch Wissen noch umgekehrt Wissen durch reinen Glauben ersetzt werden
kann und daß das mögliche Wissen an den Grenzen der Immanenz endet.
Die Existenz einer Transzendenz wird zwar immer mehr am naturwissenschaftlichen Mentalhorizont sichtbar, aber Gott bleibt ein unbegreifliches
Geheimnis, seine Worte sind Leben für uns in Immanenz und Transzendenz. Jede echte Glaubenswahrheit ist letztlich ein Mysterium, das einen
mystischen Kern und ein kognitives Umfeld besitzt, also in Transzendenz
und Immanenz verwurzelt ist. Der göttliche mystische Kern fordert unseren
anvertrauenden Glauben, der durch die Tradition als Randbedingung für die
„wahre Lösung" gestützt wird. Das kognitive Umfeld ist unserem Verstand
zugänglich, daher Aufgabengebiet unserer umfassenden, wissenschaftlichen
Forschungen und erfüllt eine Art Transferfunktion zwischen Wissen und
Glauben. In diesem kognitiven Umfeld sind die Kompetenzen aller Wissenschaftler gefragt und dort begegnen einander auch die verschiedenen wissenschaftlichen Standpunkte. Weil, wie gesagt, der Weg für uns Christen
das Ziel auf Erden ist, dürfen wir nicht stehenbleiben, sondern wir müssen,
wie Jesus Christus sagt, zuerst das Reich Gottes suchen, damit uns alles andere hinzugegeben, ja nach dem Urtext, nachgeworfen wird (Mt 6,33).
Dann werden wir nicht in Menge sondern in Fülle empfangen und das werden wir in den folgenden wissenschaftlichen Entfaltungen dringend brauchen.

4. Zur Freiheit der Kinder Gottes berufen

„Der Mensch ist frei – und wär' in Ketten er geboren" (Schiller). Dieser Satz aus dem Geist der Aufklärung gesprochen ist im Prinzip richtig, aber Freisein ist das persönliche, wesensgemäße *sich-entscheiden-können*. Der Katechismus der Katholischen Kirche (KKK) lehrt in Artikel 1730: „Gott hat den Menschen als vernunftbegabtes Wesen erschaffen und ihm die Würde einer Person verliehen, die aus eigenem Antrieb handelt und über ihre Handlungen Herr ist". Da nach dem christlichen Verständnis der Mensch ein Ebenbild Gottes ist, gilt für ihn die untrennbare Verbindung von Wahrheit und Liebe als wesensgemäß. In dieser Forderung der Untrennbarkeit liegt die Gefahr und Versuchung der Freiheit für den Menschen.

Henry Bacon wird der berühmte Satz „Wissen ist Macht" in lateinischer Form „*scientia est potentia*" zugeschrieben. Macht ist nichts an sich Böses, war aber immer eine Versuchung der Menschheit. Das zitierte verbale Paradigma erweist sich nicht nur auch heute noch als richtig, sondern im kommenden Informationszeitalter durch schier unbegrenzt erscheinende Zugriffsmöglichkeiten auf gigantische Wissensmengen in zunehmenden Maße als risikoträchtig. Unsere wachsenden Wissenspotentiale werden von korrelierenden Risikopotentialen begleitet und übertroffen. Die Macht des Wissens kann durch ihre naturgemäße Verbindung mit der Freiheit des Menschen durchaus gefährlich werden. Deswegen betont unser Papst bei jeder passenden Gelegenheit, daß es eine Freiheit ohne Bindung im christlichen Sinne nicht gibt. Freiheit ohne Bindung wird zur Fehlform, zur Willkür. Es gibt nur eine echte Freiheit *für* und eine falsche *von* etwas. Die Freiheit mit Bindungsbereitschaft entspricht dem *Freisein für etwas* und ist die Vollform der Freiheit, ihre *forma nobilis*. Die Freiheit ohne Bindungsbereitschaft entspricht dem *Freisein von etwas*, führt zur Willkür und ist die Fehlform der Freiheit, also ihre *forma falsa*. Durch die Willkür wird der *vitale Anspruch auf Freiheit des anderen* also seine vitalen Interessen unterdrückt. In den Managementwissenschaften kennt man die Transaktionsanalyse nach Dr. Berne (Lit.: Birkenbihl S. 91ff.) , die eindeutig zeigt, daß echte Freiheit zur Solidarität, Willkür aber zur Ich-Identifizierung in einem totalen Selbst und damit schließlich zur vollkommenen Isolation führt.

Dieser Freiheitskampf unter den Wörtchen „von und für" ist eine moderne Form des alten Kampfes um den Primat zwischen Geist und Materie. Der Evangelist Johannes (8,32) sagt uns „Die Wahrheit wird euch frei machen", und Paulus spricht von „der Freiheit der Herrlichkeit der Kinder Gottes" (Röm 8,21). Es gibt noch eine Vielzahl von Bibelstellen, die auf diesen Umstand hinweisen. Diese Freiheit der Kinder Gottes enthält, wie ausgeführt, bereits einen Hinweis auf eine notwendige Bindung. Auch der Begriff Prädestination beinhaltet eine besondere Form der Bindung. Das kann als erster Hinweis auf einen Zusammenhang von Freiheit und Prädestination gedeutet werden. Jedenfalls könnte man vermuten, daß die Freiheit der Kinder Gottes und die Prädestination unter dem christlichen Heilsbogen stehen. Das müßte allerdings erkenntnistheoretisch noch näher untersucht und soll im folgenden ausführlich und genau auseinandergesetzt werden.

5. Zum Begriff der Prädestination

Im begrifflichen Umfeld der Prädestination findet man noch andere Begriffe, die alle verschiedene Formen einer tatsächlich möglichen oder zumindest vermuteten Einschränkung der Freiheit des Menschen bedeuten. Dazu gehören vorrangig die drei folgenden Begriffe: *Präkognition*: der Wortstamm dieses Begriffes kommt vom lateinischen Wort *cognoscere*, das erkennen bzw. wissen bedeutet. Präkognition ist ein Vorauswissen und schränkt daher die Freiheit des Menschen nicht ein. Allerdings wird diese Fähigkeit nur Gott zugeschrieben. *Prädestination*: hat den Wortstamm mit dem lateinischen *destinare* gemeinsam, das mit befestigen oder ein Ziel setzen, übersetzt werden kann. Damit bedeutet Prädestination eine Vororientierung auf ein Ziel hin. Orientierung ist eine schwache Form der Bindung. Prädestination nimmt daher Einfluß auf den menschlichen Willen, schränkt aber seine freie Entscheidung innerhalb dieser Orientierung nicht ein. Die späteren mathematisch-formalen Erörterungen eines naturwissenschaftlichen Lösungsaspektes werden zeigen, daß zu jedem normalen menschlichen Entscheidungsvorgang der Aufbau einer Prädestination seinsnotwedig ist und daher zur wesensgemäßen Freiheit des Menschen gehört. *Prädetermination*: leitet sich vom lateinischen Wort *determinare* ab, das übersetzt soviel wie abgrenzen oder bestimmen bedeutet. Im allgemeinen deutschen Sprachgebrauch kennzeichnet das Wort Determination eine Bestimmung und daher Prädetermination eine Vorausbestimmung. Prädetermination grenzt daher die freie Entscheidung ein und ist mit dem freien Willen des Menschen nicht kompatibel.

Aus den bisherigen Ausführungen kann man klar erkennen, daß die Beziehung zwischen menschlicher Freiheit und göttlicher Prädestination nicht so ohne weiters als konfliktfrei bezeichnet werden kann, sondern für das menschliche Verständnis sehr wohl ein Problem darstellt. Die Lehre der Kirche, daß es eine ewige Auserwählung durch Gott, eben die Prädestination, gibt, wurde am Konzil von Trient (DH 1540) dogmatisiert. Dieses Dogma ist dem Glauben des katholischen Christen anheimgestellt. Jede göttliche Wahrheit, umsomehr jedes Dogma, hat, wie schon eingangs erwähnt, einen mystischen Kern und ein kognitives Umfeld. Der mystische Kern ist nur mit dem Glauben (*fides*) zu erfassen, aber das kognitive Umfeld ist unserer Vernunft (*ratio*) zur Klärung (Lösung) gegeben.

6. Ein Modell für die freie Entscheidung mit Prädestination

Freiheit hat mit Entscheidung zu tun, Pädestination mit Bindung, sodaß das Spannungsfeld zwischen beiden problemgeladen ist. Jedes Problem ist letztlich dazu bestimmt, gelöst zu werden. Insofern soll im folgende Kapitel 6 propädeutisch die Tripelbeziehungen Problem-Lösung-Entscheidung wissenschaftlich objektiv analysiert werden, um eine Lösungsspange zur Überwindung des vermeintlichen Widerspruchs zwischen Freiheit und Prädestination zu suchen, deren Interpretation das kognitive Umfeld des Dogmas über die Prädestination mit Hilfe der Erkenntnisse moderner Wissenschaft erhellt.

6.1. Entscheidungen

Die Möglichkeit einer Entscheidung setzt stringent das Vorhandensein einer im allgemeinen Fall beschränkten Wahlfreiheit voraus. Entscheidung induziert Freiheit und umgekehrt kann sich der freie Mensch einer Entscheidung nicht entziehen. Im gegenständlichen Duktus des theologischen Kontextes geht es im vorliegenden Fall letztlich um die Entscheidung zwischen Gut und Böse, Wahrheit und Lüge, Gnade und Sünde, schließlich um Himmel und Hölle. Man erkennt augenscheinlich, daß es im theologischen Kontext um die Entscheidung zwischen letztlich nur zwei Möglichkeiten, also um ein binäres Entscheidungsschema, geht. Dadurch werden die kommenden Ableitungen wesentlich vereinfacht. Um aber jeden Verdacht zu vermeiden, die folgenden wissenschaftlichen Analysen und Konklusionen könnten auf ein gewünschtes Ergebnis „hingetrimmt" sein, sollen die folgenden Überlegungen noch unabhängig von ihren späteren moralischen Bezügen und Relevanzen vorgenommen werden. Die Zustände, in denen sich der Mensch als moralisch relevante Person befindet, werden daher nicht gut und böse genannt sondern ganz neutral „Zustand 1" und „Zustand 2", wie wenn es sich um die Kaufentscheidung zwischen zwei Kleidern oder Autos handelte. Ebenso werden die mentalen Vorgänge, die sich im Menschen durch einen Wechsel (Übergang) oder durch Verharren vollziehen, nicht moralisch evaluiert. Die spirituell-theologischen Zuordnungen und Wertungen werden erst später in einem eigenen Abschnitt vorgenommen, mit den Aussagen des Lehramtes verglichen und in das Spannungsfeld zwischen Tradition und Zeitgeist gestellt.

6.2. Freiheit innerhalb binärer Entscheidungsschemen

Unabhängig von der Anzahl der Entscheidungsmöglichkeiten ist die Entscheidung des Menschen ein Realisat seines freien menschlichen Willens (KKK 1730) und daher kein deterministischer Vorgang mit einer sicheren Vorhersagbarkeit. Es ist durchaus logisch einsichtig, daß im allgemeinen Fall die Entscheidung des Menschen davon beeinflußt wird, in welchem Zustand er sich gerade befindet und ebenso welche Stimmung und Reaktionslage in ihm gerade vorherrschen. Bei einem Entscheidungsvorgang spielt daher der Ausgangszustand (alter Zustand) und der Folgezustand (neuer Zustand, Verbesserung) die entscheidende Rolle. Darüber hinaus kann man eine bestimmte Entscheidung eines Menschen nicht sicher, sondern nur mit einer bestimmten Wahrscheinlichkeit erwarten (Erwartungswahrscheinlichkeit). Diese hängt, wie schon vorhin angedeutet, von der Disposition, inneren Stimmungs- und Reaktionslagen, persönlichen Kontakten, äußeren Einflüssen, guten/schlechten Vorbildern, Erfahrungen oder Beispielen, aktuellen Situationen, Konstellationen etc. ab. In einer ersten Näherung kann man den Entscheidungsvorgang als statistischen und dynamischen Prozeß in einem komplexen Umfeld beschreiben, den man im Fachjargon „stochastischen Prozeß" nennt.

Stochastische Prozesse werden durch die Gesetze des Zufalls gesteuert. Wenn die Entscheidungen im einfachsten Fall letztlich nur zwischen zwei Zuständen (richtig/falsch, gut/schlecht, wahr/böse) getroffen werden, so kann man als Modell für den menschlichen Entscheidungsvorgang einen zweiwertigen, stochastischen Prozeß wählen. Das soll in einem mathematischen Exkurs auf niedrigst möglichem Niveau für den interessierten Leser konkreter dargelegt werden. Der Mathematiker wird um Verständnis gebeten. Die folgenden mathematischen Exkurse können aber auch ohne Verlust des Gesamtverständnisses übersprungen werden.

Erster mathematischer Exkurs

Einen zweiwertigen stochastischen Prozeß kann man durch eine binäre Markoff'sche Kette, also mit nur zwei Zuständen, mathematisch beschreiben, im einfachsten Fall mit einer Kette 1. Ordnung (vgl. Lit.: W. Wehrmann: „Einführung in die stochastisch-ergodische Impulstechnik). Eine Markoff'sche Kette erster Ordnung beschreibt ein Übergangsschema, in dem die Wahrscheinlichkeiten für die Übergänge zwischen den Zuständen nur vom Ausgangszustand (alter) und dem Zustand, in den der Übergang erfolgt (neuer), abhängt. Die weitere Vorgeschichte der Kette ist irrelevant. Die Wahrscheinlichkeitswerte können zwischen Null und Eins schwanken. Man erkennt an diesen Einschränkungen, daß Modelle nur vereinfachte Abbilder komplexer Wirklichkeiten sind, damit diese beschreibbar werden, aber dennoch kompliziert genug bleiben. Die Modellgesetze müssen allerdings dabei genau beachtet werden.

In einem binären Übergangsschema, das durch eine Markoff'schen Kette 1. Ordnung mit zwei Zuständen beschrieben wird, gibt es die Möglichkeiten des Verharrens im jeweiligen Zustand oder des Überganges in den jeweils anderen Zustand, wie es das folgende Bild zeigt.

binäres Markoff'sches Übergangsschema

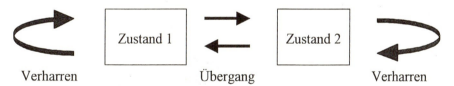

Verharren   Übergang   Verharren

Im Zusammenhang mit einer Markoff'schen Kette spricht man bei einem Zustandswechsel sowie bei einem Verharren in einem Zustand gleichermaßen von Übergängen, wobei das Verharren ein Übergang in sich selbst ist. Diese Übergänge sind in einer Kette 1. Ordnung durch je ein Ziffernpaar gekennzeichnet, das jene Zustände umfaßt, die an dem jeweiligen Übergang beteiligt sind. So gibt es in einer binären Kette folgende vier Übergänge zwischen den beiden Zuständen:

Ziffernpaar (11): Übergang von Zustand 1 in 1 = Verharren im Zustand 1

Ziffernpaar (12): Übergang von Zustand 1 in 2 = Wechsel des Zustandes

Ziffernpaar (21): Übergang von Zustand 2 in 1 = Wechsel des Zustandes

Ziffernpaar (22): Übergang von Zustand 2 in 2 = Verharren im Zustand 2

Diese Übergänge erfolgen mit bestimmten Übergangswahrscheinlichkeiten, welche in einer Markoff'schen Kette 1. Ordnung durch die genannten vier Ziffernpaare (ik) mit (i,k = 1,2) in der Form pik gekennzeichnet werden. Ihre Werte hängen nur von den beiden Zuständen (ik) und nicht von einer weiteren statistischen Vorgeschichte des Prozesses ab. Im diskutierten Entscheidungsmodell werden in begrifflicher Analogie die genannten Übergangswahrscheinlichkeiten zu *Entscheidungswahrscheinlichkeiten* und in einem zeilen- und spaltenmäßig geordneten Schema, der Übergangsmatrix, angeordnet. Diese wird im gegenständlichen Fall zur *Entscheidungsmatrix (E).*

$$E = \begin{vmatrix} p11 & p12 \\ p21 & p22 \end{vmatrix} \quad \text{mit den Eigenschaften stochastischer Matrizen}$$

$$p11+p12 = 1 \quad \} \text{ Zeilensummen} \quad (1a)$$

$$p21+p22 = 1 \quad \} \text{ sind const} = 1 \quad (1b)$$

ferner gilt

$$p1 = p21/(p12+p21) \tag{2a}$$

$$p2 = 1 - p1 \tag{2b}$$

$$p1+p2 = 1 \tag{2c}$$

Die aus den Entscheidungswahrscheinlichkeiten pik berechenbaren pi (i = 1,2) nennt man Rand- oder Grenzwahrscheinlichkeiten, die auch angeben, mit welchen Wahrscheinlichkeiten die Markoff'sche Kette nach unendlich vielen Übergängen den Zustand 1 oder 2 erreicht (Grenzzustand). Der Prozeß ist daher durch seine pik vorausorientiert aber nicht vorausbestimmt, also prädestiniert und nicht prädeterminiert.

6.3. Prädestination innerhalb binärer Entscheidungsschemen

Wenn sich ein Mensch zwischen zwei realen Möglichkeiten zu entscheiden hat, so wird im praktischen Fall sein Entscheidungsprozeß durch das Entscheidungsumfeld (Personen, Faktenlage, Situationen etc.) eine Vororientierung, also eine Inklination zu einer der beiden Möglichkeiten, erhalten. Das bedeutet, daß gemäß den Formeln (2a-2c) die beiden Randwahrscheinlichkeiten p1 und p2 nicht gleich groß sind. Es wird jene größer sein, die zu jenem Zustand gehört, der durch das oben genannte Entscheidungsumfeld eine gewisse Entscheidungspräferenz besitzt. In Analogie zu dieser Bedeutung der Vororientierung kann man die größere der beiden Randwahrscheinlichkeit die *Prädestinationswahrscheinlichkeit PWS* des Entscheidungsprozesses nennen.

Aufgrund der bisherigen Feststellungen gilt die Aussage, daß man mit einer binären Markoff'schen Kette 1. Ordnung, als Modell für einen Entscheidungsfindungsvorgang, den Entscheidungsprozeß simulieren und analog beschreiben kann. Ziel der *Entscheidungsfindung* ist letztlich die verbindliche und endgültige Wahl einer der beiden Möglichkeiten (Zustände). Dieser Vorgang beschreibt die Entwicklung einer *Verharrungstendenz* bezüglich eines durch Vororientierung (Prädestination) präferierten Zustandes (i) der Markoff'schen Kette. Formal bedeutet das, daß im Laufe des Prozesses die Entscheidungswahrscheinlichkeiten für die Zustände i, pii, generell immer stärker zu *Verharrungswahrscheinlichkeiten VWS* (pii) mutieren und wertmäßig immer mehr gegen Eins konvergieren. Im stringenten Gegenzug dazu nähern sich wegen Gleichung (1) die beiden anderen Entscheidungswahrscheinlichkeiten für den Wechsel der Zustände (pik, i=/=k), also die beiden *Wechselwahrscheinlichkeiten WWS* (pik), immer mehr dem Wert Null. Je weiter der Entschluß im Menschen reift, desto größer wird seine Verharrungstendenz bezüglich einer bestimmten Entscheidungsposition und desto geringer wird seine Bereitschaft diese Position noch zu wechseln (ändern). Das bedeutet, daß im Verlauf einer Entscheidungsgenese eine Prädestination notwendigerweise vorhandensein oder sich entwickeln muß, sonst kann es zu keiner endgültigen Entscheidung kommen. Das führt zu dem überraschenden Ergebnis: *Prädestination ist entscheidungsnotwendig.* Ist schließlich eine endgültige Entscheidung gefällt, so ist der Entscheidungsprozeß abgeschlossen. Mathematisch gesehen ist das der sogenannte Grenzfall (limes) des Prozesses, in dem der Prozeß mit der PWS im zugeordneten Zustand endet.

Zweiter mathematischer Exkurs

Wie oben schon erwähnt sind Modelle vereinfachte (reduzierte) Abbildung der Wirklichkeit, wobei aber nach den Modellgesetzen die wesentlichen Richtigkeiten und Wichtigkeiten der Wirklichkeit durch das Modell konform abgebildet werden müssen. Im Rahmen solcher Vereinfachungen ist wissenschaftstheoretisch der nächstliegende Schritt, ein stationäres Modell als erste Näherung anzunehmen, bei dem die Beschreibungsparameter zeitinvariant sind. Übertragen auf das gegenständliche Problem kann man daher für die weiteren Überlegungen davon ausgehen, daß bei kasueller Betrachtungsweise das Objekt und das Umfeld des Entscheidungskomplexes während des Entscheidungsvorganges in erster Näherung wenigstens soweit gleichbleiben, daß zwar nicht die einzelnen Entscheidungswahrscheinlichkeiten selbst, wohl aber die Prädestinationswahrscheinlichkeit PWS während des Entscheidungsprozesses konstant bleibt. Wenn sich das Objekt oder das Umfeld des Entscheidungskomplexes ändert, entsteht ein neues Entscheidungsmodell mit einer neuen PWS.

Für einen Entscheidungsfindungsprozeß, der in der oben beschriebenen Weise durch eine binäre Markoff'sche Kette 1. Ordnung simuliert und damit mathematisch beschreibbar wird, gelten folgende Äquivalenzen

a. Prädestinationswahrscheinlichkeit PWS = const (gilt modellimmanent);

b. Verharrungswahrscheinlichkeiten VWS gehen gegen Eins (im Grenzfall VWS = 1);

c. Wechselwahrscheinlichkeiten WWS gehen gegen Null (im Grenzfall WWS = 0).

Durch Umformung der entsprechenden Formeln aus dem Gleichungssystem (2)

($p1 = p21/(p12+p21)$ und $p1+p2 = 1$) erhält man unter der Bedingung,

i ist ungleich k => (i=/=k)

$$pi = 1/(1+pik/pki)\} \text{ mit } i =/= k \tag{3a}$$

Der größere der beiden pi-Werte ist die PWS, daher gilt weiter:

$$PWS = Max\{pi\} \text{ mit } i,k = 1,2 => i \text{ und } k \text{ können die Werte 1 und 2 annehmen.} \tag{3b}$$

Man erkennt, daß die PWS nicht von der absoluten Größe der pik, sondern nur von deren Verhältnis abhängt. Das bedeutet, daß bei Verfestigung der Präferenz für einen der beiden Entscheidungszustände, also der Entwicklung einer ausgeprägten Verharrungstendenz, beide pik-Werte (für i=/=k) in jenem Maße gleichsinnig gegen Null gehen, in dem ihr Verhältnis konstant bleibt. Aufgrund der Zeilensummenkonstanz der Entscheidungsmatrix gehen dabei im Gegenzug die Werte beider Verharrungswahrscheinlichkeiten (pii) gegen Eins. Das bedeutet, daß die Wechselstruktur der Markoff'schen Kette zwangsläufig verschwindet, da die pik (für i=/=k) bei konstantem Verhältnis gegen Null gehen. Der Entscheidungsprozeß (Markoff'sches Übergangsschema) zerfällt dadurch bei fortschreitender Verfestigung der

Entscheidungspräferenz (Reifung der Entscheidung) im mathematischen Grenzfall in zwei Verharrungsprozesse, die in einem fortlaufenden Entscheiden für den jeweiligen Zustand bestehen. In einem der beiden möglichen Zustände, und zwar in jenem, den die PWS kennzeichnet, sollte letztlich der Entscheidungsvorgang enden (kann aber theoretisch auch der andere Zustand sein! => falsche Entscheidung). Formal ist damit der Entscheidungsprozeß abgeschlossen, da es keine Wechsel (Übergangsstruktur) mehr gibt, weil alle pik (für i=/=k) Null sind. Das Markoff'sche Übergangsschema hat seine Grenzstruktur erreicht und dabei seine Übergangsstruktur verloren. Dieser Zustand drückt sich bildlich folgendermaßen aus

Grenzstruktur eines binären Markoff'sches Übergangsschemas

Verharren   keine Übergangsstruktur   Verharren

Der Entscheidungsträger hat sich für einen der beiden Verharrungszustände entschieden. Dieser Entscheidungsalgorithmus lehrt aber auch, daß es gefährlich ist, sich für den nicht präferierten Zustand, also falsch, zu entscheiden, weil man wegen der fehlenden Übergangsstruktur (verfestigte Verharrungstendenz auch im falschen Zustand !) keine Korrektur der falschen Entscheidung mehr vornehmen kann. Es klingt fürs erste paradox, ist aber mathematisch-formal begründet, also richtig und daher unbedingt zu beachten. Aus diesem Zirkel gibt es kein Entrinnen, denn für eine endgültige Entscheidung ist einerseits eine Verfestigung der Verharrungstendenz unbedingt erforderlich (VWS = 1, WWS = 0), andererseits bedeutet das aber das Besetzen einer Entscheidungsinsel, also eine Isolierung gegenüber der Gesamtstruktur, da die E-Matrix die singuläre Struktur E* annimmt.

$$E^* = \begin{vmatrix} 1 & 0 \\ 0 & 1 \end{vmatrix}$$

| 1   0 | Ende eines Entscheidungsvorganges
E* = | | singulärer Fall einer stochastischen Matrix   (4)
| 0   1 | E* ist die Matrix der Entschiedenheit

E* könnte man die Matrix der Entschiedenheit nennen, es gibt keinen Übergang mehr zwischen den beiden Zuständen, egal ob man richtig oder falsch entschieden hat.

Eine weitere wichtige Lehre kann man aus der Simulation des Entscheidungsvorganges selbst ziehen. Ziel der Entscheidungsfindung ist, wie schon mehrfach wiederholt, die systematische Verstärkung (Aufbau) der Verharrungstendenz (Vergrößerung der pii) bzw. die Verminderung der Wechseltendenz, also Dominanz einer Prädestination, damit eine Konvergenz des Entscheidungvorganges bezüglich des präferierten Zustandes entsteht (Verkleinerung der pik für i=/=k). Theoretisch kann man das eine oder/und das andere tun, um zu einer definitiven Entscheidung zu kommen. Eine Berechnung zeigt aber, daß beide Möglichkeiten nicht gleich effizient sind. Diese Erkenntnis ist für den geistlichen Weg des Menschen und die Pastoral der Kirche sehr wichtig, da sie bedeutet, daß die Öffnung des Menschen für die Liebe Gottes wesentlicher effizienter ist als das ängstliche Vermeiden der Sünde, ohne deren Gefahr jedoch zu bagatellisieren.

Dritter mathematischer Exkurs

Wie aus der Gleichung (3a) bekannt bleibt die PWS konstant, wenn das Verhältnis pik/pki konstant ist. Das wird bei einer Veränderung der pik im Zuge einer Ausprägung der Verharrungstendenz dann sichergestellt, wenn sich pik und pki gleichsinnig und gleichwertig ändern. Formal hat eine Vergrößerung der Verharrungstendenz prinzipiell die gleiche Wirkung wie die Verminderung der Wechseltendenz. Bezeichnet man z.B. eine solche Verminderungrate mit (a), so läßt sich diese Bedingung durch Definition eines Werteintevalls

$$0 < a < 1 \quad \Rightarrow a \text{ liegt zwischen den Werten 0 und 1} \tag{5}$$

durch die Beziehungen

pik => pik(1-a), pik wird (=>) immer kleiner, Verminderung der Wechseltendenz (6a)

pki => pki(1-a), pki wird (=>) im selben Verhältnis auch immer kleiner, daher bleibt PWS=const (6b)

formulieren und damit ihre Erfüllung sicherstellen. Umgekehrt kann man die Ausprägung einer Verharrungstendenz auch durch die Vergrößerung der Verharrungswahrscheinlichkeiten (VWS => 1) erreichen. Wenn diese Vergrößerungrate mit (b) gekennzeichnet wird und die Bedingung (7) erfüllt

$$b > 0 \quad \Rightarrow b \text{ ist immer größer höchstens gleich 0} \tag{7}$$

so gilt analog

VWS = (p11 oder p22) allgemein pii (8a)

pii => pii (1+b) Verstärkung der Verharrungstendenz (8b)

Will man mit den beiden genannten Methoden (Verharren erhöhen oder Wechsel vermindern) den gleichen Effekt erreichen, so muß gelten

pii => pii (1+b) i = 1,2 Verharrungstendenz steigt } Konvergenz des (9a)

pik => pik (1-a) k = 1,2 Wechseltendenz sinkt } Entscheidungsvorganges
(9b)

pii (1+b) = 1-pik (1-a) für i=/=k
Steigen und Sinken im gleichen Maße/PWS = const (9c)

Daraus folgt mit (pii = 1-pik) aus Gleichung (1a,1b) bei gleicher Wirkung auf die Konvergenz des Entscheidungsvorganges bei konstanter PWS für die Beziehung zwischen a und b

b = a.pik/pii   i=/=k   (i,k = 1,2) (10)

Da aber bei der Ausprägung einer Verharrungstendenz pik=>0 und pii=>1 wird, ist der Quotient pik/pii immer kleiner als Eins und geht im Grenzfall gegen Null. Daher gilt, daß a immer größer als b ist. Das bedeutet, daß bei gleicher Wirkung die Verminderung der Wechseltendenz die Vergrößerung der Verharrungstendenz immer übersteigen muß, oder anderes ausgedrückt, *die Verstärkung der Verharrungstendenz immer effizienter ist als die Verminderung der Wechseltendenz.* Die Antwort auf die Frage „warum ich mich für etwas entscheide" ist wichtiger als die Antwort auf die Frage „warum ich etwas vermeide". Positives Denken ist bei Entscheidungen immer wirkungsvoller als negatives Vermeiden.

7. Theologische Folgerungen aus der wissenschaftlichen Entscheidungstheorie

An den Anfang der folgenden Gedanken und Konklusionen muß ein kurzer Exkurs über das Denken im Zusammenhang mit Immanenz und Transzendenz gestellt werden, um wenigstens grobe Mißverständnisse zu vermeiden. Immer, wenn Bezüge an der Schnittstelle von Naturwissenschaft und Theologie hergestellt werden, und im vorliegenden Fall ist das aus dem Duktus des Themas nicht zu vermeiden, ja sogar Absicht, treffen immanente und transzendente Wirklichkeiten aufeinander. Jede Wissenschaft besitzt ein axiomatisches System als Fundament ihres Denkgebäudes. Das Haus ist nie besser als sein Fundament. Die Wissenschaften über Natur, Mathematik und Technik befassen sich ordnungsgemäß mit immanenten Fragestellungen. Die Natur ist aus materialistischer, philosophischer und theologischer Sicht immanent. Die theologischen Wissenschaften befassen sich dem Namen entsprechend mit transzendenten Fragestellungen. Ihr axiomatisches System ist die geoffenbarte Wahrheit. Damit verfügt die Theologie beschenkterweise über das beste axiomatische System, das denkbar ist, denn der wahre Gott hat es festgelegt und den Menschen durch Selbstmitteilung geoffenbart. Die Naturwissenschaft ist in einer wesentlich schlechteren Lage, denn ihr axiomatisches System gibt einerseits die Natur durch die Naturgesetze andererseits der Mensch durch Vereinbarung vor. Da die Natur Schöpfung Gottes ist, ist sie der Willkür des Menschen entzogen, sodaß wenigstens dieser Anteil am axiomatischen System wahr ist. Der menschliche Anteil am axiomatischen System der Natur- und technischen Wissenschaften ist seit der Aufklärung im steigenden Maße durch den Materialismus geprägt, wie schon bei der Einführung zum Generalthema festgehalten wurde. Aus der geschilderten Konstellation heraus, muß man bei der Bedienung der mentalen Schnittstelle Naturwissenschaft/Theologie oftmals immanente Aussagen mit geoffenbarten, transzendenten in Bezug bringen und häufig vergleichen, eigentlich ein unangemessener aber unvermeidlicher Vorgang. Das kann zu einem verständlichen Mißtrauen beider Seiten führen. Im gegenständlichen Fall soll das Dilemma dadurch vermieden oder wenigstens entschärft werden, daß zwei Grundsätze über das gewagte Unterfangen gestellt werden. Diese kommen einerseits aus dem Bereich der Vernunft, andererseits aus dem Bereich des Glaubens, um die Brücke zwischen fides et ratio möglichst tragfähig zu gestalten.

1. In einer seriösen Wissenschaft gilt das Prinzip *sine ira et studio*. Auch wenn die Ergebnisse nicht willkommen sind, dürfen sie nicht verfälscht werden. Der Wissenschaftler darf nie zum Ideologen werden. Negativbeispiele gibt es leider genug.

2. Wenn man im Sinne aller monotheistischen Religionen an einen Gott glaubt, so gilt, Gott ist Wahrheit. Selbst der Gott der Philosophen genügt dieser Bedingung. Daher steht im christlichen Sinn die Gültigkeit der Offenbarung als Selbstmitteilung Gottes hierarchisch über der Gültigkeit wissenschaftlicher Ergebnisse menschlicher Forschung. Die Begründung dieses Vorranges ist über eine saubere philosophische Definition von Wahrheit, Wirklichkeit und Richtigkeit möglich. In diesem Sinne sind alle folgenden Ergebnisse nicht als Beweise sondern als Plausibilitäten zu verstehen.

Durch Einhalten dieser beiden Grundsätze soll jede Überheblichkeit vermieden und die Legitimität der folgenden Gedanken sichergestellt werden. Methodisch wird schwerpunktmäßig die Gruppe der heuristischen Verfahren eingesetzt. Dabei werden aus den vorhandenen Aussagen im theologischen und dem realwissenschaftlichen Bereich Denkmodellpaare mit hoher struktureller Affinität gebildet und durch Übersetzung der Zuordnungsbegriffe verglichen. Da der verfügbare Raum bei weitem nicht reicht, die anstehende Thematik ausreichend zu behandeln, wird immer wieder auf Primärliteratur verwiesen, an dieser Stelle auf das Buch: W. Wehrmann, Komplexe Wirklichkeiten Teil I.

Die aus der Kenntnis der Entscheidungsalgorithmen durch eine Simulation des Entscheidungsprozesses mit Hilfe eines mathematischen Modells gewonnen Ergebnisse haben schon für die tägliche Praxis wichtige Konsequenzen. Ordnet man z.B. den beiden Zuständen der Markoff'schen Kette, also den beiden Objekten der Entscheidungsfindung, die Qualitäten *richtig und falsch* zu, folgt daraus, daß man sich im Sinne einer effizienten Eigenorganisation unbedingt bemühen muß, *das Richtige zu tun und nicht so sehr darum, das Falsche zu vermeiden.* Mit anderen Worten gesagt muß man sich bemühen, immer positiv über ein Problem und dessen Lösung zu denken. Noch gravierender werden die theologischen Konsequenzen in dieser Richtung, wenn es sich um die Qualitäten *wahr und böse* handelt.

7.1. Das Problem der Zuordnungen und die Übertragung der Modellregeln

Wie schon in Kapitel 6 erwähnt, wurden die begrifflichen Zuordnungen zu den Zuständen des Entscheidungsmodells mit (1,2) bisher vollkommen neutral gehalten, um dem wissenschaftlichen Grundsatz *sine ira et studio* gerecht zu werden. Im gegenständlichen Kapitel müssen aber die Zuordnungen und Zustände im theologischen Kontext gesehen und entsprechend evaluiert werden. Dabei erhält das binäre Entscheidungsschema spirituellen und die Zustände sowie Übergänge moralisch relevanten Charakter.

7.1.1. Zustände und Übergänge in einem spirituellen Entscheidungsschema

Im heilsgeschichtlichen Sinn ist seit dem Sündenfall das Leben des Menschen ein Kampf zwischen Gut und Böse, Wahrheit und Lüge, Gott und Satan. Über diesem gigantischen Kampf steht die bange Frage, in welchem Zustand der Mensch nach (unendlich) vielen Entscheidungen zwischen Gut und Böse, also am Lebensende, schließlich landen wird. Wenn man in diesem anschaulichen Bild bleiben darf, wird dieser „Lebensflug" und der „Landevorgang" vom Menschen in seiner Freiheit gesteuert und durch Gott mit seiner Liebe durch helfende Gnaden begleitet. Es ist trotz der Lebensumstände als Umfeld letztlich eine freie Entscheidung, weil der Mensch durch sein vorausschauendes Planen und Handeln sein eigenes Entscheidungsumfeld beeinflussen und der Christ die Angebote Gottes zum Guten im Glauben annehmen kann, die in den verschiedenen Variationen erfolgen. Gott schenkt uns seine helfende Gnade in Gedanken (Erleuchtung), Worten (Rema) und Werken (Beispiele, gute Taten), durch Personen (geistliche Führer) und Situationen (Fügungen Gottes), wahrlich eine Gnadenfülle Gottes. Daraus erkennt man aber auch folgendes. Wenn in der Bibel z.B. davon gesprochen wird, „Gott verhärtete das Herz des Pharao" (Ex 7,3;13), so ist das kein Zwang Gottes, sondern bloß eine Zurücknahme der helfenden Gnadenfülle gegenüber dem Menschen. Gott zwingt nicht, sondern respektiert dezent auch unsere Zurückweisung.

Da der gedankliche Ansatz der Prädestination den Menschen sehr stark in Bezug zum Handeln Gottes setzt, muß die Zuordnung der einzelnen Zustände im spirituellen Sinn in diese Richtung orientiert werden. Aufbauend auf dem bereits bekannten, binären Zustandsschema lassen sich mit den entsprechenden theologischen Fachbegriffen die Zustände als Formen menschlichen Seins und die Übergänge als Formen menschlichen Werdens im moralischen Sinn interpretieren und folgende Zuordnungen (=>) festlegen:

a. Zustand 1 => Gutsein, heiligmachende Gnade, Himmel

b. Zustand 2 => Bösesein, Todsünde, Hölle

c. Übergang Zustand 1 in 2 => schwer sündigen, sich von Gott trennen

d. Übergang Zustand 2 in 1 => umkehren, sich mit Gott versöhnen

Durch die Ursünde hat sich der Mensch nach der Lehre des Katechismus der Katholischen Kirche (KKK 397ff) prinzipiell von Gott getrennt. Daher ist der Ausgangszustand des Menschen nach seiner Geburt ein Getrenntsein von Gott (Zustand 2) und damit im heilsgeschichtlichen Sinn eine *Verliererposition*. Durch die Taufe wird dem Menschen das Leben in der heiligmachenden Gnade Gottes (KKK 1262ff) und damit eine *Gewinnerposition* angeboten. Allerdings wissen wir Christen aus Erfahrung und die Kirche lehrt (KKK 1264), daß auch der getaufte Mensch ein Sünder bleibt und daher seine *Verliererdisposition* (Konkupiszenz, Neigung zur Sünde, Herd der Sünde) im Grunde behält.

Auch die Übergänge im binären Entscheidungsschema erhalten in der theologischen Deutung spirituell spezifische Wertungen. Zwischen zwei Zuständen gibt es formal vier Übergänge, zwei durch Verharren im jeweiligen Zustand und zwei durch den Wechsel vom alten in den neuen Zustand. Als Beitrag zum besseren Verständnis sollen gemäß dem allgemeinen Sprachgebrauch im weiteren die Übergänge zwischen verschiedenen Zuständen als Zustandswechsel bezeichnet werden, da es sich dabei faktisch um einen moralischen Seitenwechsel handelt. Damit gibt es im Entscheidungsschema zwei Verharrungs- und zwei Wechselvorgänge, wie im folgenden zusammengefaßt:

a. Verharren im Zustand 1 = Verharren im Guten, in der heiligmachenden Gnade leben

b. Verharren im Zustand 2 = Verharren im Bösen, getrennt von Gott (in Sünde) leben

c. Wechsel von Zustand 1 zu 2 = Wechsel von Gut zu Böse, Sonderung von Gott

d. Wechsel von Zustand 2 in 1 = Wechsel von Böse zu Gut = Bekehrung zu Gott

Da die Vorgänge „Verharren oder Wechseln" wie oben ausgeführt nicht determiniert sondern durch den Menschen in seiner freien, persönlichen Entscheidung ausgelöst und mit bestimmten Wahrscheinlichkeiten vollzogen werden, braucht man auch eine spirituelle Nomenklatur für diese Wahrscheinlichkeiten. Im Sinne der obigen Punkte a bis d soll vereinbart werden:

Die Wahrscheinlichkeit für das Verharren in einem der beiden Zustände wurde schon früher als *Verharrungswahrscheinlichkeit* (VWS) bezeichnet. Von dieser Art gibt es zwei: eine für das Gute, eine für das Böse. Bei den beiden Wechselvorgängen muß unterschieden werden. Die Wahrscheinlichkeit für den Wechsel von Gut zu Böse durch die freie Entscheidung des Menschen, also das Sündigen, die Sonderung von Gott, soll *Sonderungswahrscheinlichkeit* genannt werden. Die Wahrscheinlichkeit für den Wechsel von Böse zu Gut durch die freiwillige Umkehr des Menschen mit Hilfe der Gnade Gottes wird dementsprechend mit *Bekehrungswahrscheinlichkeit* bezeichnet. Damit gibt es in dem spirituellen Entscheidungsmodell zwi-

schen Gut und Böse, Gnade oder Sünde im Inneren des Menschen vier verschiedene Wahrscheinlichkeitsarten:

1. die Prädestinationswahrscheinlichkeit   (PWS)

2. die Verharrungswahrscheinlichkeit im Guten wie im Bösen   (VWS)

3. die Sonderungswahrscheinlichkeit von Gott   (SWS)

4. die Bekehrungswahrscheinlichkeit zu Gott   (BWS)

Dabei ist zu beachten, daß das Verharren im Guten oder Bösen im Sinne
dieses Modells und seiner Zuordnungen nicht ein sklerotisches Beharren ist,
sondern einen dynamischen Prozeß, das „sich immer wieder für das Gleiche
(Gut/Böse) entscheiden", darstellt und aus einer moralischen Haltung des
Menschen kommt. Dieser Aspekt wird noch in der Betrachtung der Bedeutung des Eschaton in diesem Modell wichtig werden.

Mit diesen Zuordnungen und spirituellen Wertungen stellt sich das binäre
Markoff'sche Übergangsschema aus Abschnitt 6.3.1 in der folgenden Form
dar, wobei die Wahrscheinlichkeiten für die verschiedenen spirituellen
Vorgänge zu den entsprechenden Schleifen des Übergangsschemas geschrieben sind.

Spirituelles Übergangsschema

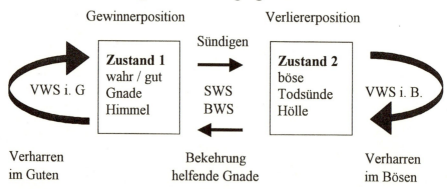

Gewinnerposition   Verliererposition

Sündigen

Zustand 1   Zustand 2
VWS i. G   wahr / gut   böse   VWS i. B.
            Gnade   SWS   Todsünde
            Himmel   BWS   Hölle

Verharren   Bekehrung   Verharren
im Guten   helfende Gnade   im Bösen

Dieses Schema kann man theologisch zusammenfassend interpretieren. Der
Mensch wird mit der Erbsünde, einer habituellen aber keiner aktuellen Sünde, in einer Verliererposition (Zustand 2) geboren. Jesus Christus hat durch
sein Leiden und den Erlösungstod am Kreuze allen Menschen die konstitutive Versöhnung mit dem Vater im Sakrament der Taufe erwirkt und bietet

ihnen die heiligmachende Gnade als Morgengabe an. Wer die Taufgnade annimmt, den hebt Gott in seiner Vaterliebe in eine Gewinnerposition (Zustand 1) als Startposition für sein Leben in der Nachfolge Christi. In der Taufunschuld ist der Mensch ganz von Gott geheiligt, aber nach der Lehre der Kirche (KKK 1264) bleibt ihm seine Konkupiszenz. Der Mensch kann aus freiem Entschluß sich von Gott durch die (Tod)Sünde wieder trennen und in die Verliererposition zurückfallen. Dann kann er aus freiem Entschluß im Bösen verharren oder freiwillig die helfenden Gnaden Gottes annehmen und zu Gott zurückkehren. Im restitutiven Sakrament der Versöhnung wird er wieder durch Gottes Gnadenwahl in die Gewinnerposition gehoben. Trotz des ernsten Charakters dieser Sache, wird man an die Gewinner- und Verliererpositionen der Spieltheorie erinnert. Diese besagt, daß der Spieler, wenn er aus einer Gewinnerposition startet und keine Fehler macht, sicher gewinnt, bei eigenen Fehlern aber auch verlieren kann. Im Gegensatz dazu kann der „Spieler aus einer Verliererposition heraus, wegen der Stringenz der Spielregeln, aus eigener Kraft nicht mehr gewinnen. Diese Aussage gilt sinngemäß auch für den spirituellen Fall. Aus seiner Sünde kommt der Mensch nicht mehr aus eigener Kraft heraus, nur der gütige Gott kann Sünden vergeben (Mt 9,6;Mk 2,7ff; Lk 5,24) und ihm Versöhnung schenken.

7.1.2. Die Prädestination in einem spirituellen Entscheidungsschema

Im Falle, daß man die Existenz einer Prädestination des Menschen durch Gott gelten läßt, kann diese wegen der Güte Gottes nur eine Prädestination für das Gute also eine Vororientierung auf den Himmel sein. Die 2. Synode von Orange lehrt 529: „Daß aber irgendwelche durch göttliche Macht zum Bösen vorherbestimmt seien, das glauben wir nicht nur nicht, sondern, wenn es welche gibt, die so Übles glauben wollen, so sagen wir diesen auch mit ganzer Abscheu: Anathema!" (DH 397). Dann aber ist die Prädestinationswahrscheinlichkeit (PWS) mathematisch gesprochen die Grenzwahrscheinlichkeit für den Zustand 1 und größer als 50% und damit größer als die Grenzwahrscheinlichkeit für den Zustand 2, die Hölle. Da der Mensch nach den Aussagen des 2. Vatikanums zur Heiligkeit verpflichtet ist (GS 22), soll das Verhältnis der Bekehrungswahrscheinlichkeit zur Sonderungswahrscheinlichkeit *Heiligungsrate* heißen, weil sie im Sinne der Entscheidung für Gott im Leben des Christen möglichst groß sein sollte. Durch die Prädestination setzt Gott mit seiner helfenden Gnade die Heiligungsrate im Menschen auf Werte größer als Eins. Damit ist die Tendenz, im Guten zu verharren, größer als die Verharrungstendenz im Bösen, oder äquivalent dazu, die Tendenz zur Versöhnung mit Gott größer als die Tendenz sich von Gott durch die Sünde zu trennen.

Daß der Mensch ein Sünder bleibt, daß Himmel und Hölle keine Orte sondern Zustände sind und die Prädestination nicht Vergewaltigung des Menschen durch Gott sondern Gnade Gottes ist, diese spirituellen Realitäten bestätigt das Modell plausibel. Wenn ein Christ die helfende Gnade annimmt, kann er sich heiligen. Je heiliger ein Christ wird, um so größer wird die Verharrungswahrscheinlichkeit im Guten. Dieses Ergebnis entspricht der biblischen Offenbarung, denn im Evangelium (Joh 15,9) bittet Jesus seine Apostel, in seiner Liebe zu bleiben, also im Guten zu verharren. Als Folgeaspekte der Prädestination kann man aus dem Modell drei spirituelle Grundgesetze der Prädestination ableiten.

Das *erste Grundgesetz der Prädestination* besagt, daß nach den statistischen Gesetzen binärer Entscheidungsschemen (Formeln 1a, 1b) die Summe der Wahrscheinlichkeiten des Verharrens in einem der beiden Zustände und des Wechsels von diesem Zustand in den jeweils anderen immer den Wert Eins ergibt. In der spirituellen Interpretation ist dieser Zusammenhang leicht verständlich, da das Gute Liebe ist und das Böse ein Liebesdefizit, sodaß es keinen dritten prinzipiellen Zwischenzustand gibt und daher die Summe der Wahrscheinlichkeiten für diese beiden einzigen Möglichkeiten den Wert Eins (100%) ergeben muß. Das bedeutet, daß bei fortschreitender Heiligung des Menschen einerseits seine Verharrungswahrscheinlichkeit im Guten gegen den Wert Eins konvergiert, andererseits, simultan und stringent damit verbunden, seine Sonderungswahrscheinlichkeit gegen Null geht.

Da im gegenständlichen binären Entscheidungsschema die beiden Kategorien Gut und Böse rein formal gleichrangig sind, gelten die Entscheidungsgesetze im Guten wie im Bösen. Daher ergibt sich ein *zweites Grundgesetz der Prädestination*. Aus den selben statistischen Gesetzen (Formeln 1a, 1b) folgt, daß es die gleiche Wechselwirkung zwischen den Wahrscheinlichkeiten für das Verharren im Bösen und der Bekehrung zum Guten gibt. Spirituell interpretiert besagt das, daß sowohl bei fortschreitender Heiligung als auch bei Dämonisierung (Verhärtung im Bösen) die spirituelle Mobilität im Menschen schwindet. Im Sinne dieses Ergebnisses sagt die hl. Katharina von Siena: „wenn ein Kind nicht wächst, bleibt es kein Kind, sondern wird ein Zwerg". Das Gleiche gilt analog für das geistliche Leben. Dazu lehrt das Konzil von Trient ebenso, daß der Gerechtfertigte, wenn er sündigt, „sich eine abermalige Bekehrung nicht mit Sicherheit versprechen könnte" (DH 1540).

Das *dritte Grundgesetz der Prädestination* hängt mit den ersten beiden zusammen. Setzt man der Einfachheit halber, eine konstante Prädestinationswahrscheinlichkeit voraus, ergibt sich unter dieser Voraussetzung die Konstanz der Relation zwischen Bekehrungs- und Sonderungswahrscheinlichkeit. Dieses Verhältnis wurde als Heiligungsrate bezeichnet, sodaß die relationale Konstanz eigentlich eine spirituelle Minimalforderung ist. Die spirituelle Evaluation dieser Konstanz ist aber doch sehr überraschend. Sie besagt, daß die an der Heiligungsrate beteiligten Wahrscheinlichkeiten sich während der geistlichen Entwicklung des Menschen im gleichen Maße und in die gleiche Richtung verändern. Dieses dritte Grundgesetz der Prädestination wird damit zum *Bildungsgesetz des geistlichen Weges*. Aus diesem Grundgesetz folgt aber auch die Plausibilität der Aussage Jesu gegenüber der *Sünde wider den Heiligen Geist*, die auf den Bibelleser wie ein spirituelles Paradoxon wirkt. Denn im Klartext heißt das: durch die Heiligung des Menschen sinkt sowohl seine Neigung zum Sündigen als auch seine Bereitschaft zur Versöhnung, falls er sich in der schweren Sünde von Gott trennt. Der Mensch wird im Laufe seines Lebens immer mehr ein Entschiedener im Guten wie im Bösen. Wohin der Baum fällt, dort bleibt er liegen (Koh 11,3).

Das Konzil von Trient lehrt im Zusammenhang mit dem Dogma über die Prädestination: „Niemand darf... soweit in das verborgene Geheimnis der göttlichen Vorherbestimmung (Prädestination) eindringen wollen, daß er mit Sicherheit behaupten könnte, er sei in der Zahl der Vorherbestimmten, als ob der Gerechtfertigte nicht mehr sündigen, oder, wenn er auch gesündigt, sich eine abermalige Bekehrung mit Sicherheit versprechen könnte...“ (DH 1540).

Dieses schon erwähnte spirituelle Paradoxon ist aus der Erfahrung des geistlichen Lebens durchaus bekannt. Der geistliche Weg ist durch seine Bekehrungsphasen besonders gekennzeichnet. Extrem gekürzt kann man die Anfangserfahrung als Begeisterungsphase des Menschen für Gott, als Bekehrungseuphorie, bezeichnen, in der der Mensch die beglückende Erfahrung der Gnade Gottes macht. In dieser neuen Beziehung beansprucht der Mensch aber die Führung, denn er will ab jetzt aus lauter Begeisterung für Gott etwas aktiv tun. Die zweite Phase ist eine vertiefte Umkehr des

Menschen zu Gott, in der der Mensch Gott die Federführung in dieser Part-
nerschaft überläßt und zuläßt, daß Gott für den Menschen etwas tut und
nicht umgekehrt. Die einschlägigen Schriften der alten und neuen Mystiker
(Johannes Tauler, Teresa von Avila, Theresia vom Kinde Jesu usw.) berichten, daß die zweite Phase des geistlichen Weges einen Prozeß des Los-
lassens umfaßt. Dazu gehört die „Nacht der Sinne" sowie die aktive und
passive Läuterung. Auch ein Mensch in der zweiten Phase des geistlichen
Weges steht immer noch im Spannungsfeld zwischen Gut und Böse und
kann daher sündigen. Der zitierte Kontext zur Prädestination des Tridentinums und die spirituelle Praxis bestätigen, daß Menschen, die in der zweiten Phase der Umkehr schwer sündigen, sich also von Gott echt trennen,
nicht mehr die Kraft finden, diese Abkehr von Gott wieder zu überwinden
und den dazu erforderlichen „spirituellen Gesichtsverlust" auf sich zu nehmen. Die Managementtechniken sprechen von der „Courage zur Blamage",
die man durch Personaltraining lernen muß. Es fällt dazu das Bibelzitat ein:
„Die Kinder dieser Welt sind im Umgang mit ihresgleichen klüger als die
Kinder des Lichtes" (Lk 16,8). Das bekannteste biblische Beispiel für die
Gültigkeit des dritten Grundgesetzes der Prädestination ist der Erzengel Luzifer, der sich von Gott abwandte und zum Diabolus wurde. Es ist Lehre der
Kirche und wird durch das dritte Grundgesetz untermauert, daß sich Satan
nicht mehr bekehren kann, obwohl er vor dem Angesicht Gottes lebt, wie
im Buch Job zu lesen ist und er Gott viel besser kennt als wir Menschen.
Aber Satan ist ein vollkommen Entschiedener, daher enthält sein Entscheidungsschema keine Übergangsstruktur mehr, sodaß er sich nicht mehr bekehren kann. Gefallene Engel bekehren sich nicht, sie leben in der Sünde
wider den Heiligen Geist, die bekanntlich weder auf Erden noch im Himmel vergeben wird (vgl. Mt 12,31-32; Mk 3,29; Lk 12,10).

7.2. Überlegungen zu einigen eschatologischen Grundfragen

Auf diesem Gebiet gibt es eine Fülle theologischer Literatur, es sei nur bei-
spielhaft auf den Katechismus der Katholischen Kirche und das Buch von
P. Karl Wallner: „Gott als Eschaton" (Lit.) verwiesen. Demgegenüber wird
hier außer Konkurrenz der Blick aus naturwissenschaftlicher Sicht auf das
kognitive Umfeld einiger eschatologischer Grundfragen zur Ehre Gottes
gerichtet. Bei der Beschäftigung mit der Prädestination kommen immer
wieder die eschatologischen Fragen z.B. nach der Existenz von Himmel
und Hölle und deren Ewigkeit in den Blick. Ein Ziel des mühevollen Weges
über ein binäres mathematisches Modell war, zu Aussagen über das Span-

nungsverhältnis zwischen Freiheit und Prädestination im Rahmen eines personalen Entscheidungsschemas zu kommen. Aus den Gesetzmäßigkeiten des Modells läßt sich auf diese Weise die Plausibilität einer Reihe eschatologischer Aussagen des kirchlichen Lehramtes in Bezug auf das gegenständliche Entscheidungsschema und seiner prozessualen Entwicklung aus der Sicht der Naturwissenschaft bewerten. Durch Übersetzung der wissenschaftlichen Ergebnisse in die Sprache der Theologie werden im folgenden die Antworten der christlichen Tradition auf verschiedene eschatologische Fragen mit den analogen Resultaten der zeitgeistigen Realwissenschaften verglichen.

7.2.1. Himmel, Hölle, Ewigkeit

Gibt es einen Himmel? Die drei Grundgesetze der Prädestination sind sogenannte stochastische Gesetze. Sie besagen in der Sprache der Theologie, daß die Heiligung des Menschen als spiritueller Prozeß im Grenzfall (Lebensende) zum dauernden Verharren im Guten, in der heiligmachenden Gnade, führen kann. Dieser Zustand ist aber nach dem Tode des Menschen die Definition des Himmels (KKK 1023-1029). Im Grenzfall einer binären Markoff'schen Kette verliert das Zustandsdiagramm ihres mathematischen Modells seine Übergangsstruktur und zerfällt in zwei Verharrungsdiagramme für den Zustand 1 und 2. Die theologische Evaluation dieses strukturellen Verhaltens bedeutet in der Transzendenz, den Verlust der Möglichkeit eines Wechsels im Rahmen des Entscheidungsschemas und die Ausbildung eines Verharrungsschemas. Es wurde schon erwähnt, daß dieses Verharren kein sklerotisches Beharren sondern ein dynamisch fortlaufendes Entscheiden ist. Für den Fall des Menschen im Himmel bedeutet das, daß sich der Mensch ewig fortlaufend für das Leben in der heiligmachenden Gnade, also für das Sein bei und mit Gott, entscheidet.

Gibt es eine Hölle? In Bezug auf das mathematische Modell ist im theologischen Sinn die Hölle ein Zustand der Angst und des Hasses (Heulen und Zähneknirschen vgl. Mt 8,12; 13,42; 13,50; 22,13; 24,51; 25,30; Lk 13,28), also der *anima in se curvata* mit schrecklichen Qualen, die die Bibel mit Feuer und Wurmfraß kennzeichnet (vgl. Jes 66,24; Mk 9,43/44/46/48). Aus dem dritten Grundgesetz der Prädestination folgt, daß, wenn es zu einer endgültigen Entscheidung des Menschen kommen soll, sowohl die Bekehrungs- als auch die Sonderungswahrscheinlichkeit gegen Null konvergieren muß. Dadurch erreicht aber gemäß den stochastischen Gesetzen (1a und 1b) die Verharrungswahrscheinlichkeit im Bösen den Wert Eins. Wird die

Wahrscheinlichkeit für das Auftreten eines Zustandes Eins, dann tritt dieser Zustand dauernd auf. Im Zusammenhang mit dem gegenständlichen Prädestinationsmodell bedeutet das das dauernde Verharren des Menschen im vollkommen Bösen, in der Sonderung von Gott, also im Zustand der Hölle (vgl. KKK 1033-1037). Aus naturwissenschaftlicher Sicht kann man daher sagen, daß die Existenz des Himmels jene der Hölle induziert.

Sind Himmel und Hölle ewig? Die katholische Kirche lehrt ein Leben nach dem Tode mit einem dynamischen Prozeß der Reinigung im Fegefeuer (KKK 1030-1032). Damit endet der geistliche Weg des Menschen nicht mit dem Tod, sondern wird nach dem Tod zur Vollendung und der Mensch in den Himmel geführt. Allerdings erfolgt auch im Purgatorium kein Wechsel des gewählten Entscheidungsendzustandes, denn „er ist sich seines ewigen Heiles sicher" (KKK 1030). Aus dem Vergleich mit dem stochastischen Entscheidungsmodell kann man daraus ableiten, daß der Entscheidungsprozeß in den statistischen Grenzfall übergeht, der durch den schon genannten Zerfall der Prozeßstruktur in zwei Teilprozesse des Verharrens und das Fehlen der Übergangsstruktur gekennzeichnet ist. Stochastische Prozesse sind aber im mathematischen Sinn definitionsgemäß zeitlich nicht begrenzt, sie umfassen den zeitlichen Wertebereich von „minus bis plus Unendlich", wie es im mathematischen Fachjargon heißt, dauern also unendlich lang. Im Klartext bedeutet das, daß die ewige Dauer von Himmel und Hölle als Zustände des menschlichen Entschiedenseins, also die eschatologische Ewigkeit, aufgrund der vorgelegten Modellvorstellung wissenschaftlich kein Widerspruch, auch nichts Außergewöhnliches sondern etwas durchaus Plausibles ist.

7.2.2 Gedanken zur Struktur des Eschaton

Das stochastische binäre Prädestinationsmodell weist den geistlichen Lebensweg des Menschen im Guten (Heiligung) wie im Bösen (Verhärtung) als einen Zerfallsprozeß des Entscheidungsschemas in zwei mononome, autarke Teilprozesse (Verharren) ohne Übergangsstruktur in der Transzendenz aus. Die Grenzstruktur des Prozesses stellt ein Entscheidungsschema mit Endgültigkeitscharakter (Eschaton) dar. Hier tritt die unvermeidlich immanente Begrifflichkeit bezüglich transzendenter Wirklichkeiten besonders deutlich hervor und darf daher nur unter dem Schutz der Bibel und der Tradition angewendet werden. Realwissenschaftlich ergeben sich einige legitime Konklusionen für das Eschaton als Grenzfall.

In diesem Grenzfall erreichen die Übergangswahrscheinlichkeiten der binären Markoff-Kette singuläre Werte, das heißt die Existenz des Eschaton ist für den Naturwissenschaftler als singulärer Fall durchaus plausibel. Das Entscheiden des Menschen für das Gute oder Böse wird im Eschaton zum sicheren Ereignis im statistischen Sinn. Im Himmel wird das Sündigen zum unmöglichen Ereignis und in der Hölle die Bekehrung. Im Eschaton gibt es nur dynamisierte Verharrungsstrukturen im Guten wie im Bösen, der Übergang von Himmel zur Hölle und umgekehrt ist nicht möglich.

Die Bibel beschreibt dieses Phänomen sehr deutlich im Lukas-Evangelium im Gleichnis vom reichen Prasser und dem armen Lazarus. Der in der Hölle schmachtende reiche Prasser erbittet vom im himmlischen Schoß Abrahams liegenden armen Lazarus den Liebesdienst, ihm die Zunge mit seiner in Wasser getauchten Fingerspitze zu kühlen. Abraham aber sagt: „...außerdem ist zwischen uns und euch ein tiefer, unüberbrückbarer Abgrund, sodaß niemand von hier zu euch oder von dort zu uns kommen kann, selbst wenn er wollte" (Lk 16,26). Schöner könnte man die fehlende Übergangsstruktur im eschatologischen Entscheidungsmodell nicht mehr beschreiben. Der Nachsatz, „selbst wenn er wollte", zeigt punktgenau auf die Problematik. Es fehlt im eschatologischen Entscheidungsschema die Übergangsstruktur, sodaß es nicht mehr vom im immanenten Sinn freien Willen des Menschen abhängt Himmel und Hölle zu wechseln, sondern den Übergang gibt es im Eschaton nicht. Der Mensch ist als Ebenbild Gottes in seiner Vollkommenheit wesensgemäß frei im Guten geworden. Der Übergang zwischen Sünde und Gnade ist nur in der Immanenz, nicht mehr in der Transzendenz möglich. Der eschatologische Mensch lebt in einer singulären Entscheidungsstruktur, der Entschiedenheit, die naturwissenschaftlich durchaus plausibel erscheint. Jedenfalls hat ein unvoreingenommener Wissenschaftler mit dem entsprechenden immanenten Gedankenmodell im Rahmen Markoff'scher Ketten keine besonderen Verständnis- oder Glaubensprobleme.

Die möglicherweise überraschende Entsprechung zwischen stochastischen Modellen und spirituellen Prozessen soll nicht als mathematischer Beweis für die Wahrheit katholischer Dogmen sondern vielmehr als Erweis für deren Richtigkeit im naturwissenschaftlichen Sinn verstanden werden. Der aufklärerische Widerspruch zwischen Tradition und Zeitgeist ist zumindest im vorliegenden Fall wissenschaftlich nicht existent und die Aporie sauber lösbar. Pikanter Weise stützt heute die zeitgeistige Naturwissenschaft die Tradition. Der Galilei-Schock erscheint zunehmend überwindbar.

7.3. Zusammenfassung und einige Schlußbemerkungen

Mit den oben in gebotener Kürze vorgelegten Gedanken, formalen Überlegungen und Folgerungen kann zusammenfassend und abschließend folgender Satz formuliert werden:

Die Prädestination hat keinen deterministischen sondern einen stochastischen Charakter und ist daher mit der Freiheit des Menschen kompatibel.

Darüber hinaus können zehn eschatologische Aussagen der lehramtlichen Tradition aus der zeitgeistigen Sicht der heutigen Naturwissenschaft bestätigt werden.

1. Himmel und Hölle sind keine Orte sondern Zustände

2. Wenn es einen Himmel gibt, muß es auch eine Hölle geben

3. Die Prädestination ist mit der menschlichen Freiheit kompatibel und heilsnotwendig

4. Der Mensch kann im Guten (Heiligung) wie im Bösen (Verhärtung) verharren

5. Der Mensch verliert auf dem geistlichen Weg seine moralische Mobilität, wenn er sich nicht entwickelt, bleibt er kein Anfänger sondern verkümmert

6. Auf dem geistlichen Weg des Menschen ist das Schauen auf Christus wirksamer und daher wichtiger als das Verabscheuen des Teufels

7. Im Eschaton entfällt die Übergangsstruktur, es gibt keinen Wechsel zwischen Himmel und Hölle

8. Himmel und Hölle sind ewig

9. Der Teufel kann sich nicht bekehren, obwohl er vor dem Angesicht Gottes lebt

10. Die Konzilsväter des Tridentinums hatten keine Ahnung von stochastischen Prozessen, Markoff'schen Ketten, Übergangswahrscheinlichkeiten und singulären Grenzverteilungen, dennoch haben sie wissenschaftlich gesehen alles richtig definiert.

Darin kann nur das Wirken und der Beistand des Heiligen Geistes erkannt werden.

Die Prädestination bleibt letztlich ein göttliches Geheimnis, aber unter dem Eindruck der vorgelegten mathematischen, grenzphilosophischen und theologischen Ergebnisse kann man als Naturwissenschaftler nur aus voller Überzeugung in den prophetischen Ruf einstimmen: „Bekehret euch und glaubt an das Evangelium!"

8. Literaturverzeichnis

Birkenbihl V. F., Kommunikationstraining. Zwischenmenschliche Beziehungen erfolgreich gestalten, mvg-Verlag München / Landsberg am Lech 1992 (ISBN3-478-03040-4)

Breid F. (Hrsg.), Gottes Schöpfung. Referate der „Internationalen Theologischen Sommerakademie 1994" des Linzer Priesterkreises, W. Ennsthaler Verlag Steyr 1994 (ISBN 3-85068444-X).

Chargaff E., Die Schrift ist nicht der Text, in: Scheidewege, Heft 1: Stuttgart 1975. Hrsg. Max-Himmelberg-Stiftung, Scheidewege Verlag

Chargaff E., Wenig Lärm um viel, in: Scheidewege, Heft 3: Stuttgart 1978. Hrsg. Max-Himmelberg-Stiftung, Scheidewege Verlag

Darwin Ch., Die Entstehung der Arten durch natürliche Zuchtwahl, Reclam Stuttgart 1989

Eccles J. C. / Popper K. R., Das Ich und sein Gehirn, Serie Piper München 1997.

Eigen M. / Winkler R., Das Spiel. Naturgesetze steuern den Zufall, Serie Piper München 1975.

Eigen M., Stufen zum Leben. Die frühe Evolution im Visier der Molekularbiologie, Serie Piper München 1993 (ISBN 3-492-10765-6).

Illies J., Das Geheimnis des Lebendigen, München 1976.

Illies J., Der Jahrhundert-Irrtum. Würdigung und Kritik des Darwinismus, Frankfurt a.M. 1983.

Jantsch E., Die Selbstorganisation des Universums. Vom Urknall zum menschlichen Geist, Carl Hanser Verlag München 1992 (ISBN 3-446-17037-5).

Johannes Paul II., Enzyklika „Veritatis splendor", 1993.

Johannes Paul II., Enzyklika „Fides et ratio", 1998.

Johannes Paul II., Wir fürchten die Wahrheit nicht. Der Papst über die Schuld der Kirche und der Menschen, Graz-Wien-Köln 1997 (ISBN 3-222-12495-7).

Katechismus der Katholischen Kirche, R. Oldenbourg München-Wien 1993 (ISBN 3-486-55999-0).

Katholischer Erwachsenen-Katechismus. Das Glaubensbekenntnis der Kirche, hrsg. von der Deutschen Bischofskonferenz, Kevelaer 1989. (ISBN 3-76669388-3).

Kuhn W., Als Mann und Frau schuf er sie, Miriam-Verlag Jestetten/BRD 1996 (ISBN 3-87449-261-3).

Kuhn W., Darwin im Computerzeitalter. das Ende einer Illusion, Schwengeler-Verlag, Berneck/Schweiz 1989 (ISBN 3-856-66229-4).

Kuhn W., Groß sind Deine Werke. Gottes Handschrift in der Schöpfung, Christiana-Verlag Stein a. Rhein/Schweiz 1994 (ISBN 3-7171-0972-3).

Kuhn W., Schöner als Salomons Pracht. Spuren Gottes in der Schöpfung, Christiana-Verlag Stein a. Rhein/Schweiz 1992 (ISBN 3-717-10953-7).

Kuhn W., Stolpersteine des Darwinismus. Ende eines Jahrhundertirrtums, Christiana-Verlag Stein a. Rhein/Schweiz 1999 (ISBN 3-7171-1072-1).

Kuhn W., Von der Weisheit der Unvernünftigen. Instinktleistungen als angeborene „Intelligenz", Christiana-Verlag Stein a. Rhein / Schweiz 1996 (ISBN 3-7171-1023-3)

Kuhn W., Zwischen Tier und Engel. Die Zerstörung des Menschenbildes durch die Biologie, Christiana-Verlag Stein a. Rhein / Schweiz 1988 (ISBN 3-717-10903-0)

Monod J., Zufall und Notwendigkeit. Philosophische Fragen der modernen Biologie, Deutscher Taschenbuch Verlag München 1996 (ISBN 3-423-01069-X)

Rahner K. / Vorgrimler H. (Hrsg.), Kleines Konzilskompendium, Herder Verlag Freiburg-Basel-Wien 1998 (ISBN 3-451-01770-9).

Spülbeck O., Zur Begegnung von Naturwissenschaft und Theologie, Benzinger Verlag Einsiedeln-Zürich-Köln 1969.

Thürkauf M., Christuswärts, Glaubenshilfe gegen den naturwissenschaftlichen Atheismus, Christiana-Verlag Stein a. Rhein / Schweiz 1987 (ISBN 3-717-10898-0)

Thürkauf M., Christus und die moderne Naturwissenschaft. Gedanken im Spannungsfeld von Liebe, Freiheit und Wertfreiheit, Johannes-Verlag Leutesdorf / BRD 1997 (ISBN 3-779-40919-4).

Thürkauf M., Die Spatzen pfeifen lassen, Geistliches Tagebuch eines Physikers, Christiana-Verlag Stein a. Rhein / Schweiz 1992 (ISBN 3-717-1095 1-0).

Thürkauf M., Endzeit des Marxismus, Christiana-Verlag Stein a. Rhein / Schweiz 1987 (ISBN 3 -717-10898-0).

Thürkauf M., Franziskus im Atomzeitalter. Die alte Liebe rettet die neue Welt, Verax-Verlag Müstair / Schweiz 1999 (ISBN 3-909065-14-7).

Thürkauf M., Glaube oder Aufklärung. Vom Licht des Evangeliums und der Finsternis der „Aufklärung", Johannes-Verlag Leutesdorf / BRD 1996 (ISBN 3-7794-1099-0).

Vollmert B., Die Entstehung der Lebewesen in naturwissenschaftlicher Sicht. Darwins Lehre im Lichte der makromolekularen Chemie, Schriftenreihe der Gustav-Siewerth-Akademie Band 5, Weilheim-Bierbronnen / BRD 1995 (ISBN 3-928273-05-1).

Vollmert B., Entstehung des Lebens: Schöpfung oder Evolution?, in: Breid F. (Hrsg.), Gottes Schöpfung, Referate der „Internationalen Theologischen Sommerakademie 1994" des Linzer Priesterkreises, W. Ennsthaler Verlag, Steyr 1994 (ISBN 3-85068-444-X)

Wallner K. J., Gott als Eschaton. Trinitarische Dramatik als Voraussetzung göttlicher Universalität bei Hans Urs von Balthasar, (Heiligenkreuzer Studienreihe Band 7), Wien 1992 (ISBN 3-851-05006-1).

Wehrmann W., Komplexe Wirklichkeiten, Band 1: Aktuelle Probleme der katholischen Theologie aus der Sicht von Management und Technik, Heiligenkreuzer Studienreihe Band 8, Heiligenkreuz 1994.

Wehrmann W., Einführung in die stochastisch-ergodische Impulstechnik, R. Oldenbourg Verlag Wien 1973 (ISBN 37029-0058-6).

Wehrmann W., Innovation quantitativ. Bewertung, Optimierung und Strategie in Planung und Entwicklung industriell-Innovativer Produkte, Metrica-Verlag Wien 1994, (ISBN 3-900368-23-6).

Wehrmann W., Korrelationstechnik, ein neuer Zweig der Betriebsmeßtechnik, Lexika-Verlag Grafennau / Württ. 1977 (ISBN 3-88146-104-3).

Der Weg des Heiles zu Wahrheit und Leben als neue korrelative Verifikation zwischen Theologie und Naturwissenschaft

Wolfgang Wehrmann / Wolfgang Lehmann

1. Die Wahrheit in der Welt

Als unser Herr Jesus Christus vor Pilatus stand, antwortete er auf dessen Frage nach seiner Königsherrschaft: „Mein Königtum ist nicht von dieser Welt" (Joh 18,36), im nächsten Vers fährt er fort: „Ich bin dazu geboren und dazu in die Welt gekommen, daß ich für die Wahrheit Zeugnis ablege" und an anderer Stelle ergänzt er: „Ich bitte nicht, daß du (Vater) sie (Apostel) aus der Welt nimmst, sondern daß du sie vor dem Bösen bewahrst" (Joh 17,15). Das Heil ist nicht *von* dieser Welt, aber der Heilsweg führt *durch* diese Welt. Durch das Zeugnis Jesu Christi sind Welt und Wahrheit miteinander neu und für immer verbunden. Obwohl der Apostel Johannes in seinem Prolog beklagt: „Er kam in sein Eigentum, aber die Seinen nahmen ihn nicht auf" (Joh 1,11) bilden seit der Menschwerdung Jesu Welt und Wahrheit ein positives Korrelat. Imre Koncsik betont in seiner Arbeit „Wirkt Gott in der Welt" (Lit. S. 163), daß die Theologen und die Naturwissenschaftler dieselbe Wirklichkeit erforschen. Er wundert sich „wie wenig explizit zu diesem Thema publiziert wird", obwohl „das Verhältnis zwischen einer empirisch und theologisch zugänglichen Wirklichkeit reflektiert werden muß". Der folgende Beitrag soll diese Lücke etwas schließen helfen und zeigen, daß Wirklichkeit und Welt nicht nur begrifflich sondern tatsächlich korrelieren. Die literarischen Versuche philosophischer Welterklärungen füllen Bibliotheken, die realwissenschaftlich-theologischen darunter sind aber verhältnismäßig rar.

1.1. Der philosophische Umgang mit der Welt

Der Begriff Welt ist in der Philosophie mehrdeutig und ihre Welttheorien zahlreich. In dem Buch von Eccles C., Popper K.: „Das Ich und sein Gehirn" schreibt Popper (Lit. S. 69), daß Platon anscheinend der erste war,

„der über etwas unseren Welten 1,2,3 Entsprechendes nachgedacht hat". Platon spricht von der „Welt der sichtbaren Objekte", die ungefähr der Welt 1 Popper's entspricht, in scharfem Kontrast dazu von der „Welt der intelligiblen Objekte", die etwa der Welt 3 Popper's gleicht und schließlich von den „Affektionen der Seele", die in die Welt 2 von Popper einzuordnen sind. Immanuel Kant unterscheidet zwischen der noumenalen Welt (der Welt, so wie sie an sich ist) und der phänomenalen Welt (der Welt, so wie sie uns erscheint). Nur die phänomenale Welt ist der naturwissenschaftlichen Betrachtung zugänglich. Wieder unterschiedlich dazu charakterisiert Martin Heidegger das Menschsein als „in-der-Welt-sein". Damit ist die existentielle Brücke zwischen Welt und Mensch geschlagen, deren Entitätsrelation als eine untrennbare gedacht werden sollte. Schließlich entwickelt Karl Popper seine Drei-Welten-Theorie. Ebenso mehrdeutig sind die aus dem Weltbegriff abgeleiteten Weltanschauungen und das neuzeitliche naturwissenschaftliche Weltbild. Insofern hat Welt mit Natur zu tun und diese ist ein wesentlicher Ausgangspunkt für eine Welttheorie. Seit Galileo Galilei, der meinte, daß das Buch der Natur in der Sprache der Mathematik geschrieben sei, entwickelte sich das christliche Weltbild mit einem kräftigen Schub durch die philosophische Strömung der „Aufklärung" immer stärker und schneller in die Richtung eines rein materialistischen Weltverständnisses, das in der Erklärung Pierre Laplace gegenüber Napoleon gipfelte, „wir haben die Hypothese Gott nicht mehr nötig". oder im Wort Friedrich Engels, Darwin habe mit seiner Theorie die Teleologie kaputt gemacht. Langsam wendet sich das Blatt und dazu sollen die folgenden Darlegungen einen Beitrag leisten.

Philosophie und Theologie sind sich weitgehend darüber einig, daß Welt, Mensch und Natur zusammengehören und durch keine noch so philosophisch gestützte Mentalakrobatik getrennt werden dürfen. Heute findet man in der Philosophie häufig die Definition: „Natur ist das, was der Mensch vorfindet". Um die Ungenauigkeit dieser Definition etwas zu mildern, setzt der Philosoph den Begriff Natur häufig in Gegensatz zu Kultur oder Technik. Erfahrungsgemäß findet der Mensch in der Natur zwei wesentlich unterschiedliche Seinsweisen vor. Er trifft einerseits auf die unbelebte Materie (lebloser Stoff), andererseits auf die belebte Materie (lebende Zelle), also auf Materie und Leben. Heute weiß man, daß Leben als Existenzbedingung nicht nur die Physik und Chemie der toten Materie, sondern auch Information, also etwas Immaterielles, braucht (DNS als Informationsspeicher). Für den Materialismus als Ideologie führt diese naturwissenschaftliche Erkenntnis zu einer systematischen Aporie, aus der er sich durch einen weiteren aporetischen Zirkelschluß zu befreien sucht, indem er behauptet, Information entsteht durch Zufall und Leben organisiert sich selbst durch die Notwendigkeit (Jacques Monod, Manfred Eigen, Lit.). Im Zuge der materialistischen Forschung zerlegen die „Selbstorganisatoren" den Hauptzirkel in eine Vielzahl kleinerer Hyperzyklen, die aber aporetisch bleiben. Demgegenüber stehen alle monotheistischen Theologien, insbesondere die katholische Theologie und Philosophie, seit jeher auf dem unveränderten Standpunkt, daß es neben der Materie auch die Seinskategorie des Geistes gibt und sind dadurch nie in die genannte Aporie geraten. Alle Welterklärungstheorien der verschiedenen philosophischen Schulen im Laufe der Geschichte der Philosophie sind Voll-, Fehl- und Mischformen von Irrtum und Wahrheit, aufgespannt zwischen den beiden Polen Materie und Geist. Es geht dabei letztlich im Rahmen eines geistigen Gigantenkampfes um den Primatsanspruch von Geist oder Materie. Nach den Regeln der mathematischen Statistik hat die Theorie der christlichen Philosophie aufgrund des Fehlens einer Vielzahl aporetischer mentaler „Hyperzyklen" (Manfred Eigen) die wesentlich höhere Gültigkeitswahrscheinlichkeit. Naturwissenschaftler und Theologen gehen daher am besten von dieser Theorie aus und billigen ihr bei den weiteren Überlegungen wenigstens den gleichen Grad der Wahrheitsvermutung zu.

1.2. Der wissenschaftliche Umgang mit der Wahrheit

Der in der Praxis unterschiedliche Umgang mit der Wahrheit durch Theologie, Philosophie und Naturwissenschaft ist aus Gründen der differenten Fragestellungen verständlich, wenn auch erkenntnistheoretisch nicht in Ordnung. Aber selbst im naturwissenschaftlichen Bereich sind die Unterschiede gravierend, je nachdem ob der Umgang materialistisch, liberalistisch, realwissenschaftlich oder ganzheitlich erfolgt. Papst Johannes Paul II beginnt seine Enzyklika „Fides et Ratio" mit den Worten: „Sowohl im Orient als auch im Abendland läßt sich der Weg feststellen, der im Laufe der Jahrhunderte die Menschheit fortschreitend zur Begegnung mit der Wahrheit und zur Auseinandersetzung mit ihr geführt hat". Die Geschichte der Menschheit ist geprägt von der Suche nach der Wahrheit, um den Sinn des Lebens zu finden. Alle Völker aller Zeiten haben die gleichen Grundsatzfragen gestellt. Wer bin ich? Woher komme ich und wohin gehe ich? Warum gibt es das Böse? Eine mögliche Antwort auf diese Fragen wurde schon unzählige Male versucht und muß immer das Kriterium der Wahrheit, die Anerkenntnis einer höchsten Gottheit, erfüllen (Nostra aetate Nr. 2).

Der materialistische Umgang mit der Wahrheit ist durch das bekannteste Beispiel der letzten Zeit für ein profanes Responsorium, das die Kriterien der Wahrheit verletzte, gekennzeichnet, nämlich durch den dialektischen Materialismus in der ideologischen Form des Marxismus. Vierzig Jahre lang wurde den Menschen in den Ostblockländern vom Staat unter der Führung der kommunistischen Parteien, die sich als „Diktatur des Proletariats" verstanden, diktiert, was sie zu denken, zu tun und zu lassen hatten. Das wurde durch pseudoreligiöse Kulthandlungen indoktriniert (Lehmann Lit. S. 2). Das Leben sollte dadurch einen Sinn erhalten, es hat aber nur für einen zweifelhaften Zweck gereicht. Was blieb und bleibt, ist vielfach Ratlosigkeit. Das wichtigste Axiom des Materialismus, daß es keinen Geist gibt und die Materie ewig ist, sodaß eine Hinterfragung ihrer existentiellen Vorgeschichte unnötig ist, bietet keine tragfähige Grundlage für die Sinnerfüllung menschlichen Seins. Diese Täuschung hält nicht ewig. Daher muß die Frage nach dem richtigen Umgang mit der Wahrheit weitergeführt werden.

Im Sinne des heutigen Liberalismus der Moderne wird der Begriff der Wahrheit unterschiedlich bestimmt, entweder als ein möglichst enger und exakter Terminus oder als möglichst weiter mit dem Sein koextensiver Begriff. Die erste Tendenz folgt eher rein logischen und linguistischen Gesichtspunkten, der zweite Trend entspricht dem Gebrauch des Ausdrucks „Wahrheit" in der philosophischen Begriffstradition des Abendlandes. In dieser Tradition besagt die Wahrheit im allgemeinsten Sinn eine Übereinstimmung zwischen Sein und Geist, eine *adaequatio rei et intellectus*, die in ihrer *forma nobilis* eine völlige gegenseitige Durchdringung beider begründet (Brugger, Lit., S. 447ff). Damit mündet die Frage nach dem Sein in die Frage nach Gott ein, zu der folgerichtig jede Philosophie Stellung nehmen und letztlich beziehen muß. Die fünf „Gottesbeweise" eines Thomas von Aquin in seiner Summa Theologica I, q.2, die er selbst als bloße Erweise erkannte, sind auch heute noch in dieser Evaluation realwissenschaftlich plausibel und kompatibel (Weischedel, Der Gott der Philosophen, S. 138, Lit.). Der Papst spricht in der Enzyklika „Fides et Ratio" in den Abschnitten 43 und 44 von „der bleibenden Neuheit des Denkens des hl. Thomas von Aquin". Immerhin kann man aus den thomasischen Gedanken philosophisch schließen, daß Gott das Sein, reiner Geist, damit die Wahrheit und ein personales Wesen ist (Brugger, Lit., S. 152). Das ist ein philosophisch-theologischer Grundkonsens aller monotheistischen Weltreligionen. Weitere Schlüsse in Richtung Transzendenz können seriös nur mit Hilfe der Selbstmitteilung Gottes in Form der Offenbarung auf der Basis des *depositum fidei* der katholischen Kirche bzw. in Richtung Immanenz unter Berücksichtigung des in der Zwischenzeit angesammelten, naturwissenschaftlich immensen Wissens erfolgen.

Der realwissenschaftliche Umgang mit der Wahrheit scheitert an der falschen Fragestellung. Als Pilatus an Jesus die Frage stellte: „Was ist Wahrheit", hat Jesus keine Antwort gegeben. Hat er diese Antwort insbesondere uns gebildeten, wissenschaftsgläubigen Menschen des dritten Jahrtausends überlassen? Sollte diese Frage zum Ausgangspunkt unseres Zeugnisses für die Wahrheit in der Welt werden? Pilatus hat diese Frage als philosophisch gebildeter Römer falsch gestellt und mit ihm stellt sie die heutige profane Philosophie noch immer falsch. So konnte sie Jesus nicht beantworten und an diesem Defizit scheinen auch die Christen heute noch zu leiden. Der Physiko-Chemiker und Philosoph Max Thürkauf aus Basel in der Schweiz schreibt in seinem Buch: „Endzeit des Marxismus" (Lit. S. 90) ganz allgemein: „Solange die Philosophen nicht den Mut zur Demut haben, sich zu Gott zu bekennen, werden sie den Weg zur Wahrheit nicht finden, sondern - wie die Wissenschaftler - im Gewirr von systemimmanenten Richtigkeiten, die unwahr sind, steckenbleiben". Hätte Pilatus gefragt: „Wer ist die Wahrheit", hätte Jesus geantwortet: „Ich bin der Weg, die Wahrheit und das Leben" (Joh 14,6). Diese Aussage impliziert die Formulierung, daß Jesus der Weg zu Wahrheit und Leben ist, sodaß sich in diesem Sinn alles im folgenden Dargebotene unter dem gewählten Titel verifiziert, wenn auch in einer etwas neuen Form. Die Wissenschaften über Natur und Technik fragen nach dem „Wie", nach dem Know-how, die Philosophie nach dem „Was", nach dem Wesen und nur die Theologie fragt nach dem „Wer", nach der Person, nach Gott. Diesen *circulus vitiosus* der Philosophie und Naturwissenschaften kann man nur im Thürkauf'schen Sinne aufbrechen.

Der rechte wissenschaftliche Umgang mit der Wahrheit muß auf einer erkenntnistheoretisch sauberen Unterscheidung zwischen Wahrheit, Wirklichkeit und Richtigkeit beruhen. Es ist hier nicht der Raum, um einerseits auf die unzähligen Versuche der Philosophie in dieser Richtung einzugehen, noch einen neuen verbesserten Versuch auszufalten und dessen Verbesserung ausreichend zu begründen. Wegen der gegenständlich verfügbaren Möglichkeiten schriftlicher Darstellung möge es vom Leser als ausreichend angesehen werden, die Antwort auf diese Frage im Sinne naturwissenschaftlicher Usancen etwas lemmatisch, philosophisch apodiktisch zu geben, als Zugeständnis an die Erfordernisse interdisziplinärer Kooperation zwischen Theologie und Naturwissenschaft. Im vorliegenden wissenschaftlichen Beitrag soll ein Wahrheitsbegriff im engeren Sinn verwendet werden, der auch eine saubere begriffliche Bedeutungshierarchie zuläßt.

a. Der Begriff Wahrheit wird für die vorliegende Abhandlung im biblisch strengen Sinn begründet und mit dem Satz „Gott und seine Werke sind wahr" umschrieben.

b. Die Wirklichkeit wird im Sinne Popper's verstanden. Dinge sind wirklich, wenn sie kausale Wirkungen auf andere wirkliche (gewöhnliche materielle) Dinge haben, also in Wechselwirkung mit diesen treten können. So sind die Werke des Menschen in Wissenschaft, Kultur und Technik wirklich.

c. Der Philosoph J. K. Mader umschreibt die Richtigkeit mit dem Satz: „Die Richtigkeit verhält sich zur Wahrheit wie die bloße zur wahren Meinung (Lit. S. 61). Im philosophischen Sinn ist das keine Definition, weil sie den Definitionsgegentand enthält. Nach dieser Aussage hat die Richtigkeit die geringste Gültigkeitsqualität. Richtigkeiten gelten lokal und temporär.

Damit besteht zwischen den drei Begriffen Wahrheit, Wirklichkeit und Richtigkeit eine fallende Bedeutungshierarchie, die erkenntnistheoretisch beachtet werden muß.

Die *Wahrheit* ist wahr, wirklich und richtig. Das ist nur Gott, seine Worte und seine Werke. Nur die Wahrheit ist daher verifizierbar im Sinne der negativen Methodologie Karl Popper's.

Die *Wirklichkeit* ist wirklich, richtig und kann auch, muß aber nicht, wahr sein. Dazu gehören die Werke des Menschen wie Kunst, Kultur, Technik etc. Die Wirklichkeit ist durch ihre Daseinstatsächlichkeit (Thürkauf) weder verifizier- noch falsifizierbar.

Die *Richtigkeit* kann, muß aber weder wahr noch wirklich sein. Die Mathematiker wissen, daß ihre Theorien nur richtig sind, wenngleich gewisse Aussagen sicher auch wahr sind. Die Richtigkeit ist nur falsifizierbar und hat daher die geringste Bedeutung in dieser Hierarchie.

Diese Bedeutungshierarchie muß einerseits beim rechten wissenschaftlichen Umgang mit der Wahrheit erkenntnistheoretisch beachtet werden und ist andererseits der Grund dafür, daß theologisch und naturwissenschaftlich einander widersprechende Aussagen dennoch wissenschaftstheoretisch kompatibel als richtig nebeneinander bestehen können. Der biblische Schöpfungsbericht und die darwinistische Evolutionstheorie in der heutigen Form sind ein bekanntes Beispiel dafür. Beide können in der Richtigkeit, nicht aber in der Wahrheit koexistieren, sind also gleichrangig richtig aber nicht gleichrangig wahr. Diese Situation tritt im Spannungsfeld zwischen Glaube und Vernunft häufig auf und kann, wie es Imre Koncsik in seiner Veröffentlichung: „Wirkt Gott überhaupt in der Welt" (in: Renovatio 54 [1998] S. 163-175, Lit.) versucht, ganz gut mit dem Begriff „Analogie" umschrieben werden. In deren Rahmen etabliert Koncsik eine Art *Meta-Einheit der Wirklichkeit,* die über den logischen Kategorien Identität und Differenz als Modi der Einheit steht. Die Kategorien Identität und Differenz werden als lineare Reduktionen und Ausdrucksweisen der Einheit interpretiert. Ein Ansatz, der als erste Näherung des Gesamtproblems geeignet sein dürfte. Dieser Ansatz fügt sich auch gut in die im folgenden dargelegte erste Arbeitshypothese ein, wonach Analogien zwischen *komplexen Wirklichkeiten* der Theologie, Philosophie und den Wissenschaften über Natur und Technik gebildet werden können. Diese Analogien können als *meta-unitäre Relationen* innerhalb *meta-unitärer Realitäten* im folgenden verstanden und sollen in diesem Sinne weitergeführt werden. Es wird versucht, die konkreten Korrelate solcher Analogien in der Bedeutung meta-unitärer Relationen an der Schnittstelle zwischen Theologie und Naturwissenschaft durch alpha-nummerische Symbolismen formal zu beschreiben. Die Ergebnisse aus dieser interdisziplinären Betrachtungsweise kann man direkt miteinander vergleichen und dadurch neuartig und besser evaluieren.

2. Ein Modell zur Systematisierung komplexer Wirklichkeiten

Da es sich bei dieser Problematik um ein heikles und virulentes Thema handelt, muß den folgenden Explikationen und Konklusionen eine Introduktion besonderer Art mit einem theologischen und einem realwissenschaftlichen Teil vorangestellt werden.

2.1. Zur Einführung

Theologische Glaubenswahrheiten werden heute mehr denn je kritisch hinterfragt. Da kommt das Problem auf, wie weit darf theologische Forschung gehen und wo liegt ihre Begrenzung. Auf diese Frage wurde vorhin bereits versucht, eine Antwort zu geben. Nur der Materialismus meint alles Machbare ist wahr, macht aber dabei, nach den obigen kurzen Ausführungen über Wahrheit, Wirklichkeit und Richtigkeit, den erkenntnistheoretischen Fehler, Wirklichkeit mit Wahrheit zu verwechseln. Papst Johannes Paul II legt in seiner Enzyklika „Fides et Ratio" die Legitimität des Gedankens nahe, im Sinne einer konkreten Modellvorstellung zu erkennen, daß jede Glaubenswahrheit einen „mystischen Kern" und ein „kognitives Umfeld" umfaßt. Nur der mystische Kern ist volle Wahrheit im obigen strengen Sinn und unserem Glauben anvertraut. Das kognitive Umfeld einer Glaubenswahrheit ist Wirklichkeit, die auch wahr ist und unserer Vernunft zur Erforschung und Rezeption anheim gegeben ist. Dabei ist im Sinne Immanuel Kant's unter Vernunft das Zusammenwirken von Wille und Verstand zu verstehen. Bildlich gesprochen liegt der mystische Kern im kognitiven Umfeld eingebettet wie der Edelstein in seiner Fassung. Nach dieser Vorstellung gründet der mystische Kern der Glaubenswahrheit letztlich in Gott, ist nicht durch unseren Verstand, sondern nur durch unseren Glauben erfaßbar. Das kognitive Umfeld ist unserer Vernunft als Aufgabe gegeben und hat eine Art Transferfunktion. Durch das tiefere Verständnis des kognitiven Umfeldes soll unser Verstand unser mißtrauisches Herz ermutigen, sich im Glauben (*credere => cor dare*) dem Mysterium Gottes vertrauensvoll zu öffnen. Daher ist das kognitive Umfeld wie ein apostolischer Forschungsauftrag an die theologischen und profanen Wissenschaften zu verstehen. Papst Johannes Paul II. prädetestiniert legitim in seiner Enzyklika „Fides et Ratio" die Forschung in der Theologie in diesem Sinn. Der mystische Kern der Wahrheit kann mit den Mitteln unseres Verstandes bestenfalls tangiert, jedenfalls nicht erfaßt und darf bei den Forschungsarbeiten durch die Theologen keineswegs verletzt werden. Aus diesen Überlegungen geht eindeutig hervor, daß der Versuch, Glauben durch Vernunft zu ersetzen, wissenschaftstheoretisch falsch und spirituell tödlich ist. Beide haben ihren unverzichtbaren und unersetzbaren Eigenwert und sind von Gott zur gegenseitigen Hilfe bestimmt. Aufgrund der Bedeutungshierarchie zwischen Wahrheit und Richtigkeit ist auch wissenschaftlich evident, daß der Glaube gegenüber der Vernunft ein *„primus inter pares"* ist und diese Rangordnung immer beachtet werden muß.

Eine aus dem Geist der genannten Enzyklika legitimierte und innovative Möglichkeit ist der Versuch, komplexe Denkmodelle der Theologie mit jenen der Realwissenschaften im Rahmen des kognitiven Umfeldes paarweise zu vergleichen, Korrelate zu bilden und Koinzidenzen abzuleiten. Dabei können die Naturwissenschaftler in einen vertieften Kooperationsprozeß mit den Theologen einbezogen werden. Ziel ist es, auf diese Weise die Aussagen der Theologie über das kognitive Umfeld von Glaubenswahrheiten auf mögliche Kompatibilitäten und Plausibilitäten mit jenen anderer Wissenschaften zu untersuchen und dadurch ihre Glaubwürdigkeit im Rahmen einer Neuevangelisation, zu der Papst Johannes Paul II explizit auch die Mithilfe der Laien aufruft, pastoral zu verbessern. Es geht nicht darum, den mystischen Kern von Glaubenswahrheiten zu beweisen oder zu widerlegen, dieser ist theologisch gesprochen sakrosankt, naturwissenschaftlich gesprochen axiomatisch. Die eingesetzte wissenschaftliche Methode könnte unter die Devise „naturwissenschaftliche Forschung aus dem Glauben" im Sinne Max Thürkauf's gestellt werden. Um Mißverständnissen vorzubeugen muß noch abschließend ergänzt werden, daß dabei den allgemeinen wissenschaftlichen Usancen folgend weder unwissenschaftliche noch ideologische Einschränkungen zugelassen werden, also der scholastische Grundsatz „sine ira et studio" befolgt und die erkenntnistheoretische Gültigkeitshierarchie von Wahrheit, Wirklichkeit und Richtigkeit eingehalten wird.

2.2. Die Modellbildung unter dem Aspekt der Analogie

Modelle sind vereinfachte abbildende Darstellungen von Gegenständen, Sachverhalten, allgemein von Wirklichkeiten und enthalten daher der Wirklichkeit gegenüber systematische und systemimmanente Abweichungen. Mit Hilfe eines Modells kann man aber im Rahmen der Modellgesetze eine Wirklichkeit simulieren, quantitativ beschreiben, analysieren und, sofern sie veränderbar ist, optimieren, also eine wesentliche Vertiefung des Verständnisses der Wirklichkeit erreichen. Ein Modell muß so aufgebaut sein, daß die wesentlichen Wichtigkeiten und Richtigkeiten wirklichkeitskonform abgebildet werden. Dazu gehört zumindest, daß Tendenzen und Trends bei der Abbildung phasentreu erhalten bleiben. Das Modell entspricht der Wirklichkeit innerhalb bestimmter Gültigkeitsbereiche. Diese müssen definiert und abgegrenzt werden. Gegebenenfalls müssen Teilmodelle gebildet werden. Soll ein Modell allgemein gelten, muß es auch für den singulären Fall gültig bleiben. Die Umkehrung dieses Schlusses ist nicht eindeutig und daher nicht allgemein zulässig, kann aber sehr informativ und dadurch erkenntnistheoretisch äußerst hilfreich sein.

Man könnte ein Modell als Realisierung einer systemimmanenten Schnittstelle zwischen den naturwissenschaftlichen und den philosophisch-theologischen Denkmodi interpretieren. Dabei hat das Modell die Funktion eines mentalen Interface, wie es in realer Form in der PC-Technologie gang und gäbe ist. Die Wissenschaften über Natur und Technik sind genötigt und gewohnt in Modellen und deren Gültigkeitsbereichen zu denken, weil die Wirklichkeiten, die sie analysieren müssen, zu kompliziert sind, um sie im Sinne philosophischer Ganzheit fehlerfrei beschreiben zu können. Diese notwendige Reduktion könnte dem Philosophen als grober Mangel erscheinen und aus Prinzip stören. Außerdem besteht der gravierende Unterschied zwischen philosophischen Denk- und naturwissenschaftlich-technischen Realkonstruktionen, daß Fehler des Konstrukteurs technischer Artefakte deren Benützer lebensgefährlich bedrohen können. Die Gesetze des Geistes sind königlich großzügig, die Naturgesetze technokratisch beinhart. Der Naturwissenschaftler muß sich oft notgedrungen auf Teilgebiete zurückziehen, sodaß der philosophischen Ganzheit das naturwissenschaftliche Spezialistentum scheinbar hemmend gegenübersteht. Darin könnte eine massive Verständnis- und Verständigungsschwierigkeit bezüglich der Erfordernisse und Gewohnheiten im Rahmen interdisziplinärer Kooperationen innerhalb des Wissenschaftstripels Theologie, Philosophie und Naturwissenschaft bestehen, die erst überwunden werden muß. Man sollte aber mutig und offen an diese Aufgabe herangehen und der Begriff der Analogie könnte dabei eine wichtige Rolle spielen, wie es auch Koncsik in seiner Arbeit „Geist und Gehirn" (Lit. S. 318) einfordert.

Zunächst ist zu klären, was unter Wirklichkeit im gegenständlichen Fall verstanden werden soll. Hier wird die Einschränkung vorgenommen, daß nur jene Wirklichkeiten zugelassen sind, von denen vermutet werden kann, daß sie auch wahr sind. Im theologischen Bereich handelt es sich dabei um komplizierte „komplexe Wirklichkeiten", bei denen es um die Kategorien Materie und Geist geht. Im realwissenschaftlichen Bereich sind komplexe Wirklichkeiten bekannt, bei denen es um die Kategorien real und imaginär geht. Es liegt der Gedanke nahe, im Sinne der eingangs erwähnten Analogie im Rahmen meta-unitärer Realitäten Denkmodelle aus Theologie und Realwissenschaft durch Vergleich paarweise zu kombinieren, die durch eine hohe strukturelle Affinität der Einzelmodelle gekennzeichnet sind und sich im optimalen Fall nur durch Austausch ihrer Zuordnungsbegriffe voneinander unterscheiden. Da es sich bei dem dargelegten methodischen Ansatz um etwas teilweise Neues handelt, muß in diesem Zusammenhang eine ergänzte und erweiterte Nomenklatur erstellt sowie Definitionen, Relationen und Zuordnungen begrifflich abgestimmt und adaptiert werden. Dies wurde bereits für die Begriffe Wahrheit, Wirklichkeit und Richtigkeit in gebotener Kürze vorgenommen und betrifft im folgenden vor allem die entitären Kategorien wie Materie, Geist, Leben, Seele und Person. Mit diesen existentiellen Kategorien setzen sich die Philosophen seit Thales von Milet und die Theologen seit den Kirchenvätern intensiv auseinander. Es macht daher weder Sinn noch besteht die Absicht, neben den gelehrten Denkgebäuden der Theologen und Philosophen ein neues naturwissenschaftliches zu errichten, wohl aber, aus dem Bestehenden zu schöpfen, abzustimmen, zu ergänzen, zu erweitern und zu innovieren. Die durch das Licht der selben Wahrheit theologisch und realwissenschaftlich gebildeten „Schattenwürfe aus der Meta-Unität" sollen auf diese Weise symbolisch beschrieben, analysiert und interpretiert werden.

2.3. Komplexe Wirklichkeiten

Es wird von dem philosophisch-theologischen Konsens ausgegangen, daß die Wahrheit an sich inkontingent ist, die Wirklichkeit aber kontingent sein kann. Gott kann nicht die Wahrheit, wohl aber im Sinne der Hierarchie der Wahrheiten die Wirklichkeit seiner Werke ändern. Wie schon angedeutet, gibt es innerhalb der Wirklichkeiten eine Hierarchie der Seins-Qualitäten, die der Wahrheit unterzuordnen sind. Dies gilt auch für die Naturgesetze, die in der Immanenz stringent und denen wir Menschen unterworfen sind, die aber Gott ändern kann. In dem uns bekannten und erfaßbaren Bereich der Phänomene gibt es Wirklichkeiten, die komplex sind, d. h., daß in diesem Fall die Immanenz nicht ausreicht, um alle unsere Erfahrungen zu erklären. Daher muß man durch eine Grenzüberschreitung (transcedere) die Transzendenz in die Betrachtungsweise einbeziehen.

Der Begriff „komplex" ist auch ein mathematischer Fachausdruck, der die Erweiterung des reellen Zahlenbereichs durch einen „imaginären" bezeichnet. Hier löst die Überschreitung (transcedere) der Grenze zum imaginären Zahlenbereich das Problem, aus einer negativen Zahl die Wurzel ziehen zu können. Der reelle und imaginäre Zahlenbereich bilden gemeinsam einen komplexen Zahlenbereich und darin können alle Ergebnisse jeder mathematischen Operation quantitativ dargestellt werden. Ohne den komplexen Zahlenbereich könnte man z. B. weder moderne Telekommunikationsnetze noch Internet oder Ähnliches entwickeln und aufbauen. Das läßt vermuten, daß die Wirklichkeit auch im naturwissenschaftlichen Sinn nicht reell sondern eigentlich komplex ist. Darauf weist auch Koncsik in seiner Arbeit

„Grundlagen eines Dialogs der Theologie mit den Naturwissenschaften" hin (Lit. S. 306). Das gilt aber in analoger Aszendenz auch für komplexe Funktionale, Ebenen, Körper und Hyperkörper bis zu mathematisch komplexen Hyperräumen. In diesem Sinn könnte man die Arbeitshypothese als wahr vermuten, daß die komplexen Wirklichkeiten in den Formal- und Naturwissenschaften im Sinne der analogen Einheit von Identität und Differenz (Koncsik, Geist und Gehirn, Lit. S. 328) einen Modus der Diffenz innerhalb einer *meta-unitären Hyperkomplexität* darstellen. Um diesen Ansatz weiter auszufalten, müssen im folgenden einige aszendente begriffliche und wortschöpferische Schritte getan werden.

In der Bibel (Gen 2,7) und in vielen lehramtlichen Äußerungen z.B. im Katechismus der katholischen Kirche (KKK 327) wird von zwei Schöpfungsordnungen gesprochen, von einer körperlichen (Welt) und einer geistigen (Engel), die sich in und zu der menschlichen Schöpfungsordnung verbinden, „die gewissermaßen zugleich aus Geist und Körper besteht" (DH 800). Diese beiden Ordnungen kann man auch in erster Näherung den Begriffen Materie und Geist oder allgemeiner und umfassender den philosophisch-theologischen Kategorien Immanenz und Transzendenz zuordnen. Die Materialisten machen daher den groben Fehler, wie Max Thürkauf streng vermerkt, daß sie zu spät mit dem Denken beginnen, nämlich nach der Materie und zu früh aufhören, nämlich vor dem Geist. Naturwissenschaftlich gesehen könnte man im Rahmen der obigen Arbeitshypothese diese beiden genannten Ordnungen zu einer komplexen Seinsordnung zusammenfassen und philosophisch-theologisch darin die genannte *meta-unitäre Hyperkomplexität* erkennen. Man könnte sie kurz und spezifisch als *komplexe Wirklichkeit* bezeichnen und ihre beiden Teile terminologisch mit den Arbeitstiteln „reell (R)" und „ideell-imaginär (I)" in Analogie zur mathematischen Bezeichnung formalsymbolisch belegen. Die Kompatibilität der Begriffe materiell, körperlich, reell und immanent ist sicher auch bloß mit einem guten Sachverständnis als plausibel zu rezipieren, muß aber noch in den philosophischen Bezug gesetzt werden. Bei der Zuordnung der Begriffe imaginär, ideell, geistig und transzendent ist, wie noch gezeigt werden wird, im Rahmen einer *Meta-Affinität* zu differenzieren und zu beachten, daß, weder imaginär noch geistig an sich eine transzendente Qualität darstellen, sondern nur der personale Geist selbst. Schon Ignatius von Loyola hat das Bild der Spur Gottes bezüglich des Menschen gebraucht. In diesem Sinne ist das Geistige vergleichsweise und bildlich gesprochen eine Art „Fußspur" oder Prägemal des transzendenten Geistes in der Immanenz und daher eine immanente Kategorie, sodaß eine empirische Konsistenz nur beim Geistigen aber nicht für den Geist experimentell verifizierbar ist. Da die Mathematik und die Philosophie etwas Geistiges sind (Thürkauf), drücken die Begriffe „imaginär"und „ideell" ihre Affinität zum Geistigen aus. Dazu gibt auch Siegmund (Naturordnung, siehe Lit.) einige deutende Hinweise. Daher werden im folgenden bei der alpha-nummerischen Symbolik zur Darstellung komplexer Wirklichkeiten die Buchstaben R für die materiellen sowie körperlich-immanenten Seinsweisen und I für die ideell-geistigen sowie personal-transzendenten Seinsweisen als repräsentative Symbole verwendet. Dabei wird ein immanentes I definiert, nämlich für das Ideell-Geistige, z. B. für Software, Information etc. und ein transzendentes I( ), nämlich für den Geist. Dieser Geist ist personal und moralisch orientiert (gut/böse) => I(+/-). Geist und Materie, I und R, können im Sinne einer Abel'schen Gruppe formal einen komplexen Verbund (&) bilden, wie z. B. beim Menschen Körper und Geist (R&I), oder miteinander interagieren (V), wie z.B. bei der Bildung von Gedanken (RVI) durch das Zusammenwirken (V) von Geist (I) und Gehirn (R). Die beiden Bool'schen Operatoren (&,V) sind in einem meta-reflexiven Sinn zu verstehen, sodaß die Elemente der Menge (R,I) im analogen Sinn sogar einen *meta-unitären komplexen Abel'schen Hyperring* bilden.

Alle weiteren Überlegungen und Konklusionen stützen sich auf *zwei Hypothesen*. Ersten wird aus logischen Gründen vermutet, daß Ergebnisse wahr sind, wenn sie durch richtige Verarbeitung von Wahrheiten zustande kommen. Diese Vermutung gründet auf den Ergebnissen der Signal- und Systemtheorie, wenn man diese analog auf das gegenständliche Problem überträgt. Zweitens wird in diesem Wahrheitsbezug auf der obigen gedanklichen Basis die bereits oben erwähnte Arbeitshypothese aufgebaut, daß die mathematisch komplexen Hyperräume singuläre Fälle eines minimalkonfigurierten Seinsverweises auf eine *meta-affine Existenz philosophisch-theologischer Meta-Komplexitäten* sind. Im Sinne dieser Meta-Affinität bezüglich der genannten mathematisch komplexen Hyperräume soll deren Realteil (R) in eine aszendierende meta-unitäre Analogie zur immanenten Wirklichkeit und deren Imaginärteil (I) in eine äquimentale Analogie zu einem Transzendenzverweis gesetzt werden. Die hier genannten Analogien wären als *meta-unitäre Hyperanalogien* zu verstehen. Nach dieser Vorstellung bilden Immanenz und Transzendenz zusammen eine *komplexe Gesamtwirklichkeit*, die einen existentiellen Seinsbezug zu Gott hat, der Himmel und Erde, alle sichtbaren und unsichtbaren Dinge erschaffen hat (Gen

1,1; Ps 8,2; die Glaubensbekenntnisse usw.). Man könnte diese komplexe Gesamtwirklichkeit als Modus der Identität der bereits benannten meta-unitären Hyperkomplexität bestimmen, in der die Immanenz durch den Modus der Differenz gekennzeichnet ist. So wie das Geistige nicht Geist ist, sondern dessen wesensgemäßer reflexiver Existenzbezug, ist in diesem Modell das Imaginäre nicht transzendent, sondern ein grenzüberschreitender (transcedere) kategorialer Seinsverweis auf die Transzendenz. Die Gültigkeit dieses transimmanenten Seinsverweises ist auch durch den *Gödel'schen Satz* gedeckt. Aufgrund dieser korrelierenden, existentiellen Seinsverweise erscheint es sinnvoll, wie oben dargelegt, die Kategorien Materie und Geist allgemein mit den Buchstaben R und I alpha-nummerisch zu kennzeichnen. Im Sinne der beiden genannten Arbeitshypothesen werden weiters die mathematischen Regeln der komplexen Kalküle nicht nur als richtig erkannt, sondern auch als wahr vermutet und in diesem Sinne verwendet. Der Richtigkeitserweis folgt aus der wissenschaftlichen Praxis, die Wahrheitsvermutung aus dem Umstand, daß alle nach dieser Analogie im Rahmen der meta-unitären Hyperkomplexität abgeleiteten Ergebnisse weder das depositum fidei verletzen sondern bestätigen, noch dem Stand der Wissenschaften widersprechen.

In der propädeutischen, schrittweisen Aszendenz der mentalen Entfaltungsphasen entspricht es dem Duktus der gegenständlichen Präsentation, die erwähnten begrifflichen Anpassungen nur im unbedingt notwendigen Ausmaß vorzunehmen. Dabei ist der erste Schritt, den Begriff Materie an die meta-unitären Realitätserfordernisse ergänzend heranzuführen.

2.4. Die Materie

Innerhalb der Kategorie Materie gibt es verschiedene Stufungen, die sich gedanklich und nomenklatorisch einerseits historisch entwickelt haben, andererseits im vorliegenden Fall neu eingeführt werden müssen. Schon Thomas von Aquin spricht von der materia prima, als Urstoff und materia secunda als geformte Materie. Nach Thomas schuf Gott aber zuerst das „Seinsprinzip" für die Materie und dann durch einen gesonderten Akt deren Sein. Diese thomasische Vorstellung paßt sehr gut in das moderne naturwissenschaftliche Denken, denn nach den mathematischen Gesetzen komplexer Kalkulation gibt es zwei Ontogenesen des R, die durch Verknüpfungen (V) innerhalb der beiden mathematischen Zahlenordnungen R und I konkret zustandekommen können:

1. $R \vee R = R$ (reell) $=$ Form-1 für R $\Rightarrow$ materielles R

2. $I \vee I = R$ (real) $=$ Form-2 für R $\Rightarrow$ virtuelles R

Im Sinne des oben skizzierten Modells bedeutet die erste Form in der Symbolsprache, daß Materie (R) durch physikalisch-chemische Reaktionen (V) nur umgewandelt wird und nichts prinzipiell Neues entsteht, da die V-Operation nicht aus dem R-Bereich hinausführt (Gruppeneigenschaft). Die zweite Form der Materie (R) umfaßt die erste und ist daher eine materia principalis aus der die erste Form hervorgeht. Übersetzt in eine begriffliche Affinität bedeutet das, daß durch Interaktion (V) zweier geistiger Wirklichkeiten (I) Materie (R) entstehen kann, also durch Schöpfung Gottes „ex nihilo" nur kraft seines allmächtigen Geistes. Der dazu erforderliche Eigenschaftenkomplex der Verknüpfungsvorschrift könte als das von Gott geschaffene Seinsprinzip (Potenz) im Sinne der thomasischen Vorstellung gedeutet werden, das dem Schöpfungsakt vorausgeht. Diese Erkenntnisse lösen einige Aporien und bestätigen den „Primat des Geistes" im Gegensatz zur materialistischen Auffassung, bei der „das nicht sein kann, was nicht sein darf", da es den Geist nicht geben darf. An diesem Punkt wird auch klar, daß die materialistische Philosophie zu spät mit dem Denken anfängt, denn sie beginnt mit der Form-1 und übergeht die Form-2 als deren Vorform. Ihr Denken ist damit zwar richtig aber nicht wahr. Dadurch muß der Materialismus den Geist in all seinen weiteren Folgerungen konsequenterweise leugnen. Da dieser Umstand zu vielen Aporien führt, ist das ein wissenschaftlich kompatibler Hinweis, daß der materialistische Ansatz zumindest unvollständig wenn nicht sogar falsch ist.

Unter dem Begriff Materie wird im gegenständlichen Fall eine gegenüber dem Herkömmlichen erweiterte Bestimmung subsummiert. Es gehören sowohl die altbekannten Formen „prima" als auch „secunda" in ihrer materiellen Seinsweise als Stoff oder Masse dazu, als auch die materia principalis, die als virtuelle Realität bezeichnet werden soll, und weiters immaterielle Formen wie Zustände des Raumes im Sinne John Locke, insbesondere Zustände des Vakuums, Felder, Energie, Äquivalenzen von Materie und Energie, etc., im quantenmechanischen Sinn oder Elemente des Quark-Modells. Das Gesagte gelte nur beispielsweise, weil die moderne Quantenphysik die Gültigkeit des philosophischen Konsensstandes auf diesem Gebiet stark relativiert hat. Gewisse immaterielle Formen der Materie konnte Thomas von Aquin aufgrund der fehlenden physikalischen Kenntnisse gar nicht, andere nur sehr unvollständig, kennen. In Übereinstimmung mit diesen Überlegungen und der aristotelisch-thomasischen Verhältnisbestimmung von Materie und Form bzw. Potenz und Akt (Koncsik) kann man aber alte und neue Formen der Materie kompatibel definieren.

2.5. Die R-Welt

Mit der Definition verschiedener materieller Formen gemäß Abschnitt 2.4. tritt man in eine eigene Welt, die *R-Welt* ein, um unter einem experimentellen Aspekt alt und neu zusammenzuführen. Diese R-Welt deckt sich einigermaßen mit der Welt-1 von Popper, in der sich im Sinne des Analogie-Prinzips von Koncsik innerhalb der Meta-Unität einige stringente Zusammenhänge logisch ergeben. Ausgehend von den vier alpha-nummerischen Grundsymbolen (R,I,&,V) lassen sich vier Stufen materieller Erscheinungsformen entwickeln

R	materia prima (Urmaterie, Urstoff)	>	Das nach der Möglichkeit	> **W**
R = R & R	materia composita (zusammengesetzte M.) >		Seiende tritt	> **E**
R = R V R	materia secunda (gestaltete Materie)	>	durch die Gestalt in die	> **L**
R = I V I	materia principalis (virtuelle Materie)	>	Wirklichkeit	> **T**

Zusammen mit dem thomistischen Gedanken der primären Schaffung eines Seinprinzips (Potenz) durch Gott könnte man in (I V I) = R und (I V I V I) = I dieses meta-unitäre Seinsprinzip erkennen. Das erinnert auch stark an die augustinischen Potenzen. Nach der Schaffung des Seinsprinzips, V = Potenz (prinzipiell gültig), setzte Gott den Schöpfungsakt, V = Aktion (aktuell gültig). Das zeigt auch, daß die Operatoren & und V einen erweiterten Bedeutungsraum, einen *meta-unitären Hyperoperatorenraum*, auf- und ausspannen.

Das R als allgemeine symbolische Bezeichnung der Materie ist als materia prima als Urstoff oder als Urmaterie zu deuten und deckt sich somit als altbekannter Begriff mit dem philosophisch Herkömmlichen. Im modernen biologisch-kybernetischen Sinn müßte man diese Form der Materie, urtümlich (prima) oder gestaltet (secunda) genannt, durch eine stationäre Koordinationsstruktur kennzeichnen, die nicht evolutionsfähig ist. Die Seinsweisen (R & R) und (R V R) der Materie sind nur durch Physik und Chemie bestimmt.

Ganz anders verhält es sich mit der virtuellen Materie (R=I V I), die als materia principalis bezeichnet wurde und eine neue Variante des Materiebegriffes darstellt. Diese Materie ist phylogenetisch, wie oben dargestellt, nicht aus Stoff sondern aus und durch Geist entstanden und daher evolutionsfähig, denn schon in der Bibel wird vom Geist, der lebendig macht, gesprochen: (Joh 6,63 etc.). Die virtuelle Materie ist zwar ein neuer Begriff im Sinne der Form-2 der Materie, aber nur für die Materialisten ewas Neues und nimmt daher eine Sonderstellung ein. Neben der anorganischen (unbelebt, leblos) gibt es die organisch-tote und die belebte Materie. Materie und Leben hängen zwar eng miteinander zusammen, sind aber, wie später noch gezeigt wird, nicht identisch. Die belebte Materie wird mit dem Symbol R() bezeichnet. Durch die Klammer wird einerseits der Bezug zum Leben gekennzeichnet und andererseits im weiteren Darstellungsverlauf die ursprünglich *geschaffene* von der später *gefallenen* Natur durch eine Orientierung in der Klammer unterschieden. Nach dem bisher Gesagten kann man mit den Symbolen R und &( ), mit &( ) als Zeichen für ein allgemeines Seinsprinzip belebter und unbelebter Materie, das immanente Sein der R-Welt als komplexe Wirklichkeit in einer ersten Stufe alpha-nummerisch darstellen

$$KWK(\text{immanentes Sein der R-Welt}) = KWK(R) = R\&(\ ) = R(\ )$$

$$R(\ ) = R\ \&(\ ) = \text{materia animalis} = \text{beseelte Materie}$$

das R( ) entspricht in etwa den Welten 1+2 nach Karl Popper

Damit läßt sich die unbelebte Materie (R&) als singulärer Fall der KWK(R) interpretieren, der dadurch entsteht, daß das allgemeine Lebensprinzip &( ) auf ein unbelebtes Seinsprinzip, in Form eines puren &, und damit auf bloße Physik und Chemie, reduziert wird.

2.6. Der Geist

In Abschnitt 2.2 wurde zwischen Geist und dem Geistigen streng unterschieden. Man könnte den Geist der Identität und das Geistige der Differenz der meta-unitären Hyperkomplexität zuordnen, die Gott kraft seines autonomen und unendlichen Geistes geschaffen hat. Damit sind Geist und Gnade unverdient geschenkte Anteilnahme an der Seinsweise Gottes im Rahmen der Erschaffung des Menschen durch Gott nach seinem Ebenbild und Gleichnis. Geist und Gnade sind etwas Transzendentes, sind seit der Vertreibung des Menschen aus dem Paradies wie ein Implantat Gottes in der

Immanenz, also *in* dieser Welt aber nicht *von* dieser Welt (Joh 18,36). Das Geistige sind an die Materie gebundene Wirkungen des Geistes in der Immanenz, daher etwas Immanentes, also von dieser Welt (vgl. Welt 3 nach K. Popper). Geist und Geistiges verhalten sich, wie bereits erwähnt, im analogen Sinn wie Fuß und Fußspur zueinander. Dem Geistigen geht die Aktivität des Geistes voraus. Der transzendente Geist induziert das Geistige in der Immanenz. Der bekannte Gehirnforscher und Nobelpreisträger John Eccles wies mit seinen Forschungsarbeiten nach, daß beim Menschen vor dem Entstehen der Gehirnströme, die den Denkprozeß begleiten, ein immaterielles Apriori (Eccles) den Initialisierungsimpuls setzt (Lit. K. Popper, J. Eccles s. o.). Sir Eccles nennt dieses immaterielle Apriori den Geist des Menschen. Der Geist löst die Gehirnströme aus und initiiert die Gedanken mit Hilfe des Gehirns als sein Werkzeug. Die Gedanken sind nicht ein Produkt des Gehirns (Ausscheidungen des Gehirns nach Büchner) sondern ein Produkt des selbstbewußten Geistes. Selbst bei dem hinkenden bildlichen Vergleich von Fuß und Fußspur tritt schon dieser kategoriale Unterschied zu Tage, denn der Fuß ist belebte Materie, die Fußspur leblose, nicht lebensfähige Materie. Der Fuß ist vor der Fußspur vorhanden, er induziert (initialisiert) die Fußspur und zwischen diesen beiden Kategorien liegt mehr als nur Physik und Chemie (Thürkauf). Da durch den ausgewiesenen Zusammenhang eine hohe Affinität zwischen Geist und Geistigem besteht, wurde im *genus proximum* das gleiche alpha-nummerische Symbol I für beide Begriffe gewählt. und damit eine eigene *I-Welt* gebildet. In diese I-Welt wird nach den bisherigen Ausführungen der Geist und das Geistige als seine Wirkungen / Werke eingeordnet. Der Geist ist wie die Gnade etwas Transzendentes, Anteil am Geiste und dem Leben Gottes, daher personal und nicht abstrakt. Der Geist ist nicht an die Materie (R) gebunden, kann aber Beziehungen zu ihr herstellen und Wirkungen auf sie ausüben. Es entsteht dadurch das Geistige. Damit ist das Geistige eine Art „Spur des Geistes" in der Immanenz" und daher auch immanent. Nach Popper ist dadurch für den Geist das Kriterium der Wirklichkeit erfüllt. Der Geist aber ist etwas Transzendentes und nicht nur Epiphänomen der Materie, wie die evolutionierten Materialisten meinen. Der Geist gehört als Meta-Wirklichkeit zur Wahrheit.

2.7. Die I-Welt

In der I-Differenzierung sind drei immaterielle Grundformen zu unterscheiden: das Geistige, der Geist und die Person. In der Einführung des Kapitels

2.6. „Der Geist" wurde schon das Geistige als Wirkung, immaterielles Werk, des Geistes definiert, das mit der Materie (R) verbunden ist und daher eine immanente Kategorie darstellt. In Abgrenzung dazu sind Geist und Person transzendente Kategorien und nicht von dieser Welt (Joh 18,36). Seit der Vertreibung aus dem Paradies ist der Mensch ein immanentes Wesen, also in dieser Welt, mit einem transzendenten Bezug durch seinen Geist, der nicht von dieser Welt ist. Das einzige Recht des Menschen gegenüber Gott ist, das Recht Gott anbeten zu dürfen und dazu ist ihm trotz Trennung von Gott durch den Sündenfall die Möglichkeit durch seinen personalen Geist geblieben. Alle puren I-Größen sind immaterielle, immanente, retrospektiv-orientierte Formen einer adaptiv-organisierten Koordinationsstruktur, wie sie z.B. als Information bzw. Software in der Technik oder als Instinkt in der Biologie auftreten. Beide Formen retrospektiver Koordination werden leicht (dürfen aber nicht) mit Geist verwechselt (werden), nur weil sie mit Geist zu tun haben. Wie im folgenden gezeigt wird, kann man formal drei pure I-Ausprägungen unterscheiden, wobei (R V I) und (I V R) im Sinne der Eigenschaften Abel'scher Gruppen formal äquivalent sind, aber unterschiedlich evaluiert werden müssen.

I $\Rightarrow$ immateriell allgem. $\Rightarrow$ retrospektiv-empirisch-adaptiv orientierte Koordination

I = I & I $\Rightarrow$ quantitative Mehrung > empirisches Lernen, führt aus der I-Qualität nicht hinaus

I = R V I $\Rightarrow$ Geistiges (Wirkung) $\Rightarrow$ retrospektiv-mental-adaptiv orientierte Koordination

I = I V R $\Rightarrow$ „Spur des Geistes in der Immanenz", nicht transzendent sondern von dieser Welt; sowohl das abstrakte I als auch das konkrete R V I gehören zur Welt-3 (Popper).

Obwohl die Ausdrücke (RVI) und (IVR) formal-mathematisch gleich (kommutativ) sind, führt die genauere Interpretation ihrer Ontogenese zu verschiedenen Evaluationen. Die Form (RVI) bedeutet im Duktus der gegenständlichen Nomenklatur und ihrer Analogien, daß das I-Element über den V-Operator auf das R-Element einwirkt, es gestaltet und diese Operation als Ergebnis ein neues I-Element erzeugt. Im Sinne der Analogie als meta-unitäre Relation entspricht in diesem Zusammenhang der R-Bereich mathematisch einem Originalbereich, der I-Bereich einem Bildbereich und die

V-Operation einer Transformation. Im gegenständlichen Fall führt die V-Operation aus dem R-Bereich, also aus dem Originalbereich, heraus und beschreibt damit eine echte Transformation, die in der Informationstheorie in analoger Weise als Codierung einer Nachricht auftritt. Eine Codierung ist eine „Verschlüsselung". Dabei erfolgt eine Umwandlung des geistigen Inhalts der Information in eine materielle Erscheinungsform durch Übereinkunft und Festlegung der Bedeutung von Code-Zeichen. Es wird eine gezielte Verbindung (V) des Inhalts (I) mit einer Form (R) hergestellt, also eine „Einformung" vorgenommen, ein Vorgang, dessen Ergebnis man im wahren Sinn des Wortes als „Information" bezeichnen kann. Alle I-Seinsformen haben eine transformatorische Potenz. Im Rahmen der schon genannten meta-unitären Relationen fällt in diesem Zusammenhang die analoge Einheit mit der verwandelnden Kraft der Liebe auf, im Sinne der Modi Identität und Differenz. Die V-Operation ist in Verbindung mit einem I-Element aktiv orientiert und hat generativen Charakter. Auch in der Signaltechnik ist die materielle Erscheinungsform der Code-Zeichen für sich allein in ihrer Beliebigkeit bedeutungslos. Nur im Zusammenwirken mit dem Geist, der den „Code" kennt, können die Zeichenfolgen wieder sinnvoll entschlüsselt und damit der Inhalt aus der Form zurückgewonnen werden. Das gilt auch für allfällige Zwischencodierungen.

Ganz anders kann man die äquivalente Kommutativform (IVR) interpretieren und evaluieren. Aus der Struktur der Entstehung dieser Form folgt nach den gleichen Überlegungen wie vorhin, daß das formale R-Element über einen V-Operator auf das inhaltliche I-Element einwirkt und mit ihm in Beziehung tritt. In diesem Fall ist der I-Bereich der Originalbereich und das Ergebnis genauso ein I-Element wie vorhin, also führt dabei die V-Operation nicht aus dem Originalbereich heraus, sodaß die V-Operation nur eine Formation und keine Transformation bewirkt. Dieser Vorgang ist in der Informatik als Datenverarbeitung bekannt und ist im einfachsten Fall ein typischer Speichervorgang. Dabei spielt das sogenannte „Formatieren der Daten" eine entscheidende Rolle. Der geistige Inhalt (I) und die materielle Form (R) liegen bereits vor und werden nur in die vorgegebene, strukturelle Koinzidenz gebracht, die man in diesem Zusammenhang bezeichnenderweise „Architektur" nennt. Da das R auf das I als Original durch bloßes Speichern oder Reduzieren der Information einwirkt, bleibt, wie schon erwähnt, im Ergebnis der I-Charakter erhalten, führt also nicht wie im vorherigen Fall aus dem Originalbereich heraus. Das R hat keine transformatorische sondern nur eine formatorische Potenz nach dem altbekannten Satz: *„nemo dat, quod non habet"*. Man vergleiche dazu den treffenden Fachausdruck „Formatieren". Die V-Operation ist in Verbindung mit einem R-Element nur passiv orientiert und hat applikativen und nicht generativen Charakter. Zu dieser Form gehört z. B. der Instinkt bei Mensch und Tier. Diese retrospektive Erbkoordination ist bereits in der materiellen Form der DNS inhaltlich vollständig vorgegeben und entfaltet sich während der Ontogenese nur mehr formativ.

Das Geistige ist ohne Geist denkunmöglich. Die Selbstmitteilung Gottes lehrt, daß Geist nur in Verbindung mit einer Person faktisch existent ist. Die Kategorie Geist an sich hat rein formalen, strukturellen Charakter mit einer freien moralischen und damit personalen Valenz. Der bereits zitierte Karl Popper bezeichnet die Person als „moralisches Ich". Das Personale ist durch seine moralische Relevanz und sein Selbstbewußtsein ausgezeichnet, d.h. in der Person ist die freie moralische Valenz (+ / -) des Geistes konkret im Guten oder Bösen moralisch relevant und eigenverantwortlich gebunden. Im Sinne der Kenntnis dieser Bindung zwischen Glaube und Vernunft lassen sich aus der Verbindung mit den Kenntnissen über komplexe Kalkulationsregeln einige überraschende Ergebnisse ableiten, die im folgenden kurz zusammengefaßt sind.

I( ) >> Geist allgemein   => prospektiv-spirituell-adaptiv orientiertes Koordinationsprinzip

I( ) V I( ) V I( ) = I( )   => trinitarisches Wirkungsprinzip des Geistes (Trinität)

I( ) & I( ) & I( ) = I( )   => Geist kann nur aus Geist hervorgehen (Hauchung, Zeugung)

Es läßt sich durch einen Vergleich der beiden Seinsprinzipien (IVI)=R und (RVI)=I leicht erkennen, daß der Geist im Gegensatz zum Geistigen prospektiv orientiert ist, Neues schafft, daher kreativ ist und Einsicht in die Kausalzusammenhänge hat, also denken kann. Der Geist hat verwandelnde (transformatorische) Kraft (I in R, R in I), ist also der, der lebendig macht, wie die Bibel es ausdrückt (Joh 6,24).

3. Der Mensch als komplexe Wirklichkeit

Aus der christlichen Anthropologie wissen wir über den Menschen, daß er als Ebenbild Gottes geschaffen wurde, aus der Erde des Ackerbodens geformt ist und Gott ihm „Lebensatem" eingeblasen hat. In der Sprache des modernen wissenschaftlichen Weltbildes ist der Mensch ein geistbegabtes, immanentes Lebewesen, in dem Materie, Seele und Geist in einer uns nur partiell begreiflichen Weise nach Gottes Plan und Ziel lebendig zusammenwirken und eine komplexe Wirklichkeit bilden. In dieser komplexen Wirklichkeit spielen die Kategorien Materie, Körper, Leben, Seele, Geist und Person eine existentielle Rolle. Zur Behandlung dieser Themen hat die Philosophie und Theologie ein umfangreiches Instrumentarium geschaffen und in ihren Lehrgebäuden deponiert. Für neue Aspekte in der Frage „was ist Geist" wurde, bildlich gesprochen, im vorliegenden Kontext ein „Anbau eines naturwissenschaftlichen Nebenraumes an das bereits bestehende philosophische Lehrgebäude" vorgenommen, der einige zusätzliche Hilfseinrichtungen enthält, die den gegenständlichen arbeitshypothetischen Anforderungen entsprechen. Diese methodischen Hilfsmittel müssen im Sinne der Fragestellungen im Zusammenhang mit den Kategorien Leben, Seele und Person weiter ergänzt werden.

3.1. Das Lebendige

Aus der modernen Genforschung weiß man heute, daß natürliches Leben mehr als Physik und Chemie ist (Kuhn, Thürkauf) und ohne genetische Information nicht möglich ist. Leben ist unter anderem dadurch gekennzeichnet, daß es an Makromoleküle gebunden ist, die durch DNS (Desoxyribonucleinsäure) gebildet werden, in der die gesamte genetische Information inklusive der ontogenetischen (prozessualen) Anleitungen gespeichert ist (B. Vollmert: „Entstehung des Lebens" und „Die Entstehung der Lebewesen in naturwissenschaftlicher Sicht", Lit.). Leben kann sich daher eigendynamisch und selbstständig adaptieren, reproduzieren und evolutionieren. Dabei bilden Physik, Chemie und Information nur das existentielle Randbedingungssystem für das Leben und repräsentieren nicht das Leben selbst. Information ist nichts Materielles sondern etwas Geistiges. Information ist an die Materie gebunden, da sie, wie der Name schon sagt, mit Form also Gestalt zu tun hat und die Materie die Trägerin jeder Gestalt (forma) ist. Das Geistige als Wirkung des Geistes (Welt-3 nach K. Popper) ist ohne Geist denkunmöglich. Daher ist Leben ohne Geist nicht möglich. Aber nicht nur die Zellen des Lebewesens enthalten unvorstellbare Informationsmengen sondern auch das fertig entwickelte Lebewesen selbst verfügt über mächtige, ererbte Software-Programme wie z.B. über sein Instinktsystem als retrospektive Erbkoordination (Kuhn: „Stolpersteine des Darwinismus", Lit.). Aus den bisherigen Explikationen kann im folgenden einiges konkludent abgeleitet werden. Leben ist mehr als nur (R = R V R), muß daher mit der I-Welt zu tun haben, ist aber nicht mit Geist zu identifizieren. Natürliches, vegetatives und animalisches Leben ist ohne Information undenkbar und ist demnach eine immanent-komplexe Wirklichkeit, die als I-Anteil etwas Geistiges (I = R V I) enthält. Erst das menschliche Leben ist nichts rein Immanentes mehr, da der Mensch eine unsterbliche Seele besitzt. Das Leben des Menschen muß daher Geist und damit einen transzendenten I-Anteil, also I( ), enthalten. Man muß demnach zwischen natürlichem und geistigem Leben prinzipiell sowie zwischen pflanzlichem und animalischem Leben innerhalb des natürlichen Lebens graduell unterscheiden.

vegetatives Leben	=> Pflanze	alles Leben hat eine adaptive Koordinationsstruktur und ist daher evolutionsfähig
animalisches Leben	=> Tier, Mensch	
geistiges Leben	=> Mensch	

Das vegetative und animalische Leben, das man als natürliches Leben bezeichnen kann, gehört nach der obigen Darlegung zur Immanenz und wird durch ein R&(I) symbolisch beschrieben. Die graduelle Unterscheidung erfolgt durch die alpha-nummerische Bestückung der Klammer. Prinzipiell gilt für beide Lebensqualitäten, daß ihr Lebensprinzip, durch &(I) charkterisiert wird, das etwas an die Materie gebundenes Geistiges ist, die Lebenskraft repräsentiert und den Ausdruck (R V I) enthält. Max Thürkauf spricht von der Lebenskraft als „lebensspendende Gestaltungskraft", man könnte an die alte Frage einer „vis vitalis" erinnert werden und in dem Ausdruck &(I) eine mögliche späte Antwort vermuten. Die verbale Sequenz „lebensspendende Gestaltungskraft" wird durch den alpha-nummerischen Ausdruck (R V I) sehr genau abgebildet. Das R begründet die Gestalt, das I ermöglicht das Leben und das V repräsentiert die bindende sowie spendende Kraft. So kommt man damit zu einer resultierenden, näheren Bestimmung des natürlichen Lebens als komplexe Wirklichkeit

$$KWK(\text{natürliches Leben}) = R \ \&(R \ V \ I) = R\&(I) = R(\ )$$

Diese Form gilt auch prinzipiell für den lebenden Körper des Menschen und hat immanenten aber keinen rein materiellen Charakter. Insofern gibt es eine Gemeinsamkeit im natürlichen Leben von Pflanze, Tier und Mensch, allerdings graduell sehr unterschiedlich ausgeprägt. Wenn man über das Gesagte nicht hinausdenkt, kann man sehr leicht zu der materialistischen

Auffassung der Evolutionisten kommen, daß der Mensch nur ein höherentwickeltes Tier ist.

3.2. Der Mensch als Geschöpf Gottes

Manches von dem unter Abschnitt 3.1 Gesagten mußte wegen noch fehlen-
der Beweismittel etwas apodiktisch vorgelegt werden. Der vernünftige
Grundsatz, daß man den Wissensbasen der beiden Erkenntnismittel Glaube
und Vernunft, dem *depositum fidei* und dem *depositum scientiae*, fairerwei-
se äquivalente Grade der Wahrheitsvermutung zubilligen muß, legitimiert
eine neue Art der „Forschung aus dem Glauben" im Sinne von Graf, Koncsik, Kuhn, Siegmund, Thürkauf, Vollmert (zit.Lit.), die im folgenden rudi-
mentär angesprochen und innovativ eingesetzt werden soll. Damit sollen
einige bereits genannte komplexe Wirklichkeiten der christlichen Anthropologie plausibilisiert zumindest aber begründet werden.

Die christliche Anthropologie geht davon aus, daß der Mensch mehr als ein
höherentwickeltes Tier ist, nämlich ein Ebenbild Gottes. In der Genesis
(Gen 1,26) steht: „Dann sagte Gott: „Lasset uns Menschen machen als unser Abbild, uns ähnlich". In den folgenden Bibelversen wird das Abbild
noch betont. Da Gott reiner Geist ist, muß der Mensch als sein Abbild im
Symbolismus seiner komplexen Wirklichkeit (KWK) grundsätzlich einen
I()-Anteil besitzen. Gott sah, daß es (sehr) gut war (Gen 1,21-31). Es ist daher schlüssig, daß im paradiesischen Urstand der Geist des Menschen positiv orientiert war. Somit ist der Ansatz legitim, daß die KWK(Mensch von
Gott geschaffen) ursprünglich einen I(+)-Anteil enthielt. Im zweiten Kapitel
der Genesis (Gen 2,7) beschreibt Moses: „Da formte Gott, der Herr, den
Menschen aus Erde vom Ackerboden und blies in seine Nase den Lebensatem. So wurde der Mensch zu einem lebendigen Wesen". Der erste Versteil induziert die Interpretation, daß die komplexe Wirklichkeit des Menschen auch einen materiellen Anteil, also einen R-Anteil, hat, der in (Gen
1,26) noch nicht geoffenbart war. Der zweite Versteil weist den Menschen
als lebendiges Wesen aus, d.h. der R-Anteil in der KWK (Mensch von Gott
geschaffen) hat einen Bezug zum Leben und müßte mit R( ) dargestellt
werden. Da Gott sah, daß alles sehr gut war, kann dieser R-Anteil im Paradies nur ein R(+)-Anteil gewesen sein. Die Bibel (Gen 2,7; Mt 26,41; Lk
3,6; 24,39; Joh 1,14; etc.) und die Lehre der Kirche (KKK 327) sprehen
von zwei Schöpfungsordnungen, einer körperlichen und einer geistigen,
und von einer „menschlichen, die gewissermaßen zugleich aus Geist und

Körper besteht" (DH 800). Geist und Körper sind im Menschen mystisch verbunden. In die alpha-nummerische Symbolsprache für meta-unitäre Hyperkomplexitäten übersetzt, führen diese theologischen Aussagen zu dem Resultat:

$$KWK(\text{Mensch von Gott geschaffen}) = R(+) \,\&\, I(+)$$

Durch den Sündenfall hat sich der Mensch durch seinen Ungehorsam (Gen 3,3.6.11.17) von Gott gesondert und die außernatürlichen Urstandsgaben (Gen 3,16ff) für die Natur (Röm 8,22) und für sich auch die Unsterblichkeit (Gen 3,22ff) sowie die übernatürlichen Urstandsgnaden der Gerechtigkeit und Heiligkeit verloren. Der Verlust der außernatürlichen Urstandsgaben wirkt sich sinngemäß auf $R(\ )$ aus und der Verlust der übernatürlichen Urstandsgnaden beeinflußt $I(\ )$. Übersetzt man diese Aussagen in die Symbolsprache komplexer Wirklichkeiten, so hat sich durch den Sündenfall der Stammeltern die KWK(Mensch von Gott geschaffen) in die ab nun geltende (KKK403) KWK(Mensch in der Erbsünde geboren) konjugiert pervertiert

$$KWK(\text{Mensch in der Erbsünde geboren}) = R(-) \,\&\, I(-)$$

Im meta-analogen, formal-mathematischen Sinn kann man die beiden KWK-Darstellungen zueinander doppelt konjugiert komplex bezeichnen, da sowohl Real- als auch Imaginärteil der KWK polaritätsmäßig invertiert wurden. In beiden Formen ist das bereits bekannte Symbol „&" ein Operator, der einen Verbund zwischen Körper und Geist herstellt, dessen Interpretation weitreichend ist. Der Begriff „Bund" ist biblisch und bezeichnet im Gegensatz zu einem Vertrag eine unauflösliche Verbindung. Die Kirche betet bei der Eucharistie in diesem unauflöslichen Sinn: „das ist der Kelch des neuen und ewigen Bundes". Der Geist des Menschen hat eine materielle Valenz, die auf Erden an den Leib gebunden ist, im Tode frei wird, aber in der Ewigkeit mit einem verklärten Leib wieder besetzt wird (1 Kor 15,44.53) und daher unauflöslich bleibt. Neben dieser Eigenschaft der Unauflöslichkeit wird der &-Operator in erster Näherung im wissenschaftstheoretischen Duktus auch als linearer Operator verstanden, das bedeutet allgemein, aber konkret formuliert $\&(A\&B) = \&(A)\&(B)$. Dieser vereinfachte Ansatz nach dem Linearitätsprinzips ist wissenschaftlich gesehen als erste Näherung durchaus üblich, häufig anzutreffen und mathematisch durch eine sogenannte Potenzreihenentwicklung in jedem Fall begründbar. Auf die weitreichenden Folgerungen, die sich aus den beiden KWK-Darstellungen im Zusammenhang mit der Heilsstrategie Gottes, der Sakramententheologie der Kirche und der Eschatologie ergeben, kann aus Rück-

sicht auf die Kernthematik und den erforderlichen Umfang des Erklärungs-
bedarfs an dieser Stelle nicht eingegangen werden. Dies sei weiteren Veröffentlichungen vorbehalten.

3.3. Der Mensch als Person

Weil der Mensch nach dem Ebenbilde Gottes geschaffen ist, hat er die
Würde, Person zu sein; er ist nicht nur etwas sondern jemand (KKK 357)
mit einer unsterblichen Seele.

3.3.1 Die Seelenwelt

Das Seinsprinzip des Lebendigen nennt man Seele und es hat nach Kapitel
3.1 mit Geist zu tun. Die Seele ist daher tatsächlich im scholastischen Sinn
ein Lebensprinzip. Der Naturwissenschaftler und Philosoph Max Thürkauf
nennt die Lebenskraft „lebensspendende Gestaltungskraft" und der Evangelist Johannes zitiert Jesus: „Der Geist ist es, der lebendig macht... Die Worte, die ich zu euch gesprochen habe, sind Geist und Leben." (Joh 6,63).
Paulus begründet diesen Zusammenhang im ganzen ersten Teil (Vers 1-17)
des achten Kapitels seines Römerbriefes und ergänzt im zweiten Korintherbrief: „Denn der Buchstabe tötet, der Geist aber macht lebendig" (2 Kor
3,6). Das Leben ist daher ohne Geist nicht existenzfähig. Insofern hat der
leblose Stein zwar ein Seinsprinzip, aber nur Pflanze / Tier / Mensch ein
Lebensprinzip, eine Seele. Nur der Mensch als Person hat eine unsterbliche
Seele. Die Unterscheidung zwischen Leben, Seele und Geist wird zwar in
der Bibel nicht exakt eingehalten, der etwas apodiktische Ansatz dazu wird
aber aus der Bibel durch „Forschung aus dem Glauben" gut unterstützt. Im
Hebräerbrief (Heb 4,12) heißt es „Denn lebendig ist das Wort Gottes...es
dringt bis zur Scheidung von Geist und Seele". Der Apostel Paulus schreibt
deutlich, daß Geist und Seele zwei verschiedene Elemente der komplexen
Wirklichkeit „Mensch" sind. In der theologischen und philosophischen Literatur werden die Begriffe „Geistseele" und „Leib" als beseelter Körper
simultan gebraucht (vgl. Seifert J., Lit.). Die Seele ist eine komplexe Wirklichkeit mit R- und I-Anteil. Der beseelte menschliche Körper ist demnach
mehr als nur der lebende Körper, also mehr als R( ), die Geistseele des
Menschen ist mehr als Geist I( ), daher kann man aus diesen Aussagen und
der symbolischen Schreibweise

KWK(Mensch) = R( ) & I( ) logisch korrekt ableiten

KWK(menschlicher Leib) = R( )& >>mehr als der menschliche Körper

KWK(Geistseele) = &I( ) >>mehr als der menschliche Geist

Den beiden verbalen Formulierungen „beseelter Körper" und „Geistseele" ist der Begriff Seele gemeinsam. Vergleicht man die beiden korrespondierenden KWK-Darstellungen, ist diesen das &-Element gemeinsam. Mit der Definition des Lebens im Sinne der Ausführungen in Abschnitt 3.1, der Seele als Lebensprinzip und mit obigen Ergebnissen kann man die komplexe Wirklichkeit der Seele generell formulieren

$$KWK(Seele) = KWK[\&( )] = \&(R)\&(I) = \{\&(R\&I)\}$$

Entsprechend dem konkreten Lebewesen ist die Seele als Lebensprinzip different ausgeprägt. Für den natürlichen Körper von Pflanze / Tier / Mensch gilt daher in komplexer Schreibweise

$$KWK(natürlicher\ Körper) = R\&[Materie\ \&\ Geistiges]$$

$$= R\&[(R\ V\ R)\ \&\ (R\ V\ I)] = R( )$$

allgemeine Seinsprinzipien

Materielles Seinsprinzip	&(Materie)	= &(R V R)
		=> materiell = gegenständlich
Geistiges Seinsprinzip	&(Geistiges)	= &(R V I)
		=> geistig = Wirkung des Geistes
Personales Seinsprinzip	&(Geist)	= &[I( )]
		=> Geist = I( ) = formale Größe
		=> Person = & I( ) = Entität

spezielle Seinsprinzipien

Materie:	= & (R V R) = &(R)
	=> R V R = physikalisch-chemische (Re)aktionen
Leben	= &[(R V R) & (R V I)]
	=> I graduell unterschiedlich evolutioniert
Mensch	= &[(R V R) & (R V I) & I( )]
	=> durch I( ) hat der Mensch eine Geistseele
Linearität	=> &[(R V R) & (R V I) & I( )]
	= &(R V R) & (R V I) & I( )

Lebensprinzip = Seele = &( )

&(Körper) = &(R V R)   => nur Physik und Chemie, =>materiell

&(Erbkoordination) = &(R V I)
$\qquad$ => retrospektiv-adaptiv bei Pflanzen =>immanent

&(Instinkt) = &(R V I)   => ererbt bei Tier und Mensch => immanent

&(animalisches Leben) = &(Leib) = &[(R V R)&(R V I)]
$\qquad$ => natürlich beseelter Körper =>immanent

&(Geistseele) = &[I( )]   => Person, nur beim Menschen =>transzendent

&(Pflanze) = &[(R V R) & (R V I)]
$\qquad$ => das Leben ist mehr als Physik und Chemie

&(Tier) = &[(R V R) & (R V I)]
$\qquad$ => &(R V I) = &(Instinkt)

&(Mensch) = &[(R V R) & (R V I) &I( )]
$\qquad$ = &[Materie & Instinkt & Geist]

&(Mensch) = &{[(R V R) & (R V I)]&[I( )]}
$\qquad$ = &{immanent & transzendent}

Beim physischen Tod des Menschen spricht die Theologie einerseits von der Trennung von Leib und Seele (KKK 1005, 1016) und formuliert dabei etwas ungenau, weil andererseits der beseelte Körper als Leib bezeichnet wird. Nach dieser Definition könnten logischerweise Leib und Seele im Tod nicht getrennt werden Diese kleine Aporie kann man mit dem obigen Ansatz komplexer Wirklichkeiten bezüglich des Lebensprinzips Seele leicht lösen, weil die menschliche Seele in dieser Darstellung einen materiell-geistigen Teil mit immanentem Seinsbezug, formal kurz mit {&(Materie&Instinkt)} bezeichnet, und einen Geist-Teil mit transzendentem Seinsbezug, formal kurz mit {&(Geist)} bezeichnet, aufweist. Im Tode trennt sich der immanente vom transzendenten Seelenteil. Der Leib stirbt und die Geistseele lebt weiter. Man könnte zusammenfassend und etwas vereinfachend sagen, daß die menschliche Seele einen natürlichen Teil und einen übernatürlichen Teil besitzt. Den natürlichen Teil des Lebensprinzips Seele hat der Mensch in graduell stark unterschiedlicher Ausprägung mit dem Tier prinzipiell gemeinsam. Der übernatürliche Teil der Seele fehlt beim Tier vollständig. Die formale Struktur des natürlichen Teiles der Seele zeigt in ihrer alpha-nummerischen Darstellung, daß sie genaugenommen wieder zusammengesetzt ist, sodaß man den Teil {&(RVI)} eigentlich als immanent-außernatürlichen Teil des Lebensprinzips Seele begründet unterscheiden müßte. Das würde aber in diesem Zusammenhang zu weit führen

und soll daher ohne Einschränkung der Gültigkeiten an dieser Stelle unterbleiben. Der Leib müßte dann als der mit dem natürlichen Teil der Seele
beseelte Körper definiert und natürlicher bzw. irdischer Leib genannt werden (1 Kor 15,44). Dieser könnte sich im Tode vom übernatürlichen Teil
der Seele, der in der Person unlösbar mit dem Geist verbunden ist, trennen.
Ebenso wird mit dieser Unterscheidung die Bedeutung des Ausdrucks
Geistseele deutlich und die Logik dieser Bezeichnung klar. Die Geistseele
ist der mit dem übernatürlichen Teil der Seele verbundene Geist. Damit erhält der natürliche Tod auch seinen eigentlich physischen Sinn. Da der Leib
des Menschen der Vergänglichkeit anheimgegeben ist (1 Kor 15,42ff),
könnte in der gegenständlich präzisierten Form des Leibes dessen natürlicher Tod durch den Ausdruck {R=0} charakterisiert werden, weil der Leib
dem Menschen in verklärter Form (1 Kor 15,44) bei der Auferweckung von
den Toten durch Gott zurückgegeben wird und daher im Tod nicht prinzipiell sondern nur graduell verschwindet (Null wird). Die unsterbliche, personale Geistseele behält ihre geistige, materiell orientierte Valenz auch nach
dem Tode in höherqualifizierter Form, die auch in Unverweslichkeit neu
gebunden wird (1 Kor 15,42). Das unterstreicht auch die Eigenschaft der
Unauflöslichkeit der meta-unitären &-Operation in der KWK(Mensch). In
der alpha-nummerischen Symbolsprache komplexer Wirklichkeiten stellen
sich diese verbalen Aussagen über den Tod in verdichteter Form als mathematische limes-Relationen im folgenden dar, deren meta-unitäre Gültigkeit man als wahr vermuten kann.

$$\text{KWK}\{\&(\text{Pflanze / Tier) nach dem Tode}\} = \lim \{\&[(R\,VR)\&(R\,VI)]\} = \&0$$

$$R => 0$$

$$=> \&(0) \text{ ist gleich Null} \qquad <= \text{ sterblich}$$

$$\text{KWK}\{\&(\text{Mensch) nach dem Tode}\} = \lim \{\&[(R\,VR)\&(R\,VI)]\&[I(\ )]\}$$

$$R => 0$$

$$=> \&[I(\ )] \text{ ist ungleich Null} <= \text{ unsterblich}$$

Gemäß dieser formalen Übertragungen der biblischen und lehramtlichen
Äußerungen über die Schöpfung in die alpha-nummerische Symbolsprache
komplexer Wirklichkeiten gilt die Wahrheitsvermutung, daß Gott wegen
der Ursünde den menschlichen Leib sprunghaft von R(+) in R(-) verwan-
delte und R(-) über den Durchgang durch den Tod (R=0) von Gott wieder
in R(+) verklärt wird. Der besagte Vorgang Schöpfung-Sündenfall-Erlö-
sung-Auferweckung entspräche alpha-nummerisch der Sequenz, R(+) =>

R(-) => (R=0) => R(+). Damit wäre auch formal plausibel begründet, daß durch die Sünde der Tod (R=0) in die Welt kam (Röm 5,12) und Jesus Christus uns durch seinen Tod erlöst hat (Heb 9,15) Vom R(-)-Zustand kann der Mensch nur über den (R=0)-Zustand zu dem R(+)-Zustand kommen und Jesus Christus ist als Erstling diesen Weg vorausgegangen (1 Kor 15,20). Realwissenschaftlich ergibt sich damit eine beachtenswerte meta-unitäre Hyperanalogie, da in der Mathematik genauso jeder Weg vom Negativen (-) zum Positiven (+) über den Wert (0) führt. In diesem Sinne gibt es noch eine ganze Reihe anderer Hyperanalogien, die aber hier nicht zur Sprache gebracht werden können. In Fortsetzung des ursprünglichen Gedankenganges könnte man auch als wahr vermuten, daß Emotionen (Angst, Aggression) ihren Bezug zum materiell orientierten und organisierten Teil der Seele, &[(R V R) & (R V I)], haben. Die Organisation wäre bei Tier und Mensch prinzipiell gleich aber graduell unterschiedlich. Personal-orientierte psychische Zustände wie Selbstbewußtsein, das Ich- und Selbstwertgefühl sind entsprechend im geist-orientierten Teil der Seele, also im &[I( )], grundgelegt. Trotz seiner animalischen Bezüge ist daher nur der Mensch eine Person und kann ein Ich- oder Selbstbewußtsein entwickeln, da nur er von Gott als sein Abbild mit einem Geist und daher mit einer Geistseele beschenkt wurde. Diese Ergebnisse sind hoch kompatibel zu jenen christlicher Anthropologie.

3.3.2. Die Person

Das Wort „Person" wird heute auf sehr unterschiedliche Art und Weise verwendet, je nachdem welche wissenschaftliche Disziplin sich dieses Begriffes bedient. Auch in der Philosophie sind die Bestimmungen des Phänomens Person sehr different. Der römische Staatsmann und Philosoph Anicius Boethius versuchte bereits um 500 n.Chr. als erster eine diesbezügliche Definition, die Thomas von Aquin übernahm. Die Begriffsentwicklung geht weiter über Martin Buber, Edith Stein und Karl Popper, um nur einige zu nennen und ist heute noch nicht abgeschlossen. Worauf soll und kann man sich bei dieser Begriffsentwicklung an der mentalen Schnittstelle zwischen Theologie, Philosophie und Naturwissenschaft objektiv stützen? Die Fragestellung nach dem Wesen der Person überschreitet unseren Erfahrungsbereich und damit nach Immanuel Kant den Bereich der Immanenz. Es ist daher für den christlichen Wissenschaftler „Forschung aus dem Glauben der Bibel" gefragt, da nur sie die ewige Wahrheit enthält.

Nach den Aussagen der Bibel (Gen 1,1) und der Lehre der Kirche (KKK 202, 255, 357, etc.) ist Gott reiner Geist und Person, ebenso die von Gott geschaffenen Engel. Es müssen daher Person und Geist untrennbar miteinander verbunden aber nicht an die Materie gebunden sein. Es kann daher weiters keinen an sich abstrakten sondern nur einen personalen Geist geben. Im Lukas-Evangelium steht: „Niemand ist gut außer Gott, dem Einen" (Lk 18,18; Mt 19,17; Mk 10,18). Geist und Person haben eine moralische Relevanz und bilden miteinander eine untrennbare Einheit. Edith Stein definiert die Person als „bewußtes und freies Ich", Popper als „moralisches Ich". Das Symbol I( ) allein bezeichnet nur eine formal strukturelle Größe, eine Seinskategorie und keine eigenständig existente Wirklichkeit. I( ) kennzeichnet keine Entität im philosophischen Sinn, sondern eine existentielle, moralisch orientierte Qualität der Entität Person, des personalen Seins. Erst die Verbindung des Geistes mit einem selbstbewußten (personalen) Lebensprinzip $\{\&[I( )]\}$ wird zur Geistseele und damit zu einer eigenständigen Entität, zur Person. Diese Person ist mit einer moralischen Orientierung ausgestattet, die in der Freiheit der Person auf das Gute oder Böse ausgerichtet werden kann. Mit diesen Ergebnissen der Forschung aus dem Glauben und dem Linearitätsprinzip kann schließlich die meta-unitäre Hyperkomplexität der Person, ob Mensch, Engel oder Dämon, in der folgenden alpha-nummerische Schreibweise komplexer Wirklichkeiten in ihrem Kern dargestellt werden

$$KWK(Person) = \&I(+ / -)$$

Damit stellt sich die Person in der komplexen Symbolik im wesentlichen als der mit einem adäquaten transzendenten Lebensprinzip ausgestattete Geist dar. Geist und Leben sind untrennbar miteinander verbunden, Leben ist auf Geist angewiesen. Es bestätigt sich die biblische Aussage vom „Geist der lebendig macht" (Joh 6,64). Dieser biblische Geist, der häufig auch mit Leben gleichgesetzt wird, ist immer personal gemeint und hat moralische Relevanz, die durch den Klammerausdruck (+ / -) dargestellt wird. Die existentielle Qualität Geist kann durch prospektiv-spirituell-adaptive Koordination (Kreativität) Leben evolutionieren. Damit hat Geist eine qualitative und eine quantitative Dimension. Das bestätigt der biblische Text, in dem Jesus vom Geringsten im Himmelreich spricht (Mt 5,19). Der bekannte Philosoph Karl Popper formuliert: „Person kann als moralisches Ich bezeichnet werden" und koinzidiert davon unabhängig die Richtigkeit der Darstellung der KWK(Person) durch ein selbstbewußtes Ich, in Form eines tranzendenten Lebensprinzips {&[I( )]}, in untrennbarer Verbindung mit einem moralisch orientierten Geist I(+ / -).

4. Schlußbemerkungen

In der Philosophie existiert die Immanenz nur als Grenze unserer Erfahrung, im christlichen Sinn aber im Bezug zur Transzendenz. Die materialistische Naturwissenschaft leugnet diese Seinskategorie. Im vorliegenden Beitrag wurde versucht, ermutigt durch beispielhafte Arbeiten von Eccles, Popper, Thürkauf, Kuhn, Vollmert und Koncsik, einen Ansatz für eine theologisch-philosophisch-naturwissenschaftliche Koexistenz und Koinzidenz komplexer Wirklichkeiten vorzuschlagen, der wissenschaftlich richtig ist aber auch theologisch als wahr vermutet wird. Die Entfaltung dieses Ansatzes baut auf der Vorstellung einer aufwärtskompatiblen Analogie zwischen der komplexen Gesamtwirklichkeit von Immanenz und Transzendenz und einer meta-unitären Hyperkomplexität als deren Modell auf, in der Identität und Differenz als komplexe Modi der Meta-Unität verstanden werden. Mit Hilfe zweier Arbeitshypothesen, der alpha-nummerischen Symbolsprache der Bool'schen Algebra und den bekannten Regeln komplexer Kalkulation konnten die Begriffe Materie, Körper, Leben, Seele, Information, Instinkt, Geist und Person unterschieden, mit einem alpha-nummerischen Symbolismus formal dargestellt und begrifflich sauber getrennt werden. Es wurde versucht, plausibel darzulegen, daß der materialistische Ansatz für die Seinskategorie Materie zwar richtig aber kaum wahr sein kann. Im Gegensatz dazu ist der biblische Bericht über die Schöpfung *ex nihilo* wissenschaftlich kompatibel und plausibel. Weiters wurde der Erweis geführt, daß Leben ohne Geist nicht möglich ist, wie die moderne Biologie in zunehmendem Maße bestätigt, sodaß der Laplace'sche Satz: „wir haben die Hypothese Gott nicht mehr nötig" im Popper'schen Sinn falsifizierbar ist. Vielmehr zeigte sich, daß die existentielle Qualität Geist und die Entität Person untrennbar miteinander verbunden und im transzendenten Sein begründet sind.

Georg Siegmund schreibt in seinen Büchern über die Philosophische Anthropologie und über die Naturordnung (Lit. S. 316), daß der Mensch ein vielschichtiges Wesen ist. „Immer wieder ist der Versuch unternommen worden, das Wesen des Menschen zu vereinfachen auf wenige oder eine einzige Wesensschicht zurückzuführen. Aus solchen Vergewaltigungen erklären sich alle Irrtümer über den Menschen". Dem kann man nur beipflichten und ergänzen, daß das für alle komplexen Wirklichkeiten gilt. Aus diesem Wissen heraus muß man schon aus Gründen der erforderlichen thematischen Einschränkung und der gebotenen Kürze konsensial auf das gegenständlich Dargelegte zurückblicken. Bezüglich der Hyperkomplexitäten konnten nur Teile einer Datenoberfläche behandelt werden und die Eigenschaften der meta-unitären Hyperoperatoren wurden nur partiell tangiert. Es wurde mehrfach darauf hingewiesen, daß das *depositum fidei* bezüglich der komplexen Gesamtwirklichkeit, die Gott geschaffen hat, aus einem mystischen Kern, der von Gott nur unserem Glauben anvertraut wurde, und einem kognitiven Umfeld, das unserer Erfahrung zugänglich und unserem Verstand zur Erforschung aufgegeben ist, gebildet wird. Die Vorstellung einer meta-unitären Hyperkomplexität als Modell für die komplexe Gesamtwirklichkeit gilt nur im Sinne des kognitiven Umfeldes als Transferfunktion zwischen Glaube und Vernunft und kann den Glauben nicht ersetzen sondern nur bestärken, ist aber ein reflexiver Existenzverweis auf einen korrespondierenden mystischen Kern. Die dargelegten und begründeten Überlegungen umfassen nur ein Grundkonzept, dessen Basis in der Literatur (Wehrmann W.: „Komplexe Wirklichkeiten Band I", Lit.) beschrieben ist und das weitreichende Folgen haben kann. Mit diesem Grundkonzept wurde ein weiteres Tor in ein neues interdisziplinäres Forschungsgebiet geöffnet, das von Theologie, Philosophie und Naturwissenschaft gemeinsam bearbeitet werden sollte und großen Freiraum für wissenschaftliche Bemühungen läßt. Einige einschlägige Untersuchungen wurden bereits wissenschaftlich wesentlich weiterentwickelt und ihre Ergebnisse werden laufend in Vorlesungen an der Hochschule in Heiligenkreuz lehrplanmäßig angeboten. Alle diese Bemühungen weisen in eine neue Richtung, die Papst Johannes Paul II in seiner Enzyklika „Fides et Ratio" prädestiniert und der Wissenschaft als Aufgabe übergeben hat.

5. Literaturverzeichnis

Eccles J. C. / Popper K. R., Das Ich und sein Gehirn, Serie Piper München 1997.

Eigen M. / Winkler R., Das Spiel. Naturgesetze steuern den Zufall, Serie Piper München 1975.

Eigen M., Stufen zum Leben. Die frühe Evolution im Visier der Molekularbiologie, Serie Piper München 1993 (ISBN 3-492-10765-6).

Graf R., Ethik in der medizinischen Forschung rund um den Beginn des menschlichen Lebens. Edition Universität, Wissenschaftliche Buchgesellschaft Darmstadt 1999 (ISBN: 3-534-14924-6).

Jantsch E., Die Selbstorganisation des Universums. Vom Urknall zum menschlichen Geist, Carl Hanser Verlag München 1992 (ISBN 3-446-17037-5).

Johannes Paul II., Enzyklika „Veritatis splendor", 1993.

Johannes Paul II., Enzyklika „Fides et ratio", 1998.

Katechismus der Katholischen Kirche, München-Wien 1993 (ISBN 3-486-55999-0).

Katholischer Erwachsenen-Katechismus. Das Glaubensbekenntnis der Kirche, hrsg. von der Deutschen Bischofskonferenz, Kevelaer 1 989. (ISBN 3 -76669388-3).

Koncsik I., Das Wirken Gottes aus naturwissenschaftlicher und theologischer Sicht. Ansätze einer Vermittlung, in: Münchner Theologische Zeitschrift 51 (2000) Seiten 19-38.

Koncsik I., Geist und Gehirn. Eine Schnittstelle zwischen Theologie und Naturwissenschaft, Grenzgebiete der Wissenschaft GW 48-1999-4 , Seiten 317-357, Resch-Verlag Innsbruck 1999

Koncsik I., Grundlagen eines Dialogs der Theologie mit den Naturwissenschaften, Wissenschaft und Weisheit, Franziskanische Studien zu Theologie, Philosophie und Geschichte, Band 61 / 2 1998 Seiten 287-308, Hrsg.: Th. Baumeister und J.B. Freyer, Dietrich-Coelde-Verlag, Werl

Koncsik I., Wirkt Gott überhaupt in der Welt? Theologen und Naturwissenschaftler im Gespräch, in: Renovatio 54 (1998) Seiten 163-175.

Kuhn W., Darwin im Computerzeitalter: das Ende einer Illusion, Schwengeler-Verlag Berneck / Schweiz 1989 (ISBN 3-856-66229-4).

Kuhn W., Stolpersteine des Darwinismus. Ende eines Jahrhundertirrtums, Christiana-Verlag Stein a. Rhein / Schweiz 1999 (ISBN 3-7171-1072-1).

Lehmann W., Der Weg zur Wahrheit über Glaube und Vernunft, Seminararbeit an der Phil.-Theol. Hochschule Heiligenkreuz, Heiligenkreuz 1999 (Seite 2)

Mader J. K., Der Philosoph 1. Wesensbestimmung, Grundprobleme und Disziplinen der Philosophie, Verlag Carl Ueberreuter Wien-Heidelberg 1966.

Monod J., Zufall und Notwendigkeit. Philosophische Fragen der modernen Biologie, Deutscher Taschenbuch Verlag München 1991 (ISBN 3-42301069-X)

Philosophisches Wörterbuch, hrsg. v. Walter Brugger, Freiburg-Basel-Wien 1998 (ISBN 3-451-20410-X).

Rahner K. / Vorgrimler H. (Hrsg.), Kleines Konzilskompendium, Freiburg-Basel-Wien 1998 (ISBN 3-451-01770-9)

Seifert J., Das Leib-Seele-Problem und die gegenwärtige philosophische Diskussion. Eine systematisch-kritische Analyse, Wissenschaftliche Buchgesellschaft Darmstadt 1998 (ISBN 3-534-07713-X).

Siegmund G., Der Mensch in seinem Dasein. Philosophische Anthropologie I T., 1953.

Siegmund G., Naturordnung als Quelle der Gotteserkenntnis. Neubegründung des teleologischen Gottesbeweises, Christiana-Verlag Stein a. Rhein / Schweiz 1985 (ISBN 3-71710876-X)

Spülbeck O., Zur Begegnung von Naturwissenschaft und Theologie, Einsiedeln-Zürich-Köln 1969

Thürkauf M., Christuswärts, Glaubenshilfe gegen den naturwissenschaftlichen Atheismus, Christiana-Verlag Stein a. Rhein / Schweiz 1987 (ISBN 3-717-10898-0)

Thürkauf M., Christus und die moderne Naturwissenschaft. Gedanken im Spannungsfeld von Liebe, Freiheit und Wertfreiheit, Johannes-Verlag Leutesdorf 1997 (ISBN 3-779-40919-4).

Thürkauf M., Die Spatzen pfeifen lassen, Geistliches Tagebuch eines Physikers,Christiana-Verlag Stein am Rhein / Schweiz 1992 (ISBN 3-717-1095 1-0).

Thürkauf M., Endzeit des Marxismus, Christiana-Verlag Stein am Rhein / Schweiz 1987 (ISBN 3 -717-10898-0).

Thürkauf M., Franziskus im Atomzeitalter. Die alte Liebe rettet die neue Welt, Verax-Verlag Müstair / Schweiz 1999 (ISBN 3-909065-14-7)

Thürkauf M., Glaube oder Aufklärung. Vom Licht des Evangeliums und der Finsternis der „Aufklärung", Johannes-Verlag Leutesdorf / BRD 1996 (ISBN 3-7794-1099-0).

Vollmert B., Die Entstehung der Lebewesen in naturwissenschaftlicher Sicht. Darwins Lehre im Lichte der makromolekularen Chemie, Schriftenreihe der Gustav-Siewerth-Akademie Band 5, Weilheim-Bierbronnen / BRD 1995 (ISBN 3-928273-05-1).

Vollmert B., Entstehung des Lebens: Schöpfung oder Evolution?, in: Breid F. (Hrsg.), Gottes Schöpfung, Referate der „Internationalen Theologischen Sommerakademie 1994" des Linzer Priesterkreises, W. Ennsthaler Verlag, Steyr 1994 (ISBN 3-85068-444-X)

Wehrmann W., Einführung in die stochastisch-ergodische Impulstechnik, R. Oldenbourg Verlag Wien 1973 (ISBN 37029-0058-6).

Wehrmann W., Komplexe Wirklichkeiten, Band 1: Aktuelle Probleme der katholischen Theologie aus der Sicht von Management und Technik, Heiligenkreuzer Studienreihe Band 8, Heiligenkreuz 1994.

Weischedel W., Der Gott der Philosophen. Grundlegung einer philosophischen Theologie im Zeitalter des Nihilismus, Darmstadt 1998 (ISBN 3-89678-085-9)

III.

EXEMPLA

Glaube und Vernunft bei Johannes Duns Scotus

Ansatz und Möglichkeit einer christlichen Philosophie

Franz Lackner

Der Erzbischof John McDonald in Bruce Marshall's Roman „Der rote Hut"
möchte es am besten so fassen: „…daß nur zweierlei die Welt retten kann:
das Denken und das Gebet".[1] Eine - wie erstes Hinhören nahelegen könnte -
klare und eindeutige Aussage, die jedoch bei näherer Prüfung Fragen auf-
wirft. Wie ist das *zweierlei* mit der *einen* Welt in Zusammenhang zu bringen? Meint das zweierlei zwei gänzlich von einander getrennte Wege der
Rettung? Das kann wohl nicht sein, denn schon durch ihre gemeinsame Finalität, die Rettung der Welt, sind sie in Beziehung gesetzt, was außerdem
durch die Konjunktion „und" deutlich wird, welche die Funktion des „Zu-
sammenjochens" ausübt. Verknüpfung ist bekanntlich nur dort möglich, wo
ursprüngliche Zusammengehörigkeit trotz tatsächlicher Trennung immer
schon da ist.[2] Auf diese ursprüngliche Selbigkeit der beiden Wege scheint
auch Bruce Marshall abzuheben, wenn er den Erzbischof weitersagen läßt:
„…und leider verhält es sich in der Regel so, daß die Denker nicht beten,
wohingegen die Beter nicht denken."[3] Demnach - so die räsonierende An-
merkung - sollten die beiden Wege zur Rettung der Welt nur einer sein: der
Weg des betenden Denkers oder des denkenden Beters; je nachdem wohin
der Akzent gesetzt wird.

---

[1]   Marshall, B., *Der rote Hut*, Köln 1960, 24.

[2]   Gloy, K., *Einheit und Mannigfaltigkeit. Eine Strukturanalyse des „und".
Systematische Untersuchungen zum Einheits- und Mannigfaltigkeitsbegriff
bei Platon, Fichte, Hegel sowie in der Moderne.* Berlin – New York 1981,
7 „Synthesis setzt daher nicht allein Analysis voraus, sondern ist auch eine
solche, wie umgekehrt Analysis nicht nur Synthesis voraussetzt, weil getrennt werden nur kann, was verbunden ist, sondern selbst auch eine solche ist, da Getrennthalten nur stattfindet bei gleichzeitigem gedanklichen
Zusammenhalten."

[3]   Marshall, *ebd.* 24.

Beten und Denken gehören zu den Grundvollzügen des Menschen, in die Gruppe der sogenannten Existenziale. Das sind Dimensionen des Menschseins, die mit der Existenz als solcher immer schon mitgegeben sind. Die Unterschiedenheit äußert sich in der Verschiedenheit, wie das Menschsein von seinem Grund her vollzogen wird: Gebet ist Vollzug eines Grundes, der geglaubt wird.[4] Denken ist der Vollzug von Gründen, die verstanden werden.[5] Das Denken - so Heidegger[6] - ist nämlich Sache der Vernunft. Die verschiedenen Gründe sind geeint im Sein des einen Menschen. Beide Vollzugsweisen wurden auch von Anfang an als Grundvollzüge menschlichen Daseins gepflegt, um das In-der-Welt-sein existenziell wie auch intellektuell zu bewältigen. Die Frage, die es nun zu beantworten gilt, lautet: Wie verhalten sich diese verschiedenen Gründe zueinander? Soviel kann an dieser Stelle schon gesagt werden, Glaube und Vernunft, respektive Beten und Denken, haben eine inhaltliche Analogie. Der Glaube verhält sich zum Hören wie die Vernunft zum Schauen. Daraus resultiert, daß die tiefste Vollzugsform eines Glaubensgrundes - und das wird im Gebet deutlich - das Vernehmen ist. In gleicher Weise gilt für das Agens der Vernunft, nicht diskursive Ableitung, sondern durchschauendes Denken als ausgezeichnete Aktivität.[7] Demnach gilt für Scotus: Argumentierendes Denken stellt „nur" ein Hilfsmittel dar, dessen Aufgabe es ist, zum schlichten Vernehmen der „Sachen selbst" hinzuführen.[8] Trotz dieser Gemeinsamkeiten wurden jedoch mehr die Unterschiede thematisiert, nämlich daß es sich hier

---

4   Katechismus der katholischen Kirche, Nr. 2098 „Die Akte des Glaubens (…) vollenden sich im Gebet."

5   Natürlich werden auch Glaubensgründe verstanden. Der entscheidende Unterschied zum Verstehen der Vernunft liegt darin, daß Gründe der Vernunft bestimmt und abgegrenzt erfaßt werden. *Elench.* q. 15 n. 6 (Ed. Viv. II 22 b) „Sed omne quod ab intellectu concipitur, sub distincta, et determinata ratione concipitur."

6   Heidegger, M., „Was heißt Denken?", in: *Vorträge und Aufsätze,* Pfullingen [6]1990,123-137, 123 „Die Vernunft aber, die *ratio,* entfaltet sich im Denken."

7   Diese Auffassung legt auch die Etymologie des Begriffes Vernunft nahe, welcher sich bekanntlich vom Verb *vernehmen* herleitet.

8   „Sicut patet intuenti" lautet ein Grundsatz von Scotus. Vgl. Kluxen, W., „Frömmigkeit des Denkens - Johannes Duns Scotus", in: *Wiss. Weish.* 55 (1992) 23-29, 26 „Das „Schauen" ist - in diesem Sinne - der eigentliche Ausweis des Denkens, so wie es seine letzte Vollendung sein wird." Vgl. auch Hoeres, W., *Der Wille als reine Vollkommenheit nach Duns Scotus,* München 1962, 17-24.

um verschiedene Ordnungen handle, die zuweilen als unversöhnbar gegenüber gestellt wurden.

Wozu Denken fähig ist, zeigt das Beispiel von Aristarch von Samos (310-230 v. Chr.). Er kam allein durch verwegene Gedankenkühnheit zur Überzeugung, daß die Erde von Kugelgestalt sei und die Sonne der Fixstern, um den sich die Planeten drehen. Auch nach ihm - aber immer noch lange vor Kolumbus und Kopernikus - haben einzelne erleuchtete Geister die Kugelgestalt der Erde ersonnen, aber der Gedanke vermochte nichts gegen herkömmliche Traditionen. So wurde weiterhin am geozentrischen Weltbild festgehalten, zumal man sich dabei auf aristotelische Autorität stützen konnte.[9] Umgekehrt beweist die Geschichte, welch katastrophale Auswirkungen das Ausbleiben von Denken - die Gedankenlosigkeit - haben kann. Hannah Arendt spricht in ihrem Bericht über den Eichmann-Prozeß von der Banalität des Bösen. Damit bringt sie ihre Erschütterung über die Trivialität des Täters, der tausenden Menschen das Leben zur Hölle machte, zum Ausdruck. Sie schreibt: „Ich war frappiert von der offenbaren Seichtheit des Täters, die keine Zurückführung des unbestreitbar Bösen seiner Handlungen auf irgendwelche tieferen Wurzeln oder Beweggründe ermöglichte. Die Taten waren ungeheuerlich, doch der Täter – zumindest jene einst höchst aktive Person, die jetzt vor Gericht stand – war ganz gewöhnlich und durchschnittlich, weder dämonisch noch ungeheuerlich. Nichts an ihm deutete auf feste ideologische Überzeugungen oder besondere böse Beweggründe hin; das einzig Bemerkenswerte (…) war seine Gedankenlosigkeit.“[10] Dieses Fehlen von Denken - so fährt Hannah Arendt fort - sei durchaus eine alltägliche Erfahrung.

Das Beten gehört auch nicht mehr zu den alltäglichen Erfahrungen, obwohl es an bewegenden Zeugnissen nicht fehlt. Reinhold Schneider spricht von wahrer Führung allein des Betenden und von im Gebet errungenen Gewißheiten, welche nicht zerbrechen, aber unbedingt verpflichten.[11] Selbst dort, wo vorgegeben wird Philosophie zu betreiben, kann das Gebet durchaus

---

9   Vgl. Jordan, P., *Der Naturwissenschaftler vor der religiösen Frage. Abbruch einer Mauer.* Stuttgart 1987, 32-39.

10   H. Arendt, *Vom Leben des Geistes. 1 Das Denken.* München Zürich, ³1993, 14.

11   Reinhold Schneider, *Verhüllter Tag.* Köln/Olten 1954, 216 „Heute weiß ich, daß nur der Betende wahrhaft geführt wird und nur die im Gebete errungenen Gewißheiten nicht zerbrechen. Aber diese verpflichten unbedingt.“

seinen Platz finden. Johannes Duns Scotus stellt dem berühmten „Tractatus de primo principio", einem „opusculum", worin er seine metaphysische Gotteslehre darlegt, ein Gebet voran. Da heißt es: „Du bist das wahre Sein, Du bist das ganze Sein. Das glaube ich und wenn es mir möglich wäre, möchte ich wissen."[12] Bewegend ist das Zeugnis des dahinscheidenden Peter Wust, eines Philosophen, der leider zu Unrecht in Vergessenheit geraten ist. Vom Sterbebett aus wendet er sich nochmals, zum letzten Mal wie er betont, an seine Studenten mit einem Rat zum Tor der Weisheit: „Und wenn sie mich nun noch fragen sollten, bevor ich jetzt gehe und endgültig gehe, ob ich nicht einen Zauberschlüssel kenne, der einem das letzte Tor zur Weisheit des Lebens erschließen könne, dann würde ich ihnen antworten: 'Jawohl.' - Und zwar ist dieser Zauberschlüssel nicht die Reflexion, wie man es von einem Philosophen vielleicht erwarten möchte, sondern das Gebet."[13] Denn nur das Gebet, so seine Überzeugung, macht objektiv.

I

Zu allen Zeiten wurden gewichtige Stimmen sowohl für das Denken als auch für das Beten hörbar, dennoch wollte - von wenigen Ausnahmen abgesehen - eine Zusammenschau von Glauben und Wissen nicht gelingen. Zuweilen werden diese beiden Grundweisen menschlichen Daseins mit ihren resultierenden Wissenschaftsdisziplinen Theologie und Philosophie geradezu gegeneinander ausgespielt, wobei die Stoßrichtung je nach Vorprägung von einem theologischen oder einem philosophischen Standpunkt aus geführt wird.[14]

---

12   *De prim. princ.* c. 1 n. 1 (Ed. Kluxen 2) „Tu es verum esse, tu es totum esse. Hoc credo, hoc si mihi esset possibile, scire vellem."

13   Wust, P., *Gestalten und Gedanken,* München 1961, 261.

14   Deismus und Rationalismus legen dafür ein beredtes Zeugnis ab. Guardini, R., *Welt und Person. Versuche zur christlichen Lehre vom Menschen.* Würzburg 1939, 13 „Das Verhältnis (d.i. das Religiöse und das menschliche Subjekt, Anm. d. Aut.) kann aber auch auf Abstand aufgebaut werden, wie es Deismus und Rationalismus tun. Dann wird 'Gott' in eine solche Entfernung zur Welt gerückt, daß er Natur und Subjekt in ihrer Selbstherrlichkeit und das Werk der Kulturschöpfung in seiner Eigenentfaltung nicht beeindrucken kann." Kants Diktum „Ich mußte also das Wissen aufheben, um zum Glauben Platz zu bekommen" (KrV B XXX) weist schon in diese Richtung. Zu diesem Sachverhalt vgl., Dierse, U., „Art. Glauben und Wissen", in: *Historisches Wörterbuch der Philosophie,* Bd. 3, Basel 1974, Sp. 646-655.

„Theologie" und „Philosophie" als Verständnisweisen menschlichen Daseins stehen von Anfang an in spannungsvoller Einheit. Sprachlich wird
diese Spannung im Begriffspaar Mythos und Logos ausdrücklich. Das Verhältnis wird von der Akzentsetzung bestimmt, je nachdem in welchem
Ausmaß dem Mythos eine philosophiekritische und dem Logos eine theo-
logiekritische Pointe anhaftet. Trotzdem ist das antike Daseinsgefühl von
einer einheitlichen Lebenswelt zutiefst geprägt. Die Götter sind Bestandteil
der Welt, ebenso der Mensch, der sich noch nicht von seiner Umgebung
abzuheben vermochte und die Natur einseitig vergegenständlichte. Das
Numinose und der Intellekt standen der Welt nicht gegenüber, bildeten aber
deren letzte Ordnung.[15] Philosophen versuchten das Göttliche denkerisch zu
durchdringen. Dabei ging es vornehmlich darum, die durch Simplifizierung
der Volksreligion allzusehr anthropomorph gewordenen Mythen zu reini-
gen, nicht jedoch um unverträgliche Positionen sichtbar werden zu lassen.
Das Verhältnis von Mythos und Logos begegnet uns im griechischen Denken nicht nur in der Schärfe des Aufklärungsgegensatzes, vielmehr gerade
auch in der gegenseitigen Anerkennung, wobei beiderseits profitiert wird.
Der Mythos wird durch den Logos von der bloßen Fabel abgegrenzt und
erhält seine ihm eigene Wahrheit. Die rationale Argumentation des Logos
wird durch den Mythos über die Grenzen ihrer eigenen Ausweisungsmög-
lichkeiten hinaus in den Bereich des Erzählens hinein verlängert.[16]

Mit dem Eintritt des Christentums ins menschliche Daseinsverständnis ändern sich die Dinge grundlegend. Der Mensch glaubt an Offenbarung. Dadurch kommt eine Gottes- und Weltwirklichkeit ins menschliche Bewußtsein, welche das sinnlich Empfundene nicht nur in linearer Kausalität übersteigt, sondern diesem gleichsam autonom gegenübersteht. Damit verbunden ist die Konstituierung eines neuen Daseinsverständnisses, welches als
wesentliche Prägung Freiheit in der Stellungnahme zur Welt und zu Gott in
sich enthält.[17] Die Unabhängigkeit von mythischen Bindungen bekundet
sich anfangs auch in einer gewissen Aversion gegen jegliche Form von Philosophie, vornehmlich die griechische. Der Weisheit der Welt wird die
Weisheit Gottes gegenüber gestellt. Dem heiligen Apostel Paulus zufolge
wird die Weisheit der Welt durch die Weisheit des Kreuzes als Torheit ent-

---

15   Vgl. Guardini, R., *Das Ende der Neuzeit. Die Macht.* Mainz 1986, 11-15.
16   Vgl. Gadamer, H.G., *Kunst als Aussage.* Gesammelte Werke Bd. 8, Tü-
      bingen 1993, 170-173.
17   Vgl. Guardini, *Neuzeit,* 15-19.

larvt (1 Cor. 1, 23). Genaue Exegese hat jedoch gezeigt, daß es Paulus nicht um totale Zurückweisung griechischer Philosophie geht, sondern daß er gegen eine bestimmte Form der natürlichen Theologie polemisiert. Nämlich gegen jene, die sich zufrieden gibt mit bloßer Erkenntnis ohne Auswirkung in der Praxis.[18] Folglich dürfe man auch nicht - so W. Kaspar - die Torheit gegen die Weisheit des Kreuzes ausspielen. Es ist derselbe Paulus der im 2. Brief an die Korinther behauptet, daß er jegliches Denken gefangen nehmen möchte, sodaß es Christus gehorcht (2 Cor. 14, 19).[19] Darüber hinaus wollte Paulus alles Trennende zwischen Juden und Heiden niederreißen. Trotz grundsätzlicher Übereinstimmung zwischen Theologie und Philosophie bleibt das Verhältnis gespannt. Dies gilt auch für die Folgezeit.

Eine typologische Betrachtung für die Zeit der Väter ergibt zwei Möglichkeiten der Verhältnisbestimmung von Theologie und Philosophie. Erstens wird die Inkompatibilität herausgestellt: „Was hat Athen mit Jerusalem zu

---

[18] Schrage, W., *Der erste Brief an die Korinther (1 Kor. 1,1-6,11)*, Zürich, Braunschweig 1991, (EKK; Bd. VII/ 1), 158 „Die früher oft begegnende Behauptung, Paulus polemisiere hier vor allem gegen die Philosophie, gilt heute weithin als erledigt. (…) Paulus macht seinerseits zwar aus dem Evangelium keine spekulative Theorie und kein System, ist aber auch umgekehrt kein Feind der Vernunft oder Befürworter des Irrationalen. Selbst bei seiner Darlegung der Kreuzesbotschaft bedient er sich nicht zufällig eines argumentativen, an das Verständnis appellierenden Stils." Vgl. Kasper, W., *Der Gott Jesu Christi*, Mainz 1982, 93f. Daß es Paulus nicht um Zurückweisung schlechthin gegangen ist, haben auch Philosophen immer wieder erkannt: Vgl. Gilson, E., *Lo spirito della filosofia medioevale*, Brescia [5]1988, 30ff.

[19] Der Begriff „Gehorsam" könnte als Widerspruch zum freien Denken gedeutet werden. Dazu muß auf den ursprünglichen Wortsinn hingewiesen werden. Dieser besagt nämlich, daß das Wort Gehorsam nicht Entfremdung meint, sondern mit „Hören" in Verbindung gestellt wird. In diesem Sinne wird das Wort „oboedientialis" bei Duns Scotus verwendet. Der hörende Mensch ist fähig die Alltagswelt mit ihren Normen und Regeln zu überschreiten auf den Anderen hin, der nicht nur ein anderes Ich ist, sondern ein einzigartiges Wesen, wie z. B. Gott. *Ord.* I prol. p. 1 q. 1 n. 94 (Ed. Vat. I 58) „*Cum infers 'ergo intellectus est improportionatus ad illud, et per aliud proportionatur', dico quod ex se est in potentia oboedientiali ad agens, et ita sufficienter proportionatur illi ad hoc ut ab ipso moveatur.*"

tun? Was die Akademie mit der Kirche?"[20] Trotz solch kritischer Feststellungen scheut sich Tertullian dennoch nicht, den Auffassungen stoischer Philosophie zu folgen. Die zweite Möglichkeit läßt schon deutlich werden, daß der Gegensatz nicht absolut zu denken ist. In dieser geht es darum, die Philosophie der Theologie unterzuordnen. Beide Typen kennen einen Vorrang der Theologie über die Philosophie. Näherhin gilt Theologie als die wahre Philosophie. Das sind die bis ins Mittelalter bestimmend bleibenden Modelle für den theologisch-philosophischen Diskurs. Es gilt sowohl für die apostolische als auch für die Zeit der Väter, daß das Christentum nie darauf aus war, Vorheriges einfach abzuschaffen oder als ungültig zu erklären. Aufgrund des universalen Anspruchs, mit dem das Christentum aufgetreten ist, mußte es die Kraft in sich bergen, andersartige Erkenntnisse integrieren zu lernen.[21] Es geht in der Auseinandersetzung des Christentums mit der Philosophie nicht darum, den christlichen Glauben als das Andere im Sinn des alles menschliche Denken Überbietende und Vernunftgründe Ersetzende auszuweisen, sondern um Abgrenzung und Verhältnisbestimmung.[22]

Eine scharfe Zäsur wird mit dem Beginn der Neuzeit gezogen. Es zerbricht die mühsam errungene Einheit von Theologie und Philosophie. Genauerhin geschieht dies in dem Moment, als eine ganz bestimmte Form des Denkens zur alleinig vorherrschenden geworden war, nämlich das naturwissenschaftliche Denken. Das neue Zeitalter brachte es mit sich, die Empirie und Mechanik zum allein determinierenden Kriterium der Wirklichkeitsbestimmung zu machen. Die Welt wurde hauptsächlich nach physikalischen Gesetzen funktionierend gedacht, Tier und Mensch nach Art von Maschinen aufgefaßt.[23] Gott und Mensch verloren ihre Stellung im Kosmos. Sie waren im wahrsten Sinne des Wortes ortlos geworden. Damit wurde der Theologie, aber auch den spekulativen Wissenschaften die Gegenstände und somit

20   Tertullian, *De praescr. haeret.* 7, 9 (CCSL 1,193) „Quid ergo Athenis et Hierosolymis? Quid academiae et ecclessiae?" Vgl. dazu Pannenberg, *Theologie,* 21.

21   Vgl. Mader, J., *Aurelius Augustinus. Philosophie und Christentum.* St. Pölten-Wien 1991, 26ff.

22   Vgl. Honnefelder, L., „Christliche Theologie als ‚wahre Philosophie'", in: Spätantike und Christentum, Beiträge zur Religions- und Geistesgeschichte der griechisch-römischen Kultur und Zivilisation der Kaiserzeit. hrsg. von C. Colpe u. a., Berlin 1992, 55-75, 78.

23   Jordan, *Religiöse Frage,* 76-90.

die Bedeutung genommen.[24] Die authentische Welt- und Daseinsinterpretation war nicht mehr Angelegenheit von Theologie und Philosophie, da es nun die exakten Wissenschaften gab, welche sich aus der theologischen Bevormundung befreiten. Mit Descartes verliert die Theologie das Vorrecht bevorzugte Gesprächspartnerin der Wissenschaften zu sein, wie dies in der Scholastik noch der Fall war. Aber auch die Philosophie entdeckt ihre Autonomie in der Abgrenzung zur Theologie. Sie war fortan nicht mehr Wissen von Theologie's Gnaden und suchte ihre eigenen Prinzipien. So kommt es zum grundsätzlichen Paradigmenwechsel: „Aus dem Wissen-wollen-um-des-Glaubens-willen wird ein Wissen-wollen-um-des-Wissens-willen."[25] Beurteilte, korrigierte und nahm man einmal die Philosophie in Anspruch, ist nun die Stoßrichtung umgekehrt. Aus philosophischem Interesse wird nun gegen eine Einheit von Theologie und Philosophie argumentiert.

Der Fluß der wissenschaftlichen Selbstgenügsamkeit schwillt an, bis es zum klaren Bruch zwischen Philosophie und Theologie kommt. Vor allem ist es die besondere Form der christlichen Offenbarungstheologie, welche mit dem modernen Wissensverständnis unversöhnbar erscheint. Für Heidegger schließlich ist eine christliche Philosophie ein - wie er sagt - „hölzernes Eisen" und ein schreckliches Mißverständnis.[26] In seinem Beitrag über Phänomenologie und Theologie nennt er den Glauben überhaupt den Todfeind jeglicher Philosophie.[27]

Der Übergang von einer der Theologie untergeordneten Philosophie zur Autonomie wird schon im Mittelalter vorbereitet. Das Konzept der christlichen Theologie als wahre Philosophie wurde fraglich und schlitterte in dem Moment in die Krise, als das christliche Abendland sich konfrontiert wußte

---

24   Vgl. Hübner, K., *Kritik der wissenschaftlichen Vernunft,* Freiburg/München [4]1993, 27-33.

25   Honnefelder, „Wissenschaftliche Rationalität und Theologie" in: *Rationalität. Ihre Entwicklung und ihre Grenzen,* hrsg. von L. Scheffczyk, München 1989, 298.

26   Vgl. Heidegger, M., *Einführung in die Metaphysik.* Tübingen [5]1987, 6.

27   Heidegger, M., „Phänomenologie und Theologie", in: *Martin Heidegger, Wegmarken,* Frankfurt am Main [3]1996, 44-78, 66: „...daß der *Glaube* in seinem innersten Kern als eine spezifische Existenzmöglichkeit gegenüber der wesenhaft zur *Philosophie* gehörigen und faktisch höchst veränderlichen *Existenzform* der Todfeind bleibt. So schlechthin, daß die Philosophie gar nicht erst unternimmt, jenen Todfeind in irgendeiner Weise bekämpfen zu wollen."

mit einer neuen Weltanschauung, mit der durch die Araber vermittelten aristotelischen Weltauffassung. Diese neue Weltsicht trat nämlich mit dem Anspruch der Universalität auf, jedoch ohne Rekurs auf Offenbarung, sondern sich allein auf die Vernunft stützend. Dieses Vorrecht hatte bis damals nur die Theologie. Daß Aristoteles trotz theologischer Vorherrschaft - zumindest in bestimmten Kreisen - so bereitwillige Aufnahme fand, lag wohl in dem Umstand begründet, daß im Bereich des christlichen Denkens der Wille zur Rationalität schon Eingang gefunden hatte. Zwei Beispiele seien genannt: Das von Anselm im 11. Jahrhundert formulierte Konzept einer „fides quaerens intellectum" und das generelle Programm einer durch „Dialektik", d. h. durch methodische Vernunft, vermittelten Theologie von Abaelard.[28] Mit der Rezeption des ganzen „Opus aristotelicum" kommt es zu einem grundsätzlichen Perspektivenwechsel, der nicht nur Vernunftgründen den Vorrang einräumte und die Theologie, in der traditionellen Form der Weisheitslehre schlechthin und in der Form der wahren Philosophie, ernsthaft in Frage stellte.

Die Reaktionen auf die Aristotelesrezeption ließen auch nicht lange auf sich warten. Zwei extreme Positionen werden bezogen. Zum einen wird der Unterschied von Theologie und Philosophie zwar zugegeben, aber der Philosophie ein untergeordneter Platz zugewiesen. Repräsentant dieser Linie könnte Bonaventura sein.[29] Die zweite extreme Position ist der radikale Aristotelismus, vertreten v. a. von Siger von Brabant und von Boethius von Dacien. Diese pochten auf eine autonome Philosophie und auf Pluralität der wissenschaftlichen Ansätze. Seitens der Lehrautorität mußte jedoch diese radikale Position auf Widerspruch stoßen; und zwar lautete der Vorwurf: „Sie tun so, als ob es zwei sich widersprechende Wahrheiten gäbe" (*quasi sint duae contrariae veritates*).[30] Dagegen richtete Bischof Tempier sein

---

28   Vgl. Honnefelder, *Rationalität,* 297ff.

29   Vgl. Schulthess, P., Imbach, R., *Die Philosophie im lateinischen Mittelalter. Ein Handbuch mit einem bio-bibliographischen Repertorium,* Zürich 1996, 195-198; Honnefelder, *Wahre Philosophie,* 74.

30   P. Mandonnet, *Siger de Brabant* II, 175 „Dicunt enim ea esse vera secundum philosophiam, sed non secundum fidem catholicam, quasi sint duae contrariae veritates, et quasi contra veritatem sacre scripture sit veritas in dictis gentilium dampnatorum." Vgl. Hödl, L., „... ‚sie reden, als ob es zwei gegensätzliche Wahrheiten gäbe.' Legende und Wirklichkeit der mittelalterlichen Theorie von der doppelten Wahrheit", in: *Philosophie im Mittelalter. Entwicklungslinien und Paradigmen,* hrsg. von G. Wieland u. a., Hamburg 1987, 225-243.

Verdammungsdekret im Jahre 1277, womit eine erste schwere Zäsur für das intellektuelle Leben gezogen wurde. Nach Gilson ist es ein „Grenzzeichen", das allein schon zu bestimmen weiß zwischen dem, was vorher oder nachher konzipiert wurde.[31] Die Frage nach der Einheit von Glaube und Wissen war mit der Verurteilung nicht beantwortet, aber erst recht zum Problem geworden. Dieses zu lösen, war das Vorrecht des Doctor Subtilis.

II

Johannes Duns Scotus ist der Denker des ausgehenden Mittelalters, dem eine Synthese zwischen Philosophie und Theologie gelingt, ohne die je eigene Originalität zu kompromittieren: Weder die der Theologie, welche sich als Wissen eines transzendenten, frei wirkenden Gottes versteht; und als solche ist sie zutiefst Wissenschaft Gottes, d. i. das Wissen Gottes von Gott her verstanden, wie dieses von seinem einzigartigen Wesen her versteh- und wißbar ist. Noch die der Philosophie, welche für Scotus nicht als eine Wissenschaft auftritt, sondern nur als ein *ordo* von Disziplinen. Einheit und innere Kohärenz erhält dieser von seiner ersten Disziplin, der Metaphysik. Diese stellt die höchste durch die natürliche Vernunft erreichbare Stufe der Weisheit dar. Für Scotus im Gefolge von Aristoteles ist sie die vornehmliche Gestalt der Philosophie und kann demnach auch mit Recht als „Erste Philosophie" bezeichnet werden.[32] Was die Wissensgegenstände betrifft, so unterscheiden sich Theologie und Metaphysik wesentlich. Subjekt der Theologie ist „Gott unter der Bestimmung seiner Wesenheit."[33] Subjekt

---

[31] Vgl. Gilson, E., *History of christian Philosophy in the Middle Ages*, London 1955, 385.

[32] Hier liegt der Grund, warum bei Scotus der Begriff „philosophia" kaum gebraucht wird, hingegen ständig die Rede ist von „der „scientia metaphysica". Vgl. Honnefelder, L., „Duns Scotus: Der Schritt der Philosophie zur scientia transcendens", in: *Thomas von Aquin im philosophischem Gespräch*, hrsg. von W. Kluxen, Freiburg/München 1975, 229-244, 230.

[33] *Ord.* prol. p. 3 q. 1-3 n. 167 (Ed. Vat. I 109) „Quod theologia est de Deo sub ratione qua scilicet est haec essentia." Einheit und Abgrenzung einer Wissenschaft wird für Scotus nicht durch ein gemeinsames Merkmal von verschiedenen Erkenntnisinhalten konstituiert, hingegen ergibt sich die Gegenständlichkeit einer Wissenschaft durch dessen „erstes Subjekt", in dem alle Wahrheiten virtuell enthalten sind und so eine „wesenhafte Ordnung" (ordo essentialis) darstellen. Deswegen kennt Scotus den Unterschied von Wissenschaften wie diese in sich in ihrer Vollgestalt wißbar (scientia in se) sind und wie sie faktisch von einem endlichen Erkenntnis-

der Metaphysik ist das „Seiende als Seiendes".[34] Dieser Unterschied tritt
auch in der Erkenntnisweise zutage. Metaphysisches Wissen wird mittels
eines natürlichen Denkprozesses (cognoscere per naturalem rationem) erreicht; das Wissen der Theologie hingegen wird nicht aus in sich einsichti-
gen Prämissen gewonnen, sondern ist Wissen durch Zustimmung (notitia
cum adhaesione firma). Damit hat Scotus sowohl erkenntnis- als auch wissenschaftstheoretisch eine klare Trennlinie zwischen Philosophie und Theologie gezogen. Diese Grenzziehung war notwendig, weil Scotus deutlicher
als seine Vorgänger die verschiedenen Ursprünglichkeiten gesehen hat. Das
erste, d.h. für Scotus das ihrem Vermögen angemessene Objekt der Theologie gehört nicht zu denjenigen Gegenständen, die unseren Verstand natürlich bewegen. Gott ist wissenschaftstheoretisch gesprochen ein „obiectum
voluntarium", da er *ad extra* in der Transzendenz seines freien Wollens
wirkt. In der Metaphysik wird weiterhin an der von Aristoteles aufgestellten
These vom Ausgang aller Erkenntnis bei der Sinneserfahrung festgehalten.
Theologie verdankt sich nicht einem sinnlichen Datum, sondern dem sich
frei offenbarenden Gott (Deus revelans). Philosophie hingegen verdankt
sich natürlich wirkenden Ursachen. Der Unterschied ist also prinzipiell zu
nennen. Daraus resultiert die Erkenntnisdifferenz; der Metaphysiker erkennt
sein Ziel „in universali" (im Allgemeinen), der Theologe „in particulari" (in
Besonderheit).[35]

Zu den Unterschieden formaler Art kommen inhaltliche Divergenzen, die
für christliches Denken inakzeptabel sind, vor allem die Verschiedenheit in
der Kosmologie und der vom Mythos geprägten Weltanschauung. Mit der
Rezeption der aristotelischen Metaphysik einher gehen Vorstellungen, die
eine von Gott in Freiheit geschaffene Welt, so wie es christlicher Glaube
verkündet, unmöglich machen. Die zutage tretenden Differenzen zwischen
der aristotelischen Metaphysikkonzeption und der christlichen Offenba-
rungslehre schienen derart unüberwindlich, - so resümiert Honnefelder in

---

objekt (scientia in nobis) gewußt werden. Vgl. Honnefelder, *Duns Scotus,*
231f.

34 *Quaest. super libros Met. Arist.* prol. n. 16f. (Ed. Bon. III 8) „Utroque autem modo ista scientia (scil. Metaphysica) considerat maxime scibilia (...)
Maxime scibilia primo modo sunt communissima, ut ens in quantum ens,
et quaecumque consequuntur ens inquantum ens."

35 *Ord.* prol. p. 5 q. 1-2 n. 274 (Ed. Vat. I 185f.) „Ostensio finis in theologia
est finis non in universali sed in particulari, quia ad metaphysicum pertinet
illa ostensio in universali."

seiner Scotusinterpretation[36] - daß Scotus allen Grund gehabt hätte, im Gefolge von Augustinus und Bonaventura die Metaphysik der Theologie unterzuordnen. Genau das tut Scotus nicht, obwohl ihm das immer wieder von illustren Interpreten wie z.B. Gilson unterstellt wurde.[37] Um die Autonomie der Theologie zu retten, kreiert Scotus eine autonome Metaphysik. Wenn nämlich das freie, in keiner Weise vorherseh- und vorherbestimmbare Sprechen Gottes in dieser radikalen Offenheit verstanden werden soll, bedarf es auch seitens des Hörers und Adressaten einer autonomen Ursprünglichkeit, um jenes Sprechen verstehen zu können.[38] Theologie und Philosophie haben jeweils ihre eigene Autonomie aufgrund der je spezifischen Ursprünglichkeit, stehen sich aber nicht beziehungslos gegenüber. Sie ergänzen sich vielmehr, sind daher in dieser Weise auf einander verwiesen und bedürfen einander. Was die Verschiedenheit im Ursprung betrifft, gilt gleiches wie beim freien Sprechen Gottes. Damit dieses überhaupt erkenn- und verstehbar wird, muß eine vorgängige Gemeinsamkeit postuliert werden. Scotus stellt die Frage, wie diese Einheit von Philosophie und Theologie begrifflich faßbar wird. Philosophie, das ist der Bereich des natürlich rational erworbenen Wissens, dessen Umfang und Tiefe Aristoteles - so die allgemei-

---

36   Vgl. Honnefelder, L., „Wie ist Metaphysik möglich? Ansatz und Methode der Metaphysik bei Johannes Duns Scotus", in: *Via Scoti. Methodologica ad mentem Joannis Duns Scoti. Atti del Congresso Scotistico Internazionale.* Roma 9-11 marzo 1993, a cura di L. Sileo, Bd. 1, Rom 1995, 77-93, 79f.

37   Gilson, E., *Johannes Duns Scotus. Einführung in den Grundgedanken,* Düsseldorf 1959, 36 „Man drehe das Problem wie man will, es drängt sich immer dieselbe Schlußfolgerung auf. Man kann nicht wissen, wozu der Intellekt von Natur aus, ohne sich vom Lichte der Offenbarung helfen zu lassen, imstande ist." Vgl. dazu: Honnefelder, L., *Ens inquantum ens. Der Begriff des Seienden als solchen als Gegenstand der Metaphysik nach der Lehre des Johannes Duns Scotus,* Münster 1979, 92.

38   Die Fähigkeit das Wort Gottes in seiner Andersartigkeit zu vernehmen, zu der wir nicht schon eine natürliche Hinneigung haben, ist das große Thema in der ersten Quaestio des Prologs zur Ordinatio. Scotus kommt in seiner Analyse zur Auffassung, daß es zwei Möglichkeiten von Erkenntnisbestimmungen gibt. Der Intellekt ist auf das Erkenntnisobjekt schon hingeordnet, wie das bei der natürlichen Erkenntnis der Fall ist. Wenn indessen keine Hinneigung besteht, dann ist der Intellekt nicht zur totalen Passivität verurteilt, seine dadurch ausgezeichnete Aktivität besteht im Vermögen des Hörens. *Ord.* prol. p. 1 q. 1 n. 94 (Ed. Vat. I 58) „Dico quod ex se (scil. intellectus) est in potentia oboedientiali ad agens, et ita sufficienter proportionatur illi ad hoc ut ab ipso moveatur."

ne Annahme im 13. Jahrhundert[39] - nahezu gänzlich ausgeschritten hat. Theologie, das ist der Bereich des geoffenbarten Wissens, das in seiner Vollgestalt nur in Gott anwesend ist. Die beiden Bereiche kommen in einer gemeinsamen Not überein. So muß die Offenbarung Begriffe und Termini in Anspruch nehmen, die selbst nicht wiederum geoffenbart sind, welche indessen auf dem Weg der natürlichen Erkenntnis erworben wurden.[40] Dem Metaphysiker kommt ohne Theologie sein Gegenstand abhanden. Das erste Objekt der Metaphysik, das Seiende in seiner Seiendheit, kann nicht selbst wieder ein Gegenstand sinnlichen Datums sein. In diesem Fall würden die Konsequenzen klar auf der Hand liegen: Entweder man gibt das aristoteli-sche Prinzip, wonach alle Erkenntnis stets von der Sinneserfahrung auszu-gehen habe, auf, und nimmt Zuflucht zu einer Erleuchtungstheorie, oder das erste Objekt der Metaphysik wird auf die Sinnlichkeit (ens physicum) ein-geschränkt, was zur Folge hätte, den Anspruch der Ganzheitstheorie fallen zu lassen. Metaphysiker und Theologe können sich sehr im persönlichen Glaubensvollzug unterscheiden, aber der Gottesbegriff als solcher erlaubt keine Verschiedenheit. Dieser kommt ja nicht von der Offenbarung. Er ist ein Begriff, den der Metaphysiker auf natürlichem Weg erreicht.[41] Wenn Seiendes - wie Scotus das tut - so weit angesetzt wird, daß es nur die Be-stimmung der Nicht-Widersprüchlichkeit in sich trägt (ens est cui non repu-gnat esse), dann kann in der Tat nicht von vornherein das Nichtsein Gottes behauptet werden. Scotus insistiert, daß die Aussage „Gott ist", nicht schon apriori ohne Widerspruch als nichtig bezeichnet werden kann. Das bloße „Ist-Sagen" birgt in sich eine gewisse Leere, weil dieses Sagen jenseits ka-tegorialer und transzendentaler Prädikation angesetzt ist. Es bewegt sich im Grenzbereich, einerseits abgehoben vom absoluten Nichts (nihil absolutum) andererseits abgehoben vom konkret Realen. Zwischen diesen beiden Polen ist der Bereich der Metaphysik möglich. Aufgrund dieser Zwischenstellung

---

39   Vgl. Honnefelder, L., „Duns Scotus: Der Schritt der Philosophie zur scien-
      tia transcendens", in *Thomas von Aquin im philosophischen Gespräch*,
      hrsg. von W. Kluxen, Freiburg/München 1975, 229-244, 230.

40   *Ord.* prol. p. 3 q. 1 n. 206 (Ed. Vat. I 138) „Revelatio autem secundum
      communem legem non est nisi de his quorum termini communiter natura-
      liter possunt concipi a nobis."

41   *Quodl. q.* VII n. 11 (Ed. Viv. XXV 293) „Cognitio enim fidei non tribuit
      conceptum simplicem de Deo (...) Hoc etiam patet, quia Metaphysicus in-
      fidelis et alius fidelis eumdem conceptum habent, cum iste sic affirmans
      de Deo, ille vero negans, non tantum contradicunt sibi invicem ad nomen,
      sed etiam ad intellectum."

ist von Gott in der Metaphysik nur ein „Daß-Beweis" durchführbar.[42] In dieser ontologischen Tiefendimension des reinen „Ist" befindet sich die Schnittstelle von menschlich – göttlichen Seinssphären.[43] Für die Philosophie bedeutet diese Überschneidung von verschiedenen Ordnungen sorgsame Unterscheidung. Damit wird jene Richtung vorgegeben, die später Kant aufnehmen und radikaler durchführen wird, das Programm einer Kritik der Vernunft.

Metaphysik erschöpft sich nicht allein in der Grenzziehung zwischen verschiedenen Wirklichkeitsordnungen und deren Verhältnisbestimmung, indessen kann Metaphysik für die Theologie eine Aufgabe erfüllen, die diese nicht zu leisten vermag. Der Metaphysiker erarbeitet Grundbegriffe und stellt diese der Theologie zur Verfügung, sodaß theologisches Reden auf wissenschaftlicher Ebene mitteilbar wird. Was die Verwissenschaftlichung betrifft, bleibt die Theologie auf die Metaphysik angewiesen, denn ohne sie müßte sie die Allgemeingültigkeit einbüßen. Die Not der Theologie liegt in ihrem Ursprung, da sie sich dem einzigartigen, nicht allgemeingültigen Naturgesetzen unterworfenen Wirken eines einzigartigen Gottes verdankt. Theologie muß diesem Ursprung verpflichtet bleiben, weswegen Theologie nach Scotus als praktische und nicht wie die Philosophie als theoretische Wissenschaft gilt.[44] Das Sprechen Gottes will ja nicht informieren, auch nicht erklären, oder unseren Wissensstand vermehren. Gott will indessen Ant-Wort und persönliche Umkehr. Gott erkennen heißt in der Sprache der praktischen Theologie, Gott lieben. Theologie muß diese Hinordnung zur praktischen Wissenschaft bewahren, wenn sie nicht ihren eigenen Ursprung aufgeben will. Ihr Grundakt als intellectus fidei greift über sich selbst hinaus, ins transzendent Andere und berührt die Personeinsamkeit, die kein

---

42   *Met.* 1 q. 1 n. 30 (Ed. Bon. III 27) „De Deo autem non est scientia propter quid ut de primo subiecto, et nulla scientia considerat Deum ut causam, cum nihil causat necessario secundum veritatem."

43   Welte, B., *Religionsphilosophie*, Freiburg im Breisgau ⁴1978, 24: Die Frage nach dem „Ist" ist die große Frage, die sich aus dem menschlichen Seinsverständnis erhebt. Sie ist auch ihrer Struktur nach eine philosophische Frage, wenn auch die Sache, der sie nachfragt, gerade das Andere der Philosophie ist und auf ihrer eigenen Wurzeln steht.

44   *Ord.* prol. p. 5 q. 1-2 n. 345 (Ed. Vat. I 225f) „Dico quod fides non est habitus speculativus, nec credere est actus speculativus, nec visio sequens est speculativa, sed pratica;"

universalisierender Intellekt erreicht.[45] Der Ursprung des praktischen Aktes liegt demzufolge - nach Scotus - nicht im Intellekt, aber im Willen. Damit einher geht eine Aufwertung des Einzelnen. Hatte es bei Aristoteles noch geheißen, ein Mensch zeugt einen Menschen, d.h. die Gattung ist letzter Seinsträger, kommt nun durch die Offenbarung der Einzelne in den Blickpunkt des Interesses. Die ganze Seinsfülle ist nun im Einzelnen versammelt, was den Niederschlag in einem Paradigmenwechsel findet: das Einzelne steht über dem Allgemeinen und das Kontingente über dem Notwendigen. Die Vorrangstellung des Einzelnen geschieht auf Kosten der allgemeingültigen Vermittlung. Vom einzigartigen Gott und vom einzigartigen Menschen kann es keine Wissenschaft geben, die dem Ideal einer *scientia propter quid* entspricht. Scotus entscheidet damit ein - wie Heidegger sagt - zu seiner Zeit vielumstrittenes Problem: Das Individuelle ist ein unzurückführbares Letztes und bedeutet allein realer Gegenstand.[46] Die Metaphysik vermag diesen personalen Grenzbereich nicht zu erreichen. Die Theologie, deren erste und tiefste Form der Rede das persönliche Zeugnis ist und nicht der Beweis oder die Definition kündet davon. Es schließen sich das konkret Individuelle und das abstrakt Allgemeine bei Scotus nicht gegenseitig aus. Vielmehr bleiben sie aufeinander angewiesen. Scotus sagt: „Der praktische Akt ist der vornehmere und der spekulative Akt ist der sicherere".[47] Da liegt nun der Kreuzungspunkt beider Wissenschaften. Die Theologie braucht die Metaphysik, um auf der Ebene der Wissenschaft ausdrücklich werden zu können. Dazu eine bemerkenswerte Tatsache: Theologie konstituierte sich erst in dem Moment als Wissenschaft, nachdem sie eine Wissenschaft Metaphysik zur Disposition hatte.[48]

---

45   *Ord.* prol. p. 5 q. 1-2 n. 314 (Ed. Vat. I 207) „In actibus intellectus nulla est extensio intellectus, quia non extra se tendit nisi ut actus eius respicit actum alterius potentiae." Vgl. Honnefelder, *Ens,* 22-29.

46   Heidegger, M., „Die Kategorien- und Bedeutungslehre des Duns Scotus", in: *Martin Heidegger. Frühe Schriften,* Frankfurt am Main 1972, 133-353, 194f.

47   *Ord.* prol. p. 5 q. 1-2 n. 220 (Ed. Vat. I 152) „Item, practica omni aliqua speculativa est nobilior; nulla nobilior sit; ergo etc. Probatio primae: tum quia speculativa est sui gratia, practica gratia usus, tum quia speculativa est certior, ex I *Metaphysicae.*"

48   Honnefelder, *Rationalität und Theologie*, 305 „Nicht ohne Grund wird die Theologie daher, wie dargelegt, historisch erst zu dem Zeitpunkt als Wissenschaft (scientia) im eigentlichen Sinn konzipiert, als neben einer expli-

Die Abhängigkeit ist nicht einseitig zu verstehen; die Metaphysik ihrerseits braucht eine Theologie. Ohne diese könnte sie nicht ihren Grund erkennen und vollziehen. Der Grundvollzug (actus primus) der Metaphysik geschieht nicht *ex nihilo*. Die Ursprünge der Metaphysik liegen im Bereich des Theologischen. Das Staunen wird als Anfang der Metaphysik genannt, aber Aristoteles selbst weist darauf hin, daß dieses Grunddatum der Metaphysik durchaus anders ausgelegt werden kann, nämlich so, wie es im Mythos geschehen ist.[49] Außerdem gilt auch das Fragen als Ursprung der Metaphysik. Dazu ist zu sagen, daß es keine Frageerfahrung ohne Vorerkenntnis geben kann. Als Bedingung der Möglichkeit Fragen überhaupt zu stellen, muß vorausgesetzt werden, daß die Fragwürdigkeit des in Frage stehenden Sachverhaltes erst einmal erkannt wird. Man könne nicht - so die Kritik von J. Pieper an Heidegger - die Grundfragen der Metaphysik stellen, ohne die theologisch vermittelte Vorerkenntnis dieser Fragen zu akzeptieren.[50] Das gilt selbstverständlich auch für die Grundfrage der Metaphysik schlechthin: „Warum gibt es etwas und nicht vielmehr nichts?" So verdankt sich diese Frage einem christlichen Kontext, in dem das „Etwas geben" erst einmal als der Frage würdig erkannt werden konnte.[51] Die Frage bekam ihre besondere

---

ziten Wissenschaftslehre auch eine explizite Metaphysik als Möglichkeit einer solchen unabhängigen Prüfung zur Verfügung steht."

49 Vgl. Wiplinger, F., *Metaphysik. Grundfragen ihres Ursprungs und ihrer Vollendung*, Wien 1976, 83f.

50 Heidegger, M., *Was ist Metaphysik?* Frankfurt am Main [14]1992 „Der alte Satz ex nihilo nihil fit erhält dann einen anderen, das Seinsproblem selbst treffenden Sinn und lautet: ex nihilo omne ens qua ens fit." Vgl. dazu Pieper, J., *Was heißt Philosophieren?*, München [9]1988 97f. „Ihre Lebendigkeit und ihre innere Spannung gewinnt die Philosophie durch ihre Kontrapunktik zum Theologischen hin. Von dort her hat sie das Gewürz, das Salz des Existentiellen! - Gerade dadurch, daß die zur Spezial-Disziplin eingeschrumpfte Fach-Philosophie schal geworden war, weil sie ängstlich jede Berührung mit theologischer Thematik vermied [was teilweise sogar für die sogenannte „christliche" Philosophie zutraf] - gerade dadurch erklärt sich etwa die erregende, betroffen machende Wirkung des Heideggerschen Philosophierens, dessen explosiver Charakter in nichts anderem liegt als darin, daß mit herausfordernder Radikalität, aus einem ursprünglich theologischen impetus Fragen gestellt werden, die aus sich eine theologische Antwort verlangen - und daß zugleich eine solche Antwort ebenso radikal abgelehnt wird."

51 Siger di Brabant, lib. IV, commentum. Schulthess, *Die Philosophie*, 21: „Nach Gilson dagegen ist die mittelalterliche Philosophie um so frucht-

Dringlichkeit von einem Theologumenon; von der *creatio ex nihilo*. Als nämlich reflexiv bewußt wurde, daß Gott die Welt ebenso gut nicht hätte erschaffen können.

Die Frage „Warum gibt es etwas und nicht vielmehr nichts?" hat vor Leibniz schon Siger von Brabant in seinem Kommentar zur aristotelischen Metaphysik formuliert. Die Frage taucht genau am Kreuzungspunkt von christlicher Offenbarung und griechischer Metaphysik auf. Damit wird sowohl die Wichtigkeit der Theologie für die Metaphysik und umgekehrt deutlich. Die Theologie gibt den Horizont ab, in dem ein philosophischer Grundakt seine eigene und authentische Form bekommen kann. Für die griechische antike Philosophie und auch für die des Mittelalters gilt, daß immer der Ausgangspunkt eine theologische Weltsicht war.

Scotus notiert die Feststellung: „*negationes etiam non summe amamus*".[52] Jede negative Erkenntnis setzt eine affirmative voraus. Es ist ursprünglicher, der Sache angemessener, von einer Affirmation auszugehen und nicht von einer Negation. Der erste Erkenntnisgrund ist theologisch vermittelt. Insofern kann Scotus auch sagen: „*Ergo metaphysica est theologia principaliter*".[53] Ursprünglich ist Metaphysik Theologie. Es ist nicht zufällig, daß der Grundbegriff scotischer Metaphysik, das Seiende in seiner Eindeutigkeit, im Kontext der Frage nach der natürlichen Erlernbarkeit Gottes entwickelt wird. Ausgangspunkt ist die Anerkennung: Gott ist das erste und alle weitere Erkenntnis bestimmende Objekt, freilich in der Ordnung der Vollkommenheit. Erkenntnis geschieht in der Theologie nur durch und mit Gott. Was den natürlichen Erkenntnisweg betrifft, verliert Gott den Erkenntnisprimat. Das Ersterkannte in der Ordnung der Zeit ist die *quidditas rei sensibilis*. Was die Ordnung der Angemessenheit betrifft, ist das erste

---

barer, je mehr sie in die Theologie integriert wird: (...) Als Beispiele erwähnt er zum einen die Bibelstelle „Ich bin der Seiende" (*ego sum qui sum*; Ex 3.14), die die sogenannte Exodus Metaphysik begründet habe, worin Gott und Sein identifiziert wurden, und zum anderen das im 2. Jahrhundert Entstandene christliche und gänzlich unantike Dogma der *creatio ex nihilo*, der Schöpfung aus dem Nichts, das zur Grundfrage der Metaphysik geführt habe, die Siger v. Brabant um 1281 in seinem Metaphysik-Kommentar so formuliert: „Warum ist überhaupt Seiendes und nicht vielmehr nichts? (Quare est magis aliquid in rerum natura quam nihil?)"

52   *Ord.* I d. 3 p. 1 q. 1-2 n. 10 (Ed. Vat. III 5)
53   *Ebd.* n. 19 (Ed. Vat. III 10)

Objekt *ens inquantum ens*. Dieses Objekt umfaßt alles, weil es das Seiende als Seiendes vor seiner modalen und kategorialen Differenzierung thematisiert. Scotus führt aus in bezug auf die natürliche Gotteserkenntnis: „Es gibt keine vollkommenere Erkenntnis als den Begriff des Seienden".[54] Dieses Ergebnis ist Folge einer theologischen Auseinandersetzung. Insofern kommt der Theologie sehr wohl auch der Vorrang zu, indem durch die Auseinandersetzung mit dem ersten und ausgezeichneten Seienden, das Seiende als solches erkannt wird. Auf diese Vorerkenntnis muß die Metaphysik immer zurückgreifen. Scotus erklärt dies mit einem Beispiel:

> „Um einen Weisen zu erkennen, muß zuvor ein gewisses „Etwas"
> erkannt werden, dem die Eigentümlichkeit inne ist, weise zu sein."[55]

Der Metaphysik fehlt im Unterschied zu allen anderen Wissenschaften ein konkretes Objekt. Das Seiende insofern es seiend ist „ens inquantum ens", welches die Stelle eines Objektes in der Metaphysik einnimmt, übt diese Funktion stellvertretend aus, da es nicht ein bestimmtes und eingegrenztes Objekt ist, wie z.B. der Mensch als Objekt der Medizin fungiert oder Gott als Objekt der Theologie. Das Seiende, von dem der Metaphysiker spricht, bezeichnet - das mag nun Kantisch klingen, ist aber zutiefst Scotisch - die Gegenständlichkeit möglicher Objekte. So schreibt Scotus:

> „Jenes ist das erste Objekt unseres Erkenntnisvermögens, durch dessen Grund alles andere die Erkennbarkeit empfängt."[56]

Es versteht sich, daß diese Gegenständlichkeit selbst nicht wieder ein Gegenstand unter anderen sein kann, sondern den Horizont abgibt, in dem Dinge ihre ureigene Erkennbarkeit bekommen. Wie das Licht - so Scotus - den sichtbaren Dingen ihre ganz bestimmte Erkennbarkeit verleiht, so verleiht das Seiende den Dingen die Erkennbarkeit, wenn ihr Ganzes-Sein und ihr Im-Grunde-Sein in Frage steht. Da dieses Seiende - wie schon erwähnt - selbst als Gegenstand nicht fungiert, bedarf es der Stellvertretung durch die

---

54   *Ebd.* n. 18 (Ed. Vat. III 10) „Ergo nulla cognitio possibilis viatori naturaliter de Deo est perfectior conceptu entis."

55   *Ord.* I d. 3 p. 1 q. 1-2 n. 25 (Ed. Vat. III 17) „Ergo intelligendo 'sapientem' oportet praeintelligere aliquod 'quid' cui intelligo istud quasi proprietatem inesse."

56   *Quaest. Met.* IV q. 1 n. 35 (Ed. Bon. III 302f.) „Illud est primum obiectum potentiae cognitivae sub cuius ratione cognoscuntur omnia alia ab illa, sicut patet de obiecto visus; sed nec ratio substantiae nec accidentis reperitur in omnibus intelligibilibus." Vgl. Bettoni, E., *Duns Scoto. Filosofo*, Milano 1996, 43-46.

Theologie. Auch die Theologie thematisiert das ganze Seiende, aber sie schöpft ihr Wissen nicht aus dem Seienden selbst, empfängt sie vielmehr aus der Quelle der Offenbarung. Damit der Philosoph sein ureigenstes Geschäft des Fragens ausüben kann, muß er zuerst hören. Historisch läßt sich das beweisen: Sowohl die griechische Philosophie als auch die Philosophien des Mittelalters verdanken sich der Theologie; die griechische dem Mythos und die des Mittelalters der Offenbarung.

Theologie steht nicht nur am Anfang der Metaphysik, sie gibt auch die Richtung an: *„metaphysica est theologia finaliter."*[57] Der Metaphysiker ist fähig ausgehend von der Erfahrung einen Begriff von Gott zu bilden. Der Gott angemessenste Begriff heißt „ens infinitum". Innerhalb der Metaphysik bleibt der Begriff in gewisser Weise leer. Die Metaphysik stellt den Begriff der Theologie zur Verfügung, die ihn konkret zu füllen vermag. Ohne Theologie - so Scotus - käme der Philosoph wahrscheinlich nie auf den Gedanken Seiend und Unendlich zusammen zu denken. Für den Metaphysiker steht Gott nicht am Anfang seiner Überlegungen, aber am Ende.

Resümierend läßt sich sagen, der Metaphysiker und der Theologe durchlaufen denselben Weg, aber in je umgekehrter Richtung. Der Theologe kommt von Gott und sucht seinen Weg in die Welt, der Metaphysiker kommt von der Welt und sucht seinen Weg zu Gott. Der eine kennt den Weg zu Gott, der andere den Weg zur Welt. Diese beiden Elemente gehen in den vorhin genannten Gottesbegriff ein. Es ist der höchste Begriff, den der Metaphysiker zu formen imstande ist. Der Begriff ist zusammengesetzt. Der Seinsbegriff „ens" wird ausgehend von der sinnlichen Erfahrung geformt, d.h. der Begriff kommt aus der Welt der Sinne. Andererseits weiß der Metaphysiker, daß Gott kein Sinnesdatum ist. Diese Negation wird durch die privative Form des „infinitum", des Un-endlichen, d.h. nicht endlich, ausgedrückt. Der Metaphysiker erreicht einen Begriff von Gott, der nicht mehr besagt, als daß Gott ist unendlich, oder anders gewendet: Gott ist nicht endlich. Dieser Begriff bleibt leer, da er nicht mehr zu sagen vermag, als *daß Gott ist* und *daß Gott nicht endlich* ist. Inhaltlich vermag der Begriff nichts zu prädizieren. Der Theologe kann dem Begriff einen Inhalt geben. Einmal angekommen beim „ens infinitum" muß der Philosoph schweigen und hörend werden daraufhin, was der Theologe zu sagen vermag. Dieser seinerseits braucht die Begrifflichkeit des Philosophen, um seine Botschaft zu

---

57   Siehe Anm. 53.

transportieren. Wie immer Menschen verschiedenster Herkunft und Bildung von Gott geredet haben - so Scotus - immer wurde dies mittels des Begriffes des Seins getan, der von sich her nur eines sagt, *daß Gott ist*. Darin waren sich auch alle einig. Wie und wer Gott ist, das kann nur durch das Sprechen Gottes vernommen werden.

III

Abschließend zwei Bemerkungen anläßlich der Publikation der Enzyklika *Fides et ratio*. Für jemanden, der sich für die Metaphysik sehr interessiert, ist es eine große Ermutigung auch einmal von kirchlicher Seite eine Stimme positiver Natur zur Metaphysik zu hören. Obwohl Äußerungen, wie *Metaphysik ist tot*, oder man *wolle die Metaphysik nicht mehr bekämpfen, sondern die, die sie betreiben heilen,* schon der Vergangenheit angehören, ist die Stimme der Metaphysik noch nicht gänzlich erstarkt. Es tut einfach gut, seitens des Lehramtes der Katholischen Kirche ein Argument dafür zu hören. Das Begründen *ex auctoritate* ist für die Philosophie zwar die schwächste Form der Beweisführung, aber es gilt immer noch als Argument.

Die zweite Bemerkung bezieht sich auf einen Ausdruck, den ich der Enzyklika entnommen habe: *Philosophieren in Maria*. Ein sehr schöner und - wie ich meine - auch richtiger Ausdruck, denn immer dann, wenn das Ganze zur Frage steht, muß der Philosoph zuerst hören. Maria hat gehört! Immer wenn das Heil des Menschen und der Welt als Ganzes zur Frage steht, dann soll Philosophie dienen. Maria war die dienende Magd. Ich kann gut leben mit der Beschreibung der Philosophie als Magd der Theologie, sofern Magdsein nicht Sklavin oder Subordination meint.

Die scotische Synthese hat gezeigt Herrin und Magd sind aufeinander angewiesen. Für die Philosophie bedeutet dies nicht, daß sie ihre Eigenständigkeit einbüßen muß! Gerade dort, wo Dienstfunktion ausgeübt wird, weil das Ganze im Spiele ist, erfährt sie ihre wahre und authentische Bedeutung. Wie hat jemand einmal sehr weise gesagt: Es soll gar nicht selten vorkommen, daß die Magd die Lampe trägt und der Herrin, die zuweilen ein wenig trunken ist, weil sie allzu viel von der Wahrheit abbekommen hat, den Weg nach Hause leuchtet.

Vernunft bei Thomas von Aquin

Johannes Maria Hanses

Unser Frage lautet: „Warum ist dem heiligen Thomas von Aquin die Vernunft so heilig?"[1] Vielleicht hätte Thomas angesichts dieser Frage erst einmal gestutzt oder ungläubig dreingeschaut, obwohl wir von seinen Biographen wissen, daß ihm keine Frage seiner Schüler zu einfach war, als daß er sie nicht mit der gleichen Hingabe beantwortete, wie die spekulativsten Werke seiner Metaphysik. Aber in Sachen Vernunft ist ihm nichts so selbstverständlich, wie daß sie den Menschen überhaupt erst ausmacht. In seiner *quæstio disputata de malo* sagt er dazu: „Die Vernunft ist dem Menschen Natur. Was gegen die Vernunft ist, steht gegen die menschliche Natur."

Wenn also dem heiligen Thomas im 13. Jahrhundert die Vernunft noch so selbstverständlich zum Menschen gehört, wie das Vermögen zu Lachen dem Aristoteles, so erkennen wir doch besonders in der späteren Geschichte christlichen Denkens eine gewisse Verdächtigung gegenüber dem Gebrauch der Vernunft im Religiösen. Die Linien aufzuzeigen, wie es dazu kam, wäre eine eigene Untersuchung wert und spannend wie ein Krimi.

Jedenfalls äußert sich dieser Verdacht gegen das Vernünftige immer wieder in der Gegenüberstellung von sogenannter Mystik und Theologie. Dann hören wir Worte wie: Jemand sei verkopft; das theologische Räsonieren mache alles kaputt; man versperre sich mit der Vernunft den Zugang zur Berührung mit der übernatürlichen Gnade Gottes. Sören Kierkegaard soll, ganz in diesem Sinne, gesagt haben, das wohl geeignetste Mittel, sich vor dem Anruf Gottes in Sicherheit zu bringen, sei eben das Studium der Theologie.

Solches kennen wir. Der bekannteste Spruch des Theologen Karl Rahner, der Christ von morgen sei entweder eine Mystiker oder er sei gar nicht, klingelt uns in den Ohren. Vielleicht beruft sich der eine oder andere gar

---

[1]   Vortrag beim Jugendsymposion „Intellektuell und katholisch" im Juli 1999 in Heiligenkreuz.

auf Therese von Avila, die ja eine große Ekstatikerin, sehr begnadet und – Kirchenlehrerin war, und die das berühmte „Gott allein genügt" ausgesprochen hat. Zwischen dem heiligen Thomas und uns scheint also einiges passiert zu sein auf dem Kampfplatz christlichen Denkens.

Ziel dieses kleinen Vortrags will nun sein, mit Blick auf den heiligen Thomas aufzuzeigen, daß wir mit dieser Trennung von Vernunft und Übernatur einen Fehler begehen.

Übrigens war gerade Therese von Avila eine Frau, die so vernünftig und derb sprechen konnte, wie kaum eine andere aus der Schar der Heiligen. Schwer sei es, seinen eigenen Verstand jemandem unterzuordnen, der selber keinen habe; dieser Satz wird ihr zugesprochen. Und gerade sie mahnt ihre Schwestern, wer wählen könne zwischen einem gebildeten geistlichen Begleiter und einem frommen, der solle den sachkundigen vorziehen. Auch bei Paulus gibt es den einen mit prophetischer Gabe und eben den, der diese auszulegen vermag.

Und wir dürfen hier sicher das erhabene Ereignis der Verkündigung durch den Engel bei der jungen Maria als Beispiel heranziehen: Die Erscheinung des Gabriel im Leben der späteren Muttergottes war sicherlich, wenn auch in geschichtlicher Konkretheit dastehend, ein mystisches Erleben. Aber genau hier, mitten drin, entsteht ein vernünftiges Gespräch. Maria fragt nach und merkt an, daß ihr die Voraussetzungen fehlen, da sie keinen Mann erkenne. Und erst als der Bote des Himmels ihr den Plan Gottes darlegt, willigt sie ein. Erst dann kann sie sagen, da mache sie mit, da vertraue sie sich hinein, mit Haut und Haaren. Also hier ist beides. Das Heil beginnt sozusagen mit einer Kombination aus Mystik und Vernunft. Vergessen wir das nicht. Heute fordern die Zeitgenossen gern eines von beiden und sprechen dem anderen gleich seinen Wert ab.

Die uns bekannte Verdächtigung des einen gegen das andere bleibt, wie wir hoffentlich gleich sehen werden, bei näherem Hinsehen unverständlich. Wir wollen also der uns gestellten Aufgabe nachkommen und diese These mit Blick auf Thomas von Aquin verteidigen.

Thomas, der uns also hier den Rahmen vorgibt, belehrt seine Studenten in der summa contra gentiles, sie sollen sich gar nicht erst bemühen, Nichtgläubigen den Glauben zu beweisen. Wichtiger sei (und ohnehin das einzig mögliche), ihnen aufzuzeigen, daß der Glaube vernünftig ist.

Vielleicht kennen Sie die kleine Anekdote von der fliegenden Kuh? Jaques Maritain erzählt sie in einem seiner Bücher: Der „stumme Ochse", Thomas wurde zu Studienzeiten aufgrund seiner Behäbig- und Schweigsamkeit so genannt, sitzt mit seinen jungen Mitbrüdern da, als einer von ihnen ans aus dem Fenster blickt und ausruft, es fliege da eine Kuh durch die Luft! Alles bleibt sitzen und wartet auf die Reaktion des duldsamen Schülers. Der erhebt sich und geht zum Fenster, das Tier zu suchen. Auf das allgemeine Gelächter antwortet der Heilige, doch lieber an fliegende Kühe zu glauben, als daß sein Mitbruder ihn belüge!

Eine vielleicht lustige Geschichte, die sich die Freunde des heiligen Thomas jedoch mit Bedacht erzählen. Hier scheint bereits seine klare Art auf und seine bestechende Intelligenz. Aber ebenso eine gewisse Bereitschaft, geradezu Unglaubliches zu glauben. Als Katholiken glauben wir, wenn auch nicht gleich an fliegende Kühe, so doch durchaus vieles, was jemandem ohne diesen Glauben als märchenhaft zurückweisen muß.

Wir glauben an die Anwesenheit längst verstorbener Heiliger, wir glauben an Wunder, wir glauben an eine Engelwelt, sogar an eine Menschwerdung Gottes und die Besiegung des Todes in seiner Erleidung.

Unser Glaube muß sich in der Tat für einen sich um Unglauben Mühenden eher märchenhaft ausnehmen. Und wirklich: Wir glauben doch, daß sich im Sakrament der Eucharistie so einfache Dinge wie Brot und Wein sozusagen verzaubern in göttliche Materie. Und hier haben wir wirklich Erklärungsbedarf. Was verlangen wir von den Menschen mit der Aufforderung, hier nicht vernünftig nachfragen zu dürfen?

Natürlich greift hier der berühmte Satz des Thomas aus seiner Erklärung zum apostolischen Glaubensbekenntnis, das Wesen der Dinge bleibe uns unbekannt. Und doch darf es nach seiner Auffassung nicht der Vernunft widersprechen, sich auch ins Unbegreifbare einzuordnen. Unsere Plädoyer wird also in der These liegen, daß das Übernatürliche nicht unvernünftig sein kann.

Wer den heiligen Thomas ein wenig näher kennengelernt hat, der weiß, daß gerade er die Grenzen des Erfaßbaren kennt und sehr deutlich aufzeigt. Er gibt sich einmal selbst den Einwand, im Paradiese könne es wohl keine geschlechtliche Weitergabe des Lebens gegeben haben, weil man sich ja einer Art Ekstase hingebe und seine Vernunft für gewisse Zeit einbüße. Er überrascht mit der Antwort, wenn das nicht gut wäre, dann dürfe man sich auch nicht schlafen legen. Es kann also durchaus ein Akt der Vernunft sein, hier und da einmal ein wenig unvernünftig zu sein, wie Jack Lewis in diesem Sinne anmerkt.

Nebenbei müssen wir eine kurze Klärung vornehmen: Thomas unterscheidet zwischen *ratio* und *intellectus*. Das eine, rationelle Tun, ist eher diskursives, logisches Vorgehen, das den naturhaft gegebenen Denkprinzipien folgt und an Zeit gebunden ist. Das andere, intellektuelle Tätigsein, könnte man vielleicht ein intuitives, blitzartiges Erfassen und Lesen in den Dingen nennen. Thomas schreibt in der Summe, beides ließe sich wohl unterscheiden, gehöre allerdings zu einem einzigen Vermögen. Ich möchte hier diese Unterscheidung nicht weiter berücksichtigen, sondern einfach von Vernunft und Intellekt reden, weil es die Angelegenheit erleichtert und den Sachverhalt, der zur Sprache kommen soll, nicht verzerrt.

Werfen wir einen Blick auf das Bild des Thomas vom Menschen und von dessen Ziel. In *de malo* steht uns also der oben schon genannte Satz wie ein Gebirgsmassiv vor Augen: Die Vernunft ist dem Menschen Natur. Das erinnert gleich an den Auftakt der aristotelischen Metaphysik und heißt, der Mensch kommt erst in seiner Vernunft zu sich. Es geht dem Menschen um Erkennen der Gründe der Dinge um ihn, um das Erkennen seines Weges, um Erkenntnis seiner Ziele.

Um das näher zu verstehen, sollten wir klären, daß Thomas sich ganz und gar seiner sicher ist in der Behauptung, jedes Geschöpf, jedes Tierchen, jedes Bäumchen habe ein klares und fest umrissenes Ziel. Ein Apfelbaum wird das Ziel haben, gesunde Äpfel hervorzubringen. Jedes Hündchen findet sein Ziel darin, ein richtiger Hund zu werden. So einfach ist das. (Überhaupt ist Thomas stets einfach in seiner Argumentation. Wenn wir ihn nicht immer gleich verstehen, liegt das nicht daran, daß er schwer spricht, sondern, daß seine Themen eben die schwersten sind, die der Mensch denken kann. Zur Erklärung dieses Sachverhalts sei Chestertons kleines Werk Der stumme Ochse sehr empfohlen.) Also jedes Geschöpf hat sein ganz eigenes Ziel, nach dem es strebt, auf das es aus ist. Und so auch die Welt als ganze. Auch sie hat ein telos, ein Ziel. Und zwar eines, das sie in der Kraft Gottes auch sicher erreichen wird. Das Weltbild des heiligen Thomas von Aquin ist ein ausgesprochen teleologisches. (Das ist, nebenbei gesagt, strikt zu trennen von dem, was heute mit teleologischer Ethik bezeichnet wird. Das ist etwas anderes und, wie ich meine, dem heiligen Thomas etwas sehr Fremdes.)

Diese Annahme der Zielhaftigkeit allen Seins ist in den Geisteswissenschaften nicht so selbstverständlich, wie es unbefangenen Zuhörern scheinen mag. Die Teleologie nach aquinscher Prägung ruht nämlich auf der Behauptung und Glaubenswahrheit von Schöpfer und Schöpfung. Und zwar auf der Annahme eines Schöpfers, der denken kann, ja sogar die Dinge denkend erschuf und schafft. Hier bekommt die im Glauben proklamierte Ebenbildlichkeit des Menschen mit Gott seine Richtung. In der Vernunft kommt sie zustande, wovon gleich die Rede sein soll. Frage ist aber erst einmal, was ist mit Schöpfung gemeint.

Gott setzt im Akt der Schöpfung gemäß Thomas nicht nur einen Beginn von Dingen, sondern er begleitet sie und hält sie im Sein. Gleichzeitig führt er sie ihrem Ziel entgegen, soweit sie es nicht selbst vermögen. All das, was wir leicht vergessen, müssen wir vor Augen haben, wenn wir von Schöpfung reden. Es ist viel mehr als Beginnsetzung!

Und alles gemeinsam, die Schöpfung als ganze, ebenso in ihrem zeitlichen Zusammenblick, stellt die Schönheit, Fülle und Vollkommenheit des göttlichen Denkens erst dar. So können wir sagen, die Dinge der Schöpfung erzählen etwas! Sie sagen etwas aus, sie haben Bedeutung. Sie berichten von sich und von ihrem Schöpfer. Resignativ klingende Sprüche späterer Lyrik, über allen Gipfeln sei Ruh, der Mensch finde sich einsam auf einer stummen Bühne oder gar auf einer uns feindlichen gesinnten Welt, vielleicht freudscher Prägung, entspringen von Thomas her sicher einer gewissen Blindheit gegenüber dem schöneren Teil der Realität. Die Geschöpfe sind bei Thomas noch Spuren, die der Schöpfer hinterlassen hat. Spuren, die von ihm und von sich erzählen. Und wie tun sie das? Einmal durch ihre Phänomene, ihre Erscheinung, durch ihr Bild, das sie bieten, dann aber auch und vor allem, durch ihr Tun. Die Geschöpfe haben eine hohe Würde darin, wirklich ursächlich handeln zu können. Sehen Sie, die Welt hat hier nicht die Traurigkeit des leblos Neutralen. Sie ist dem vernünftigen, vor allem aber glaubenden Auge transparent auf die Schönheit und Güte Gottes hin. Dieses alte (und vernünftige!) Weltbild hat sozusagen immer etwas Märchenhaftes, ein Mysterium, in das wir mit unser Vernunft frohgemut blicken können.

Max Scheler beschreibt in seinem Aufsatz über die Ehrfurcht, daß dem, der von der reinen naturwissenschaftlichen Sehweise zur ehrfürchtigen übergehe, daß dem aufgehe, wie den Dingen etwas hinzuwächst. Daß die Dinge Träger von Geheimnis sind, daß sie von unauslotbarer Tiefe sind, eben weil Gott sie denkt und führt.

Nun ist es mit dem Menschen so eine Sache. Auch er hat auch ein Ziel. Auch er hinterläßt Spuren und erzählt von sich, eben genau so wie die gesamte Schöpfung es tut. Nur kommt hier ins Spiel, was wir Freiheit nennen. Der Mensch erzählt vor allem durch sein Tun. Thomas unterscheidet hier zwischen zweierlei Handlungsmöglichkeiten. In lateinischer Sprache heißen sie *actus hominis* und *actus humanus*. Das erste sind Handlungen, die jeder Mensch tut, die ihn zunächst einmal nicht von den anderen unterscheiden. Thomas nennt als Beispiel, daß sich jeder, der einen Bart trägt, hin und wieder an diesem kratzt. Dann gibt es aber auch noch die zweite Weise etwas zu tun. Nämlich die unverwechselbare. Es gibt Dinge, die ein Mensch so tut, wie kein anderer. Bekannte sagen angesichts solcher Handlungen: „Das sieht ihm ähnlich, das ist ganz klar seine Handschrift". Hier hinterläßt jemand seine ganz eigene und unverwechselbare Spur. Und solche *actus humani* sind immer, und das ist hier wichtig, Ergebnisse des Vernunftgebrauches. Ihnen geht stets eine Entscheidung voraus.

Also das, was den Menschen in seiner Unverwechselbarkeit auf der Seite des Handelns ausmacht, genau das ist immer an Vernunft gebunden. Es mag nun einer viel oder wenig davon haben, aber er gebraucht sie immer. Hier bekommt der einzelne Mensch erst einmal seine ganz eigene Würde zugesprochen. Und wir dürfen hier dankbar einwenden, was Imanuel Kant einmal von der Würde sagt, daß sie nämlich unendlicher Wert bedeute. Sehen Sie, wie hier die Vernunft zum Bild des Menschen gehört? Wir kommen erst zu uns, zu unserer unverwechselbaren Wirksamkeit durch diese Gabe. Und das in allem heiligem Ernst. Thomas wird nicht müde zu sagen, der Mensch sei kraft seiner Vernunft wirklich und wahrhaft Herr über sein Tun und damit verantwortlich für die dessen Folgen.

Gehen wir weiter und tun wir einen Blick auf das Ziel als solches. Das Ziel des Menschen ist der Himmel, die *beatitudo*, die Glückseligkeit. Maritain nennt Thomas einmal den letzten der großen Optimisten. In der Tat, der Heilige rückt nicht ab von seiner Meinung, daß der Mensch um seiner Glückseligkeit willen ins Leben gerufen wird. Lassen wir uns das einmal auf der Zunge zergehen. Als Menschen sind wir überhaupt erst ins Leben gerufen, um ewig glücklich zu werden. Hier ist unser *telos*, unsere Bestimmung. Und der Heilige bleibt bis zur letzten Konsequenz seinem Entwurf treu. Wenn nämlich schon zu Erdenzeiten die Vernunft das Ausschlaggebende, das Entscheidende ist, so gilt das auch für die Glückseligkeit. Die höchste, sozusagen hoheitliche Gabe des Menschen ist die Vernunft, wobei natürlich erst das Gesamte Gefüge, das concretum, also mit Leib, Mensch genannt werden kann. Nebenbei gesagt: Unbefangene Leser der Schriften des Thomas sind immer wieder überrascht, welche Wichtigkeit und Würde der Kirchenlehrer dem Leib, insbesondere dem sinnlichen Vermögen zumißt. Auch das gehört, wie wir noch sehen werden, unbedingt zur Glückseligkeit. Doch erst in Verbindung mit der erhabensten Gabe, der Vernunft, kann diese Möglichkeit des Glücks erst zu stande kommen.

Also ist festzuhalten: Der Himmel ist durchaus ein sinnliches Vergnügen. Dies ist eine Glaubenswahrheit, die sich in der Überzeugung, auch der Christen, nur schwer durchsetzt. Wir meinen leicht, nach Tod und Gericht, sofern wir gut durchkommen, irgendwie als Geister durch das Universum zu schweben. Thomas würde vielleicht sagen, auf einen solchen Himmel könne der Mensch sich gar nicht freuen, das will er in Wirklichkeit gar nicht. Niemand will seinen Leib loswerden. Wir alle wollen ihn viel lieber behalten, nur eben in unverletzlicher Gesundheit. Ich würde meinen, ein Wesentliches in der Freude auf den Himmel ist seine Vorstellung in unseren Köpfen und Herzen. Der Körper gehört hier dazu. Die kleine Thérèse hat einmal gesagt, das Denken an den Himmel sei ihre einzige Freude. Hier fehlt uns allen etwas: Nämlich diese Vorstellung in ihrer ganzen uns angebotenen Breite. Wir sind es leider nicht gewohnt, in unseren Herzen eine wirklich himmlische Perspektive zu errichten, deren Betrachtung dem ganzen Glaubensleben seine schöne Tiefe erst zu geben vermöchte. Wenn wir da nicht darüber reden, darf uns nicht wundern, wenn das Glaubensleben den Menschen gar nicht erst aufgeht und nicht interessant wird.

Für Thomas ist die Betrachtung der Wahrheit sozusagen eine therapeutische Hilfe. Die *contemplatio veritatis* zählt zu den berühmten fünf Mitteln gegen die Traurigkeit, die in der theologischen Summe aufgezeichnet sind. Das Betrachten der Wahrheit (im weitesten Sinn des Wortes gemeint und also auch, was den ontologischen Wahrheitsbegriff angeht) ist hier eine freudevolle Angelegenheit, und zwar eine, die im Prinzip allen zugänglich ist. Wir Heutigen halten die *contemplatio* gern für einen besonderen Akt besonderer Askese für besonders handverlesene Leute, die ausgefeilte Gnadengaben empfangen. Das ist aber nicht gemeint. Der Blick auf den Glauben, auf den

Himmel, der Blick auf Gott, auf sein Werk, auf die Dinge in ihrer Wahrheit; all das ist ein Mittel froh zu werden, so der heilige Thomas. Es ist durchaus auch eine Sache vernünftigen Schauens. Und vor allem: Die Wahrheitsbetrachtung, sofern sie dem Glauben zugehörig ist, bindet sich nicht zwingend an das Studium der höchsten Wissenschaft oder ähnliches. In seiner Predigt *attendite* spricht Thomas sogar einmal von der *vetula*, dem schlichten Weiblein, dem sich die Wahrheit im Glauben womöglich in tieferer Weise offenbart als den vielen Philosophen. Das nun hängt zusammen mit dem, was die theologische Tugend des Glaubens meint: Gnadenhafte Berührung, Fühlungnahme mit Gottes Geschenk, was eben der Glaube ist.

Es könnte und soll in der Tat etwas wirklich Bezauberndes im Wissen liegen, für den Himmel ins Leben gerufen worden zu sein, der dazu noch hienieden seinen realen Anfang nimmt.

Im Sentenzenkommentar, einem der frühen Werke des Thomas, steht bereits zu lesen, die *fruitio*, der Genuß, sei die exzellenteste der himmlischen Gaben. Thomas ist in keiner Hinsicht ein Kostverächter. Das Ziel des Menschen bietet sich dem Genusse dar. Allein, wenn dem Glaubenden diese Gedanken auf der Zunge zergehen, oder wenn sie, um mit Guardini zu sprechen, einmal wirklich an ihn herankommen läßt, dann mag ihm schon ein wenig aufgehen, daß der Himmel ein Genuß ist - und in erster Linie ein intellektueller!

Es lohnt sich, diesen Gedanken noch einmal etwas näher zu betrachten. Denn er ist, bei aller Einsichtigkeit, nicht gerade populär.

Fragen wir die Menschen um uns herum einmal, was sie in die Ewigkeit hinein gern behielten, so kommen oft eher, wenn auch aus oben genannten Gründen vielleicht etwas resignativ geäußert, sinnlich geprägte Wünsche ans Licht. Der eine möchte in Ewigkeit feiern können, der andere, vielleicht der Kunst ergeben, möchte musizieren dürfen. Ein anderer sehnt sich nach Umarmung und Wertschätzung.

Thomas stellt sich dieser Frage ebenfalls, Augustin zitierend, der da als Wünsche Lustempfinden, Ruhebedürfnis, Erfüllung des schlicht Natürlichen und ähnliches anführt. Also könne der Himmel für den Menschen durchaus in vielen verschiedenen Dingen bestehen. Thomas antwortet, das könne in der Tat sein, nur müsse von dem allem gesagt werden können, es sei doch immer noch ein einziger Zustand, der eben aus diesen Dingen sozusagen zusammengesetzt sei. Doch welcher ist das? Oder welcher Art muß er sein?

Dieser Zustand letzter Glückseligkeit hat, so die These, seine Qualität vor allem in einer intellektuellen Prägung. Sicherlich, alle Wünsche sollen zur Ruhe kommen. Aber, das größte, erhabenste Geschenk des Himmels ist keineswegs das Befrieden der einfacheren Sehnsüchte, sondern zunächst das Stillen eben der erhabensten Fähigkeit des Menschen. Und das ist eben der Intellekt.

Machen wir uns das an jenen oben angeführten Beispielen klar. Wer im Feiern sein Glück sucht, kommt in der Tiefe doch erst zu ihm, wenn er weiß, daß es seine Freunde sind, mit denen er zusammen fröhlich sein kann. Der andere mag gern Musik machen. Auch hier bekommt das Musizieren doch erst seinen Wert im Wissen, daß da seine Eltern oder Freunde in der ersten Reihe sitzen, voller Freude über das schöne Spiel. Der dritte möchte gern umarmt und wertgeschätzt werden. Auch hier wird ausschlaggebend sein, daß er erfaßt, von jemandem Bestimmten geliebt zu werden. Robert Spaemann schildert ähnliches anhand eines anschaulichen Beispiels: Es würde niemandem zur Befriedigung gereichen, etwa mit Drogen in rauschhaftem Glücksgefühl gewogen zu werden, auch wenn es in Ewigkeit garantiert sei. Nein, das will niemand wirklich. Glück ist gebunden an Wissen um Wahrhaftigkeit. Auch die Liebe ist gebunden an intellektuelles Erfassen. *Nihil fruitur, nisi quod cognoscit*, nichts kann Genuß haben, wenn es nicht Erkenntnis hat, sagt Thomas in den *quodlibeta*. Für den Verliebten ist es nicht gleichgültig, wer da auf ihn zukommt. Es muß schon der eine Geliebte sein. Dieses muß intellektuell erfaßt werden und mag uns eine Ahnung verschaffen, daß die Tiefe himmlischer Glückseligkeit mit Intellekt zu tun hat.

Wenn nämlich Gott, wie die Väter der theologischen Wissenschaft uns belehren, seinem Wesen nach überhaupt das Erkennbarste und absolut Liebenswerteste sein muß, ja die Liebe selbst ist, dann ist das höchste Glück das intellektuelle Erfassen seines Wesens, seiner Nähe, seiner Liebenswürdigkeit, seiner Zuneigung und all dessen, was uns noch verhüllt vor Augen steht. Hier liegt das tiefe Glück des Himmels, daß wir uns derzeit nicht einmal erträumen können: Nämlich im sozusagen ganzmenschlichen Erfassen von Gottes Wesen. Alles andere kommt nach und mit. Der Himmel, das Ziel, das ein jeder Mensch immer schon ersehnt, ist also in erster Linie ein intellektuelles Genießen ohne Ende, ohne Gefährdung, ohne Verschleiß und

Langeweile. Mit aller Spannung und ewigem Staunen, wie wir erhoffen dürfen. Alles andere kommt dann mit. Chesterton untertitelt übrigens eines seiner genialen Bücher: Das Abenteuer des Glaubens.

Unsere Frage nach der Vernunft kommt hier an sein Ende. Sie beantwortet sich am besten im Blick auf das große Ziel. Es ist übrigens eine Eigentümlichkeit des Thomas: Er beginnt seine Lehre vom Menschen in seinem reifsten Werk, in der Summe der Theologie weder mit moralischen Erwägungen, noch mit der Erbsünde oder sonst mit einem der so gewohnten Themen. Er beginnt gleich mit einem großen Wurf: Er blickt erst einmal in den Himmel. Erst steckt er den weiten Horizont ab. Und hier stehen Intellektualität, Freiheit und die Bestimmung zum Glück eben ganz vorn.

Darf ich anstelle einer Zusammenfassung nun noch die ganze Sache ins Praktische wenden?

Thomas ist Lehrer von Herzen. Seine Erhebung zum Kardinal lehnte er ab mit dem Argument, er könne wohl der Kirche am besten dienen, wenn er Lehrer bleibe.

Und in der *quaestio disputata de veritate* handelt er kurz die Aufgabe eines Lehrers ab. In geradezu moderner Pädagogik merkt er an, ein Lehrer sei zunächst einmal dazu da, der Natur des Schülers mit Disziplin und Belehrung sozusagen auf die eigenen Beine zu helfen. Ein Lehrer stehe dem Schüler zur Seite, seine natürlichen Anlagen zu verwirklichen und zur Entfaltung zu bringen. Er erklärt das am Beispiel des Arztes. Dieser trägt Salben auf und legt Verbände an. Heilen muß der Körper jedoch selbst, kraft seiner eigenen naturgegebenen Fähigkeiten. Ebenso sei das mit dem Lehren. Wir sehen, und sollten uns hinter die Ohren schreiben, daß Bildung Gottesdienst ist. Im rechten Sinn verstanden, hilft Bildung unserer Natur, zu sich zu kommen und sich zu entfalten. Und zwar jedem nach dem Maß, das ihm gegeben ist. In der Bildung verwirklicht sich ein Auftrag, der dem Menschen in der Schöpfung mit auf den Weg gegeben wurde. Das ist weit entfernt von unserer gewohnten partiellen, karriereorientierten Aneignung von Prüfungsstoffen. Das ist alles gut und schön, aber Bildung geschieht doch, wenn es mit rechten Dingen zugeht und verstanden wird, erst vor dem geschilderten erhabenen Horizont, Geschöpf zu sein um seines Glückes willen. Bildung heißt Erfahrung ermöglichen. Daß das nicht immer gleich verstanden wird, zeigt sich etwa, wenn aufgeklärte Lehrer sich bisweilen lustig machen über die Fragen der Hochscholastik. Mitleidsvoll lächelnd nimmt man zur Kenntnis, wieviel Zeit früher verschwendet wurde mit Fragen, etwa, wie viele Engel denn auf eine Nadelspitze passen. Wir sollten da lieber nicht drüber lachen. Was da stattfand, waren sozusagen intellektuelle Liegestütze. Die Schüler sollten das Denken lernen! So dumm waren die Menschen damals nicht. Lassen wir uns nicht auf diese subtile Ausprägung der Fortschrittsgläubigkeit ein, die immer gleich annimmt, alle Generationen vor uns seien bedauernswerterweise alle etwas dümmer gewesen als wir. Es gibt wohl persönliche Reifung, aber keine Evolution der intellektuellen Begabung. Jack Lewis hat sicher recht: die Steinzeitmenschen konnten zwar keine Computer bauen, aber sicher genau so schöne und tiefe Poesie erdichten wie wir Heutigen.

Bildung ist Gottesdienst und wenn es, wie gesagt, mit rechten Dingen zugeht, dankbarer Gebrauch einer göttlichen Gabe.

Und es steht weniger zur Frage, welche Inhalte wir wählen, sondern eher in wessen Dienst wir unser Lernen stellen, und in welchem Bewußtsein es geschieht. Die Frage aus der ersten Klosterzeit des heiligen Bernhard von Clairvaux: *Bernarde, ad quid venisti?* Bernhard, wozu bist du gekommen?, hat schon seinen Sinn.

Die schon einmal herbeizitierte heilige Teresa von Avila erklärt ihren Schwestern in Sachen Gebet, sie mögen sich immer zuerst einmal klar werden, vor wem sie überhaupt stehen. Das geschehe sozusagen als eine vorweggenommene *contemplatio veritatis*. Ein kurzes Betrachten und sich klarmachen des Wahren, des Grundes, auf dem das Folgende überhaupt zu stande kommt, ist hier heilsam und hilfreich. Und auch das ist dem Beginn nach ein Erwägen der Vernunft.

Ein vernünftiger Gott schuf eine vernünftige und erzählbare Welt. Und uns stattete er mit Vernunft aus, diese zu verstehen und ihn einst zu schauen in ewigem Glück.

Und letztens: In der Kirche fehlt es nicht nur an gediegener Bildung; manchmal mangelt es einfach auch am rechten Mut, die gute Sache zu vertreten.

Die Abschaffung des Menschen
nach C. S. Lewis

Nikolaus Lobkowicz[1]

Thomas von Aquin beginnt seine Untersuchung „Über das Seiende und das Wesen", die er kurz nach dem Jahr 1250 als noch nicht 30jähriger Magister der Universität Paris schrieb, mit einem Aristoteles-Zitat: *„Parvus error in principio magnus est in fine."*[2] Man kann diesen Satz auf verschiedene Weise übersetzen. Eine wörtliche Übersetzung wäre: „Ein kleiner Irrtum am Anfang ist groß am Ende". Aber *in principio* heißt nicht nur, wie uns aus der Übersetzung des Prologs des Johannes-Evangeliums vertraut ist, „am Anfang", sondern ebenso in etwa „bezüglich des Grundlegenden". Berücksichtigt man dies, muß man das Zitat des Aquinaten weniger wörtlich etwa so übersetzen: „Ein kleiner Irrtum bezüglich des Grundsätzlichen hat Folgen, die groß sein können".

Ich beginne mit dieser Bemerkung, weil kaum ein Denker unseres Jahrhunderts sich der Wahrheit dieses Gedankens so klar war wie C. S. Lewis. Nachdem er - als Atheist aufgewachsen - im Alter von 30 Jahren zum Glauben gefunden hatte - ein Lebensabschnitt, den er in seinem Buch *Surprised by Joy*, „Von der Freude überrascht" sehr beeindruckend beschrieben hat -, begann er sich gleichsam in der englischsprachigen Kultur seiner Zeit umzusehen, um alsbald festzustellen, daß in ihr vieles anders war, als ein Christ es sich wünschen würde. Und er begann sich zu fragen: „Woher kommt das? Was sind die Wurzeln dieser Unordnung?" Er ging also gleichsam denselben Weg wie Thomas in seiner erwähnten Abhandlung, nur eben in entgegengesetzter Richtung: Anstatt von Anfang an die richtigen Grund-

---

1   Vortrag auf dem Jugendseminar „Intellektuell und katholisch" im Juli 1999 in Heiligenkreuz. Die Teilnehmer waren auf die Begegnung mit C. S. Lewis durch die Lektüre seines Buches „The Abolition of Man" vorbereitet. Deutsch: Clive Staples Lewis, Die Abschaffung des Menschen, Vorw. v. H. U. v. Balthasar, Einsiedeln ⁴1993.

2   *Opuscula philosophica*, ed. Spiazzi, Turin-Rom 1954, 5. Die entsprechende Stelle bei Aristoteles ist *De Caelo* I, 5, 271 b 12/13.

sätze aufzuzählen, deren Mißachtung schwerwiegende Folgen haben könnte, dachte er darüber nach, wo denn die Wurzeln der Unordnung zu finden
seien - um dann freilich am Ende zu zeigen, welche Folgen die falsch ent-
wickelten Wurzeln weit über die Unordnung unserer Zeit hinaus haben
würden. Dabei stellte er fest, daß solche Wurzeln dem unachtsamen Beobachter oft wie *parvuli errores*, völlig unscheinbare Irrtümer begegnen. Der
Teufel, scheint Lewis sagen zu wollen, liegt nicht nur im Detail, er erwischt
uns auch durch Vorstellungen und Verhaltensweisen, die ein unbedeutendes
Detail zu sein scheinen. Lewis hat solche Beobachtungen teils als philosophisch arbeitender Literaturwissenschaftler eingesetzt, teils aber auch als
Romanschriftsteller. Der dritte Band seiner - nicht wie die Narnia-Bücher
für Kinder geschriebenen - metaphysisch-theologischen Science-fiction-
Trilogie, *That Hideous Strength*, wörtlich „Diese abscheuliche Kraft“,
deutsch unter dem Titel „Die böse Macht“ erschienen, beschreibt, wie aus
scheinbar irrelevanten Irrtümern und Fehlverhalten am Ende etwas werden
kann, das an die Ankunft des Antichrist erinnert.

Es ist wohl nicht meine Aufgabe, hier ausführlicher über C. S. Lewis zu
sprechen. Aber da Sie von den Veranstaltern unseres Seminars gebeten
wurden, sein Buch *Die Abschaffung des Menschen* zu lesen, will ich zu Beginn doch auf drei weitere Grundüberlegungen hinweisen, denen man in
Lewis' Werk immer wieder begegnet. Sie bedingen einander gegenseitig.
Die erste könnte man so zusammenfassen: so wichtig Vernunft für den
Glauben ist (und Lewis hat stets darauf bestanden, daß ein Glaube ohne
Bemühungen der Vernunft kaum mehr als eine Sentimentalität wäre), ist
der heidnische Mythos dem Glauben näher als eine glaubenslose Vernunft.
Eine vom Glauben losgelöste oder sich gar - angeblich aufklärerisch - gegen ihn wendende Vernünftigkeit, wie sie etwa der Begründer des Positivismus Auguste Comte verkündet hat, verfehlt durch seine Reduktion von
allem und jedem auf wissenschaftlich belegbare Fakten eine zentrale Dimension unserer Alltagserfahrung: alles, das uns in welcher Weise auch
immer übersteigt, das Wunderbare, Geheimnisvolle, Ehrfurchtgebietende -
das Mysterium. Lewis hat dies am deutlichsten in seinem letzten Roman
Till we have faces, die deutsche Übersetzung erschien unter dem Titel „Du
selbst bist die Antwort“, dargestellt, in dem dem - sehr gemäßigten - Rationalismus der Griechen eine auf den ersten Blick abscheulich grausame
heidnische Religion gegenübersteht, die aber am Ende der Wahrheit doch
näher kommt als antike Weisheit. Sicher, so könnte man den theoretischen
Grundzug dieses Romans zusammenfassen, hat die Philosophie ihre Be-

rechtigung; aber da sie von Anfang an ein gegen den Mythos ankämpfendes Aufklärungsprojekt war, verfehlt sie - wenn sie nicht vom Glauben geleitet wird oder diesen gar ausdrücklich verleugnet - das eigentlich Wesentliche. Diese Überlegung scheint mir noch heute bei der Auseinandersetzung etwa mit der New Age Bewegung von Bedeutung, zumal wenn man gewisse erregt-fundamentalistische Reaktionen gegen diese moderne Variante der Gnosis berücksichtigt.

Eine zweite Überlegung von Lewis ist schwerer zusammenzufassen. Im Gegensatz zu vielen Philosophen mißt Lewis unseren Gefühlswelt eine große Bedeutung zu. In der *Abschaffung des Menschen* beschreibt er Gefühle als „unentbehrliche Verbindungsoffiziere zwischen dem Gehirn des Menschen und seinen Eingeweiden" und deshalb als das eigentlich Menschliche an uns, da wir ohne sie unserem Verstand nach bloß Geist und unseren Trieben nach bloß Tiere wären - wobei er freilich unter „Gefühl" gelegentlich bloße Emotionen, gelegentlich aber auch von einer vernunftgeleiteten Erziehung bestimmte Grundhaltungen zu verstehen scheint. Er beruft sich dabei u. a. auf Platon, aber Lewis' Interesse an unserer Gefühlswelt ist am Ende wohl eher ein englisches Erbe: während die Scholastik, ähnlich wie die Griechen, Gefühle vor allem als Leidenschaften wahrnahm, haben sich englische Denker, z. B. Shaftesbury, an der Wende vom 17. zum 18. Jahrhundert intensiv mit der Bedeutung unserer Gefühle nicht nur für die Ästhetik, sondern auch und gerade für unser sittliches Verhalten befaßt. Andererseits hat Lewis, auch in dieser Hinsicht ein Engländer, dazu geneigt, Verhaltensweisen wie Tugenden und Laster als Gestalten unseres Gefühlslebens darzustellen. Dieser Gedanke war der Antike und dem Mittelalter nicht fremd; nur haben sie so sehr betont, daß die *passiones*, die Leidenschaften, unter der Kontrolle der Vernunft sein sollen, daß sie das Eigenleben unserer Gefühlswelt, selbst wenn sie von der Vernunft geleitet wird, kaum beachtet haben. Lewis ist in dieser Hinsicht realistischer: er betont und deutet am Rande seiner Romane immer wieder an, wie grundlegend für unser Verhalten zur Wirklichkeit, auch zu uns selbst, Gefühle sind, und wie wichtig es deshalb ist, sie in angemessener Weise, also von der richtigen Vernunft geleitet, zu pflegen. Diese selten beachtete Dimension von Lewis´ Werk bewirkt, daß er eigentlich nie „moralisiert": Moral ist für ihn nicht das Befolgen abstrakter und oft uneinsichtiger Normen, sondern die der Wirklichkeit gemäße Gestaltung unseres Lebens, auch des nur halb bewußten.

Damit hängt schließlich eine dritte Grundüberzeugung zusammen, die mit ein Grund für Lewis' Erfolg als christlicher Schriftsteller war; meine Generation hat ihn ja oft fast wie einen Theologen gelesen und seine Schriften haben unser Denken geprägt wie sonst nur jene von Romano Guardini, Hans Urs von Balthasar oder Henri de Lubac. Wir müssen uns, so scheint Lewis uns sagen zu wollen, als Christen nicht ständig auf unseren christlichen Glauben berufen; und wir sollten als Pädagogen nicht moralisieren, der Welt ihre Verfehlungen vorhalten, sondern die Freude vermitteln, welche die richtigen Überzeugungen und die richtige Lebensgestaltung mit sich führen. Für Lewis ist Christsein - in dieser Hinsicht denkt er, obwohl er Anglikaner war und er ihn wohl nur durch das Buch von Chesterton kannte, ganz wie Thomas von Aquin - zunächst einmal im umfassenden Sinne ein Mensch zu sein, der mit seinem Leben das Richtige anzufangen weiß. Wenn er bei seiner Bekehrung das Christsein als ein „Sich-von-der-Freude-überraschen-lassen" erlebt hat, so eben deshalb: versteht das Christsein, so ruft er uns gleichsam zu, nicht als einen Zwang zur Bejahung von oft uneinsichtigen Dogmen und als Verpflichtung zu abstrakten, am Ende kaum einzuhaltenden Normen, sondern als die einzige verläßliche Weise, die Wirklichkeit in all ihren Dimensionen so wahrnehmen, wie sie ist, und das eigene Leben so zu gestalten, wie es seinem letzten Wesen nach aussieht - und deshalb Freude bereitet. Man kann dies auch noch anders ausdrücken, in einer Weise, die selbst wir gläubige Christen nur selten wahrhaben: wenn der christliche Glaube und die christliche Gestaltung des Lebens nicht die Erfüllung unserer tiefsten Sehnsüchte wäre, wäre die christliche Botschaft unglaubwürdig, weil keine Frohbotschaft, was ja die ursprüngliche Bedeutung des griechischen Wortes ευαγγελιον, „Evangelium" ist. In diesem Sinne ist dann C. S. Lewis, in dieser Hinsicht ganz ein Erbe der antiken und christlichen Tradition, kein Feind dessen, was man heute - unter uns Christen zu unrecht verächtlich - „Selbstverwirklichung" nennt. Die antike und in ihrer Folge die christliche Moral ist auf lange Strecken eine Ethik der Selbstverwirklichung; man muß dabei nur darauf achten, was das „Selbst" ist, das da verwirklicht werden soll. Daß das nicht alles ist, es eine Dimension des Christlichen gibt, die wir hier auf Erden eigentlich nur als qualvolle Zerstörung unseres Selbst wahrnehmen können - die Situation des Menschen, wie sie im alttestamentlichen Buch Ijob dargestellt wird und uns jede Karwoche von neuem am Leiden und Sterben Christi bewußt werden kann - hat Lewis sehr wohl gewußt. Er hat darüber auch geschrieben: nicht nur in seinem gescheiten und z.T. sehr witzigen Buch *Über den Schmerz*, sondern auch in der autobiographischen Skizze, in der er in der Gestalt eines Tagebuches seine Gefühle nach dem Tode seiner innig geliebten Frau darstellt, die er sehr spät geheiratet hatte und die fünf Jahre später an Krebs starb. Aber diese Dimension des Christlichen können wir, so meint Lewis, nur nachvollziehen, wenn wir vordem begriffen haben, daß Christsein im umfassenden Sinne voll Mensch zu sein besagt und daß wir nicht etwa die christliche Botschaft, sondern unser von Ideologien verführtes und verzerrtes Verhältnis zur Wirklichkeit umkrempeln müssen, um einzusehen, ja zu erleben, daß das Evangelium eine *Froh*botschaft ist, eine Wahrnehmung der Wirklichkeit, die uns als Freude überrascht, ja geradezu überfällt. Der christliche Glaube ist gewiß nicht, wie ihm heute gelegentlich unterstellt wird, eine „Drohbotschaft"; eher schon enthält er Warnungen, wie sie uns ein weiser Vater mitgeben würde, und zwar Warnungen nicht nur bezüglich unseres Jenseitsschicksals, sondern vordem unseres diesseitigen Lebensentwurfs.

Es ist wohl nicht meine Aufgabe, Ihnen noch weiter über C. S. Lewis zu erzählen. Aber da Sie eingeladen wurden, sein Buch *The Abolition of Man*, „Die Abschaffung des Menschen" zu lesen, will ich doch der Gliederung dieses Buches folgen, das von einem englischen Zeitgenossen (das Buch erschien erstmals 1943) als „die am überzeugendsten argumentierende Verteidigung des Naturrechts, die man heute finden kann" beschrieben worden ist. Der erste Teil, „Der Mensch ohne Brust", schließt an eine komplizierte Diskussion an, die in England um 1900 mit einem Buch des Philosophen G. E. Moore begann und in der angelsächsischen Welt bis heute nachwirkt. Es ging bei ihr darum, was wir eigentlich meinen, wenn wir etwas z.B. als „gut" bezeichnen, also sog. „Werturteile" fällen. Die Aussage, etwas sei gut oder verabscheuungswürdig oder ehrfurchtgebietend, ist offenbar von grundsätzlich anderer Art als die Aussage, etwas bestehe aus Holz oder sei weiß oder rund. *Ein* Versuch, Werturteile zu deuten, bestand darin, zu sagen, bei dieserart Urteilen würden wir gar nicht von dem, was beurteilt wird, sondern von uns selbst, zumal von unseren Neigungen sprechen. So hat z.B. ein Zeitgenosse von Lewis, der Amerikaner Charles L. Stevenson in einem 1944 erschienenen Buch[3] zu zeigen versucht, daß wir, wenn wir von etwas sagen, es sei gut, nichts anderes meinen als „Ich mag es, mögest auch Du es mögen". Diese Theorie der philosophischen Ethik, die unter dem Namen „Emotivismus" bekannt wurde, nimmt heute niemand mehr

---

[3]   Ch.L.Stevenson, *Ethics and Language*, New Haven-London 1944.

ernst; sie ist zu offensichtlich falsch[4]. Was aber geblieben ist, ist die Konzeption, die Lewis „Wertsubjektivismus" nennt, die Auffassung nämlich, daß Werturteile nicht von der objektiven Wirklichkeit her zu begründen seien. In Deutschland und Österreich wird diese Auffassung vor allem in Zusammenhang mit einem der Begründer der Soziologie, Max Weber (er starb 56jährig im Jahre 1920) diskutiert. In mehreren, bis heute heftig umstrittenen Aufsätzen hat Weber argumentiert, rationale Auseinandersetzungen würden dort enden, wo die sich mit Fakten und Gesetzmäßigkeiten beschäftigende Wissenschaft aufhört. Was seinem Wert nach zu bejahen ist oder nicht, läßt sich - so Weber - nicht nach den Maßstäben der Wissenschaft entscheiden, weshalb weltanschauliche Auseinandersetzungen am Ende immer unfruchtbar bleiben würden.

Hier muß ich etwas einschieben, was mich nochmals ein wenig vom Hauptthema ablenkt. Philosophen sind im allgemeinen nicht dumm; aber die Überlegungen, die sie vortragen, werden von ihren Zuhörern oder Lesern oft auf eine Weise zusammengefaßt, die sie völlig unhaltbar und gelegentlich schlichtweg dumm erscheinen läßt und sich dennoch in den Köpfen vieler Zeitgenossen wie ein Lauffeuer verbreitet. Weber - der zwar als Soziologe gilt, aber oft wie ein Philosoph arbeitete - wollte nicht nahelegen, eine vernünftige Ethik sei unmöglich; seine Attacke gegen die Objektivität von Werturteilen war vor allem ein Protest dagegen, daß gegen Ende des 19. und Anfang des 20. Jahrhunderts an deutschen Universitäten - oft mit großer Leidenschaft - weltanschauliche Standpunkte vertreten wurden, die nichts oder doch kaum etwas mit der jeweiligen wissenschaftlichen Disziplin zu tun hatten. In der Zeit unmittelbar vor dem Ersten Weltkrieg ist Weber dieser akademischen Versuchung sogar selbst unterlegen: wie die meisten Zeitgenossen neigte er einem wissenschaftlich nicht zu rechtfertigenden Nationalismus zu. Freilich kleidete er seinen Protest gegen die von

---

[4] Auch heute noch lesenswert ist freilich Stevensons Analyse der emotionalen Nebenbedeutung von Ausdrücken, mit denen wir ursprünglich Sachverhalte bezeichneten, vgl. seine Aufsatzsammlung *Facts and Values*, New Haven-London 1963, 10-31. Ein Beispiel ist der Vorwurf, man verhalte sich undemokratisch; der Vorwurf ist so wuchtig, daß einem oft nicht einfällt zurückzufragen, was denn das jeweilige eigene Verhalten mit Demokratie zu tun habe. Ich habe diese Analyse herangezogen bei der Unterscheidung verschiedener Demokratiebegriffe in der *Festschrift Hans Sassmann*, Graz 1984, 205-212, und in Zusammenhang mit dem Fundamentalismus-Vorwurf nochmals in der Festschrift für Hans Maier (T.Stammen, Hrsg., *Politik-Bildung-Religion*, Paderborn 1996, 627-634).

Lehrkanzeln verkündeten Ideologien in die Behauptung, Werturteile ließen sich nicht rational begründen; und obwohl er dies, wie man heute entdeckt (sein Gesamtwerk ist immer noch nicht endgültig kritisch ediert), gar nicht so wörtlich meinte, war es gerade diese Behauptung, die das größte Echo hatte. Dies ist ein Beispiel für ein Phänomen, das uns Universitätsprofessoren öfter beschäftigen sollte: daß Überlegungen, die wir gleichsam nur nebenbei sagen und oft gar nicht richtig zuende gedacht haben, Auswirkungen haben können, in denen wir uns kaum wiedererkennen. Ich habe das in den 70er Jahren ganz dramatisch bei den studentischen Diskussionen über die Theorie der „erkenntnisleitenden Interessen" von Jürgen Habermas erlebt. Im Wesentlichen ist die von Habermas vertretene Theorie wohl falsch; aber er hatte nie gemeint, was Studierende und Nichtstudierende ständig daraus machten, nämlich die Vorstellung, man müsse Professoren jeweils danach befragen, welche Interessen sie verfolgen, wenn sie auch nur Physik, geschweige denn Politikwissenschaft oder englische Literatur lehren. In Wirklichkeit hatte Habermas etwas anderes vor Augen: er versuchte zu zeigen, daß der ganze Aufbau und das Vorgehen der Wissenschaften, die er in drei große Gruppen einteilte, nahelegen, ihre Ergebnisse, deren Objektivität er gar nicht weiter in Frage stellte, würden Fragen beantworten, denen bestimmte, letztlich biologisch bedingte Interessen zugrundeliegen: ohne daß wir es wahrhaben, dienen die modernen Naturwissenschaften unserem Interesse, entsprechend unseren Bedürfnissen auf die Natur einzuwirken, während Geisteswissenschaften dem Interesse entsprechen, sich der gemeinsamen Kultur zu vergewissern und Fächer wie die Psychologie und am Ende die Philosophie dem Interesse entspringen, uns gleichsam geistig gesund zu erhalten. Seine Theorie der „erkenntnisleitenden Interessen", die sich indirekt an Marx anlehnte, stellte nicht etwa die Wahrheit der Wissenschaften in Frage, sondern das klassische, erstmals in der Antike verkündete Ideal theoretischer Erkenntnis, nach welchem Wissenschaften der Wahrheit und nichts als der Wahrheit dienen, die Wahrheit also um ihrer selbst willen aufspüren. Die sich daran anschließende Diskussion, die Habermas kaum weiter beeinflußte, ist noch mitten unter uns, und zwar in der Gestalt einer wissenschafts- und kulturpolitischen Auseinandersetzung; hätte nämlich Habermas recht, wäre es naheliegend, bestimmte Wissenschaften um der Zukunft der Menschheit willen besonders zu fördern, andere dagegen als im Grunde unbrauchbar aussterben zu lassen.

Gerade angesichts des skizzierten Phänomens eines verzerrten und zugleich einflußreichen Echos an sich durchaus diskussionswürdiger philosophischer

Reflexionen bedarf es - heute nicht anders als vor einem halben Jahrhundert - Schriftsteller wie C. S. Lewis, die sich im Grunde gar nicht gegen große Denker - auch wenn diese, wie es oft geschieht, Irrtümer vortragen - wenden, sondern durch eine kritische Analyse von deren einflußreichem Echo zeigen, was Oberflächlichkeit, Nicht-zu-Ende-Denken, eben die *parvuli errores* bewirken können - Schriftsteller mit philosophischer Bildung, die zeigen können, was Philosophen und Wissenschaftler so anstellen, ohne es je eigentlich beabsichtigt zu haben. Worum es C. S. Lewis im ersten Kapitel seines Buches letztlich geht, faßt er zu Beginn des zweiten mit der Bezeichnung „subjetivism about values", „Wertsubjektivismus" zusammen. Und dies ist in der Tat eines der Grundprobleme unserer Zeit: die Auffassung, letztlich lasse sich nicht entscheiden, welches Wertesystem - und damit auch: welche Art Lebensgestaltung, welche Dimensionen der Kultur, welches politische System usf. - richtig bzw. in Ordnung sei. Jeder müsse nach seiner Facon selig werden, wie Friedrich der Große es einmal formuliert hat, jeder müsse sein Leben eben so gestalten, wie er meint, daß es ihn glücklich macht, es könne nur noch darum gehen, auf dem Wege der Politik sicherzustellen, daß die Vertreter der vielen Wertsysteme einander nicht unnötig weh tun.

Es gibt heute zwei an sich durchaus schätzenwerte und verdienstvolle Einrichtungen, die einen solchen „Wertsubjektivismus" fördern: die fast unvermeidlich pluralistische Demokratie und die Soziologie. Um mit der letzteren zu beginnen, birgt sie die Gefahr in sich, daß man nur noch statistisch zu erfassen sucht, wie Menschen denken und sich verhalten, anstatt sich zu fragen, was wahr und moralisch richtig, letztlich des Menschen würdig ist. Selbst die Kirche verfällt zuweilen diesem Trend: sie stellt Umfragen an, was die Menschen von ihr und ihren Wertvorstellungen halten, weshalb jeder zweite Bischof sich unter seinen Mitarbeitern einen Soziologen hält. Nun ist es zweifellos für die Kirche nicht unwichtig, zu wissen, wie die Zeitgenossen oder gar ihre eigenen Gläubigen zu ihr stehen; aber es ist nicht zu übersehen, daß diese Fragestellung ihre und unsere Bereitschaft schwächt, die christliche Botschaft ungeschmälert zu verkünden, ob es den Menschen gefällt oder nicht, *opportune inopportune*, wie es beim hl. Paulus heißt. Der Grat zwischen dem Wunsch, Gehör zu finden und die Zeitgenossen für Christus und seine Kirche zu gewinnen, und der Gefahr, den Glauben und die Normen der Kirche wie Henkel Persil dem Zeitgeist anzupassen, wird dadurch sehr schmal.

Was die Demokratie betrifft, ist sie zwar in ihrer heutigen Gestalt, und zwar auch und gerade die liberale Demokratie des Westens, die erfolgreichste und vermutlich auch beste Staatsform der Menschheitsgeschichte; schließlich ist sie in der Neuzeit dem Bedürfnis entsprungen, zu verhindern, daß Menschen einander um ihrer - im Zweifelsfall religiösen - Überzeugungen willen die Köpfe einschlagen. So unschön uns der Grundgedanke des Westfälischen Friedens von 1648, *cuius regio, eius religio,* „wessen Herrschaft, dessen Konfession", aus christlicher Sicht heute erscheinen mag, war er die neuzeitliche Geburtsstunde (oder doch Stunde ihrer Zeugung) der Demokratie. Aber auch die Demokratie hat, in dieser Hinsicht ähnlich wie die Soziologie, unseren Sinn für die Objektivität von Wertvorstellungen geschwächt. Damit wir bei dem herrschenden Pluralismus von Überzeugungen und Verhaltensweisen friedlich zusammenleben können, müssen wir die Tugend der Toleranz üben und ein politisches System bejahen, das alles darauf abstellt, Regelungen zu finden, die miteinander streitende Interessen aufeinander abstimmen und damit ausgleichen. Doch einerseits verführt uns dieser tolerante Interessenausgleich nur allzuleicht dazu, zu meinen, es sei im Grunde, solange man nicht andere schwer verletzt, völlig gleich, an was man sich hält, und andererseits gibt es nicht erst seit heute eine schwierige Diskussion darüber, wie weit der Meinungspluralismus gehen darf, ohne das Staatswesen zu unterhöhlen. Wie ein evangelischer deutscher Bischof es kürzlich treffend formuliert hat, ist die Lebensform kultureller Pluralität voraussetzungsreich und anspruchsvoll, und kann sie deshalb nur gelingen, „wenn alle Beteiligten mit den Kohäsionskräften der Gesellschaft besonders achtsam umgehen"[5]. Und dieses „achtsame Umgehen" hat dann eben auch mit der Wahrheit und mit der Objektivität des Sittlichen zu tun; auch und gerade ein demokratisches Staatswesen kann nicht auf Dauer ungestraft auf Lüge und Verbrechen (denken Sie an Abtreibung und demnächst Euthanasie), falschen Ideologien und systemimmanenter Unsittlichkeit, oder einfach auf extremem Subjektivismus aufbauen.

Was Lewis „Wertsubjektivismus" nennt, kann man auch mit dem umfassenderen Begriff „Relativismus" umschreiben. Auch und gerade der Relativismus ist eines der Grundprobleme des Denkens unserer Zeit; der seit Jahren in Oxford lehrende polnische Philosoph Leszek Kolakowski hat ihn einmal als eine „Falle" beschrieben, in die heute fast jeder von uns, wenn er

---

5   Wolfgang Huber in *Guardini weiterdenken II*, Berlin 1998, 4 (Schriftenreihe des Forum Guardini Bd. 8).

ein nachdenklicher Mensch ist, hineingerät und aus der wieder herauszukommen ungeheuer schwierig ist. Während der Wertsubjektivismus nahelegt, Werturteile seien keiner objektiven Begründung zugänglich, ja würden möglicherweise sogar nur unsere jeweiligen Gefühlswallungen zum Ausdruck bringen, nennt man „Relativismus" die umfassendere Vorstellung, der Anspruch auf Wahrheit jeglicher Behauptung hänge von einem Standpunkt ab. Ich ziehe diese Umschreibung der üblichen voraus, die da lautet, jede Behauptung sei relativ; denn „relativ" besagt zu deutsch „bezogen" und eine Beziehung muß mindestens zwei Pole haben. Zu sagen, etwas sei relativ, ist, als ob man sagen wollte, etwas sei runder oder Karl sei gescheiter - was unweigerlich die Frage provoziert „Runder als was, gescheiter als wer?". Trotz dieser logischen Ungeschicklichkeit hat freilich die Umschreibung des Relativismus als der Auffassung, alles sei relativ, insofern etwas für sich, als sie der Behauptung gleichkommt, nichts sei absolut, keine Behauptung gelte uneingeschränkt, sei zeitlos gültig. Wenn man damit sagen will, keine Aussage sei in der Lage, alles zu sagen, so ist sie zweifellos berechtigt. Hegel hat auch sicher recht, wenn er darstellt, daß jede Behauptung, die vom Weg losgelöst wird, der zu ihr geführt hat, einseitig ist und deshalb fast unweigerlich falsch verstanden wird. Manuale der Neuscholastik mit ihren Thesen und Antithesen haben dies oft übersehen. Wir erleben das Problem fast täglich, wenn wir vom Ergebnis einer komplizierteren Diskussion berichten: jemand, der an der Diskussion nicht teilgenommen hat, kennt nicht die vielen Schritte, die zu ihm geführt haben; erst wenn man sie ihm dargestellt hat, kann er richtig verstehen, was gemeint war. Der Relativist geht aber noch einen entscheidenden Schritt weiter: er behauptet, eine Aussage gelte nur für ihre Zeit, nur für ein bestimmtes Volk, nur für einen bestimmten Gesichtspunkt. Am Ende heißt das, es gebe überhaupt nicht das, was wir als Wahrheit bezeichnen, genauer: Wahrheit sei nichts anderes als Meinungskonsens, die Übereinstimmung über die Richtigkeit einer Behauptung. In Wirklichkeit ist Übereinstimmung nicht einmal ein zuverlässiges Kriterium der Wahrheit; sonst müßten wir ja z.B. die Vorstellung, Juden seien eine Pest, zumindest für Deutschland und Österreich in den Jahren 1933-45 als richtig, wahr bezeichnen. Es bestand damals zwar kein Konsens darüber, die Juden auszurotten, aber die überwältigende Mehrheit der Deutschen und Österreicher - machen wir uns nicht vor - waren sich damals einig, Hitler habe recht, wenn er sie aus dem öffentlichen Leben beseitigen wollte. In Wirklichkeit steht es umgekehrt: ein Konsens ist berechtigt, wenn eine Behauptung wahr ist. Die Wahrheit einer Aussage ist unabhängig von Mehrheiten; man kann deshalb über sie auch nicht abstimmen, wie es gelegentlich bei Studentenversammlungen geschieht. Abstimmen kann man über Politik, über die Handlungsweise, der man folgen will, nicht über Wahrheit; und eine Handlungsweise wird nicht um einen Deut richtiger oder gar moralischer, weil man über sie abgestimmt hat. Die Ergebnisse von Abstimmungen sind Willens- oder Absichtserklärungen, nicht mehr. Und auch der Ausgang von Diskussionen ist eben ein Ausgang von Diskussionen und nicht mehr, hat mit der Wahrheit des Ergebnisses wenig zu tun; in Diskussionen, wie wir sie heute im Fernsehen miterleben, gewinnt ja nicht unbedingt der, der recht hat, sondern jener, der geschickter ist, gleichsam die bessere Tagesform vorweisen kann.

An all das sollte man denken, wenn man das zweite Kapitel von Lewis' Buch liest. Es schließt, so weit ich sehe, nicht an eine aus der jüngeren Philosophiegeschichte bekannte Diskussion an, behandelt dafür aber ein Thema, das uns aus heutigen Auseinandersetzungen vertraut sein sollte. Es hat zwei auf den ersten Blick ganz verschiedene Seiten, die ich mit den Worten „Wertewandel" und „neue Ethik" umschreiben will. Über den sog. Wertewandel ist viel geschrieben worden, auch ich habe unter diesem Titel mehrmals Vorträge halten müssen. Es geht in ihm um Soziologie, genauer um Demoskopie, also Meinungsforschung. Beides sind Forschungsbereiche, die erst - nach amerikanischem Vorbild - nach dem Zweiten Weltkrieg groß wurden; daß es Lehrstühle für das Fach Soziologie und Institute für Meinungsforschung gibt, ist, was man heute selten beachtet, eine jüngere Entwicklung. Die Demoskopie ist, wenn ich recht sehe, aus zwei Anlässen entstanden: weil man den Ausgang von Wahlen voraussagen, oft vielleicht auch, weil man durch solche Voraussagen Wahlen beeinflussen wollte, und weil die Wirtschaft, um mehr verkaufen zu können, wissen wollte, was die jeweiligen Zeitgenossen gerne hätten. Irgendwann in den späten 50er Jahren wurden dann Soziologen auf ein Phänomen aufmerksam, daß sie als *value change*, „Wertewandel" umschrieben. Was dabei genau unter „Wert" verstanden wurde, blieb eigentümlich undeutlich. Man ging von der wohl richtigen Vorstellung aus, daß jeder von uns - meist ohne sich dessen voll bewußt zu sein - so etwas wie eine Hierarchie von Wertvorstellungen hat, und diese Hierarchie einem Wandel unterworfen ist. Für die ältere Generation waren z. B. Fleiß und Sparsamkeit wichtig, für die jüngere Generation, die nicht mehr die Mühen des Aufbaus nach dem Zweiten Weltkrieg erlebt hatte, dagegen Geselligkeit und Spaß zu haben; und der älteren Generation war selbstverständlich, daß man sich an die moralischen Grundsätze seiner

Eltern hielt, während die jüngere Generation - vor allem jene, die man als die 68er beschrieb - gegen nahezu alles rebellierte, zu was die Eltern sie anhalten wollten. Wohl am auffallendsten war dabei der Wandel der Sexualmoral, der freilich maßgeblich durch die Erfindung der sog. „Pille" ermöglicht worden war.

Gegen dieserart Forschung ist nichts einzuwenden, allerdings mit zwei wichtigen Einschränkungen. Die erste ist terminologischer Art: was sich da gewandelt hat und wandelt, sind ganz offenbar nicht die Werte, sondern unsere Vorstellungen von ihnen. Etwas einen Wert zu nennen, was man gestern hochhielt und heute nicht mehr gelten soll, ist ein typischer Ausdruck des vorhin beschriebenen Relativismus. Zweitens hat dieserart Forschung entscheidend unseren Sinn dafür geschwächt, was richtig ist und was falsch. Da der Mensch nicht nur, wie die Alten sagten, ein *animal rationale*, sondern auch ein *animal opportunisticum* ist, ein Wesen, das sich gerne hinter dem versteckt, ja in dem untertaucht, was die anderen denken, entsteht der Eindruck, moralische Grundsätze seien dem Wandel unterworfen, sodaß sich am Ende jeder an die halten darf, die er sich aussucht, ja wahre Freiheit darin bestehen sollt, eben dies zu dürfen.

Nun ist zweifellos wahr, daß auch moralische Überzeugungen sich wandeln und dies auf der Oberfläche weiter nicht bedenklich ist. So war z.B. früher, als es noch keine Automaten und Computer gab, Fleiß wichtiger als heute, wo auch und gerade in der Industrie Aufmerksamkeit und Kommunikationsbereitschaft mit zu den wichtigsten Tüchtigkeiten zählen; und hat Sparsamkeit im Zeitalter leicht zu findender Kredite an Bedeutung verloren. Gäbe es solchen „Wertewandel" nicht, wäre Geschichte bloß eine Abfolge von Ereignissen, während sie in Wirklichkeit immer auch ein Wandel von Vorstellungen und Haltungen ist. Es finden nicht nur neue Ereignisse statt, sie werden auch jeweils anders als früher gedeutet. Aber dies bedeutet nicht, daß es für die Beantwortung grundlegenderer moralischer Fragen keine objektiven Maßstäbe gibt, auf die man - will man nicht auf lange Sicht tragische Entwicklungen, am Ende Katastrophen heraufbeschwören - achten muß.

Dies führt mich zum zweiten Punkt, der Behauptung, man könne sich problemlos eine neue Ethik zurechtlegen. Es ist heute unter Philosophen üblich, zwischen Moral, Ethik und Metaethik zu unterscheiden. Moral ist die Summe der sittlichen Grundsätze, von denen eine Zeit oder Gesellschaft meint, man sollte sich an sie halten; Ethik ist der - letztlich philosophische -

Versuch, solche Grundsätze zu begründen und dabei unter ihnen auch eine Rangordnung herzustellen; die Metaethik schließlich ist Nachdenken über die logischen, semantischen und linguistischen Schemata, die wir beim Fällen moralischer Urteile und beim Aufbau einer Ethik befolgen. Unsere Eltern haben uns beigebracht, es sei unrecht zu stehlen; der Ethiker versucht, diesen Grundsatz zu begründen, zu anderen Grundsätzen in Verbindung zu setzen und gegen Mißdeutungen abzugrenzen; der Metaethiker schließlich geht der Frage nach, was wir eigentlich meinen, wenn wir Diebstahl als unrecht bezeichnen. Wogegen C.S. Lewis im zweiten und dritten Kapitel protestiert, ist die weitverbreitete Vorstellung, man könne sich ungestraft „auf der grünen Wiese" eine Ethik ausdenken, also eine Ethik entwerfen, die eine ganz neue Moral begründet. Dies ist schon allein deshalb nicht möglich, weil es in der Ethik, also der systematisierenden Begründung einer Moral, wesentlich um die Kriterien geht, auf Grund derer wir vernünftig entscheiden können, was sittlich gut und was verwerflich ist. Natürlich können wir uns solche Kriterien beliebig ausdenken, etwa sagen, sittlich sei, was verhindert, daß Walfische aussterben; aber wir haben keine andere Möglichkeit, die Berechtigung solcher Kriterien zu überprüfen, als uns zu fragen, ob sie sittliche Grundsätze, die wir hochhalten, zu begründen vermögen. Wenn der Leitgedanke einer Moral wäre, das Überleben von Walfischen sicherzustellen, entstünde eine Ethik und auf deren Grundlage eine Moral, die nicht nur Diebstahl und das Nichteinhalten von Versprechen als völlig in Ordnung verkünden würde, sondern am Ende sogar nahelegen könnte, am sittlichsten wäre es, die Spezies Mensch auszurotten, weil sie Walfische gefährdet.

Damit komme ich zur zentralen Stoßrichtung von Lewis´ Argumentation: es geht ihm darum zu zeigen, daß man moralische Überzeugungen nicht in beliebiger Weise begründen kann, sondern sie etwas einerseits mit der Wirklichkeit, andererseits mit Vernunft zu tun haben, und es deshalb eine allen menschengerechten Kulturen gemeinsamen Kern von sittlichen Überzeugungen gibt, die im Wesen der Wirklichkeit, letztlich im Wesen des Geschöpfes Mensch wurzeln. Beachtet man dies nicht, verläßt man sich auf Begründungen und Kriterien, die nichts taugen, wandelt sich die Moral in eine gefährliche Richtung, wachsen sich *parvuli errores* zu katastrophalen Zuständen aus. Freilich scheint mir die Art und Weise, wie Lewis dies im letzten, dritten Kapitel zu zeigen versucht, nicht mehr recht der Situation von heute zu entsprechen; auch hat Lewis sich ein wenig in der metaphysischen science-fiction-Perspektive verrannt, die er in seiner berühmten Trilogie *Out of the silent planet, Perelandra* und *That hideous Strength* entfaltet hat. In den 30er und 40er Jahren mag es so ausgesehen haben, als könnte der Mißbrauch naturwissenschaftlichen Wissens, das ja von seinem Wesen her wertneutral ist, zu einer Welt führen, in der der Mensch von einer kleinen Gruppe von Gelehrten so manipuliert wird, daß man am Ende von einer Abschaffung des Menschen sprechen muß. Angesichts dieser Gefahr erinnert Lewis an das, was er das „Tao" nennt, die menschengerechte, allen Kulturen gemeinsamen Grundlagen einer der Vernunft verpflichteten Ethik, die man zumindest teilweise an der Tradition ablesen kann. Diese Argumentationslinie hat aus heutiger Sicht zwei Schwächen. Einerseits übersieht (oder verschweigt) Lewis, daß es nicht nur, um seine Wendung zu gebrauchen, eine „Veredelung der Gefühle", sondern auch eine „Veredelung der Moral" gibt. Die Griechen, auch Platon und Aristoteles, hatten nichts gegen Sklaverei einzuwenden, und wenn man sie gefragt hätte, ob man behinderte und im Zweifelsfall selbst unerwünschte weibliche Säuglinge umbringen darf, hätten sie dies bejaht, weil es zu den Selbstverständlichkeiten der antiken Moral zählte. Das Christentum hat dergleichen Unmenschlichkeiten nach und nach korrigiert, aber Thomas von Aquin fand es noch selbstverständlich, daß Häretiker, die nicht bereuen, der weltlichen Gewalt zur Hinrichtung, üblicherweise durch Verbrennung, überreicht werden. Wenn wir heute betonen, die Würde des Menschen sei unantastbar, ja jeder Mensch müsse als Selbstzweck angesehen, dürfe niemals als ein Mittel zu etwas mißbraucht werden, so verdanken wir diese Einsicht u.a. Kant, der noch in meiner Studienzeit im Philosophieunterricht der Theologen und mithin auch katholischer Universitäten mit als der wichtigste ideologische Feind dargestellt wurde, weil er die traditionelle Vorstellung von Erkenntnisobjektivität in Frage gestellt hatte. Es gibt auch in der Ethik Fortschritte, wenn sie auch meist auf leisen Sohlen daherkommen; selbst die Kirche pflegt in dieser Hinsicht zu lernen. Ein Beispiel ist die Hervorhebung von Menschenrechten, die auch wir Katholiken vor gar nicht so langer Zeit noch arg einschränkend zu deuten pflegten, weil wir, wenn man von ihnen sprach, an die Französische Revolution dachten und übersehen hatten, daß ihre Grundlagen von spanischen und italienischen Dominikanern wie Francesco de Vittoria und Bartolomeo de las Casas gelegt worden waren, die sich im 16. Jahrhundert für die Rechte mittel- und südamerikanischer Indianer einsetzten. Lewis macht sich die Aufgabe ein wenig zu leicht, wenn er das Tao gelegentlich mit der hergebrachten Moral identifiziert; zwar war diese im Gegensatz zur heute üblichen vor ein paar Jahrzehnten meist noch im Tao, genauer in einer Vorstellung von Gottes Geboten und insofern von einer „kosmischen Ordnung" eingebettet, aber sie enthielt allerlei, das wir heute kaum noch unterschreiben würden. Eine unbedachte Übernahme hergebrachter moralischer Überzeugungen kann gelegentlich ebenso bedenklich sein wie deren unbedachte Ablehnung. Schließlich leben wir nicht nur in einer verderbten Zeit, sondern sind seit dem Sündenfall alle Zeiten je in ihrer Weise verderbt, auch die vermeintlich christlichen.

Zweitens glaube ich nicht, daß heute die Gefährdung des Menschen vornehmlich von den Ergebnissen der naturwissenschaftlicher Forschung in den Händen verantwortungsloser Politiker oder auch Wissenschaftler ausgeht. Natürlich stimmt einen das Schaf Dolly bedenklich; und der Schweizer Philosoph Eduard Kaeser hat mit einem gewissen Recht von einer schleichenden „Abschaffung des Körpers" gesprochen, weil immer häufiger Fähigkeiten des Menschen durch Fähigkeiten von Artefakten, die am Ende dem Menschen eingebaut werden können, ersetzbar sind[7]. Natürlich ist denkbar, daß diesbezügliche Horrorvisionen, die ein beliebtes Thema der *science fiction* sind, sich eines Tages bewahrheiten. Aber einerseits kannte Lewis noch nicht die Skepsis gegenüber der Wissenschaft angesichts deren ökologischen Folgen, die sich in den letzten Jahrzehnten zu einer weitverbreiteten - fast möchte man sagen - Ideologie ausgewachsen hat. Diese Ideologie, die allerdings oft auf einer völlig überzogenen Vorstellung davon, was machbar ist, beruht, hat ohne Zweifel auch eine positive Dimension: der seit dem Anfang der Aufklärung ständig zunehmende Fortschrittsoptimismus, der in sozio-politischer Hinsicht schon durch die Französische Revolution und deren Ausgang gebrochen wurde, um dann freilich in unserem Jahrhundert in der Gestalt des sowjetischen Marxismus wiederaufzustehen, hat nun auch die Naturwissenschaften und die auf ihnen aufbauende Technik erreicht, und zwar trotz oder eigentlich wegen deren noch vor einem Jahrhundert unvorstellbaren Erfolgen. Andererseits haben sich ebenso die Nazis, die Lewis beim Namen nennt, noch die Kommunisten (Orwells *1984* erschien sechs Jahre *nach* Lewis' Buch) zwar auf Wissenschaft berufen (und zwar in beiden Fällen auf eine, die in Wirklichkeit gar keine war), aber ihre Macht und das Grauen, das sie bewirkte, hatte keine namhaften naturwissenschaftliche Quellen, ja war nicht einmal in besonderer Weise

---

7   E. Kaeser, Die Abschaffung des Körpers, *Information Philosophie* (Lörrach), XXVII (1999), 2,34-39.

einer quasi-wissenschaftlichen Reduktion der Wirklichkeit auf nackte Fakten und Gesetzmäßigkeiten verpflichtet.

Die Probleme, mit denen wir heute zu tun haben, sehen anders aus: einerseits franst uns die Moral an vielen Ecken und Enden aus (denken Sie an Abtreibung, an Euthanasie oder auch daran, daß Ehebruch nahezu zu einem Kavaliersdelikt geworden ist oder gleichgeschlechtliche Liebe fast als eine Selbstverständlichkeit angesehen wird), andererseits neigt man, wie früher dargestellt, dazu, Moral als etwas weitgehend Subjektives, als ein System von Überzeugungen, die sich jeder nach Belieben zurechtlegen kann, anzusehen. Die Kräfte, die dies bewirken, sind auf den ersten und auch auf den zweiten Blick vergleichsweise anonym: einen Teil bewirkt der Pluralismus (den wir als politische Maxime bejahen müssen), einen erheblichen Teil bewirken verantwortungslose Medien, die meist mehr auf wirtschaftlichen Erfolg denn Wahrheit oder Moral ausgerichtet sind, und einen am Ende nicht weniger erheblichen Teil bewirken Bequemlichkeit, Oberflächlichkeit, und der Mangel an Bereitschaft, sich und anderen zuzugestehen, daß man unrecht, im Zweifelsfall sogar gegen sein Gewissen gehandelt hat. Man sollte diese Entwicklung freilich auch nicht dramatisieren: bezüglich der wirklich ernsten Fragen ist heute im entscheidenden Augenblick der moralische und ethische Konsens größer, als man beim ersten Hinsehen meinen würde. Und doch scheint sich dieser schleichende Prozeß zu beschleunigen, leben wir in Kulturen, die sich - nicht nur in ethischer Hinsicht - aufzulösen scheinen, ohne daß klar wäre, wie die Nachfolgekulturen aussehen könnten.

Ich kann in diesem Vortrag nicht eingehender darstellen, wie eine auf dem Naturrecht aufbauende Moral im Einzelnen begründet werden könnte; vielleicht genügt es darauf hinzuweisen, daß auch und gerade Thomas von Aquin stets betonte, sittlich sei letztlich immer das Vernünftige, wobei es freilich um eine sich umfassend orientierende Vernunft geht, nicht eine, die ganze Wirklichkeitsbereiche übersieht oder ausklammert. Wenn man den Menschen als einen „nackten Affen" versteht, oder meint, Religion sei nichts als Aberglaube, oder übersieht, daß jeder von uns, sollte er dafür Zeit finden, sich vor seinem Sterben fragen wird, wie sinnvoll sein Leben war, wird es schwierig, Vernunft im Sinne der *ratio* zu üben, die etwa Thomas vor Augen hatte und an die Johannes Paul II. in seiner Enzyklika *Fides et ratio* erinnert hat.

Statt dessen will ich diesen Vortrag mit ein paar Überlegungen darüber abschließen, wie wichtig (und in welcher Weise) der Glaube an Gott für eine in dem eben angedeuteten Sinne vernunftgemäße Moral bzw. Ethik ist, ob also auch z. B. ein nachdenklicher Atheist durchdacht sittlich handeln kann. Letzteres wird man uneingeschränkt bejahen müssen; man begegnet nicht selten Atheisten, etwa Juden, die angesichts des Holocausts nicht mehr an Gott glauben wollen, die uns Christen beschämen, weil sie so sittlich denken und handeln. Doch bedeutet dies nicht viel: sie halten sich an eine Moral, zu der sie erzogen wurden, und nehmen sie, gerade weil sie sich *nicht* auf Transzendentes hinausreden können, ernster als wir, die wir z.B. auf Gottes Barmherzigkeit zählen dürfen. Schwieriger steht es mit der Frage, ob ein Atheist eine Ethik aufbauen, seine moralischen Urteile befriedigend begründen kann. Sie ist deshalb nicht einfach zu beantworten, weil die Vertreter klassischer Gestalten der Ethik, etwa Aristoteles und Kant, zwar überzeugt waren, daß es Gott gibt, diese Überzeugung jedoch nicht in die Argumentation ihrer Ethik einbezogen. Man begegnet unter uns Christen zuweilen der Behauptung „Wenn ich nicht an Gott glauben würde, würde ich nicht einsehen, warum ich mich überhaupt sittlich verhalten soll"; Behauptungen dieser Art sind eine der Gründe, warum Atheisten oft Schwierigkeiten haben, uns Christen ernst zu nehmen. Denn die Frage, warum ich eigentlich ein guter und nicht ein schlechter Mensch sein soll, kann eigentlich nur dadurch entstehen, daß man nicht begriffen hat, was „guter Mensch" besagt. Sich gut zu verhalten oder zu handeln besagt letztlich, sich so zu verhalten, wie der Mensch, um im Vollsinne Mensch zu sein, sich verhalten soll; und die Frage, warum ich denn anstreben soll, im Vollsinne Mensch zu sein, provoziert unweigerlich Fragen von der Art: „Ja willst Du denn ein Tier sein? Willst Du, was Du als Mensch bist, nicht ausschöpfen und entfalten?". Verschiedene Typen von Ethik haben dies in verschiedener Weise artikuliert; Aristoteles beginnt seine Ethik mit der Aussage, alle Menschen würden nach der ευδαιμονια, der umfassenden Glückseligkeit streben (sodaß die Leitfrage seiner Ethik ist, welche Verhaltensweisen am ehesten ευδαιμονια bewirken), Kant begründet die Ethik mit dem von ihm als logisch zwingend angesehenen Imperativ: „Handle nur nach Maximen, von denen Du wollen kannst, daß alle Menschen nach ihnen handeln", die Vernünftigeren unter den Utilitaristen stellten den Grundsatz auf, man sollte so handeln, daß wenn alle so handeln würden, unter den Menschen ein Maximum an Freude und Glück entstünde, und es gibt sogar Philosophen, die meinen, auch ein wohldurchdachter Egoismus könne, weil ich ja um meines

Glückes willen auch jenes der anderen wünschen muß, eine solide Moral traditioneller Art begründen. Ich kann hier nicht die Vor- und Nachteile dieser verschiedenen Ethikmodelle erörtern; aber sie setzen alle voraus, daß die klassische Moral im großen Ganzen in Ordnung ist, man sie höchsten hier oder dort bereinigen muß. Alle setzen überdies voraus, daß der Mensch ein Wesen mit bestimmten Charakteristiken ist und ethisch nur sein kann, was diesen Charakteristiken entspricht, den Menschen im Vollsinn Mensch sein läßt, wobei das, was ihn vom Tier unterscheidet, seine Vernunft ist. Tiere können gar nicht ethisch oder unethisch handeln, weil sie keine vernünftigen Lebewesen sind.

Warum dann also ein Tao, eine himmlische oder kosmische Ordnung, an die man sich anschmiegen soll, warum Gott in der Ethik? Man hat nicht zu unrecht gesagt, die Zehn Gebote des Alten Testamentes seien eine Art Kurzfassung des Naturrechts; und Gott habe sie Moses verkündet, weil er den Menschen so und nicht anders erschaffen hat, nicht weil er ihm von außen irgendwelche Normen aufdrängen wollte. Ich sehe u.a. zwei Gründe, warum trotz alledem der Gottesglaube, zumal so, wie wir Christen ihn bekennen, für eine Ethik und unser moralisches Verhalten von Bedeutung ist.

Der erste ist, daß wenn es Gott gibt, er uns erschaffen hat und liebt, er der letzte Sinn und Zweck aller Wirklichkeit ist. Diese Überzeugung legt unserem Verhalten einen radikalen, unausweichlichen Ernst auf: wir können den Sinn unserer Existenz erfüllen oder verfehlen. Dabei muß man nicht einmal besonders an das Jenseits, das Leben nach dem Tode denken; die ganze Schöpfung verdankt ihre Existenz und Struktur einem Absoluten, das der Sinn aller Sinne ist.

Der zweite Grund ist fast noch wichtiger: Wenn es Gott gibt, gibt es auch Sünde, Verfehlungen, die ihm - meist halbbewußt - ein „Nein!" entgegenschleudern. Und es ist das Zugeständnis, daß es Sünde gibt, wir Sünder sind, das uns davor bewahrt, uns eine Moral je nach dem zurechtzulegen, wie wir leben. Dies ist ja die große, vielleicht sogar entscheidende Versuchung unserer Zeit: kaum haben wir anders gehandelt, als die Moral, der wir anhängen, uns gebietet, legen wir uns Gründe zurecht, warum unser Handeln dennoch moralisch nicht zu beanstanden war. Anstatt uns an das Tao zu halten, legen wir uns ein gemäß unserem faktischen Lebensweg modifiziertes Privat-Tao zu, daß Schritt für Schritt gar kein Tao mehr ist. Da wir ungern als Sünder dastehen, deuten wir Sünden in Tugenden oder doch Unvermeidlichkeiten um. Doch wenn es Gott und deshalb auch die

Sünde gibt, und wir diese Überzeugung wirklich ernst nehmen, können wir uns das nicht leisten. Ich habe vor Jahren einen kleinen Aufsatz mit dem paradoxen Titel „Plädoyer für die Sünde" geschrieben. Anzuerkennen, daß wir gesündigt, gegen das Tao verstoßen haben, schützt uns vor der Versuchung, uns eine beliebige Moral zurechtzulegen. Es lehrt uns außerdem Demut, bewahrt uns vor intellektueller Arroganz - und ist darüber hinaus theoretisch und psychologisch ungleich ehrlicher und auch einfacher, als wenn wir unsere Ethik ständig ändern müssen, bloß weil wir es nicht fertigbringen, uns an das zu halten, von dem wir im Grunde genau wissen, daß es das Entscheidende und Richtige ist.

Ich male mir zuweilen aus, wie die Erzählung des Lukas-Evangeliums vom Pharisäer und Zöllner (Lk 18, 9-13) weitergegangen sein könnte. Der Zöllner wagte nicht, seine Augen zum Himmel zu erheben, sondern schlug an seine Brust und sagte: „O Gott, sei mir Sünder gnädig". Nach Christi Worten ging *er*, nicht der stolze Pharisäer, gerechtfertigt nach Hause. Aber er besserte sich nicht, sondern kam Jahr für Jahr zerknirscht und demütig in den Tempel zurück. Natürlich ist denkbar, daß er eines Tages begann, sich etwas auf seine Demut einzubilden, in welchem Falle er zu einem komplizierten Sonderfall des Pharisäers geworden wäre. Aber es ist ebenso denkbar, daß er ehrlich bereute und es dann doch nicht fertigbrachte, sein Leben zu ändern. Wenn es Gott gibt, sind wir herausgefordert, zwar vielleicht auch nach Vollkommenheit zu streben, weil und wie der Vater im Himmel vollkommen ist (vgl. Mt 5,48), aber weil wir dies meist nicht fertigbringen, sind wir vordem aufgerufen, dem Beispiel des Zöllners zu folgen. Eine Ethik, die nichts von Gott und unseren Verpflichtungen Ihm gegenüber als dem Letzten und an Ende einzigen wahren Sinn des Kosmos wissen will, wird fast unweigerlich eine Moral bewirken, die zwar Fehltritte und in diesem Sinne vernunftwidriges Verhalten, aber nichts, was an Sünde erinnern würde, kennt - eine Moral, die die fast unwiderstehliche Versuchung mit sich führt, jeweils das als sittlich zu rechtfertigen, was wir faktisch getan haben und tun.

Edith Stein

Die Dynamik des Suchens nach Wahrheit
führt zur Dynamik der Suche nach Gott

Maximilian Heinrich Heim[1]

1. Der Wahrheit begegnen

Begegnungen können das Leben entscheidend verändern. Berühren solche Begegnungen mein eigenes Leben, ja die eigentlichen Fragen nach dem Woher und Wohin und Wozu des Lebens, dann kann ich als existentiell wie intellektuell suchender Mensch erkennen, daß die Dynamik meines Suchens und Fragens nach Wahrheit im letzten eine Dynamik der Gottsuche darstellt.

Ja, es kann sein, daß mir sogar aufgeht: noch bevor ich Gott gesucht habe, hat er mich gefunden. Solche Begegnungen sind Gnade, da Gottes Geist sie bewirkt. Im gewöhnlichen Alltag erkenne ich plötzlich: Ich habe es nicht nur mit diesem oder jenen Menschen zu tun. Es ist nicht nur ein unverbindliches Wort eines Menschen, das ich lese oder höre. Nein, es ist Gott selber, der durch Menschen, Ereignisse, Worte zu mir spricht. Und ich darf mich seinem Anspruch nicht entziehen. Am deutlichsten wird diese weise „Pädagogik Gottes" in den Heiligen. Sie haben erkannt: Die Begegnung mit dem Evangelium Jesu Christi ist nicht toter Buchstabe, sondern lebendiges Wort. Sie sind dieser *Wahrheit, die Christus ist,* begegnet – oft durch unscheinbare Menschen – und haben dann selbst die Wahrheit des Evangelium ins Leben und Sterben umgesetzt und sie nicht selten mit ihrem eigenen Blut besiegelt.

Heute möchte ich mit Ihnen einer solchen Frau begegnen: Es ist Edith Stein. Ihr „Weg zum Je-mehr der Wahrheit … ist ein Weg des Abstiegs, ein Weg, der aus innerer Konsequenz in der Ohnmacht, in der dunklen Nacht

---

[1]   Vortrag für Radio Horeb vom 30. Juni 1998. Der Text wurde überarbeitet; wobei Unmittelbarkeit und Stil des gesprochenen Wortes erhalten wurden.

des Johannes von Kreuz, in der Nacht von Auschwitz endet"[2]. Dieses Kleinwerden, ja zu einem Nichts werden, bedeutet für Edith Stein ein Mehr an Liebe. Ist nicht „dieses Wort ‚Liebe' der Schlüssel, ... um Edith Steins Größe zu erschließen, um die Untrennbarkeit von Gedanken und Leben, um das Antlitz der Wahrheit, die Edith Stein umtrieb und herausforderte, um das Woher und Wohin, das Warum und Wofür der Reduktion, des Abstiegs in ihrem Leben zu entbergen?"[3] Um ihr geistiges Erbe zu erfassen, bedarf es der eingehenden Erforschung ihres literarischen Werkes. Jedoch hat dieses Werk seine Entsprechung in ihrem eigenen Lebensweg, ja „Biographie und Schriften steigern sich gegenseitig, lassen erst in ihrem Wechselbezug die Größe Edith Steins erahnen"[4]. In Rahmen eines Vortrages können wir beides – Leben und Werk – nur streiflichtartig beleuchten. Dennoch kann auch das Fragmentarische den Glanz der Wahrheit aufleuchten lassen, der sich auf der Folie des Lebens und Werkes und vor allem im Sterben Edith Steins spiegelt.

Sie ist, wie Reinhold Schneider sagt „eine große Hoffnung, ja Verheißung für ihr Volk – und für unser Volk, gesetzt, daß diese unvergleichliche Gestalt wirklich in unser Leben tritt; daß uns erleuchtet, was sie erkannt, und die Größe und das Schreckliche ihres Opfers beide Völker bewegt"[5].

„Wir verneigen uns tief" – so Papst Johannes Paul II. – „vor dem Zeugnis des Lebens und Sterbens von Edith Stein, der herausragenden Tochter Israels und zugleich Tochter des Karmels, Schwester Teresia Benedicta vom Kreuz, einer Persönlichkeit, die eine dramatische Synthese unseres Jahrhunderts in ihrem reichen Leben vereint. Die Synthese einer Geschichte voller tiefer Wunden, die noch immer schmerzen ... und sogleich die Synthese der vollen Wahrheit über den Menschen, in einem Herzen, das solange unruhig und unerfüllt blieb, bis es schließlich Ruhe fand in Gott."[6]

---

2   K. Hemmerle, Die geistige Größe Edith Steins, in: L. Elders (Hg.), Edith Stein, Leben, Philosophie, Vollendung. Abhandlungen des Internationalen Edith-Stein-Symposions, Rolduc, 2.-4. November 1990, Würzburg 1991, 275-289, hier: 276.

3   K. Hemmerle, a. a. O. 277.

4   K. Hemmerle, a. a. O. 275.

5   Siehe: F. Wetter, Edith Stein. Zur Wahrheit berufen – vom Kreuz gesegnet. Ein Lebensbild, München 1984, 3.

6   Johannes Paul II., „Komm wir gehen für unser Volk". Ansprache bei der Seligsprechung von Edith Stein in Köln, in Christliche Innerlichkeit 22 / 3-5 (1987) 123.

2. Auf der Suche nach Wahrheit

Wer war diese Selige, die am 1. Mai 1987 von Papst Johannes Paul II. in Köln seliggesprochen wurde und deren Heiligsprechung am 11. Oktober 1998 stattfand?[7]

Edith Stein wurde am 12. Oktober 1891 in Breslau als Kind jüdischer Eltern geboren. Ihre Geburt fiel auf den Jom Kippur, dem großen jüdischen Versöhnungsfest[8]. Sie war das jüngste von sieben Kindern. Mit einunddreiviertel Jahren verlor sie ihren Vater.

Die Mutter übernahm neben der Erziehung der Kinder die schwierige Aufgabe, den Holzhandel ihres plötzlich verstorbenen Gatten weiterzuführen. Geschäftstüchtig und mit Weitblick brachte sie den Holzhandel in die Höhe, so daß die Familie zu Wohlstand gelangte. Frau Stein war freigebig, ein Zug, den sie auch ihrer Tochter Edith vererbte. Es geschah nicht selten, daß sie unbemittelten Leuten Holz verkaufte und das empfangene Geld dem Käufer wieder zusteckte. So kaufte sie ganze Waldbestände auf, um sie zur Winterszeit den Armen als Brennholz zu überlassen.

Die Familie lebte streng nach dem Glauben ihrer jüdischen Vorfahren. Wenn es um die Sache Gottes ging, gab es für sie keine Erleichterung. Das Tischgebet wurde hebräisch verrichtet. Edith Stein berichtete später: „Von eigentlicher Erziehung war bei uns nicht viel die Rede. Wir Kinder lasen vom Vorbild der Mutter wie von einem Tugendspiegel das richtige Verhal-

---

7   Das für ihre Heiligsprechung notwendige Wunder wurde am 8. April 1997 nach eingehenden Untersuchungen von Papst Johannes Paul II. anerkannt. Es handelt sich dabei um die wissenschaftlich nicht erklärbare Heilung eines zweijährigen Mädchens aus den USA namens Benedicta McCarthy, das 1987 an einer Vergiftung mit akutem Leber- und Nierenversagen litt und auf eine Lebertransplantation wartete. Die Eltern des Kindes baten die sel. Edith Stein um ihre Fürsprache und ihre Bitte wurde wunderbar erhört.

8   Am jüdischen Versöhnungstag trat - solange es den Tempel in Jerusalem noch gab – der Hohepriester ins Allerheiligste ein, um für sich und für das Volk das Opfer darzubringen. Es war auch der Tag, an dem der Sündenbock mit den Vergehen des Volkes in die Wüste geschickt wurde. Für uns Christen ist der Versöhnungstag das alttestamentliche Vorbild des Karfreitags. Siehe: Edith Stein, Aus dem Leben einer jüdischen Familie. Kindheit und Jugend, Edith Steins Werke Bd. VII, Druten/Freiburg i. Br. 1985, 40ff. Vgl. Edith Stein, Verborgenes Leben, Edith Steins Werke Bd. XI, Freiburg 1987, bes. S. 10-26: Das Gebet der Kirche, hier: 17f.

ten ab. Nur eines versuchte die gottesfürchtige Jüdin recht tief den Kinder-
herzen einzuprägen: den Abscheu vor der Sünde. Wenn die Mutter sagte:
,Das ist Sünde!', so wußten alle, daß sie damit den Inbegriff des Häßlichen
und Menschenunwürdigen bezeichnen wollte."[9]

Diese Erziehung in heiliger Gottesfurcht war verbunden mit einer tiefen
Mutterliebe, die Ediths Jugend durchwärmte. Trotzdem kam es bei der
überaus intelligenten, temperamentvollen Edith schon in früher Jugend zum
Zusammenbruch des Glaubens. Sie bekannte später, daß sie vom 13. bis
zum 21. Lebensjahr nicht mehr an die Existenz eines persönlichen Gottes
glauben konnte. „Ganz bewußt und aus freiem Entschluß"[10] hatte sie ihren
Glauben aufgegeben und wurde Atheistin. Gott war für sie keine Wirklichkeit mehr. Im Rückblick auf jene Jahre schrieb sie später einmal: „Wer die
Wahrheit sucht, der sucht Gott, ob es ihm klar ist oder nicht."[11] Ein großar-
tiges Wort, ein Wort des Trostes für alle, die sich mit dem Glauben schwer
tun.

1911 machte sie eine glänzende Matura. Bei der Maturafeier charakterisierte der Direktor jede Schülerin mit einem kurzen Satz. Als Edith Stein an der
Reihe war, sagte er: „Schlag an den Stein und Weisheit springt heraus."[12]

Nach der Matura besuchte Edith zunächst die Universität ihrer schlesischen
Heimatstadt Breslau. Da sie den Lehrberuf anstrebte, belegte sie die Fächer
Germanistik, Geschichte und Psychologie; sie wollte die Grundlagen und
den Sinnzusammenhang der menschlichen Existenz mit dem Kernproblem
der Seele als dem Mittelpunkt der menschlichen Person kennenlernen. Dabei erlebte sie in den Vorlesungen und Seminaren bald eine große Enttäuschung, denn hier wurde einer „Psychologie ohne Seele" das Wort geredet.

Bei ihren Seminararbeiten stieß sie auf das Buch „Die logischen Untersuchungen" des jüdischen Phänomenologen Edmund Husserl, der sich – im
Gegensatz zur „Psychologie ohne Seele" – um eine Wiederentdeckung des

---

9   F. Wetter, a. a. O. 3f. Vgl. Edith Stein, Werke VII, a. a. O. 91, 19.

10 Vgl. Edith Stein, Werke VII, a. a. O. 47. Siehe auch: R. Schmidtbauer,
    Familie und Jugendjahre Edith Steins, in: L. Elders (Hg.), Edith Stein, Le-
    ben, Philosophie, Vollendung. Abhandlungen des Internationalen Edith-
    Stein-Symposions, Rolduc, 2.-4. November 1990, Würzburg 1991, 39-53,
    hier: 50f.

11 Edith Stein, Selbstbildnis in Briefen. Zweiter Teil 1934-1942, Edith Steins
    Werke Bd. IX, Druten/Freiburg i. Br. 1977, 102.

12 F. Wetter, a. a. O. 4.

Geistes, um den Sinn des Daseins und um das Wesen der Seele bemühte. Begreiflich, daß in Edith Stein der Wunsch erwachte, bei diesem Professor Husserl in Göttingen weiterzustudieren.

Nach zwei Jahren Studium in Breslau ging sie 1913 nach Göttingen zu Edmund Husserl, dem großen Phänomenologen. Am schwersten fiel ihr die Trennung von der Mutter. Sie ahnte im tiefsten Herzen, daß es ein scharfer, einschneidender Abschied war.

3. Einholung und Überbietung der Wahrheitsfrage in der Frage nach Gott

Was ist das Verbindende in Edith Steins Leben, das zugleich die Kontinuität zwischen ihrem philosophischen Weg und ihrem Glaubensweg darstellt? Es ist ihre Liebe zur Wahrheit[13]. So konnte sie rückblickend bekennen: „Meine Sehnsucht nach Wahrheit war ein einziges Gebet"[14], denn es ging ihr auf: „Gott ist die Wahrheit"[15]. Nur in ihm konnte ihre Sehnsucht gestillt, ja ihr Verlangen nach Wahrheit überboten werden.

In Göttingen traf sie mit dem menschlich so wertvollen Privatdozenten Adolf Reinach, seiner Frau und vielen Schülern Husserls zusammen. Reinach war die rechte Hand Husserls. Für Edith Stein war es ein Glück, daß sie in Göttingen auch den Phänomenologen Max Scheler kennenlernen konnte, der erst kurz zuvor wieder zur katholischen Kirche zurückgekehrt war. In der Konfrontation mit der Welt des Christlichen stieß Edith Stein auf die Not ihres Herzens, – auf die Frage nach dem Ewigen, das in den Dingen aufleuchtet. Sie selber schrieb: „Das war meine erste Berührung mit der mir bis dahin völlig unbekannten Welt. Sie führte mich noch nicht zum Glauben, aber sie erschloß mir einen Bereich von ‚Phänomenen', an denen ich nun nicht mehr blind vorbeigehen konnte."[16]

Als der erste Weltkrieg 1914 begann, unterbrach Edith Stein ihr Studium und meldete sich als Rot-Kreuz-Helferin. Es wird berichtet, daß sie den La-

---

13   Vgl. K. Hemmerle, a. a. O. 281-283.

14   Teresia Renata de Spiritu Sancto Posselt, Edith Stein. Eine große Frau unseres Jahrhunderts, Freiburg 1957, 55. - Die Autorin, Sr. Teresia Renata de Spiritu Sancto, war Edith Steins Novizenmeisterin und spätere Priorin.

15   Edith Stein, Selbstbildnis in Briefen. Zweiter Teil 1934-1942, Edith Steins Werke Bd. IX, Druten/Freiburg i. Br. 1977, 102.

16   W. Herbstrith, Das wahre Gesicht Edith Steins, Aschaffenburg 1987, 47. Vgl. K. Hemmerle, a. a. O. 279f.

zarettdienst sehr ernst genommen habe. Unterdessen war auch Dr. Reinach, wie viele seiner Göttinger Kollegen und Studenten, zum Militärdienst einberufen worden. Adolf Reinach war vorher noch mit seiner Frau vom Judentum zum evangelischen Christentum übergetreten. – Seine Äußerung, er werde später nur noch dazu philosophieren, um den Menschen den Weg zum Glauben zu weisen, hatte Edith Stein sehr berührt[17].

Zum tiefen Schmerz aller, die diesen hervorragenden, gütigen Menschen kannten, mußte Adolf Reinach auf den blutigen Kampfplätzen Flanderns sein Leben lassen. Edith Stein besuchte die junge Witwe, Anne Reinach, mit der sie befreundet war. Sie selbst – ohne Glauben – hatte Angst vor diesem Besuch, denn was konnte sie ihrer Freundin zum Trost sagen? Es kam ganz anders! Sie fand ihre Freundin zwar in großer Trauer um den gefallenen Mann, aber zugleich gefaßt und in gläubiger Ergebenheit in den Willen Gottes. Die Begegnung mit diesem Glauben warf die noch ungläubige Einstellung von Edith Stein völlig um. Daher bekannte sie:

„Es war dies meine erste Begegnung mit dem Kreuz und der göttlichen Kraft, die es seinen Trägern mitteilt. Ich sah zum erstenmal die aus dem Erlöserleiden Christi geborene Kirche in ihrem Sieg über den Stachel des Todes handgreiflich vor mir. Es war der Augenblick, in dem mein Unglaube zusammenbrach, das Judentum verblaßte und Christus ausstrahlte: Christus im Geheimnis des Kreuzes."[18]

Später schrieb sie in bezug auf diese Begegnung: „Darum konnte ich auch bei meiner Einkleidung keinen anderen Wunsch äußern, als im Orden ‚vom Kreuz' genannt zu werden."[19] Durch diese befreundete Kriegerwitwe Frau Reinach erlebte Edith zum ersten Mal die Kraft, die der Glaube an den erlösenden Kreuzestod Jesu dem Leidenden mitzuteilen vermag.

---

17 Vgl. F. M. Schandl, Die Begegnung mit Christus, in: L. Elders (Hg.), a. a. O. 55-93, hier: 69f.

18 F. Wetter, a. a. O. 9. Siehe auch: Teresia Renata de Spiritu Sancto Posselt, Edith Stein. Eine große Frau unseres Jahrhunderts, Freiburg 1957, 55.

19 Ebd. 55. Vgl. A. Ziegenaus, Leiden und Leidbewältigung bei Edith Stein, in: L. Elders (Hg.), a. a. O. 123-143, hier: 138f: „Sie hat selber um diesen schönen Namen gebeten. Der tiefste Sinn (dieses Zusatzes) ist wohl doch der, daß wir eine persönliche Berufung haben, im Sinn bestimmter Geheimnisse zu leben. Den Zusatz ‚a Cruce' legte Edith Stein als Adelstitel aus."

Ein zweites Erlebnis, das in Edith Stein tiefe Spuren hinterließ, geschah praktisch unbemerkt im Juli 1916 (dem Jahr ihrer Promotion mit *summa cum laude* in Freiburg). Sie unterbrach die Reise nach Freiburg und hielt sich einige Tage in Frankfurt am Main auf. Mehr als die Goethe-Erinnerungsstätten am Römerberg und am Hirschgraben beeindruckte sie eine Begegnung im Dom. Es sollte für ihren weiteren Lebensweg wieder wie eine neue Weichenstellung sein. Ihre eigenen Worte sollen diese Begegnung schildern:

„Wir traten für einige Minuten in den Dom, und während wir in ehrfürchtigem Schweigen dort verweilten, kam eine Frau mit ihrem Marktkorb herein und kniete zu kurzem Gebet in einer Bank nieder. Das war für mich etwas ganz Neues. In die Synagogen und in die protestantischen Kirchen, die ich besucht hatte, ging man nur zum Gottesdienst. Hier aber kam jemand mitten aus den Werktagsgeschäften in die menschenleere Kirche wie zu einem vertrauten Gespräch. Das habe ich nie vergessen können.“[20]

Edith Stein fühlte sich bei ihrer philosophischen Tätigkeit wohl und hatte Erfolg. 1919 stellte Prof. Husserl seiner Assistentin folgendes Zeugnis aus: „Sollte die akademische Laufbahn für Damen eröffnet werden, so könnte ich sie an allererster Stelle und aufs wärmste zur Habilitation empfehlen“[21].

Dies war jedoch nur die äußere Seite jener Freiburger Jahre. In ihrem Inneren wartete sie auf etwas anderes: „Ich mache Pläne für mein weiteres Leben und richte im Hinblick darauf mein gegenwärtiges Leben ein, bin aber im Grund überzeugt, daß irgendein Ereignis eintreten wird, das alle meine Pläne über den Haufen wirft.“[22]

4. Begegnung mit Teresa von Avila

Es war im August 1921. Edith Stein weilte zu Gast bei ihrer Freundin Hedwig Conrad-Martius und deren Gatten in Bad Bergzabern in der Pfalz. Frau Conrad-Martius zeigte ihrer Freundin Edith den Bücherschrank und forderte sie auf, nach Belieben zu wählen.

---

20   Edith Stein, Werke VII, a. a. O. 362.
21   M. A. Neyer, Edith Stein. Ihr Leben in Dokumenten und Bildern, Würzburg 1987, 30: Husserl stellte ihr ein handgeschriebenes Zeugnis aus, das mit der genannten Empfehlung schloß.
22   F. Wetter, a. a. O. 9.

Edith Stein erinnerte sich: „Ich griff hinein aufs Geratewohl und holte ein umfangreiches Buch hervor. Es trug den Titel: ‚Leben der heiligen Teresa von Avila‘, von ihr selbst geschrieben. Ich begann zu lesen, war sofort gefangen und hörte nicht mehr auf bis zum Ende. – Als ich das Buch schloß, sagte ich mir, das ist die Wahrheit‘.“[23] Die ganze Nacht hindurch bis zum Aufgang der Sonne faszinierte sie dieses Buch.

Noch am gleichen Morgen kaufte sich Edith Stein einen katholischen Katechismus und ein Schott-Meßbuch. Nachdem sie beides gründlich studiert hatte, betrat sie zum ersten Mal ein katholisches Gotteshaus, die Stadtpfarrkirche von Bergzabern. Dort feierte gerade der Geistliche Rat Breitling die heilige Messe. Für Edith Stein war dies ein unauslöschliches Erlebnis:

„Nichts blieb mir fremd, dank der vorhergehenden Studien verstand ich auch die kleinste Zeremonie. Ein ehrwürdiger Priestergreis trat zum Altar und feierte das heilige Opfer mit inniger Würde. Nach der heiligen Messe wartete ich, bis der Priester seine Danksagung vollendet hatte. Ich folgte ihm ins Pfarrhaus und bat ihn kurzerhand um die heilige Taufe. Mit verwundertem Blick antwortete er, daß der Aufnahme in die heilige Kirche eine Vorbereitung vorangehen müsse. ‚Wie lange haben Sie schon Unterricht und wer erteilt denselben? Als Antwort konnte ich nur erwidern: ‚Bitte, Hochwürden, prüfen Sie mich.‘“[24]

So entwickelte sich zwischen Pfarrer Breitling und Edith Stein ein Gespräch, bei dem sie keine Antwort schuldig blieb. Was Edith Stein zum katholischen Glauben führte, war die Gnade, die in ihr die Wertschätzung des Sakramentalen den Sinn für die Anbetung aufschlüsselte[25]. Bereits in den Monaten vor der Taufe besuchte Edith Stein in Breslau jeden Morgen die Heilige Messe, indem sie lautlos das Haus verließ. Aber die Mutter ahnte bereits, daß ihre Tochter konvertieren könnte. Bereits für den 1. Januar 1922 wurde ihre Taufe festgesetzt[26]. Patin wurde ihre Freundin Hedwig Conrad-Martius, deren weißen Hochzeitsmantel Edith als Taufkleid empfing. Am gleichen Tag empfing sie auch den Leib des Herrn und machte

23   Ebd. 10.
24   Ebd. 11.
25   Vgl. W. Herbstrith, Versöhnerin zwischen Juden und Christen, Leutesdorf 1991, 55.
26   Eintragung im Taufbuch von St. Martin in Bergzabern: „…baptizata Editha Stein, …quae a Judaismo in religionem catholicam transivit, bene instructa et disposita…“ siehe: M. A. Neyer, a. a. O. 35.

von da an die tägliche Mitfeier der Hl. Messe zum Zentrum ihres Lebens. Sie begann das Brevier, das Stundengebet der Kirche, zu beten, das sie von nun an täglich ganz verrichtete. Am Fest Mariae Lichtmeß 1922 empfing sie in der bischöflichen Hauskapelle in Speyer von Bischof Ludwig Sebastian das Sakrament der Firmung. Edith Stein war hochbeglückt, Gott gefunden zu haben und ein Kind der Mutter Kirche zu sein.

5. Bewährung der Wahrheit in der Bewahrung der Liebe

Aber ihre leibliche Mutter in Breslau? Edith Stein hing sehr an ihrer Mutter und rechnete mit dem Schlimmsten, wenn sie daran dachte, daß sie ihrer Mutter das alles mitteilen mußte. Sie befürchtete, „mit Schimpf und Schande aus der Familie, – die ihr so viel bedeutete –, verstoßen zu werden. Sie wählte nicht den Ausweg einer brieflichen Mitteilung, sondern fuhr selbst zur Mutter nach Breslau, kniete vor ihr nieder und sagte: Mutter, ich bin katholisch."[27]

Vom Schmerz erfaßt, weinte die starke Mutter. Damit hatte Edith nicht gerechnet. Sie sah ihre Mutter zum erstenmal in Tränen. Kein Mensch in der Familie konnte für Ediths neuen Weg Verständnis aufbringen. Edith blieb ein halbes Jahr bei der Mutter, fastete mit ihr und begleitete sie wie früher in die Synagoge. Wenn der Rabbiner die Worte las: „Höre, Israel, dein Gott ist ein Einziger", dann faßte die Mutter ihre Tochter und flüsterte: „Hörst du es? – Dein Gott ist nur ein Einziger!"[28]

Die Jahre nach Edith Steins Konversion waren eine besonders fruchtbare Zeit des äußeren und inneren Hineinwachsens in die Kirche. Möglichst schnell wollte sie ihren Plan des Ordenseintrittes verwirklichen. Ihr Seelenführer, Generalvikar Schwind von Speyer aber lehnte ihre eiligen Klosterpläne vor allem aus Rücksicht auf ihre jüdische Mutter ab und verschaffte ihr zunächst einen passenden Arbeitsplatz bei den Dominikanerinnen in St. Magdalena in Speyer, die eine gute Deutschlehrerin gesucht hatten. Edith Stein unterrichtete nun acht Jahre lang am Mädchenlyzeum und an der Lehrerinnenbildungsanstalt der Speyerer Dominikanerinnen. Sie wurde dabei den Schülerinnen nicht nur eine geschätzte Lehrerin, sondern auch eine gei-

---

27   F. Wetter, a. a. O. 13.
28   Teresia Renata de Spiritu Sancto Posselt, Edith Stein. Schwester Benedicta a Cruce. Philosophin und Karmelitin. Ein Lebensbild gewonnen aus Erinnerungen und Briefen, Freiburg i. Br. 1948, 57f.

stige Mutter, deren Liebe oft ersetzte, was den jungen Menschen im Elternhaus fehlte.

6. Begegnung mit Thomas von Aquin

Während dieser Zeit hatte sie nicht nur Unterricht gegeben, sondern auch schriftstellerisch gearbeitet. Zwei große Arbeiten konnte sie u.a. trotz vollem Schuldienst vollenden. Sie übertrug Briefe und Tagebücher des großen englischen Kardinals und Konvertiten John Henry Newman ins Deutsche. Dietrich von Hildebrand, ebenfalls ein Schüler Husserls, hatte den Religionsphilosophen P. Erich Przywara SJ auf Edith Stein aufmerksam gemacht. Im Jahre 1925 kam es in der Wohnung von Generalvikar Schwind auf dessen Veranlassung zu der wichtigen Begegnung mit Pater Przywara. Der geniale Jesuitengelehrte riet Edith Stein, sich mit Thomas von Aquin zu beschäftigen und regte die Übersetzung der *„Quaestiones disputatae de veritate"* des hl. Thomas an. Durch diese Übersetzung hoffte sie, „sich die Gedankenwelt des Thomas aneignen zu können in einem Prozeß der Einfühlung, wie sie es in ihrer Dissertation dargelegt hatte. ... Weil ihr Leben vom Streben nach Wahrheit beherrscht war, hoffte sie, daß dieser Text ihr Wahrheit und Klarheit bringen würde"[29]. Aus dieser Zeit stammen die Worte Edith Steins: „In der Zeit unmittelbar vor und noch eine ganze Weile nach meiner Konversion habe ich nämlich gemeint, ein religiöses Leben führen heiße, alles Irdische aufgeben und nur im Gedanken an göttliche Dinge leben. Allmählich habe ich aber einsehen gelernt, daß in dieser Welt anderes von uns verlangt wird und daß selbst im beschaulichen Leben die Verbindung mit der Welt nicht durchschnitten werden darf. Daß es auch möglich sei, Wissenschaft als Gottesdienst zu betreiben, ist mir so recht am hl. Thomas aufgegangen, und nur daraufhin habe ich mich entschließen können, wieder ernstlich an wissenschaftliche Arbeit heranzugehen. Ich glaube sogar: Je tiefer jemand in Gott hineingezogen wird, desto mehr muß er auch in diesem Sinn ‚aus sich herausgeben', d. h. in die Welt hinein, um das göttliche Leben in sie hineinzutragen"[30].

29   L. J. Elders, Edith Stein und Thomas von Aquin, in: L. Elders (Hg.) a. a.
     O. 253-271, hier: 257.
30   Edith Stein, Selbstbildnis in Briefen. Erster Teil 1916-1934, Edith Steins
     Werke Bd. VIII, Druten / Freiburg i. Br. 1976, 54f.

Diese Begegnung mit dem hl. Thomas hatte ferner zur Folge, daß Edith Stein eine rege Vortragtätigkeit unternahm[31]. Ihr Vortrag „Das Ethos der Frauenberufe"[32] war bei den Hochschulwochen 1930 in Salzburg ein Höhepunkt. Dabei gehört „zu den hervorragendsten Leistungen Edith Steins – wie Sabine Düren betont – ihre ausdrückliche Befürwortung der Integration der Frau ins Berufs- und Staatsleben"[33].

Wenn wir versuchen, an dieser Stelle das Ergebnis ihrer Suche nach Wahrheit nachzuzeichnen, dann erkennen wir – wie es Bischof Klaus Hemmerle nennt – „Gedankenstufen", „die sowohl vertikal wie horizontal einen Weg der Wahrheitssuche bestätigen: Vertikal: von der Selbstreflexion des Erkennens in seinem Verhältnis zum Sein (Husserl) führt der Weg hin zur Erkenntnis des Seins (Thomas) und des Erkennens im Lichte des Seins und schließlich zum Überstieg des Erkennens wie des Seins in der vollzogenen, existentiellen Hingabe und Einung, im Dasein als Gebet (Teresa von Avila und Johannes von Kreuz). Horizontal: dieser Weg wird gegangen in Weggemeinschaft, er wird gegangen von ihr selbst, aber im Mitgehen, er hat den Charakter jener Communio auch innerlich an sich, der sowohl dem Denken als einem allgemein-gemeinsamen und doch persönlichen wie auch dem Glauben als communial verfaßt und als persönliche Entscheidung zugleich eignet."[34] Dieser Lebensweg von Edith Stein als Prozeß des Suchens und Findens der Wahrheit führte sie immer in Kontakt mit suchenden Menschen, angefangen beim Kreis der Phänomenologen um Adolf Reinach in Göttingen am Anfang ihres Weges bis hin zur klösterlichen Gemeinschaft im Karmel am Ziel ihres Weges. Hier waren es geistliche Menschen, in deren Gemeinschaft ihre Liebe zur Wahrheit als eine Liebe zu Gott wachsen konnte bis hin zur Bereitschaft, das Leben stellvertretend hinzugeben. Dies

---

[31]   Vgl. Edith Stein, Die Frau. Ihre Aufgabe nach Natur und Gnade, Edith Steins Werke Bd. V, Louvain/Freiburg 1959.

[32]   Ebd. 1-16; hier: 7: „Keine Frau ist ja nur Frau, jede hat ihre individuelle Eigenart und Anlage so gut wie der Mann und in dieser Anlage die Befähigung zu dieser oder jener Berufstätigkeit künstlerischer, wissenschaftlicher, technischer Art ..."

[33]   S. Düren, Die Frau im Spannungsfeld von Emanzipation und Glaube, Eine Untersuchung zu theologischen-anthropologischen Aussagen über das Wesen der Frau in der deutschsprachigen Literatur der ersten Hälfte des 20. Jahrhunderts unter besonderer Berücksichtigung von Edith Stein, Sigrid Undset, Gertrud von le Fort und Ilse von Stach, Regensburg 1998, 73-83; hier: 78.

[34]   K. Hemmerle, a. a. O. 285.

alles „zeigt an, daß sich eben Wahrheitssuche, Wahrheitsliebe und Gottesliebe bewähren müssen, daß sie sich inkarnieren müssen"[35].

Noch vor ihrem Klostereintritt war es – nach dem plötzlichen Tod ihres Seelenführers Prälat Schwind – , Erzabt Raphael Walzer OSB von Beuron, in dem sie einen Berater und guten Freund fand, dessen Weisungen sie mit kindlichem Gehorsam befolgte. Er charakterisiert sie mit folgenden Worten: „Selten habe ich eine Seele getroffen, die so viele und hohe Eigenschaften in einem Geist vereinigt hatte. Dabei war sie die Einfachheit und Natürlichkeit in Person. Sie war ganz Frau geblieben, mit zartem, ja mütterlichem Empfinden, ohne jemand bemuttern zu wollen. Mystisch begnadet, im wahren Sinn des Wortes, hat sie nicht den Schein des Gesuchten und Überlegenen an sich getragen. Sie war schlicht mit einfachen Menschen, gelehrt mit Gelehrten, ohne alle Überhebung, mit Suchenden eine Suchende, beinahe möchte ich hinzufügen, mit Sündern eine Sünderin"[36] Dennoch verweigerte er als Seelenführer ihr den allzu raschen Eintritt in den Karmel, zumal er überzeugt war, daß sie in der Welt zu Großem berufen sei.

Für Edith Stein ging die Radikalität ihrer glaubenden Gotteserkenntnis bis zur Bereitschaft, „ihr Eigenstes, ihr Philosophieren, zu verlieren – aber gerade das tiefere Eindringen in den eigenen Glaubensentscheid macht sichtbar, läßt zur Konsequenz gerinnen, daß er sich in einer neuen Zuwendung zum Denken und zur Welt bewährt hat. Glaube gibt der Liebe zur Wahrheit, die als Liebe zur Gott eben wahrhaft Liebe ist, die Konkretion, die Entscheidung, die Bewährung bei"[37].

7. Anbetung als höchste Antwort auf die göttliche Wahrheit und Liebe

Deshalb war wichtiger als alle äußere Aktivität – wie Kardinal Friedrich Wetter betont –, „was in ihrem Innern vor sich ging. Sie lebte wie eine Klosterfrau, legte in den Speyerer Jahren privat die drei Gelübde ab und war eine ganz große Beterin. In der Nähe des Tabernakels hatte sie einen Betstuhl an einem Platz, der vom Kirchenschiff nicht einzusehen war. Oft und lange betete sie vor dem Allerheiligsten, untertags, am Abend, in der Nacht,

---

35   Ebd. 285.
36   Teresia Renata de Spiritu Sancto Posselt, Edith Stein. Eine große Frau unseres Jahrhunderts, Freiburg 1957, 85.
37   Hemmerle, a. a. O. 286.

manchmal die ganze Nacht hindurch. Bewegungslos kniete sie da, ganz ins Gebet versunken. Eine Schwester, die damals zeitweise an der Pforte tätig war, berichtete: ‚Das Geheimnis der Heiligen Nacht mußte es Fräulein Doktor angetan haben!' Die Mitternachtsmesse war vorbei, die Kirche hatte sich geleert, die Lichter waren ausgeschaltet. Niemand gewahrte die stille Beterin unter der Empore. Auch die letzte Kirchentür wurde geschlossen. Am Morgen beim Öffnen der Türe traute die Sakristanin kaum ihren Augen: Vor der Weihnachtskrippe kniete, im Gebet versunken, Edith Stein. Als die Schwester hernach sich voller Sorgen bei ihr entschuldigen wollte, weil sie durch ihre vermeintliche Unachtsamkeit Fräulein Doktor um ihren Schlaf gebracht hatte, meinte diese: ‚Wer kann schlafen in einer Nacht, in der Gott Mensch wurde!' Edith Stein verbrachte auch bei anderen Gelegenheiten die Nacht in der Kirche. In einem ähnlichen Fall meinte die Pfortenschwester am Morgen: ‚Wie müssen Sie müde gewesen sein!' Die Antwort war eine Frage: ‚Müde bei ihm?'"[38]

---

[38]   F. Wetter, a. a. O. 15. Vgl. Edith Stein, Selbstbildnis in Briefen. Erster Teil 1916-1934, Edith Steins Werke Bd. VIII, Druten / Freiburg i. Br. 1976, 136f: aus einem Brief (im Mai 1933) an eine befreundete Karmelitin: „...da ich eben aus der Kapelle heraufkomme, wo heute früh das Sanctissimum ausgesetzt wurde (und coram Sanctissimo Choralamt gesungen - ein horrendum für einen Überliturgiker), so möchte ich Dir gleich einen Gruß des eucharistischen Heilands bringen und zugleich einen liebevollen Vorwurf, weil Du Dich durch ein paar gedruckte Worte irremachen läßt an dem, was Du in so vielen Jahren vor dem Tabernakel erfahren hast. Dogmatisch scheint mir die Sache ganz klar: Der Herr ist im Tabernakel gegenwärtig mit Gottheit und Menschheit. Er ist das nicht Seinetwegen, sondern unseretwegen: weil es Seine Freude ist, bei den Menschenkindern zu sein. Und weil Er weiß, daß wir, wie wir nun einmal sind, Seine persönliche Nähe brauchen. Die Konsequenz ist für jeden natürlich Denkenden, daß er sich hingezogen fühlt und dort ist, sooft und solange er darf. Ebenso klar ist die Praxis der Kirche, die das Ewige Gebet eingeführt hat. Und um Dir noch einen Kronzeugen zu nennen, dessen liturgische Sachverständigkeit Du nicht anzweifeln wirst: Vater Erzabt (Raphael Walzer) sagte vor Jahren einmal zu mir: ‚Nicht wahr, Sie sind nicht liturgisch, Sie sind katholisch' (Weil er nämlich die Leute übersatt hat, die zu ihm kommen, um ihm etwas von Liturgie vorzuschwatzen.) Außerdem denke daran, daß wir ja nicht dazu da sind, den Himmel auf Erden zu haben. Ich glaube, wenn Du etwas mehr davon wüßtest, wie viele Tausende jetzt zur Verzweiflung getrieben wer- den, dann würdest Du Dich danach sehnen, ihnen von ihrem Übermaß an Not und Leid etwas abzunehmen ... Sorge Dich nicht um mich. Der Herr weiß, was Er mit mir vorhat." Vgl.

Im Frühjahr 1932 erhielt Edith Stein den Ruf als Dozentin an das Deutsche Institut für Wissenschaftliche Pädagogik in Münster. Die Arbeit mit der studierenden Jugend bereitete ihr Freude. Kurz vor ihrem Eintritt in den Karmel schrieb sie zum Thema „Jugendbildung im Lichte des katholischen Glaubens": „Gott zu finden, mit ihm in Liebe vereint zu sein, von ihm geleitet in dieser Welt zu wirken: das ist seine (d.i. des Menschen) Vollkommenheit, das ist das Ziel, zu dem er in diesem Leben geformt werden soll. Was er selbst und was andere dazu beitragen, das kann nur wirksam sein, sofern es in die Bildungsarbeit eingestellt ist, die Gott selbst am Menschen vollbringt. Das geschieht in der Kirche, die der mystische Christus, der sichtbar in dieser Welt fortlebende Christus ist"[39].

8. Durch das Kreuz Christi zum Licht der Wahrheit und Liebe

Als 1933 Adolf Hitler die Macht ergriff, sah Edith Stein jedoch schon bald klar aus einigen Anzeichen, welcher Terror auf die jüdischen Mitbürger zukommen würde. Nun hielt sie die Zeit für gekommen, in den Karmel einzutreten, wonach sie sich schon zwölf Jahre sehnte. Auch ihr geistlicher Begleiter, Erzabt Raphael, gab nun angesichts der drohenden Judenverfolgung im Dritten Reich seine früheren Bedenken gegen einen Klostereintritt auf.

Ehe Edith Stein in den Orden eintrat, hatte sie noch die schwere Aufgabe, bei einem Besuch in Breslau ihre Mutter und die Geschwister von ihrem Entschluß zu unterrichten. Die Mutter, Frau Auguste Stein, war verzweifelt. Sie hatte es noch nicht verwunden, daß ihre Tochter katholisch geworden war, aber die Kunde vom Eintritt in den Karmel traf sie wie ein neuer Schlag. Auch für die Geschwister war eine solche Entscheidung unvorstellbar. Wie schwer in diesen Wochen des Abschieds die ganze Familie und mit ihr Edith Stein gelitten hat, weiß Gott allein. Nach einem jüdischen Gottesdienst schildert das folgende Zwiegespräch zwischen Mutter und Tochter die Dramatik in der Familie: Mutter: „War die Predigt schön?" – Edith: „Ja" – „Man kann auch auf jüdisch fromm sein?" – „Gewiß – wenn man nichts anderes kennengelernt hat." Nun kam es verzweifelt zurück:

---

auch: Edith Stein, Das Kreuz wie eine Krone tragen. Vom Geheimnis des inneren Lebens. Mit einer Einleitung von Norbert Hartmann. Hrsg. Von Manfred Baumotte, Zürich; Düsseldorf 1997, 101-104.

39   Edith Stein, Einführung in die Philosophie, Nachwort von Hanna-Barbara Gerl, Edith Steins Werke Bd. XIII, Freiburg 1991, 226. Siehe auch: E. Birkenbeil, Edith Stein: Assistentin, Lehrerin, Dozentin, in: L. Elders (Hg.) a. a. O. 95-109, hier: 108.

„Warum hast du es kennengelernt? Ich will nichts gegen ihn sagen. Er mag ein guter Mensch gewesen sein. Aber warum hat er sich zu Gott gemacht?"[40] Als Edith Stein endlich im Zuge nach Köln saß, war sie trotz des Herzzerreißenden, das hinter ihr lag, tief beruhigt. Ihr Ziel war erreicht: der Karmel – zunächst in Köln-Lindenthal. Es war ein Weg der „des persönlichen Sich-Lassens, des Bearbeitetwerdens von Gott, bei dem nur noch Er die Initiative hat"[41].

Bei der Einkleidung am 15. April 1934 erhielt sie auf eigenen Wunsch den Namen „*Sr. Teresia Benedicta a Cruce*", „*die vom Kreuz gesegnete Teresia*". In diesem Namen wollte sie ihre Verbundenheit mit dem teresianischen Geist *(Teresia)* des Karmels und ihre Dankbarkeit gegenüber den Benediktinern von Beuron *(Benedicta)* mit dem Erzabt Raphael Walzer und dessen kluger Seelenführung zum Ausdruck bringen, aber auch ihre Liebe zum Kreuzesleiden Christi, das sie als Quelle der Erlösung aller Menschen, vor allem auch des auserwählten Volkes erfaßte *(a Cruce)*. Sie hatte erahnt, daß nun der Schatten des Kreuzes ganz stark nicht bloß auf sie, sondern auf das ganze jüdische Volk gefallen war, wenn sie sagte: „daß es sein (Jesu) Kreuz sei, das jetzt auf das jüdische Volk gelegt würde. Die meisten verstünden es nicht; aber die es verstünden, die müßten es im Namen aller bereitwillig auf sich nehmen. Ich wollte das tun"[42].

Wie erging es ihrer betagten Mutter in Breslau? Edith Stein durfte auch nach dem Klostereintritt ihren bisherigen Brauch weiterführen und der Mutter jeden Samstag einen Brief schreiben. Aber die Mutter antwortete nicht mehr. Ihre Schwester Rosa hielt den Kontakt der Familie mit Edith aufrecht. Nach der Profeß teilte Edith ihrer Mutter mit, daß sie die Gelübde abgelegt habe.

Unerwartet entdeckte Edith Stein eines Tages in Rosas Brief einen Gruß von der Mutter. Was aber noch mehr überraschte: ohne Wissen ihrer Töchter hatte die betagte Mutter den neuen Karmel Breslau-Pawelwitz besucht.

---

40   A. Ziegenaus, Leiden und Leidbewältigung bei Edith Stein, in: L. Elders (Hg.) a. a. O. 123-143, hier: 133.

41   Hemmerle, a. a. O. 287: Hemmerle ergänzt an dieser Stelle: „Ich habe nicht mehr mein Ihn-Haben, sondern werde hineingestoßen in die Gottverlassenheit Jesu als den Weg der innigsten Gotteinung."

42   Teresia Renata de Spiritu Sancto Posselt, Edith Stein. Eine große Frau unseres Jahrhunderts, Freiburg 1957, 98.

Sie wollte sehen, wie so ein Kloster aussieht. Von da an enthielt jeder Brief aus Breslau auch ein paar Zeilen von der Mutter.

Im darauffolgenden Jahr erkrankte die Mutter. Am 14. September 1936, dem Fest der Kreuzerhöhung, fand die alljährliche Erneuerung der Gelübde statt. Sr. Benedicta schreibt: „Als ich an der Reihe war, meine Gelübde zu erneuern, war meine Mutter bei mir. Ich habe ihre Nähe deutlich empfunden."[43] Am gleichen Tag traf ein Telegramm aus Breslau mit der Todesnachricht ein. Genau in der Stunde der Profeßerneuerung war Ediths Mutter zu Gott heimgegangen, ausgesöhnt mit dem Weg ihrer Lieblingstochter.

Ihre leibliche Schwester Rosa hatte ihre Mutter gepflegt und konnte nun den seit längerem ersehnten Schritt tun und Edith in die katholische Kirche folgen. Am Heiligen Abend 1936 wurde sie in Köln getauft. Als Taufkleid wurde ihr Ediths weißer Ordensmantel umgelegt.

In der Osterwoche 1938 legte Edith Stein als Sr. Benedicta die ewige Profeß ab. Es war der 21. April, der Tag, an dem ihr Lehrer Edmund Husserl starb. Am 1. Mai, es war wiederum der Sonntag des Guten Hirten, empfing sie den schwarzen Schleier, das Zeichen der ewigen Bindung. Auf ihr Andachtsbildchen ließ sie ein Wort des hl. Johannes vom Kreuz drucken: „Mein einziger Beruf ist fortan nur mehr lieben."[44]

Inzwischen wurde die Lage der jüdischen Mitbürger immer drückender. Was Edith Stein von ihrer Familie aus Breslau hörte, war tief beunruhigend. Sie war auch in Sorge um den Kölner Karmel, da alle, die einem Nicht-Arier Unterkunft gewährten, Schlimmes zu befürchten hatten.

Die „Reichskristallnacht" am 9. November 1938 verschärfte die Situation wesentlich. Schwester Benedicta konnte nicht mehr bleiben. Zunächst hatte sie den Plan, in ein Kloster im Heiligen Land überzusiedeln, der sich nicht verwirklichen ließ. In der Silvesternacht brachte sie ein dem Kloster befreundeter Arzt mit seinem Auto über die niederländische Grenze in den Karmel nach Echt. Sie wurde mit Herzlichkeit in den dortigen Karmel aufgenommen. Alle Schwestern waren ihr wegen ihres bescheidenen, freundlichen Wesens zugetan.

Im Juli 1939 kam auch ihre leibliche Schwester Rosa nach vielen Irrfahrten in Echt an. Sie versah dort Dienst an der Pforte des Karmelklosters und

---

43   F. Wetter, a. a. O. 22.
44   Vgl. M. A. Neyer, a. a. O. 64.

wurde von jedermann geschätzt. Die beiden Schwestern schienen in den Niederlanden geborgen zu sein. Sr. Benedicta setzte ihre literarische Tätigkeit fort und verfaßte neben kleineren Schriften, das große Werk „Die Kreuzeswissenschaft"[45], eine Einführung in die Mystik des hl. Johannes vom Kreuz.

9. Die Gegensätze vergehen - die Wahrheit der Liebe bleibt

„1942 zog sich" – wie Kardinal Wetter ausführt – „das Unheil über den beiden Schwestern zusammen. Sie wurden zur Gestapo nach Maastricht beordert. Als sie das Büro der Gestapo betraten, grüßte Sr. Benedicta die Beamten anstatt mit dem vorschriftsmäßigen ‚Heil Hitler!' mit ‚Gelobt sei Jesus Christus!' Später erklärte sie der ehrwürdigen Mutter, sie habe sich zu diesem, menschlich gesehen, unklugen Verhalten getrieben gefühlt, weil sie sich klar war, hier gehe es nicht um bloße Politik sondern um den uralten Kampf zwischen Jesus und Luzifer. Von da an mußten die beiden Schwestern den gelben Judenstern an ihren Kleidern tragen. Im Mai wurden sie wieder vorgeladen, diesmal bei der Gestapo in Amsterdam. Trotzdem blieb ihr innerer Friede unerschüttert. Sie schrieb in jenen Wochen: „Ich bin mit allem zufrieden. Eine Scientia crucis kann man nur gewinnen, wenn man das Kreuz gründlich zu spüren bekommt. Davon war ich vom ersten Augenblick an überzeugt und habe von Herzen gesagt ‚Ave Crux, spes unica'. Sie sah das Kreuz mit aller Unerbittlichkeit auf sich zukommen, aber sie floh nicht vor ihm, sondern begrüßte es als spes unica, als einzige Hoffnung"[46].

Schwester Benedikta bemühte sich um Aufnahme in den schweizerischen Karmel von Le Páquier. Die Verschleppung der Juden ging unaufhörlich weiter – zum Entsetzen der christlichen Niederländer, die dagegen laut protestierten. Vor allem taten dies in sehr energischer Weise auch die katholischen Bischöfe Hollands in einem Hirtenbrief, der am 26. Juli 1942 im ganzen Land verlesen wurde.

Eine Woche nach dem Protest der holländischen Bischöfe kam die harte Reaktion der NS-Behörden: Anfang August 1942 setzte Razzia auf Nichtarier in niederländischen Klöstern ein. So wurden auch Edith und Rosa Stein zum Entsetzen des machtlosen Klostergemeinschaft am 2. August 1942

---

45   Edith Stein, Kreuzeswissenschaft, Edith Steins Werke Bd. I, Freiburg
      1983.
46   F. Wetter, a. a. O. 25f.

durch SS-Männer aus dem Kloster geholt und im Überfallwagen abgeführt. Bei der Verhaftung sagte Edith zu ihrer Schwester Rosa: „Komm, wir gehen für unser Volk!"[47] Hier sei erinnert an ihre Freiburger Freundin Schwester Adelgundis. Diese schilderte eine vorausgehende Begebenheit: Es geschah, „daß sie (Edith Stein) einen Blick zum Kreuz an der Wand warf und mich aufforderte, auch hinzuschauen. In Worten, die ich heute nicht mehr wiederholen kann, brachte sie das göttliche Kreuzesopfer in Zusammenhang mit dem furchtbaren Opferweg ihres, des jüdischen Volkes"[48] Ihr eigener Weg zum Martyrium ging zunächst zum Kamp Amersfoort und von dort aus zum großen jüdischen Sammellager Westerbork.

Als sie für ein paar Tage im Lager Westerbork untergebracht war, um von dort nach Auschwitz transportiert zu werden, begegnete ihr ein holländischer Beamter, der zehn Jahre nach Edith Steins Tod seine Eindrücke in der Zeitschrift „De Tijd" so formulierte: „Ich wußte sofort: Das ist ein wahrhaft großer Mensch .... Bei einem Gespräch sagte sie: ‚Die Welt besteht aus Gegensätzen ... Letzten Endes aber wird nichts bleiben von diesen Kontrasten. Die große Liebe allein wird bleiben. Wie sollte es auch anders sein können?' ... Ein Gespräch mit ihr ... das war eine Reise in eine andere Welt. In solchen Minuten bestand Westerbork nicht mehr ... Ich sah ihr Lächeln – ihre ungebrochene Festigkeit ... die sie nach Auschwitz begleiteten."[49]

In der Nacht zum 7. August 1942 wurden die Häftlinge aufgeschreckt. Lange Listen derer, die abtransportiert werden sollten – darunter Edith und Rosa Stein – wurden verlesen. Dann trieben SS-Schergen eine endlose Kolonne von tausend Männern, Frauen und Kindern aus dem Lager heraus, um sie in bereitstehenden Eisenbahnwaggons auf die Reise ohne Wiederkehr in die Gaskammern der Vernichtungslager zu verfrachten, wehrlose Opfer von Verbrechern zur Schlachtbank geführt!

Bereits am 9. August 1942 hatten die satanischen Mächte der Finsternis in Auschwitz das irdische Leben der Philosophin und Karmelitin Edith Stein brutal ausgelöscht. „Wie eine Pieta ohne Christus"[50] so bezeichnete eine Augenzeugin ihr Aussehen. Edith Stein hatte eine innige Liebe zur Schmer-

---

47   M. A. Neyer, a. a. O. 74.
48   W. Herbstrith, Das wahre Gesicht Edith Steins, Aschaffenburg 1987, 109.
49   Ebd. 173.
50   W. Herbstrith, Edith Stein (1891-1942), in: R. Morsey (Hg.), Zeitgeschichte 2, Mainz 1974, 25-36, hier: 35.

zensmutter, wie das am Karfreitag 1938 bezeugte Gedicht *„Juxta Crucem tecum stare"* bezeugt, das lautet:

> „Heut hab ich unterm Kreuz mir Dir gestanden
> Und hab so deutlich wie noch nie empfunden,
> Daß unterm Kreuz Du unsre Mutter worden.
> Wie sorgt schon einer ird'schen Mutter Treue,
> Des Sohnes letzten Willen zu erfüllen!
> Du aber warst des Herren Magd.
> Des menschgeword'nen Gottes Sein und Leben
> War Deinem Sein und Leben restlos eingeschrieben.
> So hast die Deinen Du ins Herz genommen,
> Und mit dem Herzblut Deiner bittern Schmerzen
> Hast jeder Seele neues Leben Du erkauft.
> Du kennst uns alle: unsre Wunden, unsre Schäden,
> Kennst auch den Himmelsglanz, den Deines Sohnes Liebe
> Um uns ergießen möchte in der ew'gen Klarheit.
> So lenkst Du sorgsam unsre Schritte.
> Kein Preis ist Dir zu hoch, um uns ans Ziel zu führen.
> Doch die du auserwählt dir zum Geleite,
> Dich zu umgeben einst am ew'gen Thron,
> Sie müssen hier mit dir am Kreuze stehn,
> Sie müssen mit dem Herzblut bittrer Schmerzen
> Der teuren Seelen Himmelsglanz erkaufen,
> Die ihnen Gottes Sohn als Erbe anvertraut."[51]

Juxta Crucem tecum stare – Laß mich neben dem Kreuz mit Dir stehen – dieses Gebet wurde für Edith Stein zur Wahrheit des eigenen Lebens und Sterbens. In ihrem Testament, das sie im Echter Karmel verfaßte, schrieb Edith Stein: „Schon jetzt nehme ich den Tod, den Gott mir zugedacht hat, in vollkommener Unterwerfung unter seinen heiligsten Willen mit Freuden entgegen. Ich bitte den Herrn, daß Er mein Leben und Sterben annehmen möge zu Seiner Verherrlichung, für alle Anliegen der heiligsten Herzen Jesu und Mariae und der Heiligen Kirche …"[52]

Mit einem Gebet Edith Steins, in dem sie sich Gott ganz anheimgab, möchte ich schließen:

> „Laß blind mich, Herr, die Wege gehen,
> die Deine sind.

---

51   Teresia Renata, Edith Stein, Freiburg 1957, 73f.
52   M. A. Neyer, a. a. O. 77.

Will Deine Führung nicht verstehn,
bin ja Dein Kind!
Bist Vater der Weisheit, auch Vater mir.
Führest durch Nacht Du auch
führst doch zu Dir.
Herr, laß geschehen, was Du willst
ich bin bereit!
Auch wenn Du nie mein Sehnen stillst
in dieser Zeit.
Bist ja Herr der Zeit.
Das Wann ist Dein.
Dein ew'ges Jetzt, einst wird es mein.
Mach alles wahr, wie Du es planst in Deinem Rat.
Wenn still Du dann zum Opfer mahnst,
hilf auch zur Tat.
Laß übersehn mich ganz
mein kleines Ich,
daß ich mir selber tot,
nur leb' für Dich."[53]

So führt die Dynamik des Suchens nach Wahrheit zur Dynamik der Gottsuche. Der wahrhaft Gott-Suchende aber findet seine Liebe am Kreuz, eine personale Liebe und Wahrheit, die bis zum Letzten geht. Auf Schwester Benedicta vom Kreuz bezogen heißt das, wie Bischof Klaus Hemmerle resümiert: „Wo die Liebe die einzige und die ganze Wahrheit wird, da ist wahre Größe, und keine andere Größe als diese ist die von Edith Stein."[54]

---

[53]   Edith Stein, Das Kreuz wie eine Krone tragen. Vom Geheimnis des inneren Lebens. Mit einer Einleitung von Norbert Hartmann. Hrsg. Von Manfred Baumotte, Zürich; Düsseldorf 1997, 70.

[54]   K. Hemmerle, a. a. O. 289; vgl. 287f., bes. 288: „Was am Anfang ihrer Wahrheitssuche stand, das Hinwegschaffen des bloß Subjektiven, das Auslöschen des bloß Eigenen, damit die Wahrheit ganz aufgehen kann ... das ist wie die Exposition des Lebens von Edith Stein, die durch die mannigfache und reiche Durchführung ihres Lebens hindurch in die vollendete Reprise führt. ... Hier sehen wir was Liebe ist. Nicht nur äußerlich sind Gottes und Nächstenliebe verbunden, sie sind die eine und selbe Wirklichkeit, sie vollenden sich ineinander und bewähren sich aneinander. Wir sehen aber zugleich was Wahrheit ist. Wir sehen, bis zu welchem Ernst die ‚messianische Erkenntnistheorie' von Franz Rosenzweig gilt: Die Wahrheit Gottes bewährt sich im Blut. So ist die Größe Edith Steins einfach die Größe der Liebe, die Wahrheit ist, der Wahrheit, die Liebe ist."

Gilbert Keith Chesterton,
der Fröhliche Philosoph

oder

Die Paradoxa des Glaubens

Christian Berger

1. Kindheit und Jugend

> Indem ich mich, wie es meine Art ist, in blindem Glauben vor bloßer
> Autorität und der Überlieferung der Alten verneige und abergläubisch
> einer Erzählung anhänge, die ich zu ihrer Zeit weder durch ein Expe-
> riment noch durch eigenes Urteil nachprüfen konnte, glaube ich fest,
> daß ich am 29. Mai 1874 auf Campden Hill in Kensington geboren
> wurde. *(Autobiography, 1936)*

Also spricht Gilbert Keith Chesterton, der dickste Mann der Fleet Street
(das ist das Londoner Journalistenviertel). Er weist damit die Verächter des
Offenbarungsglaubens mit milder Ironie darauf hin, daß wir herzlich wenig
aus eigener Anschauung wissen.

Heuer vor 125 Jahren wurde er also im West-Londoner Stadtteil Kensing-
ton geboren. Sein Vater führte als Immobilienmakler ein Familienunter-
nehmen, das noch heute besteht, die Familie gehörte der respektablen englischen Mittelklasse an. Dort kam es auf Tradition, gute Sitten, gepflegte
Sprache, kurz ‚Stil' an. Diese Dinge standen fest, in metaphysischen Fragen
erlaubte man sich Zweifel. Man war gebildet, man war wohlhabend, man
war liberal, und Königin Victoria regierte glorreich über das Empire.

Religiös gesehen war Chestertons Elternhaus vom Unitarismus geprägt, der
die Lehre von der Dreifaltigkeit ablehnt und die Einheit Gottes betont - daher auch der Name. In der damaligen Ausprägung könnte man ihn als „Religion in den Grenzen der bloßen Vernunft" bezeichnen. Er ließ Gott nach
deistischer Art als sehr fern und mit den Geschäften der Welt nicht sehr beschäftigt erscheinen, gab aber den Tugenden und ethischen Werten des vik-

torianischen Zeitalters einen metaphysischen Rahmen. Zu betonen ist hier, daß diese Werte ehrlich und mit Überzeugung vertreten wurden. Sie gaben England damals die Kraft, eine halbe Welt zu regieren.

Chestertons Kindheit war nach seinen eigenen Angaben sehr glücklich, noch glücklicher seit 1879, als sein Bruder Cecil geboren wurde. Vater Edward Chesterton war nicht bloß Geschäftsmann, sondern mit vielen künstlerischen Talenten und Phantasie begabt. Er zeichnete, malte, schrieb Kinderbücher und war ein großer Literaturkenner. Zu Chestertons frühesten Erinnerungen zählte ein kleines Papierfigurentheater, mit dem der Vater für die Famile spielte. Trotz der damals aufkommenden Lehren Sigmund Freuds weigerte sich Gilbert zeitlebens, seinen Vater zu hassen.

Mit neun Jahren kam der Junge auf eine Londoner Public School, St. Pauls, die einen hervorragenden akademischen Ruf genoß. Einen solchen Ruf konnte Chesterton sich vorerst nicht erwerben, oft genug war er nur physisch anwesend. Der Unterricht interessierte ihn nicht besonders. Er war nie in der Lage, Arbeit zu organisieren und methodisch auszuführen - übrigens auch als Erwachsener nicht. Einem geringeren Talent als ihm wäre das in der Schule zum Verhängnis geworden. Interessanterweise waren es gerade seine Mitschüler, die die Begabungen ihres Klassenträumers erkannten. Mit etwa 16 Jahren wählten sie ihn zum Präsidenten ihres Debattierclubs.

In solchen Clubs werden nach allen Regeln einer gepflegten Kontroverse Themen von allgemeinem Interesse besprochen. Sie bereiten die Jugend in Großbritannien und den USA auf spätere öffentliche Diskussionen vor, sind damit Teil der demokratischen Kultur des Landes. Das Ergebnis sind z.B. die britischen Unterhausdebatten. Wer schon Fernsehausschnitte davon gesehen hat, kann das hiesige Niveau nur noch bedauern.

Der ‚Junior Debating Club', dem der junge Gilbert vorstand, befaßte sich vorwiegend mit Literatur und später auch mit Politik. Gleich mehrere Mitglieder wurden Schriftsteller oder Anwälte und spielten eine Rolle im öffentlichen Leben. Bei den regelmäßigen Treffen wurden in der Regel Aufsätze der Teilnehmer verlesen und danach diskutiert. Beispiele der Themen: *Drei Komödien Shakespeares, Herodot, Die Todestrafe, Der gesellschaftliche Wettbewerb.* Wir sprechen hier von einer Handvoll siebzehnjähriger Schüler! In sozialen Fragen neigte man übrigens zum Marxismus, weil er gegenüber dem vorherrschenden Wirtschaftsliberalismus mehr Gerechtigkeit versprach.

In der Clubzeitschrift „The Debater" veröffentlichte Chesterton seine ersten
Werke. Für ein Gedicht über den heiligen Franz Xaver - eine erstaunliche
Themenwahl für einen jungen Protestanten - erhält er 1892 den Milton-
Preis. In einem seiner frühen Essays charakterisiert er Maria Stuart und Eli-
sabeth I. von England. Im Schicksal der Siegerin findet er eine andere, aber
nicht geringere Tragik als in dem der enthaupteten Rivalin aus Schottland:
„Es gibt trostlose Gefängnisse als Fotheringhay und grausamerere Tode
als das Schafott."

2. Depression und Rettung

1892 verließ Chesterton die Schule und verlor seine Freunde aus dem „Junior Debating Club" aus den Augen. Bald fand er sich selbst in einem trost-
loseren Gefängnis wieder als es Schloß Fotheringhay für die Königin der
Schotten gewesen war, im Gefängnis einer schweren Depression. Er hörte
zwar englische Literatur am University College London und war an der
Slade School of Art eingeschrieben, wo er eine Ausbildung als Graphiker
erhielt, doch er machte kaum Fortschritte.

Das Paradies seiner Kindheit war verloren, seine bisherige Welt zertrüm-
mert. Der damalige Zeitgeist wirkte erschwerend auf das Leiden. Das 19.
Jahrhundert hatte Wissenschaft, Vernunft und Fleiß auf seine Fahnen geschrieben. Es war unglaublich tüchtig gewesen und hatte enorme Fortschritte gesehen. Doch jene, die im Wettbewerb niedergerannt worden waren,
meldeten sich immer lauter zu Wort und forderten ihre Rechte. Plötzlich, in
seiner letzten Dekade, als es endlich die Früchte seiner harten Arbeit genießen wollte, entdeckte das Jahrhundert, daß seine Grundlagen nicht mehr
hielten. Die Luft war verbraucht von der Anstrengung, das geistige Klima
erinnerte an ein Klassenzimmer nach der Schularbeit. Die Anspannung hing
noch im Raum, aber es war vorbei. Manche hatten es geschafft, manche
nicht. Fin de Siecle.

Wo die Religion sich zu eng mit dem Geist des Jahrhunderts verbunden hatte, bot gerade auch sie keine Neuorientierung, und die Künstler hatte sich
weitgehend dem Pessimismus ergeben oder auf den distanzierten Standpunkt einer „Kunst um der Kunst willen" zurückgezogen. Das war die Welt,
in die Chesterton sich geworfen fühlte, in der er nach Halt suchte und keinen fand. Ohne Kierkegaard zu kennen und ohne J. P. Sartres Nachhilfe
erlitt er eine existentielle Krise.

Auf seiner Suche nach einem festen Punkt griff er verzweifelt nach allen Lehren, die das Heil versprachen, sei es politisch, sei es spirituell, und das waren nicht wenige. Hier gibt es eine bemerkenswerte Parallele zwischen der vorigen und der gegenwärtigen Jahrhundertwende. Was allerdings damals ein Thema der intellektuellen Zirkel war - Skeptizismus, Relativismus, Hedonismus auf der einen Seite, auf der anderen Spiritismus, Theosophie, Neuheidentum - ist heute fast Allgemeingut und wird auf den Wühltischen der Buchhandlungen verramscht.

Wäre Chesterton wie so viele andere in diesem Sumpf untergegangen, wir würden heute nicht von ihm reden. Tatsächlich entschied sich sein Leben an der Frage des Realismus, die Religion spielte nach seinen eigenen Worten damals noch keine Rolle. Der letzte Halt vor dem Nichts war für Chesterton die Überzeugung, daß die Dinge wirklich sind, und daß es einen Maßstab gibt. Manches ist wirklich böse - er sprach von der „soliden Realität der Sünde" - manches ist wirklich gut.

Abscheu vor dem Bösen und vor allem die Dankbarkeit für das Gute hatten Chesterton gerettet - aber es waren rein instinktive Haltungen, innere Überzeugungen, die er vor seiner Vernunft noch nicht rechtfertigen konnte. Er wußte, diese Früchte konnten seinen Hunger fürs erste stillen, aber das genügte ihm nicht. Auf der Suche nach dem Baum, von dem sie stammten, trat eine vergessene Größe, das Christentum, wieder in sein Blickfeld. Zuerst fiel ihm daran die Tatsache auf, daß seinen Gegnern offenbar jeder Prügel gut genug war, um es zu schlagen. Dadurch fand er die Kritik zwar im Einzelfall überzeugend, aber im Ganzen in sich widersprüchlich. Er schrieb später:

> Kaum hatte ein Rationalist bewiesen, es sei dem Osten zu nahe, als ein anderer mit derselben Klarheit den Beweis erbrachte, daß es zu sehr nach Westen neige. Kaum hatte sich meine Empörung über seine ekkige und agressive Vierschrötigkeit gelegt, als ich von anderer Seite aufgefordert wurde, seine aufreizende und sinnliche Rundheit zu bemerken und zu verurteilen. (*Orthodoxy, 1908*)

Chesterton ging seinen Weg jedoch Schritt für Schritt. Nie glaubte er etwas, ehe es sein Verstand eingesehen hatte. Auf vielen Umwegen entwarf er jahrelang eine Weltanschauung, und als er schließlich, aus allen Sackgassen zurückgekehrt, seine ureigenste Lehre vollendet hatte, stellte er fest, daß er Christ war. Jahre später vergleicht er sich selbst mit einem Seefahrer, der nach unendlichen Mühen an einer fremden Küste Anker wirft und dann an

Land alsbald feststellt, daß es sich um Good Old England handelt. Die Nachwelt darf schmunzeln, lachen darf sie nicht. Sie verdankt den Irrungen des Gilbert Keith Chesterton zuviel. Nur wer den Dschungel selbst durchquert hat, kann für andere ein verläßlicher Führer sein. Chesterton ist glücklich aus der Wildnis zurückgekehrt, und er wußte um ihre Gefahren.

Für sich allein findet allerdings kaum jemand zu einem praktizierten christlichen Glauben. Hier brauchte unser Mann selbst noch Hilfe. 1896 lernte er die Person kennen, die in seinem Leben fortan die Hauptrolle spielen sollte: Frances Blogg, Tochter aus gutem (wenn auch nicht reichem) Hause, fünf Jahre älter als Gilbert. 1898 hielt er um ihre Hand an, aber erst 1901 erreichte er das Einkommen, das die Schwiegermutter als Minimum festgesetzt hatte. Es wurde eine glückliche Ehe. Die beiden liebten, achteten und ehrten einander, bis der Tod sie 35 Jahre später schied.

Frances Chesterton war eine Christin, die auch ihren Mann in das kirchliche Leben einführte. Der religiöse Hintergrund ihrer Familie kontrastierte stark mit Gilberts Elternhaus. Die Bloggs vertraten die sogenannte Anglo-Katholische Theorie, welche besagt, daß die Kirche von England während der Reformationszeit ihr Wesen nicht geändert hat, daß sie also eine katholische Kirche ist, jedoch nicht unter der Leitung Roms. Diese überraschende Ansicht ist auch in der Kirche von England nicht sehr verbreitet. Sie ist aber deshalb möglich, weil diese Kirche so verschiedene Strömungen umfaßt, daß ihr Angelpunkt der Einheit manchmal schwer zu erkennen ist. (Es gibt die katholisierende High Church, die Low Church mit mehr evangelikalem Charakter und schließlich die stark liberale Broad Church.)

Tatsache ist jedenfalls, daß Gilberts lange Reise ohne Frances kaum denkbar gewesen wäre. Insgesamt brauchte er fünfzehn Jahre für den Weg von der Skepsis zum überzeugten Glauben an das offenbarte Christentum.

3. Der Intellektuelle und sein Standpunkt

Mit der eben skizzierten persönlichen Entwicklung im Rücken und zu einem großen Teil parallel zu ihr, begann ziemlich genau mit dem neuen Jahrhundert Chestertons Karriere als Literat. Er selbst sah sich stets vor allem als Journalist und machte sich zunächst durch kontroverse Zeitungsartikel und reglmäßige Kolumnen einen Namen, vor allem wegen ihres brilliant witzigen Stils, der ihm im Laufe der Jahre den Titel „Prince of Paradox" eintrug. Bis an sein Lebensende veröffentlichte er immer wieder Sammelbände der so erschienenen Essays.

Zugleich veröffentlichte er aber auch Gedichtbände und 1904 seinen satirischen Roman „Der Napoleon von Notting Hill" dessen Grundanliegen man ungefähr mit „Small is beautiful" wiedergeben könnte. Er war später bei den Begründern der irischen Republik sehr beliebt, weshalb er bei deren englischen Verhandlungspartnern zur Pflichtlektüre erklärt wurde. Auch in seinen erfolgreichen Künstlerbiographien über Robert Browning und Charles Dickens war Chestertons Stil mehr essayistisch als gelehrt. Wie zu Schulzeiten legte er wenig Wert auf Methode und Details, aber, viel besser, er hat die Dichter, über die er schrieb, geliebt und daher verstanden.

Mit einem Wort, Chesterton war auf dem besten Weg, sich den Ruf eines der geistreichsten und witzigsten Köpfe Englands zu erschreiben. Doch unter der funkelnden Oberfläche verbarg sich ein tiefernster Denker, der in Abgründe geblickt und die Verzweiflung gekostet hatte. Je weiter der Klärungsprozeß in seiner Seele fortschritt, desto klarer trat das hervor. Alle die ihn bloß für einen Humoristen gehalten hatten, überraschte er bald durch die Kraft und den Ernst seiner Einsichten, so am Schluß des Romans „Der Mann, der Donnerstag war". Nach ca. 140 Seiten einer Slapstick Verfolgungsjagd läßt Chesterton seine Leser in die Theodizeefrage laufen wie in ein offenes Messer - und schlagartig wird klar, daß der Autor es die ganze Zeit todernst gemeint hat.

Das Paradoxe, das in seinen Schriften so oft aufblitzt, war für ihn weder ein bloßer literarischer Effekt noch das bedrohlich Absurde, an dem so viele gescheitert sind. Es war für ihn ein Wesenszug der Wirklichkeit, mit dem der Mensch zu leben hat. Er sah darin die Dialektik der Existenz schlechthin. Die bis heute populären Pater-Brown-Geschichten lassen sich als Einführung in diese Haltung lesen, schon die Wahl der Titelfigur als Priester und Detektiv deutet in diese Richtung.

Der erste Paukenschlag im neuen Ton war das Buch „Ketzer" von 1905, das zum 125. Geburtstag des Autors auf Deutsch neu aufgelegt worden ist. Es geht darin keineswegs um Religion, jedenfalls nicht ausdrücklich. Was Chesterton geißelt, wenn er das Ja Nietzsches ebenso wie das Nein Ibsens zur Existenz angreift, ist nicht Verrat am Glauben, sondern Verrat an der Wirklichkeit. Die Ideologien, die er kritisiert, haben keine Wurzeln in der Realität mehr, sie sind deshalb zum Absterben verurteilt. Er illustriert dies in der folgenden Parabel von der Gaslaterne:

> Angenommen, auf der Straße entsteht um irgendetwas ein Tumult, sagen wir, um eine Gaslaterne, die viele einflußreiche Personen nieder-

reißen möchten. Ein graugekleideter Mönch, der Geist des Mittelalters, wird in der Sache um Rat gefragt und beginnt in der trockenen Art der Scholastiker: „Laßt uns vor allem, meine Brüder, den Wert des Lichtes betrachten. Wenn das Licht in sich gut ist…" An dieser Stelle wird er aus verständlichen Gründen niedergeschlagen. Die Menge stürmt die Laterne, die Laterne liegt binnen zehn Minuten am Boden, und alle gehen herum und gratulieren sich zu ihrer unmittelalterlichen Sachgesinnung.

Doch in der Folge erweisen sich die Dinge als nicht ganz so einfach: Einige haben die Gaslaterne umgestürzt, weil sie elektrisches Licht wollten, einige wollten Alteisen, einige wollten Dunkelheit, denn ihre Taten waren böse. Für manche war sie nicht Laterne genug und für manche zu viel; manche taten mit, weil sie öffentliches Eigentum demolieren, manche, weil sie irgendetwas demolieren wollten. Und es herrscht Krieg in der Nacht, wo keiner mehr weiß, wen er schlägt.

So kehrt nach und nach, heute, morgen oder übermorgen, die Überzeugung zurück, daß der Mönch doch recht hatte und alles von der Philosophie des Lichtes abhängt. Allein, was wir unter dem Gaslicht diskutiert haben könnten, müssen wir jetzt im Dunkeln austragen. (*Heretics, 1905*)

Das Werk ist noch ausschließlich eine Kritik an bestehenden Positionen. Es fällt auf, daß der Autor keine Alternative anbietet, vielleicht zu dieser Zeit noch nicht anbieten konnte. Auf die berechtigte Frage nach seiner eigenen Position antwortete er erst 1908, und seine Antwort war wieder ein Buch: „Orthodoxie" - Rechtgläubigkeit. Dieses Wort hatte in der Öffentlichkeit damals schon denselben unattraktiven Beiklang wie heute.

Aber es wäre nicht Chesterton, wenn seine Rechtgläubigkeit nicht ein Drama wäre. Er sah ganz genau die ungeheuren Spannungen, die sie enthielt. Sie waren bloß in Formeln gebändigt, die brave Bürger in der Kirche hundertmal hören oder hersagen konnten, ohne einmal auf ihren Inhalt zu achten. *Et incarnatus est* … Rechtgläubigkeit hat etwas Artistisches an sich, wie ein Hochseilakt ist sie die Balance zwischen tödlichen Abgründen. Und während die Häresien nach der einen oder anderen Seite abgestürzt sind, hat sich allein das Dogma oben gehalten, die verwegene Wahrheit.

Allein unter allen Glaubenslehren hat das Christentum dem Schöpfer auch die Tugend des Mutes zugeschrieben … Hiermit habe ich mich an eine Frage gewagt, die wegen ihrer Dunkelheit und Tiefe nur schwer zu formulieren ist … Aber in jener furchtbaren Passionserzählung wird ganz offensichtlich angedeutet, daß der Urheber aller Dinge (auf irgendeine unausdenkliche Weise) nicht nur die Todesangst, sondern auch den Zweifel durchgekostet hat. (*Orthodoxy, 1908*)

Als die Welt ins Wanken geriet und die Sonne am Himmel erlosch, da war es nicht der Kreuzigung wegen, sondern wegen des Schreies am Kreuz: des Schreies, der bekannte, daß Gott von Gott verlassen worden war. Und nun lasse man die Revolutionäre unter allen Glaubensformen eine Glaubensform und unter allen Göttern einen Gott aussuchen. Sie werden keinen anderen Gott finden, der sich selbst in Revolte befunden hätte. Oder (die Sache wird für menschliche Sprache zu schwierig) man lasse die Atheisten selbst einen Gott aussuchen. Sie werden nur eine Gottheit finden, die ihre eigene Isoliertheit zum Ausdruck brachte; nur eine Religion, in der Gott einen Augenblick lang Atheist zu sein schien. (*Orthodoxy, 1908*)

Die Ereignisse von Gethsemane und Golgotha nehmen für Chesterton die Glaubens- und Erkenntnistragödie des modernen Menschen vorweg und erlösen auch sie. Diese Position dürfte der Realität unserer Tage viel angemessener sein als das uralte Klagelied über die Gottlosigkeit der jeweils neuesten Zeiten. Die Welt ist, wie sie ist - die Frage ist nicht, wie laut wir jammern, sondern was wir tun.

4. Der Journalist

Die Rubrik „Beruf" in Chestertons Personalpapieren erhielt von ihm selbst hartnäckig den Eintrag „Journalist". Gemeinsam mit seinem jüngeren Bruder Cecil und mit dem äußerst streitbaren katholischen Historiker und Schriftsteller Hilaire Belloc betrieb er sogar so etwas wie Enthüllungsjouralismus. Cecil machte den sogennten „Marconi-Skandal" publik. Er ging in seinen Vorwürfen gegen Politiker und Wirtschaftstreibende aber zu weit. Mitte 1913 wurde er wegen Verleumdung angeklagt - übrigens von demselben Anwalt, der Oscar Wilde ins Zuchthaus gebracht hatte - und zu einer Geldstrafe verurteilt. Im schlimmsten Fall wären sogar drei Jahre Gefängnis möglich gewesen, doch die Chestertons betrachteten das Urteil jedenfalls als Flecken auf ihrer Ehre. Es war eine der ganz wenigen Gelegenheiten, wo man sagen kann, Chesterton hatte Feinde.

Hauptgegner im Prozeß war Sir Godfrey Isaacs. Er war Jude, und unglücklicherweise ließ Chesterton sich damals zu antisemitischen Äußerungen hinreißen. Er gab darin weitgehend die von ihm damals noch nicht durchschauten Vorurteile der Zeit wieder, die sogar Eingang in die Leitartikel der Times fanden, aber zweifellos waren sie völlig inakzeptabel. Man darf hier allerdings darauf hinweisen, daß Chesterton später einer der ersten und schärfsten Gegner von Hitlers Rassenwahn war. Seine frühere Haltung war durch die Bitterkeit wegen des Prozesses geprägt, seine spätere dadurch, daß er seit den Zeiten des „Junior Debating Clubs" immer Freunde jüdischen Glaubens hatte.

Der Beruf hatte aber auch wesentlich erfreulichere Konsequenzen: Chesterton lernte die bedeutendsten Intellektuellen seiner Zeit kennen und wurde von ihnen als ihresgleichen begrüßt. Sein überaus liebenswürdiges Wesen erlaubte ihm, viele Freundschaften zu schließen, sogar mit Denkern, die für ihn völlig inakzeptable Positionen vertraten, wie dem bekannten Schriftsteller H. G Wells, einem Agnostiker und Sozialisten.

Er war nicht nur mit Belloc befreundet, dem Kampfkatholiken, der sich zeitlebens viele Feinde schuf, sondern auch mit George Bernard Shaw, dem geistreichen Freidenker. Wenn Shaw selbst von dem „Chesterbelloc" als einem zweiköpfigen Ungeheuer spricht, so nennt Russel Sparkes Biographie den „Chestershaw" als ein ähnliches Wesen. Was die beiden verband, war die Liebe zur Welt und zum Leben, was sie trennte, praktisch der ganze Rest. Schon die äußere Erscheinung bot einen karikaturhaften Kontrast, es ging folgender Witz: „Wenn man GBS sieht, könnte man glauben, in England herrscht Hungersnot, wenn man GKC sieht, denkt man, er ist schuld daran."

Wir haben ja schon gesehen, wie breit gestreut Chestertons Arbeiten waren. Tatsächlich rieten ihm viele Freunde und vor allem seine Ehefrau, sich ganz auf die Literatur zu verlegen. Einerseits betrachteten sie den regelmäßigen Artikel über neue Dummheiten der führenden Köpfe oder die letzte Schnapsidee des Zeitgeists als Talentvergeudung, und zweitens sahen sie, wie GKC - so zeichnete er seine Artikel - sich langsam aber sicher zu Tode arbeitete. Sein Pensum war immens, sein Arbeitsstil immer noch so unorganisiert wie früher, dazu kam noch der sehr ungesunde Lebensrhythmus des Journalisten. Chesterton nahm kontinuierlich an Gewicht zu, Gicht, Herzprobleme traten auf, am Ende des Jahres 1914 war es so weit: der vollständige Zusammenbruch des 40-jährigen. Der riesige Mann stand wochenlang am Rande des Todes. Ein halbes Jahr mußte er sich schonen, ehe er wieder arbeiten konnte.

In der folgenden Zeit widmete er sich beruflich zum Teil der publizistischen Unterstützung des britischen Kampfes im Ersten Weltkrieg, sagen wir ruhig: der Propaganda, das wurde damals allgemein als patriotische Pflicht betrachtet. Dieser Krieg kostete ihn den Bruder. Cecil hatte sich freiwillig gemeldet und starb noch nach dem Waffenstillstand 1918 an einer Krankheit, die er sich auf einem letzten Nachtmarsch zugezogen hatte. Der letzte Schicksalsschlag dieser unglücklichen Jahre war 1922 der Tod des Vaters.

5. Konversion und Konvertiten

Schon vor Chestertons lebensgefährlicher Erkrankung 1914 hatte man allgemein mit seiner Konversion zum Katholizismus gerechnet. Aber wie Chesterton nicht an einem Tag Christ wurde, hat er auch an dieser Schwelle sehr lange gezögert. Mehr als zehn Jahre hat er die Entscheidung erwogen und immer wieder aufgeschoben.

Es gab mehrere Gründe dafür: Die persönlichen Kämpfe und schweren Schicksalsschläge wurden oben schon erwähnt. Er wußte auch, daß seine Familie ihn nicht verstehen würde, weder das liberale Elternhaus noch seine Gattin. Sie vertrat die anglo-katholische Theorie mit voller Überzeugung, überdies verdankte er ihr seinen praktizierten christlichen Glauben. Fiel es ihm schon sonst schwer, etwas ohne ihre Unterstützung und Zustimmung zu unternehmen, so stand er hier beinahe vor einer psychologischen Unmöglichkeit.

Dennoch rang er sich im Juni 1922 zur Konversion durch und wurde in die Katholische Kirche aufgenommen. Später hat er in vielen Schriften zu dieser großen Entscheidung Stellung genommen. Stets hat er die Idee streng von sich gewiesen, er sei etwa aus ästhetischen Gründen konvertiert, wegen des schönen katholischen Ritus, noch strenger den Verdacht, er habe an seinem Denken Abstriche machen müssen.

> Ein Mensch, der aus dem Dickicht der modernen Kultur und Komplexität seinen Weg zum Katholizismus findet, muß schärfer denken denn je zuvor in seinem Leben. Er muß oft ebenso grimmig mit Abstraktionen ringen, als studierte er Mathematik. Er muß all die entgegengesetzten Anziehungskräfte des Heidentums gut genug kennen, um zu wissen, wie anziehend sie sind. Aber vor allem muß er denken, muß seine intellektuelle Unabhängigkeit bewahren, vor allem muß er seinen Verstand benutzen. (Christendom in Dublin, 1932)

Im schwer erschütterten Geistesklima nach dem Ersten Weltkrieg haben viele Menschen neuen Halt gesucht. Während viele ihren Glauben in den Wirren der Zeit verloren, haben ihn andere gefunden. Konversion zum katholischen Glauben war damals nicht ungewöhlich unter den Intellektuellen und Künstlern. Die hl. Edith Stein, eine Philosophin, ist nur ein herausragendes Beispiel, und man muß fast lachen über den Eifer, mit dem zu Beginn des Jahrhunderts Paul Claudel hinter der Seele von Andre Gide her war (letztlich mit wenig Erfolg).

Was haben all diese Menschen in der katholischen Kirche gesucht und gefunden? Chestertons Freund Maurice Baring, der die eigene Konversion als das einzige in seinem Leben bezeichnete, das er nie bedauert habe, schrieb:

> Weite und Freiheit - das war es, was ich bei meiner Aufnahme in die katholische Kirche erfuhr, und das ist es, was ich seither am stärksten empfunden habe.

In lyrischer Form hat Gertrud v. LeFort kurz vor ihrer Konversion in ihren großartigen „Hymnen an die Kirche" ausgedrückt, wie sie dort die Weite fand, die alles umfaßt und die Freiheit, die den Menschen auf den Gipfel seiner Möglichkeiten führt *(siehe Kasten)*. Es sind keine leere Weite und keine haltlose Freiheit, sie enthalten noch alles, was der Mensch seit der Frühzeit mittels seiner natürlichen Fähigkeiten Gutes gefunden hat, und geben ihm die feste Grundlage. Letztlich sind es wieder diese Gedanken - diesmal in mehr systematisch-lehrhafter Ausführung - die wir 1998 in der Enzyklika „Fides at Ratio" wiederfinden.

Nur ein durch nichts haltbares Vorurteil besagt, daß der freie Gebrauch seiner Vernunft den Menschen vom Glauben entfernt - ein Vorurteil, das leider auch in manchen katholischen Gruppen verbreitet ist. Das Gegenteil ist wahr! Der Glaube bietet der Vernunft den Boden, auf dem sie stehen kann, die Vernunft dem Glauben die Verbindung mit den Erfahrungen und Lebenswelten der Menschen.

Chestertons Freunde hatten wegen das langen Aufschubs gar nicht mehr damit gerechnet, daß er römisch-katholisch werden würde. Um so begeisterter waren die Katholiken unter ihnen, daß er nun doch endlich wie sie sagten „nach Hause" gekommen war. Baring deutete in seinem Gratulationsschreiben an, man habe viel für ihn gebetet, ganze Nonnenkonvente hätten sich dazu verschworen. Andere Freunde waren da weit weniger begeistert, H. G. Wells schrieb:

> Wenn der Katholizismus die Welt schon weiterhin plagen muß, kann er keinen besseren Sprecher finden als GKC. Aber ich gönne dem Katholizismus GKC nicht!

Noch pointierter fiel die Reaktion des alten Freundes und Widersachers G.B. Shaw aus: *Chesterton, das geht zu weit! (beide Zitate bei Pearce).*

6. Gilberts Glück und Ende

Mit seinem Eintritt in die Katholische Kirche hatte Chesterton innere Ruhe gefunden. Äußerlich verlief sein Leben in den folgenden Jahren weniger ruhig, aber sehr erfolgreich. Er war zu dieser Zeit längst einer der respektiertesten Intellektuellen Großbritanniens und eine internationale Berühmtheit. Das zeigte sich vor allem auf seinen Vortragsreisen. In Polen wurde er 1927 fast wie ein Staatsgast empfangen, 1929 begrüßten ihn nach seinem Aufenthalt in Rom die USA und Kanada auch nicht viel weniger herzlich. Zugleich ging sein literarisches Schaffen ungemindert weiter, jetzt mit dem ausdrücklichen Ziel, der katholischen Religion zu dienen.

Etwas früher, 1925, erschien das Buch, das viele für sein Meisterwerk halten, „The Everlasting Man". Es wurde angeregt durch H.G. Wells „Outline of History", eine durchgehend szientistische und materialistische Darstellung der Weltgeschichte. Hilaire Belloc schäumte vor Zorn, seit er die ersten Kapitel des in mehreren Teilen erschienen Werkes kannte und opferte seiner historisch sachkundigen, aber zum persönlichen Angriff neigenden Kritik die alte Freundschaft mit Wells. Chesterton, seit jeher ein versöhnlicherer Mensch, ging einen anderen Weg: Er war sich jetzt sicher genug, einen eigenen „Abriß der Geschichte" zu geben, und der sah ganz anders aus als bei Wells: Die Menschwerdung Gottes in Jesus Christus ist ihr Dreh- und Angelpunkt, alles davor und danach ist darauf hingeordnet. Dieses Buch leistete mehr als Bellocs Härte. Es begeisterte so bedeutende Autoren wie C.S. Lewis, Evelyn Waugh und Graham Greene.

Aufgrund seines hohen Ansehens wurde Chesterton 1932 von der BBC, damals in ihrer Anfangszeit, zu Radiovorträgen eingeladen, eine neue Möglichkeit, die Menschen zuhause zu erreichen, die er begeistert ergriff. Er nahm zu den Sendungen seine Frau ins Studio mit oder seine Sekretärin Dorothy Collins, die für Gilbert und Frances mehr Tochter als Angestellte war. Indem er seine Worte an sie richtete, erreichte er in seinen Beiträgen einen sehr warmen, privaten Ton. Sie waren folglich ein großer Publikumserfolg und wurden bis zu Chestertons Tod fortgesetzt. Ich bedaure, daß wir hier keine Aufnahme zur Verfügung haben.

Das Jahr 1933 sah wieder eines von Chestertons großen Werken, die Biographie über Thomas von Aquin. Sie war quasi als „Zwilling" zu der über

Franz v. Assisi aus dem Jahre 1923 gedacht. Es handelt sich wieder um eine typisch gilbertinisches Arbeit. Wie seine anderen Biographien ist sie um biographische Daten erschreckend unbekümmert. Als Einführung in die scholastische Philosophie ist sie überhaupt nicht zu brauchen. Und doch hat der Autor seinen Heiligen verstanden, er schließt seine Geisteswelt in einer Abfolge von Bildern statt von Fakten und Argumenten für den Laien auf. Offenbar gab es nicht nur (im Leibesumfang nämlich) eine äußerliche, sondern auch eine innerliche Ähnlichkeit zwischen den beiden Männern. Es ging wieder einmal um die Realität, die Wahrheit der Dinge. Wenn wir uns an die Parabel vom Laternenpfahl erinnern, dürfen wir wohl annehmen, daß Chesterton sich jenen graugekleideten Mönch, den Geist des Mittelalters, als sehr groß und sehr dick vorgestellt hat.

Einzelheiten waren Aufgabe der Thomisten. Einer der größten von ihnen, Etienne Gilson, erkannte das und sagte „Mein ganzes Leben habe ich den Hl. Thomas studiert, und ich hätte so ein Buch nie schreiben können". Er nannte es das „unvergleichlich beste" das je über den Heiligen geschrieben wurde, ein Genie habe das geleistet. Sogar der Generalmagister des Dominikanerordens, dem Thomas angehört hatte, benutzte das Buch für Vorlesungen.

Chesterton trug zu dieser Zeit bereits zahlreiche Auszeichnungen und Doktorate honoris causa, doch 1934 erfuhr der „Chesterbelloc" eine der höchsten Auszeichnungen, die so einem Fabelwesen je zuteil wurden: Chesterton und Belloc erhielten von Papst Pius XI. gleichzeitig den St. Gregors Orden.

Es war schon spät, ein ungeheures Lebenswerk wie das Chestertons hätte die Kräfte weit gesünderer Männer aufgezehrt. Immer häufiger erkrankte er nun, wollte aber das Schreiben nicht aufgeben. Chesterton arbeitete sich zu Tode, und er wußte es. Neben seiner journalistischen Arbeit, in der er sich weit eher als viele andere gegen den Nationalsozialismus gewandt hatte, rang er sich in letzter Anstrengung seine Autobiographie ab. Und es ist fast wunderbar zu sehen, wie dieser schwer kranke, fettleibige, extrem überarbeitete Mann seine Philosophie der Dankbarkeit für das Leben bis zuletzt bewahrte. Ein ahnungsvoller Freund soll nach der Fertigstellung dieses Buches den Abschiedsgruß des greisen Simeon zitiert haben (Lk 2,29 ff) „Nunc dimittis …"

Im Frühjahr 1936 hielt Chesterton noch einmal eine Reihe von Vorträgen für die BBC, ihr Thema war die Freude am Leben. Doch es ging zu Ende.

Eine Wallfahrt nach Lisieux und Lourdes war Chestertons letzte Reise. Anfang Juni lag er im Sterben, für lange Perioden war er ohne Bewußtsein. Am zwölften des Monats kamen Freunde, um Abschied zu nehmen, doch die Presse hielt sich auf Bitten der Familie zurück - ein Zeichen für den enormen Respekt, den der Sterbende genoß. Pater Vincent McNabb, ein Dominikaner, reiste aus London an und sang am Sterbebett das „Salve Regina", dann griff er in einer allzu pathetischen, aber vielsagenden Geste nach Chestertons Schreibfeder und küßte sie.

Gilbert Keith Chesterton starb am 14. Juni 1936. Zu seinem Begräbnis war die Kirche überfüllt, unter den Anwesenden waren der Erzbischof von Westminster, der nachmalige US-amerikanische Bischof Fulton J. Sheen, Abbe Franz Stocker aus Köln, daneben viele Vertreter der literarischen Welt, vor allem aber die vielen Freunde, die sich der Verstorbene in seinem Leben gemacht hatte. Zum feierlichen Requiem in der Kathedrale, wo im Namen des Papstes ein Beileidstelegramm von Kardinal Pacelli verlesen wurde, kamen einige Tage später zweitausend Gäste.

7. Nachwirkung und Bedeutung für die Zukunft

Gilbert Keith Chesterton ist vor über 60 Jahren gestorben. Er hat den Weltkrieg vorausgesehen, aber nicht mehr erlebt. In den Jahren danach, die vom Ost-West-Konflikt und dem kalten Krieg geprägt waren, schienen seine Werke oft genug veraltet und ihre Problemstellungen erloschen. Seine Wirkung erlahmte aber nie ganz, weil es immer Denker gab, die von seinen Gedanken geprägt waren und ihm viel verdankten.

GKC ist heute (wieder) ein überraschend aktueller Autor, weil wir uns in einer ähnlichen geistigen Situation wiederfinden wie sie ihm vor hundert Jahren begegnete. Hedonismus, Okkultismus und Relativismus sind in den 1990er Jahren keine anderen geworden als in den 1890ern, sie sind nur weiter verbreitet. Chesterton hat in diesen Abgrund geschaut und ist wieder zurückgekommen. Hinter der Maske des Humoristen verbirgt sich ein Philosoph und tiefernster Denker. Er ist ein Arzt, der eine lebensgefährliche Krankheit diagnostiziert. Sein Gegenmittel heißt Realismus, er gewinnt das Medikament mit Vorliebe aus der Lehre der Katholischen Kirche und - besonders wichtig für den Erfolg der Behandlung - er verabreicht es in der Form von Humor und Freude am Leben.

Ein Autor dessen Kraft und Zuversicht für unsere eigene Zeit und Welt so wichtig sind, darf nicht vergessen werden. Er wird auch nicht vergessen:

Wer im englischen Sprachraum das Verzeichnis lieferbarer Bücher konsultiert, findet heute über hundert Ausgaben seiner Werke. Das von Russell Sparkes herausgegebene Lesebuch „Prophet of Orthodoxy" enthält eine Predigt des früheren Erzbischofs von Toronto, Emmet Kardinal Carter über Chesterton, die er 1994 in seiner Kathedrale offenbar vor den Teilnehmern eines Chesterton-Seminars hielt.

Papst Johannes Paul I. hat noch als Bischof eine Sammlung imaginärer Briefe an historische Persönlichkeiten verfaßt, einer davon richtet sich an Chesterton. Und 1995 erreichte den mittlerweile verstorbenen Kardinal Basil Hume ein Brief aus Argentinien, unterzeichnet von Politikern, Diplomaten und einem Amtsbruder. Darin wird er als zuständiger Ortsordinarius ersucht, das diözesane Seligsprechungsverfahren für Chesterton einzuleiten.

Ob die Journalisten nun einen neuen Schutzpatron erhalten oder nicht - für uns ist es wichtig, den Spuren dieses Mannes zu folgen, dessen Gestalt in jeder Hinsicht kolossal und dessen Vertrauen in die Realität noch kolossaler war. Sein katholisches Bekenntnis beruhte auf diesem Vertrauen, es bot ihm einen unerschöpflichen Vorrat an Freude. Diese Freude am Glauben und an der Welt sollte auch unser Bekenntnis prägen. Und wenn sie uns dann fragen ob wir Fundamentalisten sind, können wir mit Chesterton antworten „Nein - wir sind Firmamentalisten!"

Literatur:

G. K. Chesterton, Heretics, 1905

G. K. Chesterton, Orthodoxy, 1908

G. K. Chesterton, Christendom in Dublin, 1932

G. K. Chesterton, Autobiography, 1936

Joseph Pearce, Wisdom and Innocence. A Life of G. K. Chesterton

Russell Sparkes (ed.), Prophet of Orthodoxy

IV.

MYSTERIA

Das Kreuz als Logik Gottes

Die theologische Anregung der Enzyklika „Fides et Ratio"

Karl Josef Wallner

1. Was möchte die Enzyklika „verlautbaren"?

Die Enzyklika „Fides et Ratio" von 1998 ist sicher eine der wichtigsten lehramtlichen Verlautbarungen im erfüllten Pontifikat Johannes Pauls II. Der Sinn römischer „Verlautbarungen" ergibt sich, wenn man den Begriff „Verlautbarung" beim Wort nimmt. Wo keine „Verlautbarungen" erfolgen, tritt – so das Wortspiel eines evangelischen Theologen[1] – früher oder später eine „Verleisbarung" ein. Das Schweigen hat in der Kirche den Charakter der Abrogation. So ließ die Kirche viel Mißverständliches, Peinliches und Falsches einfach durch das Nicht-Mehr-Zur-Sprache-Bringen aus dem Kosmos ihrer Lehre entschwinden. Dies ist der angenehme Aspekt. Auf der anderen Seite können auch unverzichtbare Aspekte des Glaubensverständnisses vom Verdämmern in zeitgeistiger Vergessenheit bedroht sein. Dann fühlt sich das Lehramt gleichsam verpflichtet, diese Themen laut werden zu lassen, da man die „Verlautbarung" als Verkündigungsauftrag um der Substanz des Glaubens willen versteht.

Die Enzyklika „Fides et Ratio" möchte im ausklingenden 20. Jahrhundert auf eine notwendige Beziehung hinweisen, es geht um ein Verhältnis, nämlich die Bedeutung des „Et" zwischen natürlichem Denken (Ratio) und übernatürlicher Glaubenseinsicht (fides). In dieser Enzyklika geht es um die Harmonie und Proportionalität selbst. Papst Johannes Paul II. versteht seine Enzyklika als doppelten Appell: für die Freimütigkeit des Glaubens auf der einen Seite, auf der anderen Seite für die „Kühnheit der Vernunft"[2]. Das Zueinander von beidem an sich ist der Skopus! Dabei ergeben sich zwei Fragen: die erste Frage betrifft die Tendenz, die zweite Frage die Zukunfts-

---

[1]   H. GROTE, Was verlautbart Rom wie? Eine Dokumentationskunde für die Praxis, Göttingen 1995, 18.

[2]   FR 48

perspektive. Welche Richtung gibt die Enzyklika vor, welches der beiden zu harmonisierenden Elemente – Fides oder Ratio – muß stärker betont werden; negativ gefragt: Was muß lauter verlautbart werden, weil es von der Abrogation durch schleichende „Verleisbarung" stärker bedroht scheint? Die andere Frage richtet sich auf den Zukunftsauftrag. Es ist die Frage, ob der Theologie hier eine Anregung gegeben wird und in welche Richtung dieser weisen könnte.

Die Frage nach der Tendenz der Enzyklika ist nach meiner Einschätzung klar zu beantworten, denn das Lehramt deklariert hier doch eindeutig den Wunsch nach einer Wieder- oder Rückeroberung der „Ratio". Selbstverständlich darf man den Begriff der „ratio" nicht im engen Sinn der aufklärerischen „Rationalismus" verstehen, sondern im Sinn einer umfassenden Denkanstrengung, einer „rationalen Einstellung". Glaube ohne Denken wird zum Mythos. Wo Johannes Paul II. das geschichtliche Verhältnis von Glaube und Denken beschreibt, endet er bei folgender Analyse der gegenwärtigen Situation: „Der Glaube, dem die Vernunft fehlt, betont Empfindung und Erfahrung; er steht damit in Gefahr, kein universales Angebot mehr zu sein. Es ist illusorisch zu meinen, angesichts einer schwachen Vernunft besitze der Glaube größere Überzeugungskraft; im Gegenteil, er gerät in die ernsthafte Gefahr, auf Mythos bzw. Aberglauben verkürzt zu werden."[3]

Diese warnende Analyse gegenwärtiger Religiosität trifft sich mit dem, was Soziologen und sogenannte „Trendforscher" feststellen: Die Hinwendung zum Irrationalen ist das Charakteristikum der Postmoderne. Oswald Spengler sprach schon in seinem 1922 veröffentlichten Buch „Der Untergang des Abendlandes"[4] von einer „zweiten Religiosität", die in Zivilisationen immer dann auftritt, wenn eine religiöse Prägung ihre Blütezeit überschritten hat. Die „erste Religiosität", so Spengler, ist die bewußte, durchdachte und begründete, während die „zweite Religiosität" allein auf subjektivem Erleben aufbaut; sie wird deshalb vage, und schnell zum Produkt der Beliebigkeit, das keine geschichts- und gesellschaftsprägende Kraft mehr hat, sondern nur mehr zum esoterischen Genuß von Randgruppen taugt.

Wir müssen uns in der „postmodernen" und vielleicht tatsächlich schon „postchristlichen" Welt fragen, ob nicht der Glaube zusehends zur beliebi-

---

3   FR 48
4   O. SPENGLER, Der Untergang des Abendlandes II: Welthistorische Perspektiven, München 1922: 382f. Vgl. J. Schumacher, Esoterik – die Religion des Übersinnlichen, Paderborn 1994, 11.

gen Gläubigkeit und Abergläubigkeit verkommt. 1870 nannte das 1. Vatikanische Konzil, das auf der Höhe einer zuvor nie dagewesenen doktrinären Geschlossenheit stattfand, den Glauben einen „vollen Gehorsam des Verstandes und des Willens", welchen der Christ dem offenbarenden Gott zu leisten habe: *„plenum revelanti Deo intellectus et voluntatis obsequium"*[5]. An die Stelle des *„obsequium intellectus et voluntatis"* ist das Surrogat der bloß subjektiven Gefälligkeit getreten. Wir finden hier die Mentalität der postmodernen Beliebigkeit, die nach der treffenden Darstellung des Trendforschers Matthias Horx, den Wert von Religion nicht nach ihrer erkennbaren Wahrheit, sondern nach ihrer angenehmen Gefälligkeit bemißt[6]. Die innere Gefahr für das Christentum, so Horx, ist zur Zeit nicht, daß es als „Opium für das Volk" bekämpft wird, sondern daß es sich selbst zum „Opium" umdefiniert, indem es sich zur Religiosität der bloß berauschenden Selbstberuhigung stilisiert. „Mehr Opium, Herr!", heißt einer der Bestseller des postmodernen Paradereligiösen Günther Nenning[7]. Das Anliegen von „Fides et Ratio" scheint mir zu sein, dieser Tendenz der „Irrationalisierung" Widerstand zu leisten. Was Rom hier vor allem „verlautbart" werden soll, ist die unverzichtbare Bedeutung der „ratio" bzw. folglich auch einer umfassend dogmatisch-argumentativen „fides": „Die Philosophie muß mit aller Kraft ihre ursprüngliche Berufung zurückgewinnen."[8]

Die formale Absicht der Enzyklika wurde auch weithin so verstanden und gewürdigt, daß das Lehramt hier ein lautes Ja zur „ratio" sprechen will; nach Richard Schaeffler ist die Absage an die mythische Irrationalität gleichsam das aktuelle Vorzeichen, das „Fides et Ratio" zusammenklammert[9]. Besonders positiv wurde in diesem Zusammenhang etwa die anerkennende Erwähnung von Galileo Galilei[10] aufgenommen. Da wir in der Atmosphäre der Postmoderne in Gefahr stehen, das vernünftige Denken einem „schäumenden Geisterreich", um ein Wort Hegels aus der Vorrede

---

[5]   DH 3006

[6]   M. HORX, Trendbüro. Trendbuch 2: Megatrends für die späten neunziger Jahre, Düsseldorf 1995, 101f.

[7]   Günther NENNING, Mehr Opium, Herr! Rückwege zur Religion, Düsseldorf 1995.

[8]   FR 6

[9]   R. SCHAEFFLER, Kommentar zu „Fides et Ratio" veröffentlicht in: Ruhrwort, Wochenzeitung im Bistum Essen, Nr. 44 vom 31. Okt. und Nr. 45 vom 7. November 1998

[10]   FR Anm. 29

zur Phänomenologie verfremdet zu zitieren, zu opfern, ist „Fides et Ratio" ein notwendiges und anregendes Wort. Freilich darf man vom Papst nicht erwarten, daß er Philosophie außerhalb ihres Bezogenseins auf die Fides in reiner Autonomie sanktionieren wollte oder könnte.

Bleibt die Frage, welche Anregungen diese Enzyklika uns Theologen geben kann, denn daß es ein ringendes „et" zwischen Fides und Ratio gibt oder geben sollte, das wissen wir ja schon seit Justinus, Tertullian, Boethius usw. schon lange. Welche inhaltlichen Tips werden hier gegeben? Als Dogmatiker interessiert mich besonders jenes Thema, wo ich in meinem eigenen Fachbereich am stärksten auf die Vorgaben des philosophischen Denkens angewiesen bin: jenes Thema, wo sich natürliches Denken und übernatürlicher Offenbarungsglaube nicht nur metaphorisch „die Hand geben": das Thema des christlichen Gottesbekenntnisses, der thematische Bereich des Gottesbegriffes.

Seit dem 23. November 1654 ist ja gerade hier das Schisma zwischen Glaube und Vernunfterkenntnis manifest geworden, ein Schisma, das sich schon lange zuvor angebahnt hatte, aber doch erst an jenem Tag offen zu Tage getreten ist: Der 23. November 1654 ist der Tag, an dem Blaise Pascal jene Erfahrungen machte, die er als „Mémorial" in sein Gewand einnähen ließ: „Jahr der Gnade 1654. Montag, den 23. November, Tag des heiligen Klemens, Papst und Märtyrer, und anderer im Martyrologium... Seit ungefähr abends zehneinhalb bis ungefähr eine halbe Stunde nach Mitternacht: Feuer: ‚Gott Abrahams, Gott Isaaks, Gott Jakobs', nicht der Philosophen und Gelehrten. Gewißheit, Gewißheit, Empfinden: Freude, Friede. Gott Jesu Christi... Nur auf den Wegen, die das Evangelium lehrt, ist er zu finden... Freude, Freude, Freude und Tränen der Freude... Nur auf den Wegen, die das Evangelium lehrt, kann man ihn bewahren..."

Pascal war vor dem 23. November 1654 kein Atheist, er war schon Theist und wahrscheinlich Deist, zumindest war ihm Gott im eigentlichen Sinne des Wortes ein „Begriff". Das neue Ja zu Gott, das er aufgrund dieser Erfahrung spricht, stand fortan unter dem Vorzeichen der Negation. Das Ja zum geglaubten Gott impliziert das Nein zum erdachten Gott; der „Gott der Philosophen" ist ein anderer als der Gott der Offenbarung. Seither ist, wie gesagt, das Schisma zwischen dem Gott der Ratio und dem Gott der Fides ans Tageslicht getreten, mit all ihren fatalen Folgen. Wir wollen die Enzyklika „Fides et Ratio" also befragen, ob sie uns Wege zu einem neuen „et" in der Gottesfrage weisen kann.

2. Gott als die letzte Wahrheit der beiden Erkenntnisordnungen

Zunächst muß festgestellt werden, daß „Fides et Ratio" die Gottesfrage inhaltlich nicht behandelt. Wenn sich der Papst auf Inhalte bezieht, in denen Philosophie und Theologie zusammengehen sollen, so gemäß seiner anthropozentrischen Prägung mit Vorliebe auf „die Wahrheit des Menschen"[11] bzw. „der Person"[12]. Nur in Artikel 93 findet sich deshalb ein kurzer Hinweis, und zwar über die Lehre von der Dreifaltigkeit als aktuelle Aufgabe der Theologie. Gott bzw. die metaphysische Frage kommt aber in diesem Ansatz „von unten" als Telos der menschlichen Wahrheitsstrebens ins Spiel. Die Grundstimmung der Enzyklika ist, wie gesagt, der Optimismus gegenüber der natürlichen Erkenntnisfähigkeit des Menschen. Sie liegt damit auf der Linie des 1. Vatikanums, die – ausgehend von der Taufe der aristotelischen Philosophie durch Thomas von Aquin – von einer Harmonie zwischen rational wahrgenommener Wirklichkeit (Ratio) und gläubig angenommener Offenbarung (Fides) ausgeht: Aristoteles sagt: „Alle Menschen streben nach Wissen."[13] Johannes Paul II. sagt, „daß das Streben nach Wahrheit zur Natur des Menschen gehört"[14]. Dieses denkende Suchen und suchende Denken ist auf Wahrheitserkenntnis hin angelegt. Der Gipfelpunkt der Wahrheitssuche ist „die radikale Frage nach der Wahrheit des Lebens als Person, des Seins und Gottes"[15]. Und weil die Wahrheit „nur eine" sein kann[16], darf sich menschliches Denken folglich nicht mit „falscher Bescheidenheit ... mit provisorischen Teilwahrheiten zufrieden" geben[17].

Eine Wahrheit also, die in ihrer Fülle durch die Verbundenheit von „Fides et Ratio" erreicht werden kann: Die Enzyklika bekräftigt damit die „Lehre der beiden Vatikanischen Konzilien"[18], wonach es „zwei Erkenntnisordnungen" gibt, „die nicht nur im Prinzip, sondern auch im Gegenstand verschieden sind: *im Prinzip*, weil wir in der einen [Ordnung] mit der natürlichen Vernunft, in der anderen mit dem göttlichen Glauben erkennen; *im*

11	FR 28
12	FR 32/2
13	ARISTOTELES, Metaphysik I, 1
14	FR 3
15	FR 5
16	FR 51; 79
17	FR 5
18	FR 14

Gegenstand aber, weil uns außer der Wahrheit, zu der die natürliche Vernunft gelangen kann, in Gott verborgene Geheimnisse zu glauben vorgelegt werden, die, wenn sie nicht von Gott geoffenbart wären, nicht bekannt werden könnten."[19]

Diese Lehre von den beiden Erkenntnisordnungen, der philosophischen und gläubigen, die aber ein Ziel haben, Gott, ist Grundbestandteil katholischer Denkungsart. Die Konsequenzen dieser Auffassung zeigen sich in banaler Konkretheit im (noch) bestehenden Stundenplan der akademischen theologischen Ausbildung in Österreich. Dort ist vorgesehen, daß im 1. Studienabschnitt – dem vormaligen „Philosophicum" – die „philosophische Gotteslehre" vorgetragen wird, im 2. Studienabschnitt wird dann innerhalb der Dogmatik „Das christliche Gottesbekenntnis" gelehrt. Aufbauend auf der Systematik Thomas' von Aquin zerfiel dieser dogmatische „Gottestraktat" in zwei separate Teile, nämlich in *„De Deo Uno"* und *„De Deo Trino"*. In diesem einen Traktat über Gott gab und gibt es also die Überlagerung von *„theologia naturalis"* und *„theologia supranaturalis"*, von *„ratio"* und *„fides"*.

Im 1. Teil *De Deo Uno* wurde die Erkennbarkeit des göttlichen Wesens behandelt und die Eigenschaften des *„ipsum esse subsistens"* nach allen Seiten hin durchleuchtet: die transzendentalen Eigenschaften, die prädikamentalen usw. Im 2. Teil ging es dann um die Dreifaltigkeit, *De Deo Trino*, wobei es neuscholastisch vor allem um den Nachweis der „Tatsächlichkeit" der innertrinitarischen Dreifaltigkeit allein aus der Offenbarung ging. Man beachte das Nebeneinander: Zuerst hatte die Vernunft das Wort, dann der gleichsam reine Glaube. Man war sich auch einig, daß mit Recht auch der erste Teil, der gleichsam natürlich-philosophische, dem Dogmatiker zugeordnet war (und nicht dem Philosophen). Denn man bewegte sich ja auch bei der Anwendung der Ratio gewissermaßen auf dogmatischem Fundament: Da nach der Definition des 1. Vatikanums Gott seinem Wesen nach als Schöpfer *„rationali rationis lumine cognosci posse"* – Gott mit dem Licht der natürlichen Vernunft erkannt werden kann" konnte der Dogmatiker die „natürliche Gotteslehre" mit gutem Gewissen auch als seine Domäne betrachten. Und der zweite Teil über die Trinität war ohnehin sein Revier, weil ja die Trinität als das „mysterium stricte dictum" gilt, als Wahr-

---

19 DH 3015: 1. VATIKANUM, Dei Filius Kap. IV; zitiert in Gaudium et Spes
    59

heit, die einzig und allein aufgrund des Glaubens an die Selbstoffenbarung erkannt werden kann.

Soweit die klassische Situation im katholischen Lehrbetrieb, die aufgrund der Unbezüglichkeit zwischen natürlichem Gottestraktat und übernatürlicher Trinitätslehre 1967 von Karl Rahner einer scharfen und berechtigten Kritik unterzogen wurde. Das heute drängendere Problem ist aber nicht die Unbezüglichkeit, sondern das langsame Entschwinden der philosophischen Gotteslehre insgesamt aus der theologischen Reflexion. In der gegenwärtige Situation ist daher „Trinitätsspekulation" gleichsam zu einem Schwerpunkt der Theologie geworden, ja man kann hier sogar von einer Mode sprechen. Nicht nur, daß alle maßgeblichen Theologen der Neuzeit sich intensiv mit diesem Thema beschäftigen, die Trinitätslehre wird auch in den außereuropäischen entstehenden Theologien mit wachem Interesse thematisiert[20]. Doch in dem Maß, wie man das „geoffenbarte Geheimnis der Dreifaltigkeit Gottes" in den Mittelpunkt gestellt hat, in dem Maße hat sich das philosophische Nachdenken über das Wesen des einen Gottes im kirchlichen Raum verdünnt. „De Deo Uno" – noch das große Thema des 1. Vatikanischen Konzils in seinem Abwehrkampf gegen die Gottesbegriffe des Pantheismus, Materialismus und Idealismus, - fristet im Spekulationsenthusiasmus über die Trinität eine Art Schattendasein.

Die Abkehr von der metaphysischen Gotteslehre hatte natürlich ihre zeitgeschichtlichen Gründe: Einerseits das Verdämmern der Seinsphilosophie, andrerseits die Theodizeefrage, die „nach Auschwitz" zugespitzt war[21]. Auschwitz habe, so Hans Jonas, den guten und allmächtigen „Gott der Phi-

---

20   Walter KASPER, Der Gott Jesu Christi; Yves CONGAR, Der Heilige Geist; Hans Urs von Balthasar, Theodramatik 2,3 und 4; Karl RAHNER, der Dreifaltige Gott als tranzendenter Ugrund der Heilsgeschichte (MySal 2); Jürgen MOLTMANN, Der gekreuzigte Gott; Trinität und Gottes Reich; Eberhard JÜNGEL, Gott als Geheimnis der Welt; Gerhard EBELING, Dogmatik des christlichen Glaubens; Gisbert GRESHAKE, Der dreieine Gott. Eine trinitarische Theologie, Herder 1997; Heribert MÜHLEN, Der Heilige Geist als Person; Una Mystcia Persona; Franz COURTH, Der Gott der dreifaltigen Liebe. Aber auch: Leonardo BOFF usw. – Siehe die Kritik an dieser „Mode" bei Karl-Heinz OHLIG, Ein Gott in drei Personen? Vom Vater Jesu zum „Mysterium" der Trinität, Mainz 1999, 10-19.

21   Hans JONAS, Der Gottesbegriff nach Auschwitz. Eine jüdische Stimme, Frankfurt 1987; Regina AMMICHT-QUINN, Von Lissabonn bis Auschwitz. Zum Paradigmawechsel in der Theodizeefrage, Freiburg i. Ue. / Freiburg i. Brsg. 1992.

losophen" als ein „Trugbild"[22] entlarvt. Günther Schiwy hat in seinem Buch „Abschied vom allmächtigen Gott"[23] dargestellt, daß für die Hinwendung zur Trinitätstheologie maßgeblich die Theodizeefrage verantwortlich ist. Die Frage stellt sich jedenfalls heute drängend, ob kirchliche Theologie auf das philosophische Nachdenken über Gott verzichten kann; kann sie ohne gewisse Einsichten – „*naturali rationis lumine*" – in das Wesen des Göttlichen auskommen? Muß die Theologie sich nun nach Auschwitz endgültig vom Deistengott Pascals, vom Gott, „zu dem man nicht beten kann", wie Heidegger formuliert hat, verabschieden?

3. Die „Weisheit des Kreuzes" als die eigentliche Anregung von FR

Kehren wir also zu „Fides et Ratio" zurück, zu jener Verlautbarung, von der wir gesagt haben, daß es ihr um die Aufwertung der Vernunft geht. Die Kirche möchte „die Notwendigkeit des Nachdenkens über die Wahrheit neu bekräftigen"[24]. Die Wahrheit Gottes eröffnet sich der Vernunft und dem Glauben, sie „offenbart" sich in zweifacher Weise. Dabei gibt es freilich für katholisches Denken keinen Zweifel, daß die übernatürliche Offenbarung die natürliche übertrifft. Daran läßt auch der Aufbau der Enzyklika keinen Zweifel: Gleich das 1. Kapitel handelt über „die Offenbarung der Weisheit Gottes" (FR 7-15), danach erst folgen die Darlegungen über das Verhältnis von philosophischer und theologischer Erkenntnis, wobei auch hier der Abschnitt „*Credo, ut intelligam*" (FR 16-23) dem Abschnitt „*Intelligo, ut credam*" (FR 24-35) vorangestellt ist. Wie wird die *letzte* Wahrheit Gottes also erkannt? Nicht zuerst durch aufsteigendes Philosophieren, durch seine Selbstoffenbarung. Gleich eingangs zitiert die Enzyklika die Offenbarungskonstitution des 2. Vatikanums: „Gott hat in seiner Güte und Weisheit beschlossen, sich selbst zu offenbaren und das Geheimnis seines Willens kundzutun (vgl. *Eph* 1,9): daß die Menschen durch Christus, das fleischgewordene Wort, im Heiligen Geist Zugang zum Vater haben und teilhaftig werden der göttlichen Natur."[25]

Bei aller Hervorhebung der naturhaften Wahrheitsfähigkeit des menschlichen Verstandes enthält „Fides et Ratio" also das eindeutige Festhalten am Primat der übernatürlichen Offenbarung, der Glaubenserkenntnis: „Der

---

22   Ebd. 18ff.

23   Günther SCHIWY, Abschied vom allmächtigen Gott, München 1995.

24   FR 6

25   2. VATIKANISCHES KONZIL, Dei Verbum 2, zitiert in FR 7

Glaube, der sich auf das Zeugnis Gottes gründet und der übernatürlichen Hilfe der Gnade bedient, ist in der Tat von einer anderen [sprich: höheren] Ordnung als die philosophische Erkenntnis."[26] Die Betonung liegt auf der *„Fides quaerens intellectum"*. Hier wird aber gerade nicht ein Zweistockwerkdenken propagiert, wo zuerst rein rational die Praeambula fidei erarbeitet werden, über welche dann gleichsam als Zuckerguß das Mysterium der Offenbarung gegossen wird. Das *„Credo, ut intellegam"* hat inhaltlich Vorrang vor dem *„Intelligo, ut credam"*. Oder mit den Worten des Papstes selbst: „Die Wahrheit, welche die Offenbarung uns erkennen läßt, ist nicht die reife Frucht oder der Höhepunkt eines von der Vernunft aufbereiteten Denkens. Sie erscheint hingegen mit dem Wesensmerkmal der Ungeschuldetheit, bringt Denken hervor und fordert, als Ausdruck der Liebe angenommen zu werden."[27] Umgelegt auf die Gotteserkenntnis bedeutet das: Die Erkenntnis Gottes ist nie stringente Deduktion, sondern immer Offenbarungsannahme.

In der Frage der natürlichen Erkennbarkeit Gottes glaubt die Kirche aber gerade, daß sie auf dem Fundament der Offenbarung selbst steht. Die Lehre der Kirche besagt, daß Gott „mit dem natürlichen Licht der menschlichen Vernunft aus den geschaffenen Dingen gewiß erkannt werden kann"[28]. Diese dogmatische Formulierung des 1. Vatikanums von der „Möglichkeit" natürlicher Gotteserkenntnis kann sich auf die vorrangigste Offenbarungsquelle berufen, also auf die Schrift selbst, auf Paulus. Für Paulus ist der Inhalt des Glaubens die Selbsterschließung des Wesens Gottes als „des seit ewigen Zeiten verborgenen, jetzt aber enthüllten Geheimnisses" (vgl. *1 Kor* 2, 7; *Röm* 16, 25-26). Dabei geht es Paulus keineswegs um spekulative Reflexion oder esoterische Gnosis über göttliche Sphären und Äonen, sondern um die Selbsterschließung Gottes „für uns", also um die „oikonomia" in Jesus Christus[29]. Paulus vertritt eine sozusagen absolute Christozentrik.

---

26   FR 9
27   FR 15
28   DH 3004
29   Beachtung verdient die Denkform der Schrift, denn gerade das Neue Testament bietet keine spekulative Reflexion auf das Wesen Gottes selbst, sogar dort, wo es sprachlich „spekulativ" wird, bewegt es sich im Milieu des Nachdenkens und Beschreibens der „Ökonomia" Gottes. Anders ausgedrückt: Wenn Gott in den neutestamentlichen Schriften „gut" genannt wird, so ist damit nicht identisch das platonisch „to agathon" gemeint; wenn Gott „herrlich" genannt wird, so wird nicht eine abstrakte Schönheit

Umso beachtlicher ist es, daß gerade er eine Gotteserkenntnis gelten läßt, die nicht vom Faktum der Christusoffenbarung ausgeht, sondern sich mit den Mitteln der natürlichen Erkenntnisfähigkeit auf Gott hin entwirft, ganz auf der Linie der spätjüdischen Weisheitsliteratur[30]. Der berühmte Satz, den Paulus als Vorwurf an die Heiden in Röm 1,20 formuliert, lautet: „...was man von Gott erkennen kann, ist ihnen [den Heiden] offenbar; Gott hat es ihnen offenbart. Seit Erschaffung der Welt wird seine unsichtbare Wirklichkeit an den Werken der Schöpfung mit der Vernunft wahrgenommen, seine ewige Macht und Gottheit. Daher sind sie unentschuldbar. Denn sie haben Gott erkannt, ihn aber nicht als Gott geehrt." (Röm 1,20) Die lapidare Schlußfolgerung von Fides et Ratio: „In dem wichtigen Text wird die metaphysische Fähigkeit des Menschen bejaht."[31]

---

beschrieben, sondern die konkrete Herrlichkeit der Offenbarung; klassisch etwa ist das Beispiel der Wesensbestimmung Gottes als „echt", „eins und einzig", wie wir sie im Ersten Testament als das Attribut des Gottes Jahwes festgeschrieben finden (Dtn 6,14). Die Bibelwissenschaft wird nicht müde, uns darzulegen, daß im Alten Testament auf weite Strecken nur ein praktischer Monolatrismus festgeschrieben ist, und es eine Unterstellung wäre, das „Jahwe elohim echat" schon als reflexen Monotheismus auszugeben. „Gott ist einzig" heißt für Israel „Gott ist der einzige, der uns hilft; der einzige, der uns Heil verschafft! Usw." Das aktualistische „Jahwe ist einzig" ist von der neuplatonischen des Theos als „to hen" so weit entfernt wie die begeisterte Aussage eines Ehemanns: „Meine Frau ist einzige!" von der Aussage, daß der einzige Eiffelturm in Paris steht. Und jene Aussage, die man als „die" biblische Wesensbeschreibung Gottes bezeichnen könnte: „Gott ist die Liebe" (1 Joh 4,8.16), ist ja auch gerade keine apriorische Aussage, sondern nur das Resultat der Reflexion auf das zuvorkommende Handeln Gottes in seinem Sohn, den er als Sühne für unsere Sünden gesandt hat. Hier wird die faktische Ökonomia auf den Begriff gebracht und nicht die abstrakte „Theion" ausgedeutet. - Die Bibel meint also die Ökonomia, das faktische Heilshandeln Gottes *„propter nostram salutem"*.

30 Das alttestamentliche Buch der Weisheit kritisiert den Götzenkult: „Nichtig waren ja von Natur aus alle Menschen, denen die Gotteserkenntnis fehlte. Sie hatten die Welt in ihrer Vollkommenheit vor Augen, ohne den wahrhaft Seienden erkennen zu können. Beim Anblick der Werke erkannten sie den Meister nicht" (Weish 13,1). Beachtenswert ist, daß hier eine anthropologische Bestimmung ausgesagt wird: Die menschliche Erkenntnisfähigkeit ist konstitutiv auf Gott hin angelegt, wo sie falsch vollzogen wird, verfehlt der Mensch sein Wesen, wird „nichtig".

31 FR 22

Theologiegeschichtlich bedeutungsvoll wurde auch jene Stelle aus der Apostelgeschichte, wo Lukas Paulus auf dem Areopag zu Athen als den neuen Sokrates darstellt, der Christus als Schlußstein in das philosophische Gebäude des Suchens nach dem „unbekannten Gott" einsetzen will (Apg 17,16ff.). Diese Erzählung regte vor allem das Mittelalter an, froh und unbekümmert auf die Philosophie rückzugreifen, weil man einen neuplatonischen Theologen des 5. Jahrhunderts, der unter dem Pseudonym Dionysius Areopagita schrieb, mit dem bekehrten Dionysius vom Areopag gleichsetzte und diesen darüber hinaus für den ersten Bischof von Paris, des damaligen Zentrums der Theologie, hielt. In den Lehren des Areopagiten erblickte man die inhaltliche Fortsetzung der paulinischen Argumentation: Christus gleichsam das „Culmen" der antiken Theo-Kosmologie[32]. Von daher führte die Linie konsequent zur Seinsmetaphysik des Mittelalters, zu den *„quinque viae"* des heiligen Thomas von Aquin, und schließlich zur dogmatischen Definition des 1. Vatikanums vom Wesen Gottes als *„una singularis, simplex omnino et incommutabilis substantia spiritualis"*[33]. Genau dieser unabhängig von der Christusoffenbarung erdachte Gottesbegriff aber ist immer verwiesen auf den „wahrhaft göttlichen Gott"[34], um nicht zum deistischen „Gott der Philosophen" bzw. zum unerträglich grausamen Allmachts-Gott, der Auschwitz nicht verhindern wollte, zu verkommen.

Es gibt aber ebenso eine andere Linie des Gottdenkens, die sich biblisch begründet. Und hier sind wir bei der berühmten Stelle im 1. Korintherbrief, wo Paulus alle Erkenntnis unter den Begriff des „Logos tou staurou" stellt, unter das „Wort vom Kreuz". Wir übersetzen diesen Ausdruck umfassender mit „Logik des Kreuzes", der Papst entscheidet sich für die Wiedergabe mit „Weisheit des Kreuzes". Der „Logos des Kreuzes" steht jedenfalls der philosophischen Weisheit, der „Weisheit der Griechen"[35], entgegen. Und er ist

---

32   H. U. v. BALTHASAR, Glaubhaft ist nur Liebe, Einsiedeln, 4. Auflage, 1975 (1963).

33   DH 3001

34   W. BREUNING, „Gott": Fragen an die Philosophie, in: J. Möller (Hrsg.), Der Streit um den Gott der Philosophen. Anregungen und Antworten, Düsseldorf 1985,17-35, hier: 18.

35   „Wo ist ein Weiser? Wo ein Schriftgelehrter? Wo ein Wortführer in dieser Welt? Hat Gott nicht die Weisheit der Welt als Torheit entlarvt? Denn da die Welt angesichts der Weisheit Gottes auf dem Weg ihrer Weisheit Gott nicht erkannte, beschloß Gott, alle, die glauben, durch die Torheit der Verkündigung zu retten. Die Juden fordern Zeichen, die Griechen suchen Weisheit. Wir dagegen verkünden Christus als den Gekreuzigten: für

jener überlegen, auch wenn er „Torheit" ist, aber er ist Torheit Gottes, und die ist allemal „weiser als die Menschen" (1 Kor 1,25).

Beachtenswert ist die *starke* Betonung, die „Fides et Ratio" auf diese „Logik des Kreuzes" legt. Die Interpretation des paulinischen Textes findet sich in Artikel 23. Ausdrücklich wird gesagt, daß Paulus hier im Paradox von Kreuzesweisheit und Philosophenweisheit den „Höhepunkt seiner Lehre" erreicht. Und: „Der wahre Knotenpunkt, der die Philosophie herausfordert, ist der Tod Jesu Christi am Kreuz."[36] Das sind Formulierungen von ungewohnter Emphase in einer Enzyklika, die in ihrer Grundabsicht die „Ratio" fördern will. Die „Weisheit des Kreuzes", so übersetzt die Enzyklika wie gesagt „Logos vom Kreuz", ist die „Trägerin" der „Universalität der Wahrheit". In diesem Zusammenhang fällt noch ein äußeres Detail auf, das aber, wenn man die vatikanische Vorliebe für Datumssymbolik berücksichtigt, wohl durchaus Bedeutung hat: Papst Johannes Paul II. hat die Enzyklika „Fides et Ratio" am Fest der Kreuzerhöhung 1998 herausgegeben. Auch von der Gliederung der Enzyklika stellen die Ausführungen zur „Weisheit des Kreuzes" den Übergang vom *„Credo ut intelligam"* zum *„Intelligo ut credo"* dar. Das „Iunktim" zwischen den beiden Erkenntnisordnungen ist nach Artikel 23 das Kreuz, der „Logos vom Kreuz".

Man darf von daher wohl schließen, daß eine der Anregungen, welche „Fides et Ratio" der Theologie der Zukunft zuweist, darin liegt, das Kreuz als „wahren Knotenpunkt, der die Philosophie herausfordert"[37] tiefer zu reflektieren. Vielleicht müssen wir katholisch eine neue Form der „theologia crucis" entwickeln?! Wo von „theologia crucis" die Rede ist, sind wir aber zunächst auf Luther verwiesen.

4. Luthers „sub contrario" in der „theologia crucis"

Die Zuwendung des Naturforschers Pascal nach der Nacht des „Mémorial" zum Jansenismus, der doch eine katholische Annäherung an die lutherische Gnadentheologie darstellt, ist das Paradigma der Verzweiflung am bloß „erdachten" Gott! Was sich bei Pascal als Abwendung vom philosophischen Deismus ereignet, das hatte Martin Luther schon 1518 in der Heidel-

---

Juden ein empörendes Ärgernis, für Heiden eine Torheit, für die Berufenen aber, Juden wie Griechen, Christus, Gottes Kraft und Gottes Weisheit." (1 Kor 1,20-24)

36   FR 23
37   FR 23

berger Disputation als gnadentheologisches Problem formuliert. In seiner Resolution zur 58. Ablaßthese stellt er der *„theologia gloriae"* (auch *„theologia scholastica"*), die *„theologia crucis"* apodiktisch entgegen[38]. Die 19. These lautet: „Der wird *nicht* mit Recht Theologe genannt, der die unsichtbaren Dinge Gottes durch das, was geschaffen ist, versteht und anschaut", die 20. These: „sondern der jenige, welcher die sichtbaren Dinge und die Rückseite Gottes durch Leiden und Kreuz anschaut und versteht."[39] Luther meint mit seiner *„theologia crucis"* nicht die fromme Vereinigungsmystik der „Via moderna"[40], er schaut zwar mit der Mystik des Spätmittelalters auf das Kreuz, aber ohne gleichsam „neben" dem Kreuz – das er als eine Art monopolistische Erlösungstat Gottes versteht – die doch letztlich menschliche Anstrengung der Vereinigung mit Gott vollziehen zu wollen.

Den Erkenntnisweg von Röm 1,20 lehnt Luther ab, weil die natürliche Vernunft das „Wort vom Kreuz" aus 1 Kor 1,18 um seine Kraft bringt. Denn die analoge Gotteserkenntnis aus der Schöpfung, die *„theologia naturalis"* endet nach Luther „bei einem geistlichen und ausgefeilten Götzendienst"[41]. Die philosophische Erkenntnislust, die Spekulation über die *„invisibilia Dei"* steht für Luther auf derselben Ebene wie die *„iustitia carnis"*. Denn sowenig der Mensch *„ex operibus"* (aus den eigenen Werken) gerecht wird, so wenig kann er Gott *„ex operibus"* - gemeint sind die Schöpfungwerke Gottes - erkennen[42]. Das Kreuz Christi ist die einzige Theologie, Gott anderswo zu suchen wäre *„volatilis cogitatus"*[43], eben *„theologia gloriae"*. Diese nämlich will Gott überall gegenwärtig sehen[44], die rechte Theologie aber erkennt Gott nur in der Verhüllung des Kreuzes *„sub contraria specie nostri conceptus seu cogitationis"*[45].

Luther sieht die Kontradiktion, die er zwischen „theologia gloriae" und „theologia crucis" aufbaut, ganz im Kontext der Heilsfrage. Alles natürliche

---

[38]   WA 1,612,25f.

[39]   WA 1,613,17-20: „Non ille digne theologus dicitur, qui invisibilia Dei per ea, quae facta sunt, intellecta conspicit. Sed qui visibilia et posteriora Dei [vgl. Ex 33,18-23] per passiones et crucem conspecta intelligit."

[40]   WA 1,350-374; vgl. auch: WA 1,613;21ff; 614,17ff.

[41]   WA 56,179: „ad spiritualem et subtiliorem idolatriam… Qua Deus colitur, non sicut est, sed sicut ab eis fingitur et estimatur".

[42]   WA 56,157,3

[43]   WA 1,362,15f.

[44]   WA 1,614,19

[45]   WA 56,376,32f.

Hindenken auf Gott ist „Superbia", darum offenbart sich Gott „sub contrario", denn der Hochmut ist das eigentliche „impedimentum revelationis"[46].
Das Kreuz ist hier nicht sosehr zum Kriterium theologischer Erkenntnis erhoben, sondern vielmehr zum Mahnmal, die Gnade Gottes so anzunehmen,
wie sie sich gibt! Luther geht es nicht um Erkenntnisprinzipien oder Denkkategorien, sondern um die existentielle Frage nach dem „gnädigen Gott",
seine Kreuzestheologie ist Teil seiner Gnadentheologie. Der menschliche
Verstand darf sich nicht *aus eigenem* des Begriffes Gottes bemächtigen, das
wäre „Werk" im schlechtesten Sinne[47]. Der Logos des Kreuzes durchkreuzt
gnadenhaft die natürliche Logik der Selbstrechtfertigung. Ein protestantischer Theologe des 19. Jahrhunderts kann dann formulieren, daß das Kreuz
die „Höllenfahrt der Selbsterkenntnis" und die „Himmelfahrt der Gotteserkenntnis" ist[48].

Von Luthers Pointierung des Kreuzes lassen sich durchaus auch Anregungen für die katholische Theologie gewinnen, auch wenn es sich hier
primär um gnadentheologisches Anliegen handelt[49]. Das „sub contrario"
stellt ja, wenn man es in den seinsphilosophischen Bereich überträgt, eine
denkerische Herausforderung dar. Im Bereich der evangelisch-reformierten
Theologie wurde diese Herausforderung auch tatsächlich aufgegriffen, indem man versuchte, vom Kreuz weg zu einer Logisierung des „sub contrario" zu gelangen. Ich meine die Dialektik Hegels und die Dialektik Karl
Barths, die ich hier aus dem Gewoge des Ringens um eine Theologia Crucis
exemplarisch herausgreifen möchte.

---

46   WA 1,138,17f.
47   Vgl. These 25: „Nicht der ist gerecht, der viel wirkt, sondern der, der ohne
      Werk viel an Christus glaubt."
48   F. A. G. THOLUK, 1799-1877, zitiert nach TRE 19,767
49   Karl Rahner hat formuliert, daß die lutherische Rede von der „theologia
      crucis" auch für die katholische Theologie ein Korrektiv sei, das sie daran
      erinnert, daß „sie alle positive Aussage sterbend übereignen muß in das je
      größere, unumfaßbare Geheimnis Gottes". K. RAHNER, LThK 2. Aufl. Bd.
      10,61

5. Die Logisierungen des „Logos vom Kreuz" bei Hegel und Barth

1. Ungangbar ist für uns erstens der Weg Hegels[50]. Hegel schaut seine Dialektik des Gegenübersetzens bzw. des Vereinigens der größten denkbaren Gegensätze dem Kreuz ab. Ausgangspunkt ist die lutherische Formulierung „Gott selbst ist tot". Hegel deduziert aus dem „spekulativen Charfreitag" – er meint die Glaubenssynthese der größtmöglichen Gegensätze im Geist der Gemeinde – das Christentum als „absolute Religion": „Die höchste Entäußerung der göttlichen Idee: ‚Gott ist gestorben, Gott selbst ist tot' ist eine ungeheure, fürchterliche Vorstellung, die vor die Vorstellung den tiefsten Abgrund der Entzweiung bringt." Und: Diese „Verendlichung des Bewußtseins ist bis auf ihr Extrem, den Tod, getrieben, aber damit zugleich Anschauung der Einheit in ihrer absoluten Stufe, die höchste Anschauung der Liebe…"[51] Denn „der Tod Christi ist… der Tod des Todes selbst, die Negation der Negation."[52]

Der Grundfehler Hegels liegt nach dem Urteil Hans Urs von Balthasars schon darin, daß Hegel eine *Gesetzmäßigkeit der Logik* aus dem Kreuz ableitet. Im Kreuz jedoch erscheint gerade das, das in sich „nicht logisierbar"[53] ist, nämlich die absolut sich hingebende Liebe. Hingabe geschieht aus freier Liebe, nicht aus der dialektischen Notwendigkeit, ins Gegenteil

---

50   Vgl. Edgar THAIDIGSMANN, Identitätsverlangen und Widerspruch. Kreuzestheologie bei Luther, Hegel und Barth, München 1983; Oswald BAYER, Art. Kreuz IX. Dogmatisch, in: TRE 19,774-777.

51   G. W. F. HEGEL, Vorlesung über die Philosophie der Religion, ed. Lasson II/2 (1925, Nachdruck 1966),155-174; hier: 157f*. Vgl. W. KERN, Menschwerdung Gottes im Spannungsfeld der Interpretationen von Hegel und Kierkegaard, in: A. Ziegenaus (Hrsg.), Wegmarken der Christologie, Donauwörth 1980, 81-126.

52   HEGEL, Philosophie der Religion, II/2, 167.

53   H. U. v. BALTHASAR, *Klarstellungen.* Zur Prüfung der Geister, Einsiedeln, 4. Auflage, (1971) 1978, 119. Vgl. DERS., *Glaubhaft ist nur Liebe* Einsiedeln, 4. Auflage, 1975 (1963), 47, Anm. 1: „…die absolute Einmaligkeit der Liebesoffenbarung des Einmaligen Gottes … ist nicht reduzierbar auf allgemeine Seins- und Vernunftskategorien".
       Einen ähnlichen Akzent setzt W. PANNENBERG, Die Subjektivität Gottes und die Trinitätslehre. Ein Beitrag zur Beziehung Karl Barth und der Philosophie Hegels, in: *ders.,* Grundfragen Systematischer Theologie. Gesammelte Aufsätze Bd. 2, Göttingen 1980, 96-111; DERS., Probleme einer trinitarischen Gotteslehre, in: *Weisheit Gottes - Weisheit der Welt,* Festschrift Joseph Kardinal Ratzinger, St. Ottilien 1989, Bd. 1, 329-341.

seiner selbst zu gehen. Christlich gesehen muß das Kreuz das nie einholbare Phänomen der sich selbst ausgestaltendenden Hingabeliebe Gottes bleiben. Bei Hegel aber wird das „Skandalon Crucis" in die Gesetzmäßigkeit einer absoluten Philosophie eingeordnet, sodaß es darin unweigerlich bloß noch als Idee mit zufälligem historischen „Anlaß"[54] gelten kann. Die christliche Offenbarung wird zu einem Moment in einer umfassenden Geschichtsphilosophie, die dann von einer Verallgemeinerung der christologischen Struktur her „ihre Rationalität aus dem Gesamtereignis des sich explizierenden Geistes"[55] zu erklären versucht. Auf diese Weise hat sich das System, und zwar das bloß menschliche System einer menschlichen Logik, der Freiheit Gottes, seiner „Liebestorheit" vom Kreuz weg bemächtigt[56]. Das Kreuz ist nicht Kritik der Philosophie, sondern selbst Philosophie, bloß Philosophie[57].

2. Hegel geht vom Kreuz aus, um mit seiner Logik gerade die faktisch gesetzte Logik des Kreuzes zu verfehlen. Es gibt aber auch Ansätze, wo man die „Logik des Kreuzes" als bloßen Widerspruch konzipiert. Sören Kierkegaard wäre hier zu erwähnen. Die klassische Theologieform unseres Jahrhunderts, die vom Christus- bzw. Kreuzesereignis weg sich als Kontra-

---

54   H. U. v. BALTHASAR, Warum ich noch ein Christ bin, in: Zwei Plädoyers. Warum ich noch ein Christ bin. / Warum ich noch in der Kirche bin, von H. U. v. Balthasar / J. Ratzinger, München 1971, 9-53, 52; DERS., *Einfaltungen.* Auf Wegen christlichen Einigung, München 1969, 137; DERS., *Mysterium Paschale*, in: Mysterium Salutis 3/2, 133-326, 168; DERS., *Herrlichkeit.* Eine theologische Ästhetik, Bd. 3/1: Im Raum der Metaphysik, Teil 2: Neuzeit, Einsiedeln, 2. Auflage, 1975 (1965), 914-917

55   H. U. v. BALTHASAR, „Heilig öffentlich Geheimnis", in: IkaZ Communio 7 (1978) 1-12, hier: 8.

56   Daß Hegel dies überhaupt vermag, liegt nach Balthasar christlich darin, daß es der Macht der göttlichen Liebe entspricht, sich auch in solche Ohnmacht zu begeben. - Dazu: W. PANNENBERG, Die Bedeutung des Christentums in der Philosophie Hegels, in: *ders.,* Gottesgedanke und menschliche Freiheit, 2. Auflage, Göttingen 1978 (1972) 78-113. Nach der These Pannenbergs haben die üblicherweise von Theologen gegen Hegel vorgebrachten Einwände ihr *fundamentum in re* allein in der hegelschen Annahme einer logischen Notwendigkeit der göttlichen Handlungen. Vgl. die Zustimmung von M. THEUNISSEN, Hegels Lehre vom absoluten Geist als theologisch-politischer Traktat, Berlin 1970, S. X.

57   E. THAIDIGSMANN, a. a. O., 62: „Kreuzestheologie dient hier nicht der Destruktion metaphysisch verankerter Ontologie, sondern ihrer Wiederherstellung."

diktion zur natürlichen Theologie entwirft, ist die dialektische Theologie von Karl Barth († 1968). Das Kreuz ist das Nein Gottes zu jeder Form von religiöser oder philosophischer Anmaßung von Wahrheit. Religion und Philosophie, gemeint ist die analogisch denkende Seinsphilosophie, stehen für Karl Barth unter dem Vorzeichen der Sünde[58]. Barth stand zwar in lebhafter und fruchtbarer Auseinandersetzung mit katholischen Philosophen, doch auch der Einfluß Erich Przywaras und die Freundschaft mit Hans Urs von Balthasar konnten Barth nicht zur Aufgabe seines kategorischen Nein gegen jedes natürliche Seinsdenken bewegen. Barth wörtlich: „Ich halte die analogia entis für die Erfindung des Antichrist und denke, daß man ihretwegen nicht katholisch werden kann, wobei ich mir zugleich erlaube, alle anderen Gründe, die man haben kann, nicht katholisch zu werden, für kurzsichtig und unernsthaft zu halten."[59] Das apodiktische „Nein" galt auch dem Versuch Emil Brunners, natürliches Denken zumindest in irgendeiner Weise schon als „gottfähig", als „Anknüpfungspunkt" für die Gnade zu verstehen[60].

Barth wird sich fragen lassen müssen, ob nicht auch er in einer subtilen Form das Kreuz durch menschliche Logik instrumentalisiert. Bei Hegel wird die Entäußerung zum Prinzip des Fortschritts, bei Barth zum Prinzip des Widerspruchs. Die „theologia crucis" ist eine Art Hammer, mit der man alle Metaphysik zerschlagen kann, um das gläubige „sola gratia" bzw. „solus Christus" durchzusetzen. Unter diesem Aspekt erscheint gerade Barth dem Hegelschen Systemdenken fatal nahe. Auch hier ist die Logik des Kreuzes gleichsam eingefangen. Von Hegel freilich unterscheidet sich diese Dialektik durch das Resultat: Das vom Kreuz abgeschaute Gegenübersetzen seiner selbst verwickelt den absoluten Geist Hegels in die Welt hinein. Der Gott Karl Barths hingegen bleibt immer der Ganz-Andere, der Gott im Widerstand zur Welt. Immerhin führte diese theologische Option Karl Barth lebensgeschichtlich zu der höchst anerkennenswerten Ablehnung des NS-Regimes in der „Bekennende Kirche".

---

58   K. BARTH, KD 1/2, 327: „Religion ist Unglaube; Religion ist eine Angelegenheit, man muß geradezu sagen: die Angelegenheit des gottlosen Menschen."
59   K. BARTH, KD I, VIII.
60   K. BARTH, Nein! (1934), in. ThB 34 (1966) 208ff.

6. Das unbefriedigende katholische Zweistockwerkdenken im Gottestraktat

Die katholische Theologie hat sich – inhaltlich – von dem Ringen im protestantischen Raum lange Zeit unberührt gegeben und so getan, als ob sie der Ehestreit zwischen „theologia gloriae" und „theologia crucis" nichts anginge. Immerhin ist sie dadurch davor bewahrt geblieben, den „Logos vom Kreuz" zu logisieren. Man löste das Verhältnis von Glaube und Vernunft, indem man mit dem 1. Vatikanum bezeichnenderweise gleichsam das Nebeneinander von zwei Erkenntnisordnungen dogmatisierte, indem sie einfach zu beidem Ja sagte, aber beide nicht wirklich zueinander vermittelte: Das berühmte katholische „et – et", das sich jeder finalen oder konditionalen Verschränkung enthält: Ja sowohl zur philosophischen bzw. natürlichen Gotteserkenntnis und ebenso Ja zur biblischen bzw. „übernatürlichen" Gotteserkenntnis.

Wir kehren damit wieder zum klassischen dogmatischen Gottestraktat: De Deo Uno – De Deo Trino zurück, wo, wie gesagt, im thematischen Höchstfall „Gottesbegriff" Philosophie und Theologie direkt aufeinandertreffen und sich überlagern. Gerade hier kam die Unvermitteltheit beider Bereiche zum Tragen, die man unter dem Begriff der „Zweistockwerktheologie" der Neuscholastik zum Vorwurf gemacht hat: In der neuscholastischen Ausformung des Gottestraktates wurde exemplarisch eine Unbezüglichkeit zwischen Vernunft und Glaube vorexerziert. Karl Rahner hat dieses unvermittelte Nebeneinander in eindrucksvoller Weise kritisiert[61]: Der 1. Teil „De Deo Uno" sei unter dem Einfluß der Philosophumena von Gottes Unveränderlichkeit und Weltdistanz im Kontext der griechischen, vor allem platonischen Metaphysik entwickelt worden. Mit dem christlichen Glauben an einen dreifaltigen Gott, der sich gerade in der Weltnähe, sprich Inkarnation, offenbart, wurde der „Deus Unus" nie ausreichend harmonisiert. Dazu kam, daß der Schwerpunkt eindeutig auf dem metaphysischen Gottesbegriff lag; unter „De Deo trino" wurde dann nur mehr, so die Kritik Rahners, abstrakte Spekulation über ein trinitarisches Begriffsvokabular betrieben, das weder für den Gottesbegriff von „De Deo Uno" noch für die biblisch-heilsgeschichtliche Sichtweise Gottes relevant sei. Rahner: „Es

---

61   K. RAHNER, Bemerkungen zum dogmatischen Traktat „De Trinitate", in:
      Schriften zur Theologie 4, Einsiedeln 1967, 103-133.

sieht so aus, als ob alles, was für uns selbst an Gott wichtig ist, schon vorher im Traktat De Deo Uno gesagt worden wäre."[62]

Eine Lösung dieser Unbezüglichkeit kann aber nicht darin bestehen, sich vor der Philosophie in die reine Gläubigkeit zu flüchten, also die theologia naturalis völlig beiseite zu lassen. Wenn beide Erkenntnisordnungen bestehen und ihre Berechtigung haben, dann sind sie anzuwenden, ihre Ergebnisse jedoch besser zueinander zu vermitteln. Die philosophische Rede über Gott darf nicht noch leiser werden. Und hier meine ich, daß die Kategorie des „sub contrario" aus der Kreuzestheologie Luthers eine durchaus hilfreiche Kategorie sein könnte, um zu vermitteln.

7. Der „Logos vom Kreuz" als Dialektik von „quo majus" und „quo minus"

Ein Lösungsansatz scheint mir darin zu liegen, das Verhältnis von „deus philosophicus" und „deus in cruce revelatus" als notwendiges Gefälle zu verstehen. Der kleinste gemeinsame Nenner aller Philosophie und das Wesen aller Religiosität liegt ja darin, eine Art „Maximalitätsvorstellung" zu entwickeln. Anselm hat - unter dem Gespött des Gaunilo – bezeugt, daß der Drang des menschlichen Geistes Gott immer als das größte, mächtigste, allgegenwärtigste Wesen ergreifen will. Der Eros menschlichen Denkens endet stets irgendwie bei der Idee von einem *„id quo majus cogitari nequit"*, von einem etwas „worüberhinaus nichts größeres gedacht werden kann".[63] Hier trifft sich das philosophische Denken mit dem allgemeinreligiösen, auf dieser Basis hat Feuerbach das empirische Fundament für seine Projektionshypothese vorgefunden; von hier weg argumentieren die heutigen Religionspluralisten, daß jeder Mensch auf das *„totum Dei"* hin angelegt ist, und dieses „Maximum" des Denkbaren wurde in der Seinsphilosophie des Mittealters als *„ipsum esse subsistens"* (Thomas), als *„esse infinitum"* (Scotus), als *„causa sui"* (Hermann Schell) usw. erfaßt. Und vielleicht sind heute die abstrahierenden östlichen Religionen zur Zeit deshalb so populär, weil sie zum Denken einer göttlichen Maximalität entgegen dem materialistischen Vergessen anregen? Haben nicht gerade diese Spiritualitäten die Faszination geerbt, die früher die Metaphysik ausgeübt haben muß?

---

[62]   Ebd. 111.

[63]   ANSELM von Canterbury, Proslogion, Proemium und Nr. 1.15: PL 158, 223-224.226; 235

Der philosophische Gott als Maximum. Der Skopus des christlichen Glau-
bems aber besteht darin, daß Gott seine Größe (nämlich die absolute Liebe
zu sein: 1 Joh 4,8.16) offenbart, indem er sich gleichsam ins Gegenteil seiner Größe begibt. Die Struktur des Inkarnationsglaubens besteht darin, daß
sich die Maximalität Gottes in der Kenose des Kreuzes offenbart. Es
scheint, als ob katholische Theologie hier durchaus sinnvoll das *„sub contrario"* Luthers adaptieren könnte, indem sie es freilich in metaphysischen
Bereich überträgt. Inkarnation bedeutet: Gott verendlicht sich, verzeitlicht
sich, konkretisiert sich. Gott wird Mensch, die universale Fülle erscheint in
der individuellen und punktuellen Gestalt des Jesus von Nazaret, der Begriff des *„universale concretum"* hat sich mittlerweile in der katholischen
Fundamentaltheologie eingebürgert. Denn gerade gegenüber den anderen
Religionen läßt sich die „Konkretionsfähigkeit" Gottes gleichsam als das
zentrale Mysterium des Christentums aufzeigen[64.] Die Selbstmitteilung Gottes geschieht „im Gegenteil seiner selbst", wobei das Kreuz gleichsam die
realgeschichtliche Metapher für die partikulärste Partikularität steht, die
man sich vorstellen kann.

Weil von diesem Punkte aus Hegel seine Dialektik vom „spekulativen
Charfreitag" entwickelte, wird christliche Theologie am „Factum" des
Kreuzes festhalten müssen: „Verbum caro factum est, caro peccati."[65] Her-
mann Samuel Reimarus hatte gefordert: „Der Mensch ist nicht für eine Religion gemacht, die auf Facta, und zwar solche, die in einem Winkel des
Erdbodens geschehen seyn sollen, gegründet ist."[66] Hingegen ist für den
Christen das Kreuz gerade nicht idealistische Spekulation, sondern die bru-
tale und banale Realität, nackte Wirklichkeit. Nur als Faktum „in einem
Winkel des Erdbodens" genommen, ist es der Punkt, wo die göttliche Fülle
im Gegenteil ihrer selbst erscheint. Wird das Geschichtliche abgestreift, ist
es seiner skandalösen Bedeutung entleert. Das betont auch die Enzyklika:
Der eigentliche „Skandolon" des Kreuzes liegt im Faktischen. Der Papst

---

[64] W. LÖSER, „Universale concretum" als Grundgesetz der oeconomia
      revelationis, in: HFTH 2,108-121.

[65] Paradigmatisch etwa Hans Urs von Balthasar, der in seiner formalen
      Denkstruktur Hegel sehr nahe steht: K. J. WALLNER, Gott als Eschaton.
      Trinitarische Dramatik als Voraussetzung göttlicher Universalität, Heili-
      genkreuz 1993, 224-269.

[66] Hermann Samuel REIMARUS, Apologie oder Schutzschrift für die vernünf-
      tigen Verehrer Gottes, hrsg. v. Gerhard Alexander, 2 Bände, Frankfurt
      1972, hier: Bd. 1,171.

schreibt: Zu einer der größten Herausforderungen an die Theologie gehört es, die Frage „nach dem Verhältnis" zu beantworten, „das zwischen dem Faktum und seiner Bedeutung besteht"[67].

Doch wie kann ein historisches Faktum, in seiner Bedingtheit durch Zeit und Umstände, eine Bedeutung besitzen, die diese Bedingungen übersteigt? Hier hat die heutige Theologie den Begriff des *„universale concretum"* eingeführt (Hans Urs von Balthasar, Wolfhart Pannenberg u. a.), der das Gefälle zwischen Göttlichem und Menschlichem beschreiben soll. Christus als die konkretisierte Fülle. Es handelt sich im Kern um eine geschichtsdynamische Neuinterpretation dessen, was das Konzil von Chalcedon 451 schon substanzontologisch über Christus ausdefiniert hat: die Einheit der abstrakten Größen von Gottheit und Menschheit in der unverbrüchlichen Einheit einer konkreten Person[68]. Die „Logik des Kreuzes" ist diese Koinzidenz von universaler göttlicher Fülle, Heilsfülle, mit der Partikularität eines menschlichen jüdischen Schicksals. Der Kreuzesglaube führt zur chalcedonensischen *„coincidentia oppositorum"*, und eben hier bringt er das natürlich philosophisch-religiöse Denken an sein Ziel, gerade in dieser Pro-

---

67 FR 94

68 Die Kirche hat in den ersten 500 Jahren theologisch um ihren Begriff von Jesus Christus gerungen und ist in der genialen Lehrentscheidung des Konzils von Chalcedon zu einer Art „Formel" gekommen. Dort wird Jesus Christus als die Einheit dessen definiert, was sich von der Sache her inkompatibel gegenübersteht: göttliche Umfassendheit (das Konzil spricht hier von „göttlicher Natur") und menschliche Begrenztheit (das Konzil spricht hier von menschlicher Natur) sind hier in einer unauflöslichen Seins- und Handlungseinheit verbunden (das Konzil spricht hier von Person). Jesus Christus ist eine Person in zwei Naturen. Gegen Nestorius sagt das Chalcedonense, daß sich Gottheit und Menschheit keinesfalls wie zwei getrennte Teile gegenüberstehen, sie sind vielmehr ungetrennt und unteilbar. Zugleich sagt die geniale Formel von Chalcedon gegen den Monophysitismus, daß sich göttliche und menschliche Natur auch keinesfalls ineinander verrinnen: Gottheit und Menschheit sind unvermischt und unverändert beisammen. Dem Chalcedonense ging es in dieser fast mathematischen Formel von den beiden Naturen in der einen Person Jesu Christi um die Einheit bei gleichzeitiger Wahrung der Identität der Naturen. Unendlichkeit und Endlichkeit, Absolutheit und Konkretheit, Allmaligkeit und Einmaligkeit, Umfassendheit und Partikularität liegen hier in einem zusammen. In Jesus Christus ist Gott selbst an einen bestimmten Punkt aus seiner abstrakten Unendlichkeit herausgetreten und hat seiner unendlichen Liebe die Gestalt einer konkreten irdischen Existenz gegeben: Jesus von Nazaret.

vokation liegt seine „Logik": Daß Gott die abstrakte Maximalität des platonischen „to agathon" oder des neuplatonischen „to hen" ist, daß er die Unanahbarkeit in Person unter dem Namen „Allah" oder das namenlos Göttliche des Buddhismus ist, das kann man mit Feuerbach als Projektion abtun, als angeborene Gottesidee oder kantisch als notwendige Kategorie transzendentaler Wahrnehmung. Daß also Gott „maximal" ist, ist, wie gesagt, der denkerische gemeinsame Nenner aller religiösen Gottesvorstellung; daß Gott aber so „maximal" ist, daß er in die Partikularität eingehen kann, ja daß er gerade am tiefsten Punkt „alle" – im universalen Sinn – liebend umfaßt, das ist christlich, und eben das ist unerfindlich und einzigartig.

Das Punktuelle und Geschichtlich-Kontextuelle des Kreuzestodes Jesu von Nazaraeth, - geglaubt als universale Entsühnung aus der Liebe Gottes auf dem oft vergessenen sehr konkreten Hintergrund der kultischen Sühnevorstellung des damaligen Judentums -, stellt das metaphysische Maximalitätsdenken nun ebenso auf den Kopf, wie es dieses voraussetzt und zugleich neu begründet: Gott der Ganz-Andere wird zum Nicht-Anderen. Das Absolute erweist seine Absolutheit in der Konkretion eines geschichtlichen Subjektes[69]. Die Maximalität, die sich hier in der Partikularität des einzelnen Lebensschicksals Jesu von Nazareth, der religiös, psychisch und physisch zu Tode kommt, ist die Maximalität einer kenotischen Entäußerungsliebe. Daß das denkerische Aufarbeiten dieser kenotischen Struktur der Offenbarung eine „vorrangige Aufgabe" der Theologie ist, darauf weist der Papst ausdrücklich hin, wenn er schreibt: „Vorrangige Aufgabe der Theologie wird vor diesem Horizont das Verständnis der *kenosis* Gottes sein, ein wahrhaft großes Geheimnis für den menschlichen Geist, dem es unhaltbar erscheint, daß Leiden und Tod die Liebe auszudrücken vermögen, die sich hingibt, ohne etwas dafür einzufordern."[70] Kenose aber besagt die freiwillige Bewegung in die Gestalt der Entleerung, Freiwilligkeit aus Liebe. Diese Bewegung kann nur verstanden werden, wenn sie einen Ausgangspunkt hat, eine abstrakte Vorgabe von Größe, derer sie sich begibt, um in der konkreten Entäußerungsgestalt als das nochmals Größere an Liebe zu erscheinen.

---

[69]   Der Weltkatechismus formuliert: „Wir glauben und bekennen: Jesus von Nazaret, ein Jude zur Zeit des Königs Herodes des Großen und des Kaisers Augustus von einer Tochter Israels in Betlehem geboren, von Beruf Zimmermann und während der Herrschaft des Kaisers Tiberius unter dem Statthalter Pontius Pilatus in Jerusalem am Kreuz hingerichtet, ist der menschgewordene ewige Sohn Gottes…" (KKK 423)

[70]   FR 93

Und eben um dieser Struktur willen braucht die Offenbarungstheologie das philosophische Vordenken auf Gott!

8. Folgerungen

1. Der Hintergrund der hellenistischen Seinsphilosophie ist für das Begreifen der Offenbarung unverzichtbar

Die Größe, die sich in der Partikularität des Kreuzes offenbart, kann nicht begriffen werden ohne den Hintergrund der hellenistisch-philosophischen Maximalitätsvorstellungen. Der abstrakt maximale Gott wird in Jesu Liebestod am Kreuz nochmals maximaler. Die seit Harnack inkriminierte „Hellenisierung" des Christentums ist deshalb nach Johannes Paul II. providentiell, ein Akt der Vorsehung. Die philosophische Gotteslehre, die Gott in die höchste Sphäre des Seins, der Güte, der Allmacht, der Leidlosigkeit und Weltjenseitigkeit stellt, ist die gleichsam notwendige Präambel zum Verständnis der Offenbarung, die „sub contrario" erfolgt. In diesem Zusammenhang läßt sich ein Wort der Enzyklika zitieren: „Wenn die Kirche mit großen Kulturen in Kontakt tritt, mit denen sie vorher noch nicht in Berührung gekommen war, darf sie sich nicht von dem trennen, was sie sich durch die Inkulturation ins griechisch-lateinische Denken angeeignet hat. Der Verzicht auf ein solches Erbe würde dem Vorsehungsplan Gottes zuwiderlaufen, der seine Kirche die Straßen der Zeit und der Geschichte entlangführt."[71]

2. Die alttestamentliche Gottesoffenbarung konvergiert mit den philosophischen Einsichten

Hier muß unbedingt noch die Erwähnung des Alten Testamentes erfolgen, auf welches der Papst in seiner Enzyklika ebenfalls eingeht[72]. Auch wenn die Annäherung an den Begriff Gottes dort auf eine völlig andere Weise erfolgt, sicher nicht durch „Abstraktion", so konvergiert doch gerade die philosophische Gotteserkenntnis des antiken Heidentums mit der von Israel erfahrenen Gottesoffenbarung auf einen Punkt hin: auf den Punkt der Erhabenheit und Einzigartigkeit Gottes. Schon die Patristik hat die Konvergenz zwischen dem Gottesdenken der griechischen Metaphysik und dem Erha-

---

71   FR 72; in FR 39f. weist der Papst darauf hin, daß die griechische Philosophie ja im Prozeß dieser Übernahme in tiefgreifender Weise transformiert worden ist.

72   FR 16

benheitsvorstellung der alttestamentlichen Gottesoffenbarung als Zeichen für den „Kairos" gedeutet, in dem das Wort Fleisch geworden ist. Israel und die Philosophie treffen sich vorchristlich in der Erkenntnis eines einzigen, guten, transzendenten und erhabenen Schöpfergottes. Und es ist auch kein Zufall, daß sich im chronologisch letztverfaßten Buch des Alten Testamentes, im Buch der Weisheit, grundlegende Aussagen zur Analogielehre finden: „Denn von der Größe und Schönheit der Geschöpfe läßt sich auf ihren Schöpfer schließen" (*Weish* 13, 5).

3. Das Zusammendenken von natürlicher und übernatürlicher Gotteserkenntnis führt in eine uneinholbare Dialektik von „quo majus" und „quo minus"

Wir führen den Gedanken also zu Ende, indem wir feststellen, daß die natürliche Gotteserkenntnis zu einem Gott der Größe führt, der sich in der Entäußerung als nochmals größer erweist. Das *„id quo majus"* an Gott wird auf dem Wege der natürlichen Vernunft erreicht, das *„id quo minus"* ist Inhalt der biblischen Offenbarung. Die Logik des Kreuzes ist genau die Dialektik zwischen *„quo majus"* und *„quo minus"*. Karl Rahner formuliert im Grundkurs des Glaubens, daß die Möglichkeit der Entäußerung Gottes in die Endlichkeit „nicht als Zeichen seiner Bedürftigkeit zu denken [ist], sondern als Höhe seiner Vollkommenheit, die geringer wäre, wenn er nicht weniger werden könnte, als er bleibend ist."[73] Ein solches Denken bedeutet dann nicht wirklich Abschied vom Gott der Philosophie oder „Abschied vom allmächtigen Gott" (Günther Schiwy), sondern vielmehr die viel tiefergehende Begründung der göttlichen Absolutheit, die nicht Menschenwerk ist, weil Gott selbst sie setzt. Daher ist die scheinbare Unlogik in der Absolutheit der Liebe in Wirklichkeit göttliche Logik. „Denn das Törichte an Gott ist weiser als die Menschen, und das Schwache an Gott ist stärker als die Menschen." (1 Kor 1,25)

4. Konsequenzen für den Gottestraktat

Hans Urs von Balthasar muß hier genannt werden, der einerseits Unverzichtbarkeit der griechischen Gottwesensphilosophie postuliert hat, und andrerseits gerade hier inhaltlich versucht hat, diese vom trinitarischen Geschehen her neu zu begründen: „... der ›Gott der Philosophen‹ pflegt in sei-

---

[73]   K. RAHNER, Grundkurs des Glaubens. Einführung in den Begriff des Christentums, 3. Auflage, Freiburg-Basel-Wien 1976, 219f.

ner Absolutheit zu einem Begriff zu erstarren; seine festzuhaltende Unveränderlichkeit läßt sich mit ewiger innerer Lebendigkeit nur vereinen, wenn
man mit dem Christentum den Schritt auf das trinitarische Mysterium zu
wagt."[74] Gott, der in sich quo majus ist, weil er in sich quo minus sein kann,
ist dann nicht die statisch abgeschlossene absolute „Substanz", sondern der
komparativisch „Immer-Größere" in seiner Liebe. Der in-sich-selige Gott
der Philosophen, der so leicht in die deistische Belanglosigkeit entgleitet, ist
durch seine im Glauben angenommene Selbstoffenbarung die stets-sich-
lebendig-befeuernden innergöttlichen Lebendigkeit der Trinität[75]. Trinität
wäre ohne die Vorgabe des metaphysischen Korrektivs im Verdacht, bloßer
Mythos zu sein. Ohne Vorgabe des metaphysischen Gottdenkens – in der
genannten Kongruenz mit der ersttestamentlichen Gotteserfahrung – wäre
die Theologie außerdem des Instrumentariums beraubt, das Christusereignis
als die universale Selbsterschließung Gottes auszusagen[76]. Die Lehre von
„De Deo Uno" muß also im Gottestraktat bleiben, freilich muß sie besser
mit der Offenbarungswahrheit harmonisiert werden.

9. Dum capit capitur

Da die Selbstoffenbarung Gottes der Inhalt der christlichen Heilsökonomie
schlechthin ist, ist auch für die Enzyklika „Fides et Ratio" klar, daß es in

---

[74]   TD 2/1, 269

[75]   Nach H. U. v. BALTHASAR kann Theologie in ihrem Bedenken Gottes das
       Trinitarische in keiner Weise mehr hinter sich lassen, denn die Universa-
       lität Gottes *ist* seine „trinitarische Ereigniswirklichkeit" (*Theodramatik*
       Bd. 4, 373. Nach Theodramatik Bd. 4, 475 ist Trinität „die ewige Überbe-
       wegung Gottes"). Wird aber ausdrücklich nach Gott im Begriff einer um-
       fassenden Wesenheit gefragt, dann kann Gott niemals mehr nur als „Gott
       der Philosophen" (z. B. in: *Wenn ihr nicht werdet wie dieses Kind*, Ostfil-
       dern 1988, 26) verstanden werden, etwa platonisch als ein „personloses,
       ausstrahlendes Gutsein" (*Spiritus Creator*. Skizzen zur Theologie III, Ein-
       siedeln 1967, 39). Gottes Wesen ist ein „Sich-trinitarisch Ereignen"
       (*Theodramatik*. Das Endspiel, Bd. 4: Einsiedeln 1983, 373; *Herrlichkeit*.
       Eine theologische Ästhetik, Bd. 3/2: Theologie, Teil 2: Neuer Bund, Ein-
       siedeln 1969, 289: „Denn in Gott ist die Beziehung von Vater und Sohn
       im Geist Gottes sein Sein selbst.")

[76]   FR 66: „Denn ohne den Beitrag der Philosophie ließen sich theologische
       Inhalte, wie zum Beispiel das Sprechen über Gott, die Personbeziehungen
       innerhalb der Trinität, das schöpferische Wirken Gottes in der Welt, die
       Beziehung zwischen Gott und dem Menschen, die Identität Christi, der
       wahrer Gott und wahrer Mensch ist, nicht veranschaulichen."

der Gotteslehre ein Prius der Offenbarungserkenntnis über die natürliche Erkenntnis gibt[77]. Philosophisches Gottdenken ist folglich nach kirchlicher Lehre in seiner Autonomie nicht bis ins letzte fruchtbar[78]: Wahrheitsfähigkeit im vollen Sinne ist für das kirchliche Lehramt gleichbedeutend mit Offenbarungsverwiesenheit. „Denn das Törichte an Gott ist weiser die Menschen, und das Schwache an Gott ist stärker als die Menschen." (1 Kor 1,25)

Damit ist aber eine Philosophie der analogischen Gotteserkenntnis, des analogisch hinaufdenkenden Ausgreifens nach Gott, nach den Eigenschaften seines göttlichen Wesens, keineswegs disqualifiziert, sie ist vielmehr gefordert. Sie ist nicht das Ende der Weisheit, sondern der Anfang; im Glauben an die Torheit des Kreuzes erst nimmt sie teil an der Weisheit Gottes. Die Aufgabe bleibt also: den Gottesbegriff mit aller Schärfe und allem Leiden an seiner Abstraktheit zu denken, um in Glaube und Gnade das Erhabendste als das Partikulärste zu erkennen: aufgrund der Logik der Entäußerung aus freier Liebe, wie in dem kurzen Satz des 1. Johannesbriefes zusammengefaßt ist: „Gott ist die Liebe, die Agape, die selbstentäußernde Liebe!" (1 Joh 4, 8.16)

Der neuscholastischen „Ratio" ging es um die „demonstratio", um das „probare", das man nochmals mißverständlicher unter dem Namen „Gottesbeweis" ins Deutsche übersetzt hat. In der Frage nach Gott kann es mit Paulus immer nur darum gehen, „alles Denken gefangen zu nehmen, sodaß es Christus gehorcht" (2 Kor 10,5). Philosophische Syllogismen werden dieses gleichsam „apostolische" Einfangen des Denkens nicht leisten können, aber sie sind unverzichtbar, damit die Logik des Kreuzes sich durchsetzen kann. Augustinus hat in seinem Johanneskommentar ein treffendes Bild, das die einnehmende Logik, die in der Torheit des Kreuzes liegt, plausibilisiert: „*Sic enim est sermo Dei et sic debet esse fidelibus: tamquam pisci hamus: tunc capit quando capitur!*" - „So ist es mit dem Wort Gottes, und so muß es für die Gläubigen sein: wie mit dem Angelhaken für den Fisch: der Fisch glaubt, daß er den Haken erfaßt, dabei ist er es, der vom

---

[77] FR 7: „Jede von der Kirche angestellte Reflexion erfolgt auf der Grundlage des Bewußtseins, Verwahrerin einer Botschaft zu sein, die ihren Ursprung in Gott selbst hat (vgl. *2 Kor 4*, 1-2). Die Erkenntnis, die sie dem Menschen anbietet, rührt nicht aus ihrem eigenen Nachdenken her, und wäre es noch so erhaben, sondern aus dem gläubigen Hören des Wortes Gottes (vgl. *1 Thess 2*, 13)."

[78] FR 80

Haken eingefangen wird."[79] Die Vernunft meint den Logos vom Kreuz zu erfassen, und tatsächlich spürt sie die greifbare Logik, und doch ist es umgekehrt: es ist die Logik Gottes, die den Menschen erfaßt. Dum capit, capitur!

Zusammenfassung

1. Was möchte die Enzyklika „verlautbaren"?

Die formale Absicht der Enzyklika ist die „Verlautbarung" eines klaren Ja zur „ratio" im umfassenden Sinn. Die Absage an eine mythologisierende postmoderne Irrationalität ist gleichsam das Vorzeichen, das die „Fides" mit der „Ratio" zusammenklammert. Unsere Frage bezieht sich auf das Erkennen eines Inhaltes, in dem sich „Ratio" und „Fides" treffen: Gott! Welche Anregung ergeben sich aus FR in der Frage nach Gott.

2. Gott als die letzte Wahrheit der beiden Erkenntnisordnungen

Gott ist nach der Sicht von FR die „letzte" Wahrheit zweier verschiedener Erkenntnisordnungen. Eine Gefahr ist die Unbezüglichkeit der „natürlichen Gotteserkenntnis" zum „übernatürlichen Trinitätsglauben", wie sie paradigmatisch in der Zweiteilung des neuscholastischen dogmatischen Traktates „De Deo Uno - De Deo Trino" zum Ausdruck kam. Stärker Bezüglichkeit wäre aber seit Pascal notwendig, noch mehr aber seit der Zuspitzung der Theodizeefrage nach Auschwitz.

3. Die „Weisheit des Kreuzes" als die eigentliche Anregung von FR

Beachtenswert ist die starke Betonung, die „Fides et Ratio" auf die „Logik des Kreuzes" legt. Die Interpretation des paulinischen Textes 1 Kor 1,18 findet sich in Artikel 23. Ausdrücklich wird gesagt, daß Paulus hier im Paradox von Kreuzesweisheit und Philosophenweisheit den *Höhepunkt seiner Lehre* erreicht. Und: „Der wahre Knotenpunkt, der die Philosophie herausfordert, ist der Tod Jesu Christi am Kreuz." (FR 23) Müssen wir, um über Gott adäquat zu reden, eine neue Form der „theologia crucis" entwikkeln, welche die Metaphysik aber nicht beiseite läßt?

4. Luthers „sub contrario" in der „theologia crucis"

Was sich bei Pascal als Abwendung vom philosophischen Deismus ereignet, das hatte Martin Luther schon 1518 in der Heidelberger Disputation als gnadentheologisches Problem formuliert. In seiner Resolution zur 58. Ab-

---

[79]   AUGUSTINUS, In Joannem Tractatus 42, 1: PL 35,1700

laßthese stellt er der „*theologia gloriae*" (auch „*theologia scholastica*"), die „*theologia crucis*" apodiktisch entgegen (WA 1,612,25f). Die 19. These lautet: „Der wird *nicht* mit Recht Theologe genannt, der die unsichtbaren Dinge Gottes durch das, was geschaffen ist, versteht und anschaut", die 20. These: „sondern der jenige, welcher die sichtbaren Dinge und die Rückseite Gottes durch Leiden und Kreuz anschaut und versteht." (WA 1,613,17-20)

Die rechte Theologie aber erkennt Gott nur in der Verhüllung des Kreuzes „*sub contraria specie nostri conceptus seu cogitationis*" (WA 56,376,32f.)

5. Die Logisierungen des „Logos vom Kreuz" bei Hegel und Barth

Wenn nach Luther der „Logos vom Kreuz" zum obersten Prinzip gemacht wird, eröffnen sich auch Irrwege: 1. Hegel schaut das Kreuz richtig als die Einheit der größten Gegensätze („Gott selbst ist tot"), leitet jedoch aus dem „Logos vom Kreuz" eine gesetzmäßige Dialektik ab und verfehlt so den Skandalon. Das Kreuz ist nicht mehr Kritik der Philosophie, sondern selbst Philosophie. 2. Karl Barth nimmt das Kreuz als Widerspruch gegen alles philosophisch-analogische und natürlich-religiöse Gottdenken. Bei Hegel wird die Entäußerung der göttlichen Liebe zum Prinzip des Fortschritts, bei Barth zum Prinzip des Widerspruchs.

6. Das unbefriedigende katholische Zweistockwerkdenken im Gottestraktat

Der dogmatische Gottestraktat war in der katholischen Neuscholastik durch die Unvermitteltheit zwischen philosophischer Rede über „De Deo Uno" auf Basis der griechischen Metaphysik und der Glaubensspekulation über „De Deo Trino" charakterisiert. Da beide Erkenntnisordnungen unverzichtbar sind, ihre Resultate aber nach der Kritik Karl Rahners bislang unbefriedigend zueinander vermittelt waren, könnte vielleicht eine Vermittlung durch das (metaphysisch genommene) „sub contrario" Luthers anregend wirken.

7. Der „Logos vom Kreuz" als Dialektik von „id quo majus" und „id quo minus"

Natürliches Gottdenken gelangt immer zu einer Maximalitätsvorstellung des Göttlichen: „das, worüberhinaus nichts größeres gedacht werden kann" (Anselm). Dieser philosophische Aspekt ist unverzichtbar, muß jedoch durch das „sub contrario" des Kreuzes zu einem „id quo minus" weitergedacht werden, soll er nicht im pascalschen Nein zum „Gott der Philosophen" enden oder in einer Anklage Gottes „nach Auschwitz". - Daß also Gott „maximal" ist, ist, wie gesagt, der denkerische gemeinsame Nenner aller religiösen Gottesvorstellung; daß Gott aber so „maximal" ist, daß er in die Partikularität eingehen kann, ja daß er gerade am tiefsten Punkt „alle" – im universalen Sinn – liebend umfaßt, das ist christlich, und eben das ist unerfindlich und einzigartig. Die Maximalität, die sich hier in der Partikularität des einzelnen Lebensschicksals Jesu von Nazareth zeigt, der religiös, psychisch und physisch zu Tode kommt, ist die Maximalität einer kenotischen Entäußerungsliebe, die in der Partikularität eines singulären Kreuzestodes sich als wahrhaft absolut erweist.

8. Folgerungen

• Der Hintergrund der hellenistischen Seinsphilosophie ist für das Begreifen der Offenbarung unverzichtbar.

• Es darf nicht vergessen werden, daß die alttestamentliche Gottesoffenbarung mit dem philosophischen Gottesbegriff vielfach konvergiert, sodaß von hierher eine offenbarungstheologische Stützung erfolgt!

• Das Zusammendenken von natürlicher und übernatürlicher Gotteserkenntnis führt in eine uneinholbare Dialektik von „quo majus" und „quo minus", welche der Absolutheit Gottes angemessen ist (major dissimilitudo!).

• Solche Verschränkung müßte konkrete Konsequenzen für die dogmatische Darstellung des Gottesbegriffes haben (paradigmatisch: Hans Urs von Balthasar)

9. Dum capit, capitur

Vom Logos des Kreuzes gilt das Wort des Augustinus: „„Sic enim est sermo Dei et sic debet esse fidelibus: tamquam pisci hamus: tunc capit quando capitur! - So ist es mit dem Wort Gottes, und so muß es für die Gläubigen sein: wie mit dem Angelhaken für den Fisch: der Fisch glaubt, daß er den Haken erfaßt, dabei ist er es, der vom Haken eingefangen wird." (Augustinus, In Ioannem Tractatus 42, 1: PL 35,1700)

„Vater unser…"

Überlegungen zu einer theologisch verantworteten Verwendung des Wortes „Gott" und zu einer adäquaten Gottesanrede

Wolfgang Klausnitzer

Als die Jünger Jesus fragten: „Herr, wie sollen wir beten, um was sollen wir beten?", lehrte er sie das bekannte „Vater unser"[1], das christliche Grundgebet schlechthin und das Grundmodell allen christlichen Betens. Es ist exegetisch unstrittig, daß Jesus Gott als „Abba" („Papa" oder „Väterchen") angeredet hat[2]. Die Gott-Rede und die Gottesanrede Jesu kommen ohne das Wort Vater nicht aus. In dieser Anrede verdichtet sich für Jesus das Evangelium[3].

Diese alte und auch in der Liturgie eingebürgerte Gott-Rede und Gottesanrede sind in der feministischen Theologie selber ins Gerede gekommen.

---

1   Zum exegetischen Diskussionsstand: E. LOHMEYER, Vater-Unser, Göttingen [5]1962; H. SCHÜRMANN, Das Gebet des Herrn, Leipzig [6]1981.

2   J. JEREMIAS, Abba. Studien zur neutestamentlichen Theologie und Zeitgeschichte, Göttingen 1966; J. GNILKA, Jesus von Nazareth. Botschaft und Geschichte, Freiburg 1990, 205-213. Ebd., 205: „Jesus hat sich nicht gescheut, den Namen ‚Gott' unmittelbar auszuprechen. Er verzichtete darauf - wie es teilweise bei seinen jüdischen Zeitgenossen üblich war -, diesen Namen zu umschreiben, etwa mit ‚Himmel'. Er sprach aber auch von Gott als Vater, seinem Vater, unserem Vater. Dies war nicht neu. Auch können wir beobachten, daß der göttliche Vatername vermehrt in die Überlieferung seiner Worte eindringt, besonders die Rede vom himmlischen Vater, dem Vater in den Himmeln bei Matthäus. Doch gewinnt die Vorstellung vom Vater-Gott eine neue Qualität, wie sich vor allem in den Gebeten Jesu zeigt, in denen er sich offenbar stets zu Gott als seinen Vater gewandt hat." Die Anrede „Abba" wurde als Gottesanrede Jesu in die griechischsprechenden Gemeinden übernommen: Röm 8,15; Gal 4,6.

3   Ein Beispiel ist das Gleichnis vom barmherzigen Vater: Lk 15,11-32. Der himmlische Vater sorgt für die Menschen: Mt 6,31f; 10,29f. Vgl. R. H. KELLY, Gott als Vater in der Bibel und in der Erfahrung Jesu. Eine Bestandsaufnahme, in: Conc 17 (1981) 247-256.

Es wird der Vorwurf erhoben, daß diese Bezeichnung ein überholtes patriarchalisches System stütze und zu der Meinung führen könne, Männer seien gottähnlicher oder Gott näher als Frauen. Als Alternativen schlagen feministische Theologinnen vor, 1) die Gottheit konsequent nur noch weiblich (als „Göttin")[4] anzusprechen oder 2) zugleich als männlich und weiblich zu qualifizieren[5] oder 3) von Gott nur noch in geschlechtsneutralen Bildern zu reden: „...schöpferische Kraft, Quelle des Lebens, Heilige Einheit, Heilige Weisheit, Macht des Seins, Macht der Beziehung, Energie der Liebe"[6].

Wie kann angesichts dieser und ähnlicher Anfragen christlich verantwortet und theologisch sinnvoll Gott bezeichnet und ins Wort gebracht werden? Eine „göttliche Energie" z.B. gerät doch sehr in die Gefahr, den charakteristischen und spezifisch personalen Monotheismus der drei Abrahamsreligionen mindestens zu verdunkeln. Da theologische Thesen sich jeweils immer auf die zeitgenössische philosophisch-wissenschaftliche Diskussion beziehen (sollten), soll in einem ersten Abschnitt die Diskussion der modernen Sprachphilosophie über die Möglichkeiten und Grenzen menschlichen Sprechens überhaupt skizziert werden. In einem zweiten Abschnitt sollen dann relevante theologische Positionen vorgestellt werden. Ein Resümee gibt abschließend einen Hinweis für den Alltag religiöser Sprache.

I. Kann man von der religiösen Dimension des Lebens überhaupt sinnvoll sprechen[7]?

Die atheistische Religionskritik des 19. und 20. Jahrhunderts hatte argumentiert, daß es eine objektive Wirklichkeit „Gott" überhaupt nicht gebe.

---

4   Zu nennen sind hier Mary Daly, Elga Sorge und Christa Mulack: M. HAUKE, Gott oder Göttin? Feministische Theologie auf dem Prüfstand, Aachen 1993, 118f.

5   Vorschlag von G. KRAUS, Gott als Wirklichkeit. Lehrbuch zur Gotteslehre, Frankfurt 1994, 199, der hier feministische Positionen übernimmt: „Unser väterlicher und mütterlicher Gott, geheiligt werde dein Name..."

6   Die Beispiele gibt G. KRAUS (Anm. 5), 196. Ebd., 200, schlägt er selber als Gebetsanruf im Vaterunser vor: „Göttliche Liebe, uns zugeneigt, geheiligt werde dein Name..." Heinrich BÖLL hat eine herrliche Satire (Dr. Murkes gesammeltes Schweigen und andere Satiren, Köln 1958 u.ö.) über einen politisch korrekten Vortragenden geschrieben, der in Sprechtexten das für ihn anstößige Wort „Gott" durch die Formel „jenes höhere Wesen, das wir verehren", ersetzen will.

7   Ein Überblick über die Positionen der Sprachphilosophie (mit Lit.): W. KASPER, Der Gott Jesu Christi, Mainz [3]1995, 116-124.

Sie sei eine Wunschvorstellung des Menschen, der seine Sehnsüchte und Ideale als Fiktion auf eine imaginäre Leinwand projiziere[8]. Auf diese Weise suche sich der Mensch angesichts der unmenschlichen Zustände dieser Welt zu betäuben, anstatt daß er entschlossen daran gehe, diese Welt zu verändern und humaner zu machen. Damit in eins ging ein von den tatsächlichen Fortschritten der Naturwissenschaften genährter Optimismus, der emphatisch und fast im Tone religiöser Überzeugung proklamierte, daß der Mensch die Gesamtheit der menschlichen Probleme durch die philosophische[9] und (natur-)wissenschaftliche[10] Vernunft in naher Zukunft lösen werde. Der Beitrag der Religion zur „Lösung der Welträtsel"[11] wurde als irreführend und hinderlich oder zumindest als überflüssig entlarvt.

In der Debatte der Sprachphilosophie des 20. Jahrhunderts um die Relevanz und die Objektbezogenheit der religiösen Rede kann man vier Phasen unterscheiden.

1. Das Verdikt der Sinnlosigkeit

Der logische Positivismus bzw. der logische Empirismus, auch als Neopositivismus bezeichnet, d. h. Philosophen wie Bertrand Russell, der frühe Ludwig Wittgenstein oder die Vertreter des sogenannten Wiener Kreises (Moritz Schlick, Rudolf Carnap), erklärte zu Beginn des 20. Jahrhunderts, daß die Sprache vernünftig und streng logisch die Wirklichkeit abzubilden habe. Das gelinge aber nur dort, wo sie Aussagen verwende, die nachprüfbar, d.h. an empirischen Gegebenheiten verifizierbar und auf diese Weise intersubjektiv kommunizierbar seien. „Das Thermometer zeigt an diesem Ort und um diese Zeit 18 Grad Celsius" ist eine solche Aussage. Metaphysische („Das Sein ‚west' in allen Dingen") oder religiöse Aussagen

---

[8] Vgl. H. ZIRKER, Religionskritik (Leitfaden Theologie 5), Düsseldorf ³1995.

[9] So die These der Aufklärung: W. KLAUSNITZER, Glaube und Wissen. Lehrbuch der Fundamentaltheologie für Studierende und Religionslehrer, Regensburg 1999, 156-161.

[10] So die These des Positivismus: A. COMTE, Die Soziologie. Die positive Philosophie im Auszug, hrsg. v. F. Blaschke, Stuttgart 1974. Ebd., 1f, das sogenannte „Dreistadiengesetz"!

[11] Vgl. die damals in Intellektuellenzirkeln ausgesprochen populäre religionskritische Schrift: E. HAECKEL, Die Welträtsel. Gemeinverständliche Studien über monistische Philosophie, Bonn ⁹1899.

(„Gott regiert die Welt") seien nicht empirisch überprüfbar und deshalb sinnlos.

Am deutlichsten hat diese Position Ludwig Wittgenstein in seinem „Tractatus logico-philosophicus" artikuliert. Er beginnt im Vorwort mit der Feststellung, die den Sinn seines Buches zusammenfaßt: „Was sich überhaupt sagen läßt, läßt sich klar sagen; und wovon man nicht reden kann, darüber muß man schweigen." Weiter heißt es[12]: „Die meisten Sätze und Fragen, welche über philosophische Dinge geschrieben worden sind, sind nicht falsch, sondern unsinnig. Wir können daher Fragen dieser Art überhaupt nicht beantworten, sondern nur ihre Unsinnigkeit feststellen. ... Und es nicht verwunderlich, daß die tiefsten Probleme eigentlich *keine* Probleme sind." Am Schluß seines „Tractatus" weist er zwar einen Weg für die Religion: „Wir fühlen, daß selbst, wenn alle *möglichen* wissenschaftlichen Fragen beantwortet sind, unsere Lebensprobleme noch gar nicht berührt sind. Freilich bleibt dann eben keine Frage mehr; und eben dies ist die Antwort."[13] Dieser Weg ist also nicht der Weg der Sprache, sondern des mystischen Verstummens: „Es gibt ... Unaussprechliches. Dies *zeigt* sich, es ist das Mystische."[14] Die Theo-logie, die Gott-Rede in Verkündigung, Bekenntnis und Reflexion, hat deshalb im Grunde kein Rede-Recht, da sie sinnlos ist - im Sinne der Nicht-Überprüfbarkeit. Der „Tractatus" endet, wie er begann: „Wovon man nicht sprechen kann, darüber muß man schweigen."[15] Die Theologie ist zur Sprachlosigkeit verurteilt. Gott ist kein sinnvolles Wort.

Der Neopositivismus geriet allerdings sehr bald selber in die Krise. Zum einen wiesen Niels Bohr und Werner Heisenberg darauf hin, daß wir mikrophysikalische Naturvorgänge (Quantenphysik) nicht exakt, sondern nur mit Hilfe entsprechender Bilder und Vorstellungen der makrophysikalischen Welt darstellen. Die Sprache bildet also zumindest in diesem Bereich die Wirklichkeit nicht exakt ab[16]. Zum anderen haben Autoren wie Karl R.

---

12   Tractatus logico-philosophicus, 4.003. Eine Textausgabe: L. WITTGEN-STEIN, Schriften, I: Tractatus logico-philosophicus. Tagebücher 1914-1916. Philosophische Untersuchungen, Frankfurt 1969, 7-83. Zitiert wird nach der von Wittgenstein verwendeten Dezimalnumerierung.

13   Ebd., 6.52.

14   Ebd., 6.522.

15   Ebd., 7.

16   W. HEISENBERG, Das Naturbild der heutigen Physik, Hamburg 1965, z. B. 17f.21.28f.

Popper[17] und Hans Albert[18] darauf aufmerksam gemacht, daß es in den Wissenschaften keine absoluten Wahrheiten gebe. Für Popper und Albert sind die Basissätze einer Wissenschaft Konventionen, die von der „scientific community" festgelegt werden. Diese Basissätze können nie empirisch oder wie auch immer verifiziert, sondern allenfalls falsifiziert werden. Der wissenschaftliche Fortschritt bestehe darin, daß Hypothesen aufgestellt werden, die der Methode des „trial and error" unterliegen. Die Wahrheit sei dabei eine regulative Idee, die (in aufklärerischer Tradition[19]) nie ganz erreicht, sondern in einem offenen Prozeß angestrebt werde.

Diese These wurde weitergeführt durch Thomas S. Kuhn[20]. Nach ihm geschieht die wissenschaftliche Entwicklung durch revolutionäre Paradigmenwechsel. Ein „Paradigma" ist ein Schema oder ein Schulbeispiel, auf das sich die Wissenschaftler geeinigt haben, um ein Problem zu lösen. Der normale Alltag der Wissenschaft bestehe nun darin, daß alle auftretenden Fälle in die Schublade dieses Paradigmas hineingezwängt werden - bis zu dem Augenblick, in dem ein konkreter Fall nicht mehr hineinpasse. Dann entstehe in einer „Revolution" ein neues Paradigma (bzw. werde eine größere Schublade gezimmert), bis sich auch dieses nur als vorläufig erweise.

---

17   K. R. POPPER, Logik der Forschung (Die Einheit der Gesellschaftswissenschaften. Studien in den Grenzbereichen der Wirtschafts- und Sozialwissenschaften 4), Tübingen [4]1971.

18   H. ALBERT, Traktat über kritische Vernunft (Die Einheit der Gesellschaftswissenschaften. Studien in den Grenzbereichen der Wirtschafts- und Sozialwissenschaften 9), Tübingen [2]1969; ders., Plädoyer für kritischen Rationalismus, München [3]1973.

19   G. E. LESSING, Eine Duplik, Braunschweig 1778, in: ders., Werke 1774-1778 (= Werke und Briefe 8), hrsg. v. A. Schilson, Frankfurt 1989, 505-586, 510: „Nicht die Wahrheit, in deren Besitz irgend ein Mensch ist, oder zu sein vermeinet, sondern die aufrichtige Mühe, die er angewandt hat, hinter die Wahrheit zu kommen, macht den Wert des Menschen. Denn nicht durch den Besitz, sondern durch die Nachforschung der Wahrheit erweitern sich seine Kräfte, worin allein seine immer wachsende Vollkommenheit bestehet. Besitz macht ruhig, träge, stolz. Wenn Gott in seiner Rechten alle Wahrheit, und in seiner Linken den einzigen, immer regen Trieb nach Wahrheit, obschon mit dem Zusatze, mich immer und ewig zu irren, verschlossen hielte, und spräche zu mir: wähle! Ich fiele ihm mit Demut in seine Linke, und sagte: Vater gieb! die reine Wahrheit ist ja doch nur für dich allein!"

20   Th. S. KUHN, Die Struktur wissenschaftlicher Revolutionen, Frankfurt 1973.

Beispiele für solche wissenschaftliche Revolutionen seien Kopernikus, Newton oder Einstein. Mit dieser These war der Anspruch des Neopositivismus, mit Hilfe einer logisch aufgebauten und empirisch überprüfbaren Sprache die Wirklichkeit abzubilden, von Grund auf in Frage gestellt. Doch die Theologie geriet von der Scilla in die Charybdis. Weder im Denken von Popper noch in der Theorie Kuhns ist eine Rede von Unbedingtem und Letztgültigem möglich. „Gott" wäre hier im besten Fall eine Hypothese, zu der man auch nur unter Vorbehalt beten könnte: Gott, wenn es dich gibt und solange deine Existenz nicht widerlegt ist, ich rufe zu dir, wenn du tatsächlich zuhören solltest...

2. Die Gott-Rede ist die Bedeutung, die der Glaubende der Welt gibt.

Den Beginn dieser zweiten Diskussionsrunde setzt Ludwig Wittgenstein, der in seinen „Philosophischen Untersuchungen" die eigene Position des „Tractatus" kritisiert. Wittgenstein entdeckt jetzt, daß im Alltagssprechen ein und derselbe Satz, z.B. „Die Sonne scheint", ganz unterschiedliche Sinnbedeutungen haben kann. Er kann als Tadel („Schütz dich endlich gegen die Sonne"), als Aufforderung („Steh doch endlich auf"), als Erklärung („Ich verzichte auf die Tischlampe"), als Mitteilung (wenn jemand in der Frühe aus dem dunklen Zimmer fragt, ob es draußen schon hell ist) usw. fungieren. Der Sinn eines Satzes („Du bist meine Rose") steht also nicht ein für allemal fest, sondern hängt vom jeweiligen Kontext ab. Wittgenstein spricht von verschiedenen „Sprachspielen", die zugleich je eine Lebensform darstellen. Die Bedeutung eines Wortes hängt von seinem Gebrauch in der Sprache ab bzw. ist dieser Gebrauch[21].

Die Bedeutung des Wortes „Gott" ist also deutlich erst dann, wenn auch gesagt wird, in welchem Sprachspiel es verwendet wird. Diesen Gedanken hat John L. Austin[22] aufgegriffen und weitergeführt. Er unterscheidet einen konstativen und einen performativen Sprachgebrauch. Der konstative Sprachgebrauch stellt die Wirklichkeit fest: Etwas ist so. Der performative

---

21   L. WITTGENSTEIN, Philosophische Untersuchungen, in: ders. Schriften, I, (Anm. 12), 278-544, 311 (= Philosophische Untersuchungen, Nr. 43): „Die Bedeutung eines Wortes ist sein Gebrauch in der Sprache."

22   J. L. AUSTIN, Zur Theorie der Sprechakte (How to do things with Words), Stuttgart [2]1979; ders., Wort und Bedeutung. Philosophische Aufsätze, München 1975. Eine Weiterführung: J. R. Searle, Sprechakte. Ein sprachphilosophischer Essay, Frankfurt 1971. Auch: The Philosophy of Language, hrsg. v. J. R. Searle, Oxford 1971 u. ö.

Sprachgebrauch bewirkt oder stiftet eine neue Wirklichkeit. Sprache hat also auch einen Geschehenscharakter. Performative Sätze (bzw. wirksames Sprechen) sind rechtserhebliche und statusbegründende Aussagen: „Ich taufe dieses Schiff auf den Namen ‚Berlin'." „Die Sitzung ist geschlossen." „Ich nehme dich zu meiner Frau bzw. meinem Mann." Die sakramentalen Formeln lassen sich als performative Aussagen deuten: „Ich spreche dich los von deinen Sünden... Ich taufe dich..." In diesen Sprachhandlungen wird nicht eine objektiv vorhandene Wirklichkeit konstatiert und darüber informiert. Vielmehr schafft die Rede gerade das, was sie sagt. Wenn man die religiöse Rede als ein Sprachspiel interpretiert, mit dem ein Mensch die Welt deutet, dann kann man darüber hinaus die Verwendung des Wortes „Gott" als einen performativen Sprechakt verstehen, in dem ein Mensch die Welt in einer ganz spezifischen Weise auslegt und damit eine echte Wirklichkeit schafft. Wenn ein Mensch sagt „Gott", dann legt er sein Leben auf eine bestimmte Weise fest. In diesem Sinn kann man fragen: Was tue ich oder wie bewältige ich das Leben, wenn ich sage „Gott"?

Das Problem dieser zweiten Diskussionsrunde war, daß zwar einerseits durchaus zu Recht auf die je geschichtlich bzw. sozio-kulturell bedingte („Sprachspiel") und wirklichkeitserschließende, ja -stiftende Funktion der Sprache hingewiesen wurde, andererseits aber der objektive Bezug der Sprache eher in den Hintergrund trat. Wenn ich sage „Gott", deute ich mein Leben in einer bestimmten Weise. Die doch wohl entscheidende Frage, ob es in der Tat „Gott" gibt, stelle ich jedoch nicht. Aber davon hängt doch sehr wesentlich ab, ob ich intellektuell redlich und verantwortet „Gott" sagen darf[23].

3. Jede menschliche Kommunikation gründet in der Hoffnung auf eine glückende universale Kommunikation.

Ein neuer Aspekt kam in der dritten Diskussionsphase ins Spiel. In ihr waren die Meinungsführer die Erlanger Schule (Lorenzen, Kambartel, Mittelstraß) und besonders Jürgen Habermas und Karl Otto Apel. Von Habermas stammt der Begriff der „Konsensustheorie" der Wahrheit[24]. Er stellt

---

23   W. KASPER (Anm. 7), 121, zitiert den Vorwurf des „Fideismus" der Sprachspieltheorie Wittgensteins. Vgl. K. NIELSEN, Wittgensteinian Fideism, in: Philosophy 42 (1967) 191-209.

24   J. HABERMAS, Wahrheitstheorien, in: Wirklichkeit und Reflexion. FS Walter Schulz, hrsg. v. H. Fahrenbach, Pfullingen 1973, 211-265; DERS.,

ihn der traditionellen Korrespondenztheorie entgegen, derzufolge Wahrheit die Übereinstimmung (Korrespondenz) von Sprache (Denken) und Wirklichkeit ist. In der Konsensustheorie ist die Wahrheit die Übereinstimmung bzw. die Vereinbarung (Konsensus) aller am Kommunikationsprozeß Beteiligten. In einem ständigen herrschaftsfreien Dialog wird dieser Konsensus hergestellt und garantiert. Apel[25] entwickelte die Theorie, daß jede Kommunikationsgemeinschaft mittels der in ihr verwendeten Sprache ein Apriori besitze gegenüber aller individuellen Erkenntnis. Die Sprache dieser Kommunikationsgemeinschaft gibt dem einzelnen Mitglied gleichsam eine Brille, mit der er/sie die Wirklichkeit wahrnimmt und überhaupt erkennt. Allerdings stellen wir fest, daß das Geschehen einer herrschaftsfreien Kommunikation aller, von der Habermas spricht, im Alltag und in der Gesellschaft selten gelingt, sodaß Kommunikation in vielfacher Weise gestört ist und bleibt. Habermas meint, *jeder* Akt der Kommunikation, insbesondere aber der Akt einer gestörten Kommunikation, sei ein Vorgriff auf eine ideale Kommunikationsgemeinschaft, eine Vorwegnahme (Antizipation) nicht entfremdeten Lebens. Helmut Peukert[26] hat daraus geradezu einen Gottesbeweis (oder zumindest ein Gottespostulat) abgeleitet[27]. Er bezieht sich auf eine Überlegung Walter Benjamins und erklärt: „Soll die Hoffnung und die Sehnsucht, die in jedem Akt sprachlicher Kommunikation impliziert ist, nicht ins Leere gehen, soll die Kommunikation vor allem wirklich universal sein und auch die Solidarität mit den Toten einschließen, dann ist das nur möglich, wenn Gott ist, und wenn er der Gott ist, der die Toten lebendig macht. Jeder Akt sprachlicher Kommunikation ist deshalb zugleich eine Frage und ein *Vorgriff nach dem lebendigen und lebendig machenden Gott*. Jede Sprachhandlung lebt von der Hoffnung auf glücken-

---

Vorbereitende Bemerkungen zu einer Theorie der kommunikativen Kompetenz, in: J. Habermas - N. Luhmann, Theorie der Gesellschaft oder Sozialtechnologie - Was leistet die Systemforschung?, Frankfurt 1974, 101-141, bes. 123-141.

25   K. O. APEL, Das Apriori der Kommunikationsgemeinschaft und die Grundlagen der Ethik. Zum Problem einer rationalen Begründung der Ethik im Zeitalter der Wissenschaft, in: ders., Transformation der Philosophie II. Das Apriori der Kommunikationsgemeinschaft, Frankfurt 1973, 358-435.

26   H. PEUKERT, Wissenschaftstheorie - Handlungstheorie - Fundamentale Theologie. Analysen zu Ansatz und Status theologischer Theoriebildung, Düsseldorf 1976.

27   Ebd., 288.307-323.

de universale Kommunikation und ist deshalb ein Akt antizipatorischer Hoffnung auf das kommende Reich Gottes."[28]

Trotzdem bleibt (selbst wenn dieser Befund konsensfähig wäre, denn Habermas würde das Ziel der Sehnsucht nach einer universalen glückenden Kommunikationsgemeinschaft sicher nicht „Reich Gottes" oder „Gott" nennen) die Frage, was damit über die Wirklichkeit „Gott" im Grunde gesagt ist. Jede Sprache hat drei Bedeutungen[29], die syntaktische bzw. grammatische (innersprachliche), die semantische (wirklichkeitsbezogene) und die pragmatische (handlungsbezogene). Während die bisherigen Diskurse die syntaktische und die pragmatische Funktion der Sprache analysiert hatten, war die semantische außerhalb des Interesses geblieben. Aber damit blieben die anderen Erörterungen ohne eigentliches Fundament. Speziell die Konsensustheorie hatte erklärt, daß die Wahrheit darin bestehe, daß man in Bezug auf „dasselbe" dieselbe Meinung habe[30]. Aber was ist dieses „dasselbe" in der Rede von Gott? Ist „Gott" nur eine andere Formel oder eine Chiffre für Mitmenschlichkeit, allgemein-menschliche Solidarität und Liebe oder das Ideal einer allseits gelingenden Kommunikation oder gibt es tatsächlich eine eigene Wirklichkeit, auf die sich das Wort „Gott" beziehen will?

4. Sprache erschließt die Wirklichkeit.

In seiner Spätphilosophie beschreibt Martin Heidegger[31], in einer allerdings nicht leicht verständlichen Diktion, den Menschen als „Da-sein". Er gehe nicht nur technisch-handwerklich mit der je vorhandenen Wirklichkeit um, sondern er beschäftige sich stets auch mit dem Sinn des Seins als ganzen. Speziell und konkret sei es die Sprache, in der das Sein „west" und durch die uns die Wirklichkeit jeweils in geschichtlicher Weise erschlossen werde. Heidegger nennt deshalb die Sprache „das Haus des Seins". Es sei vor allem die Sprache des Mythos und der Dichtung (etwa im Unterschied zur wissenschaftlich-technischen Informationssprache, die die Frage nach dem

---

28   So gibt W. KASPER (Anm. 7), 122, die Argumentation Peukerts wieder.

29   Ch. MORRIS, Grundlagen der Zeichentheorie, München ²1975, 26.

30   J. SIMON, Wahrheit als Freiheit. Zur Entwicklung der Wahrheitsfrage in der neueren Philosophie, Berlin 1978, z. B. 27, hat deshalb argumentiert, die Konsensustheorie stelle eigentlich eine verdeckte Korrespondenztheorie dar.

31   M. HEIDEGGER, Unterwegs zur Sprache, Pfullingen ³1965

Sein eher verstelle), die das Sein in neuer Weise erschließe. Hans Georg Gadamer[32], Paul Ricoeur[33] und Eberhard Jüngel[34] haben diese Ansätze Heideggers aufgegriffen. Das Sein entbirgt sich in der Sprache nicht unmittelbar, sondern durch die Sprache der Symbole und Gleichnisse, also in der metaphorischen Sprache. Jesus hat von Gott in Metaphern bzw. in Gleichnissen gesprochen. Es ist ihm in diesen Gleichnissen gelungen, die Wirklichkeit neu darzustellen. Metaphern/Gleichnisse haben nicht die Funktion, die Wirklichkeit schlicht abzubilden. Wenn Jesus sagt: „Herodes ist ein Fuchs" (um ein zunächst religiös völlig unverdächtiges Beispiel zu nehmen), dann arbeitet er mit der Dialektik von Vertrautheit und Verfremdung. Ein vertrauter Begriff wird in einer völlig verfremdeten Weise gebraucht und erhellt so die Wirklichkeit in einer ganz neuen und neuartigen Weise. Eberhard Jüngel hat das Wort „Gott" als eine solche Metapher gedeutet. Es bringe die Gesamtwirklichkeit der Welt so zum Ausdruck, daß sie in einem neuen Licht gesehen werde. Das Wort „Gott" ist also eine Metapher bzw. ein Gleichnis, das die Welt selber als Geheimnis zur Sprache bringt[35]. Was heißt das nun für die religiöse Gott-Rede?

II. Wie läßt sich heute religiös von Gott reden[36]?

Das Problem heutiger religiöser Gott-Rede ist so alt wie die Religion selber. Es ergibt sich aus zwei sich zunächst anscheinend ausschließenden Grundüberzeugungen, der Transzendenz und der Immanenz Gottes. Die Transzendenz behauptet, daß es sich bei Gott um eine jenseitige und weltunabhängige Wirklichkeit handelt, die sich grundsätzlich und qualitativ von aller endlichen Wirklichkeit unterscheidet. Wie kann dann aber überhaupt ange-

---

32   H. G. GADAMER, Wahrheit und Methode. Grundzüge einer philosophischen Hermeneutik, Tübingen ²1965.

33   Vgl. die Darlegungen von Paul RICOEUR in: P. Ricoeur / E. Jüngel, Metapher. Zur Hermeneutik religiöser Sprache (Sonderheft Evangelische Theologie), München 1974, 24-45 und 45-70.

34   E. JÜNGEL, Metaphorische Wahrheit. Erwägungen zur theologischen Relevanz der Metapher als Beitrag zur Hermeneutik einer narrativen Theologie, in: DERS., Entsprechungen: Gott - Wahrheit - Mensch. Theologische Erörterungen, München 1980, 103-157.

35   Der Satz läßt sich auch formulieren: Das Wort „Gott" ist ein Geheimnis, das die Welt selber als Geheimnis zur Sprache bringt.

36   Knappe Zusammenfassung: P. SCHMIDT-LEUKEL, Grundkurs Fundamental-theologie. Eine Einführung in die Grundfragen des christlichen Glaubens, München 1999, 53-69.

messen von Gott geredet werden? Die Immanenz erklärt (oder fordert), daß Gott eine Wirklichkeit sei, die in unserer menschlichen und endlichen Wirklichkeit (wie auch immer) erfahren werden könne. Sätze von Gott geben also Informationen weiter, die wenigstens grundsätzlich in unserer empirischen Erfahrungswelt einen Anhalt finden. Wie geht aber beides zusammen? Folgende Positionen haben sich dazu herausgebildet:

1. Religiöse Aussagen sind der Ausdruck bestimmter existentieller Grundhaltungen bzw. die sprachlichen Instrumente, diese Haltungen hervorzurufen oder zu stärken.

Vor allem im angelsächsischen Raum sind einige Autoren beheimatet, die, angeregt von der These, die Bedeutung eines Wortes sei sein Gebrauch in der Sprache, Wörter oder Sätze der religiösen Rede als Ausdruck einer bestimmten Sichtweise der Wirklichkeit verstehen, etwa als Ausdruck einer ethischen Haltung, als Erklärung eines bestimmten Engagements, einer Lebensweise oder einer Überzeugung, ohne daß z.B. das Wort „Gott" eine Tatsachenbehauptung bzw. eine kognitiv sinnvolle Behauptung darstelle. Da diese Autoren bestreiten, daß das Wort „Gott" eine objektiv vom Menschen unabhängige Wirklichkeit beschreibe, die vom Menschen erkannt (und angerufen) werden könne, bezeichnet sie Perry Schmidt-Leukel (im Anschluß an Walter Kasper[37]) als „Nonkognitivisten". Der Satz „Gott ist die Liebe" ist in dieser Sicht keine indikativische Aussage. Er sei vielmehr die Intentionserklärung für eine (agapeistische, d.h. von der Liebe bzw. „agape" geprägte) Lebensführung, in der die Liebe das höchste Ideal sei. Der Satz besage also eigentlich: Die Liebe ist Gott, d. h. sie ist der höchste und letztverbindliche Maßstab dieses (bzw. meines) Lebens[38]. Diese Autoren erklären also das kognitivistische Verständnis der Gott-Rede als ein Mißverständnis der Glaubenden und diagnostizieren es als Ausdruck der Entscheidung zur einer bestimmten Ethik. Vertreter sind Richard B. Braithwaite, Paul M. van Buren, Don Cupitt, Richard M. Hare, und Dewi Z. Phillips[39].

---

37   W. KASPER (Anm. 7), 119.
38   Der bei G. KRAUS (Anm. 5), 194, zitierte „geflügelte Satz" feministischer Theologie: „Wenn Gott männlich ist, ist das Männliche Gott" interpretiert eine bestimmte religiöse Rede in dieser nonkognitivistischen Weise.
39   Vgl. SPRACHLOGIK DES GLAUBENS. Texte analytischer Religionsphilosophie und Theologie zur religiösen Sprache, hrsg., aus dem Engl. übers. und mit einer Einf. vers. v. I. U. Dalferth, München 1974 (mit Texten von

Richard B. Braithwaite beteuert, daß der zentrale Sinn religiöser Aussagen in der impliziten oder expliziten Proklamierung einer ethischen Intention liege. Damit wolle ein Mensch ausdrücken, daß er sich in einer bestimmten Weise verhalten bzw. andere (wenigstens implizit) zu einem bestimmten Verhalten veranlassen wolle. Das werde in der religiösen Rede mit bestimmten stimulierenden „Geschichten" verbunden. Die Frage nach der Faktizität dieser „Geschichten" verfehle - wie die ähnliche Frage nach der Faktizität von Märchen und Gleichnissen - völlig die Aussageabsicht dieser Erzählungen.

Für Dewi Z. Phillips existiert Gott wirklich - aber nur im Kontext eines religiösen Sprachspiels, so wie ein Schachkönig wirklich existiert als Element des Schachspiels. Im Rahmen dieses Lebensentwurfes mache der Mensch tatsächlich bestimmte Erfahrungen Gottes, so lange er diesen Lebensentwurf nicht verlasse.

Bekannt geworden ist der „blik" von Richard M. Hare. „Blik" ist ein Kunstwort. Hare sagt, es gebe gleichsam existentiell relevante Einstellungen in der Sicht der Wirklichkeit, die durch keine nur denkbare Erfahrung falsifizierbar seien. Er nennt eine solche Einstellung den „blik". Als Beispiel führt er an: Ein (irrer) Student hat sich eingeredet, daß alle Professoren ihm nach dem Leben trachten. Diese paranoide Überzeugung läßt sich durch kein einziges Faktum widerlegen. Ist ein einzelner Professor auch noch so freundlich, der Student wird es als abgefeimte Verschlagenheit deuten. Ein anderes Beispiel ist die Überzeugung, daß alles, was in der Welt geschieht, rein zufällig geschieht. Solche Überzeugungen lassen sich mit jedem erdenklichen Faktum vereinbaren und sind deswegen nicht widerlegbar. Der Glaube an Gott sei ein solcher „blik" auf die Welt.

Braithwaite, Hare, Phillips - aber auch von Flew, Hick, Mitchell, Wisdom u.a.). Ausführlicher: P. M. VAN BUREN, Reden von Gott in der Sprache der Welt, Zürich 1965; D. CUPITT, Taking Leave of God, London 1980; D. Z. PHILLIPS, Religion Without Explanation, Oxford 1976; DERS., Faith after Foundationalism, London 1988.

2. Religiöse Rede läßt sich an bestimmten Erfahrungen verifizieren.

Hier sind vor allem zu nennen John Hick und Basil Mitchell. Auch Ian I. Ramsey und Richard Swinburne vertreten diese Position. Hick[40] beteuert, daß Aussagen wie „Gott existiert" zwar in dieser Welt nicht bewiesen werden können (wegen der grundsätzlichen Transzendenz Gottes), daß sie aber deswegen nicht sinnlos oder inhaltsleer sind. Sie werden durch wirkliche Erfahrungen beweisbar (oder widerlegbar), nämlich durch die „eschatologische Verifikation", d.h. durch den Nachweis, daß die Welt (oder das Geschick des einzelnen Menschen) tatsächlich am Ende der Geschichte (bzw. nach dem Tod des einzelnen) - wie es die Religion behauptet - in das Reich Gottes führt (oder nicht). Er erzählt dazu die Geschichte von den beiden Wanderern, die auf einem Weg gehen, der beiden unbekannt ist. Der eine erklärt, am Ende des Weges gebe es eine himmlische Stadt, der andere bestreitet dies. Sie machen unterwegs die gleichen Erfahrungen, die aber jeder unterschiedlich deutet. Hinter der letzten Straßenbiegung wird sich herausstellen, wer recht hatte.

Mitchell argumentiert mit einer etwas blutrünstigen Parabel. In einem besetzten Land trifft ein Mensch, der Mitglied einer Widerstandsbewegung ist, auf einen Fremden, der behauptet, er sei der geheime Anführer des Widerstandes. Der Mensch macht sehr ambivalente Erfahrungen mit diesem Mann. Mal setzt dieser sein Leben ein, indem er gefährdeten Partisanen hilft, mal liefert er wieder bestimmte Partisanen an die Besatzer aus. Trotzdem bittet der Mann, der Mensch möge ihm vertrauen. Er habe gute Gründe für sein zwiespältiges Verhalten. Im Augenblick ist der Mensch noch der Überzeugung, der Mann sage die Wahrheit. Es gibt aber mindestens die Möglichkeit, daß der Mensch tatsächlich einmal eine Erfahrung macht, in der das Vertrauen aufhört, noch vernünftig zu sein. In anderen Worten: Mitchell meint, religiöse Rede sei deshalb nicht unvernünftig, weil es tatsächlich irgendwann einmal eine Situation geben werde, in der sich herausstellt, ob Gott tatsächlich existiert, sodaß die Gott-Rede verifiziert oder auch falsifiziert werden könnte.

---

40   J. HICK, Faith and Knowledge, Nachdruck der 2. Aufl. London 1988; DERS., Eschatological Verification Reconsidered, in: ders., Problems of Religious Pluralism, London 1988, 110-128.

Ian I. Ramsey[41] vertritt die Theorie, die religiöse Rede gründe in den sogenannten „disclosure situations" (Erschließungssituationen). Das seien Situationen, in denen einem Menschen gewissermaßen „ein Licht aufgeht",
wo plötzlich „der Groschen fällt", wo ein Mensch - blitzlichtartig - die Welt
in einem tieferen (religiösen) Sinn versteht.

Richard Swinburne[42] meint, daß religiöse Rede nur dann sinnvoll sei, wenn
wenigstens einige der in ihr verwendeten Wörter in unserer Erfahrung ver-
ankert seien („Vater"?). Diese Worte würden dann in ungewöhnlichen oder
übersteigerten Zusammenhängen verwendet werden, ohne ihren eigentlichen Sinn zu verlieren. Anders lasse sich von Gott nicht reden. Aber das
genüge durchaus für die Mitteilung und Verstehbarkeit[43].

3. Analoge Rede

Die Überzeugung, daß Gott in seinem Wesen eigentlich gar nicht beschrieben werden könne, sodaß von ihm nur gesagt werden könne, was er nicht
ist, nennt man „Negative Theologie"[44]. Alle großen Theologen des Christentums und auch das Lehramt (4. Konzil im Lateran 1215)[45] haben dies
unterstrichen. Der klassische Weg, dennoch von Gott zu reden, war (und

---

41   I. I. RAMSEY, Religious Language. An Empirical Placing of Theological
      Phrases, London [2]1969. Ähnlich: W. A. DE PATER, Theologische Sprach-
      logik. München 1971.

42   R. SWINBURNE, The Coherence of Theism, Oxford [3]1989, 11-93; ähnlich:
      J. L. MACKIE, Das Wunder des Theismus, Stuttgart 1985.

43   Nach P. SCHMIDT-LEUKEL (Anm. 36), 61, wehrt sich Swinburne gegen
      eine ausufernde analoge Rede von Gott, da hier Worte in einem „neuen"
      (?) Sinn eingeführt werden. Andererseits ist aber Swinburnes Rekonstruk-
      tion der sinnvollen Gott-Rede im Grunde die Beschreibung analoger Rede.

44   Zur Geschichte: J. HOCHSTAFFL, Negative Theologie. Ein Versuch zur
      Vermittlung des patristischen Begriffs, München 1976. Vgl. auch DERS.,
      Art. Negative Theologie, in: LThK[3] 7, 723-725 (mit Lit.).

45   DH 806: „Denn zwischen dem Schöpfer und dem Geschöpf kann keine so
      große Ähnlichkeit ausgesagt werden, daß zwischen ihnen keine noch grö-
      ßere Unähnlichkeit festzustellen wäre"; ein Kurzhinweis zur Geschichte
      der Negativen Theologie (mit Lit.): W. KASPER (Anm. 7), 126f. Ein klas-
      sischer theologischer Text: THOMAS VON AQUIN, Summe gegen die Hei-
      den (Summa contra Gentiles) (Texte zur Forschung 15), hrsg. v. K. Albert
      und R. Engelhard, Bd. I, Buch I, Darmstadt 1974, 127-129 (= 30. Kapitel:
      Die von Gott aussagbaren Namen).

ist) deshalb die Analogie[46]. Sie enthält drei Schritte (bzw. „viae"), die Affirmation („via affirmationis"): „Gott ist ein Hirte, ein Fels, ein Vater usw.", die Negation („via negationis"): „Aber er ist nicht so ein Hirte, Fels, Vater usw., wie wir es aus unserem Alltag wissen", und die Überbietung („via eminentiae"): „Er ist ein so großer Hirte, Fels, Vater usw., daß alles Hirte-, Fels-, Vatersein in dieser Welt nur einen schwachen Abklatsch von Gottes Hirte-, Fels- Vatersein darstellt."

4. Gott als das wesenhafte Geheimnis

In der zeitgenössischen katholischen Theologie hat (der späte) Karl Rahner einen bemerkenswerten Vorschlag gemacht[47]. Er beschreibt Gott als „heiliges Geheimnis". Das heißt für Rahner nicht, daß vieles an Gott jetzt noch rätselhaft und geheimnisvoll ist, das aber prinzipiell enträtselt werden kann. Gottes Geheimnishaftigkeit gehört zu seinem Wesen. Gott ist also nur dann vom Menschen richtig erkannt, wenn der Mensch ihn als das absolute und unüberwindliche Geheimnis seines Lebens erkennt und anerkennt. Gott kann nie in der Weise eines Seienden - und sei es des höchsten Seienden - neben anderen Seienden begriffen werden. Der unendliche Horizont, der alles umfaßt, kann nicht selber wieder umfangen werden[48]. Der Mensch kann dieses Geheimnis ignorieren oder er kann es als die grundsätzliche Absurdität des Daseins schlicht annehmen *oder* er kann sich ihm - in einem Wagnis des Glaubens - vorbehaltlos anvertrauen. Es ist ein Wagnis. Aber genau darin besteht der Glaubensakt. Alle religiöse Rede muß sich auf diese existentielle Grunderfahrung beziehen - und darf nicht den Eindruck erwekken, als ob sie quasi Gott unmittelbar beschreibe. Aber religiöse Rede ist für Rahner auch keine Rede über bloße Befindlichkeiten im Menschen (im Sinne der Nonkognitivisten), da sie in diesem Vertrauen und in der Hingabe an dieses große Geheimnis besteht.

---

[46]   Auch W. KASPER (Anm. 7), 124-131, verficht sie. Er nennt sie *„die Sprachlehre des Glaubens"*. P. SCHMIDT-LEUKEL (Anm. 36), 63f, sieht sie kritisch.

[47]   K. RAHNER, Was ist eine dogmatische Aussage?, in: SzTh 5 (²1964), 54-81; DERS., Grundkurs des Glaubens. Einführung in den Begriff des Christentums, Freiburg 1976, 54-96.

[48]   K. RAHNER, Grundkurs (Anm. 47), 72.

III. Resümee

Wie läßt sich christlich verantwortet heute von Gott reden? Der Durchblick durch die philosophisch-theologische Diskussion vor allem des 20. Jahrhunderts zeigt, daß Versuche, die religiöse Rede bzw. die Gott-Rede als Aussagen über Befindlichkeiten des Menschen zu verstehen, sich wohl nicht durchsetzen. Der Mehrheitskonsens scheint zu sein, daß die Gott-Rede auch eine Rede über Fakten sein will, die sich außerhalb des Menschen befinden bzw. ihn übersteigen. Das entspricht auch dem Selbstverständnis der Glaubenden, die mit „Gott" eine andere Person als sich selber verstehen. Allerdings ist diese Person „Gott" nicht ein Gegenstand dieser Welt. Sie ist deswegen in Metaphern, Gleichnissen, Analogien zu beschreiben. Das Besondere dieser Gleichnissprache ist, daß sie zwar ansetzt im natürlichen Erfahrungsbereich des Menschen (sonst wären die Aussagen inhaltsleer), aber diesen Erfahrungsbereich dann übersteigt. Das heißt: All diese Aussagen sind keine exakten und univoken Beschreibungen Gottes, sondern Hinweise auf ihn. Die Gleichnisrede ist aber eminent die Sprache Jesu. Jesus hat bestimmte Bilder von Gott verwendet, die wir alle kennen, die alle in unserer Erfahrung gründen und die eine hohe Symbolwirkung besitzen. So scheint mir das paradoxe Ergebnis dieser Überlegungen zu sein, daß eine christliche Gott-Rede heute am deutlichsten die Gott-Rede Jesu wiedergibt, wenn sie auch die alten Bilder, die Jesus verwendet hat (etwa im „Vater unser"), wieder benutzt. Allerdings - und das ist genau der Sinn von Gleichnissen und Analogien - darf man dann nicht meinen, man habe „Gott" damit univok und eindeutig beschrieben. Das Geheimnis bleibt in dieser Welt immer: *„Si comprehendis non est deus. "*[49]

---

[49] AUGUSTINUS, Sermo 117, 3, 5, in: PL 38, 663: „De Deo loquimur, quid mirum, si non comprehendis? Si enim comprehendis, non est Deus. Sit pia confessio ignorantiae magis, quam temeraria professio scientiae. Attingere aliquantum mente Deum; magna beatitudo est; comprehendere autem, omnino impossibile."

V.

PERSONALIA

Berger Christian

Geboren 1970 in Scheibbs, Niederösterreich; Nach Abschluß des Gymnasiums Scheibbs Diplomstudium der Physik an der Universität Wien, 1993 Mag. rer. nat.; technischer Angestellter in Wien. – Nebenberuflich journalistische Arbeiten u. a. bei der Tageszeitung „Die Presse", Jugendvertreter beim Delegiertentag des „Dialoges für Österreich" am 26. Oktober 1998; Mitorganisator des Jugendseminars „Intellektuell und katholisch" im Juli 1999 im Stift Heiligenkreuz.

Adresse: Theresianumgasse 12/2, A-1040 Wien

Gerl-Falkovitz Hanna-Barbara

Studium der Philosophie, Germanistik und Politischen Wissenschaften in München und Heidelberg. Promotion 1970 bei Ernesto Grassi, Habilitation 1979. Studienleiterin auf Burg Rothenfels/Main. Privatdozentin bzw. Lehrstuhlvertretung in München, Bayreuth, Tübingen, Eichstätt. Professur für Philosophie an der Pädagogischen Hochschule in Weingarten/Bodensee. Seit 1993 Professur für Religionsphilosophie und vergleichende Religionswissenschaft an der TU Dresden. Die Forschung und Lehre bezieht sich auf die Schwerpunkte: Annäherung an das gesamte Gebiet des Religiösen; Religionsphilosophie des 19. und 20. Jahrhunderts; Anthropologie der Geschlechter; theologische Grundlegung der Neuzeit; Phänomenologie. Insbesondere liegen Forschungen zu Romano Guardini, Edith Stein und zur philosophischen Frauenfrage vor.

Monographien: ● Rhetorik als Philosophie. Lorenzo Valla, München (Fink) 1974; ● Philosophie und Philologie. Leonardo Brunis Übertragung der Nikomachischen Ethik in ihren philosophischen Prämissen, München (Fink) 1981 (Habilitationsschrift); ● Romano Guardini (1885-1968). Leben und Werk, Mainz (Grünewald) 1985; [4]1995; ● Einführung in die Philosophie der Renaissance, Darmstadt (Wissenschaftliche Buchgesellschaft) 1989, [2]1995; ● Unerbittliches Licht. Edith Stein - Philosophie, Mystik, Leben, Mainz (Grünewald) 1991, [2]1998; ● Die bekannte Unbekannte. Frauen-Bilder aus der Kultur- und Geistesgeschichte, Mainz (Grünewald) 1988; [3]1993; ● Wider das Geistlose im Zeitgeist. 20 Essays zu Religion und Kultur, München (Pfeiffer), 1992, [2]1993; ● Nach dem Jahrhundert der Wölfe. Werte im Aufbruch, Zürich (Benziger) 1992, [3]1999; ● Die zweite Schöpfung der Welt. Sprache, Erkenntnis, Anthropologie in der Renaissance,

Mainz (Grünewald) 1994; • Freundinnen. Christliche Frauen aus zwei Jahrtausenden, München (Pfeiffer-Wewel) 1994, [2]1995; • Gerl-Falkovitz, Hanna-Barbara / Wuermeling, Hans-Bernhard, Augenblicke. Annäherungen an das Christentum, München (Wewel), 1996.

Adresse: Institut für Philosophie, TU Dresden, D-01062 Dresden; privat: Fichtstraße 5, D-91054 Erlangen

Gruber Marian Christof OCist

Geboren am 10. März 1961 in Neunkirchen / NÖ. Seit 1983 Zisterzienser in Heiligenkreuz, Studium an der Ordenshochschule in Heiligenkreuz, Priesterweihe am 14. 09. 1988. Doktorat in Theologie an der Universität Wien 1991 mit dem Dissertationsthema „Alethea des Sollens" (Bereich Ethik). Das seit 1988 begonnene Studium der Philosophie an der Grund- und Integrativwissenschaftlichen Fakultät Wien in der Fächerkombination Soziologie und Politologie, führt 1992 zur Graduierung als „Magister der Philosophie" (Thema: Personalität, Solidarität und Subsidiarität als Ausdruck einer ergänzenden Integration); 1997 Doktorat in Philosophie (Thema: Der deontische Raum). - Seit der Priesterweihe zahlreiche pastorale Einsatzbereiche: in Wiener Neustadt und Podersdorf als Kaplan, ab 1992 als Pfarrer von Gols und Mönchhof. Seit 1985 Beschäftigung mit Sprach- und Systemanalyse sowie mit Werteforschung. Geistlicher Assistent von VIVAT, einer Vereinigung, die sich um die Umsetzung systemanalytischer Ergebnisse bemüht; Vorstandsmitglied der Gesellschaft für Grundlagen- und Grenzforschung in Politik, Wirtschaft und Geistesleben. Ab 2000 Professor für Philosophie (Logik und Erkenntnislehre) an der Phil.-Theol. Hochschule Heiligenkreuz.

Veröffentlichungen: • Im Schatten des Wissens (Koh 7,12). Annäherung an die Wahrheit des Sollens, sprachanalytischer Versuch. Synthese des ganzheitlichen Denkens und seine Anwendung, (ITS: Band III), Wienerwald-Sittendorf 1998, 222 Seiten, ISBN 3-901327-02-9. - Beiträge: • Wahrheit des Tuns, in: H. W. Kaluza / H. F. Köck / H. Schambeck (Hrsg.), Glaube und Politik, Berlin 1991, 23-41, ISBN 3-428-07261-8; • Pax et iustitia osculatae sunt (Psalm), in: Wiener Blätter zur Friedensforschung 96 (September/3/1998) 54-59; • Theologie des Sollens, in: Sancta Crux 53. Jg./ Nr. 110 (1992) 32-45; • Das Prinzip „Maria", in: A. Heindl / H. Meister / J. Kaiser (Hrsg.), In Liebe zusammenhalten, (ITS: Band II), Wienerwald-

Sittendorf 1995, 195-197; • Wahrheit als hermeneutischer Schlüssel zu „Fides et Ratio" (in Vorbereitung).

Adresse: Pfarrhof, A-7123 Mönchhof

Hanses Johannes-Maria Roger OCist

Geboren 1964 in Attendorn / Westfalen, Deutschland, bis 1986 Ausbildung und Tätigkeit als Maschinenschlosser, 1986 1090 Studium zur Erlangung der allgemeinen Hochschulreife, 1990 Eintritt in die Zisterzienserabtei Heiligenkreuz, Studium der Philosophie und Theologie in Bochum und Heiligenkreuz mit dem Abschluß eines Magisters der Theologie. Priesterweihe 1997 im Priorat Bochum-Stiepel, Deutschland. Dort tätig als Kantor des Klosters und als Kaplan der Pfarrei St. Marien Bochum- Stiepel. Doktorand für Dogmatik in Bochum, ab September 2000 in Rom. Studienschwerpunkt: Grenzwissenschaft Theologie und Philosophie mit besonderem Akzent auf Lehre und Denken des heiligen Thomas von Aquin.

Adresse: Priorat Stiepel, Am Varenholt 9, D-44797 Bochum

Heim Maximilian Heinrich OCist

Geboren 1961 in Kronach (Bayern), Gymnasium in Kulmbach, ab 1981 Theologiestudium in Augsburg, ab 1982 in Heiligenkreuz, 1983 Eintritt in das Stift Heiligenkreuz, 1988 Magister theologiae und Priesterweihe, dann Kaplan in Wiener Neustadt. Im selben Jahr wurde er zusammen mit 3 weiteren Mitbrüdern zu einer Klosterneugründung ins Ruhrgebiet entsandt: P. Maximilian ist einer der Gründermönche von Stiepel. Dort war er Kaplan und Kantor; ferner verantwortlich für den Aufbau der Neugründung als geistliches Zentrums; Doktoratsstudium an der Bochumer Ruhruniversität.

1996 Rückberufung durch Abt Gerhard Hradil nach Heiligenkreuz für das Amt des Novizenmeisters und Kantors. Fortsetzung des Doktoratsstudium an der Universität Graz im Fachbereich Dogmatik und Fundamentaltheologie. Im März 1999 wurde er 37jährig von Abt Gregor Henckel-Donnersmarck zum Prior des Stiftes Heiligenkreuz bestellt. Als Novizenmeister u. a. verantwortlich für die Ausbildung des Ordensnachwuchses der wiederbelebten tschechischen Klöster Hohenfurth und Osek. Zahlreiche Exerzitienkurse und Vorträge im Rahmen der Priesterbildung.

Adresse: Stift Heiligenkreuz, A-2532 Heiligenkreuz 1

Klausnitzer Wolfgang

Geboren 1950, aufgewachsen in Nürnberg (Deutschland), Studium der Philosophie und Theologie in Innsbruck, Paris und Oxford, Priesterweihe 1976 in Bamberg, Doktorat der Theologie 1978 in Innsbruck, 1987 Habilitation für Fundamentaltheologie und Ökumenische Theologie an der Katholisch-Theologischen Fakultät Innsbruck, seit 1994 Inhaber des Lehrstuhls für Fundamentaltheologie und Theologie der Ökumene an der Katholisch-Theologischen Fakultät Bamberg, seit 1996 zusätzlich Ernennung zum Domkapitular der Erzdiözese Bamberg.

Wichtige Monographien: • Päpstliche Unfehlbarkeit bei Newman und Döllinger. Ein historisch-systematischer Vergleich, Innsbruck 1980; • Das Papstamt im Disput zwischen Lutheranern und Katholiken. Schwerpunkte von der Reformation bis zur Gegenwart, Innsbruck 1987; • Glaube und Wissen. Lehrbuch der Fundamentaltheologie für Studierende und Religionslehrer, Regensburg 1999; • Gott und Wirklichkeit. Lehrbuch der Fundamentaltheologie für Studierende und Religionslehrer, Regensburg 2000.

Adresse: An der Universität 2, D-96047 Bamberg; privat: Domstraße 7, D-96049 Bamberg

Koncsik Imre

Geboren 1969 in Miskolc (Ungarn); seit 1980 in Deutschland (Würzburg); Studium der Theologie, Philosophie und Betriebswirtschaftslehre in Würzburg, 1995 Promotion zum Dr. theol; Arbeit als Religionslehrer, Präfekt sowie im Diözesanarchiv und in der Erwachsenenbildung; seit 1996 Wissenschaftlicher Assistent an der Universität Bamberg; zur Zeit Habilitation an der Universität München bei Prof. Gerhard L. Müller und Prof. Neuner.

Monographien: • Die Gottesfrage aus anthropologischer Perspektive. Versuch einer Philosophie des Selbstseins, Marburg 1995; • Die Ursünde. Ein philosophischer Deutungsversuch, Marburg 1995 (Dissertationsarbeit an der Universität Würzburg bei Prof. Ganoczy); • Fundamentale Ansätze eines Dialogs zwischen Theologie und Naturwissenschaften, Marburg 1998; • Große Vereinheitlichung? Band 1: Trinitarische Fundierung; Band 2: Die interdisziplinäre Suche nach Grundmustern der Wirklichkeit, Hamburg 2000. • Erlösung durch Opfer?, erscheint demnächst beim Peter-Lang Verlag; • Jesus Christus als Mittler des Glaubens an den dreieinigen Gott. Eine ontologische Deutung in Auseinandersetzung mit aktuellen theologischen Positionen, aufgezeigt an der Kategorie der analogen Einheit der Wirklichkeit. (Habilitationsarbeit). Diverse Artikel zum interdisziplinären Dialog.

Adresse: An der Universität 2, D-96045 Bamberg; privat: Lobenhofferstraße 43, D-96049 Bamberg

Lackner Franz Anton OFM

Geboren 1956 in Feldbach (Steiermark), Erlernung eines technischen Berufes: 1979 Eintritt in das Spätberufenenseminar Canisiusheim Horn, Matura 1984, im gleichen Jahr Eintritt in den Franziskanerorden; Studium der Theologie in Wien mit Studienaufenthalt in Irland (Dublin); 1991 Priesterweihe und Fortsetzung der Studien der Philosophie in Rom (Antonianum), Abschluß der Studien mit dem Lizentiat 1994 und dem Doktorat 1997 durch Arbeiten über die Metaphysik des Johannes Duns Scotus bei Prof. José Antonio Merino. Dissertationsthema: Einheit und Unterschiedenheit (Veröffentlichung ist in Vorbereitung). Anschließend Vorlesungstätigkeit an der ordenseigenen Hochschule (Metaphysik und Fragen zur mittelalterlichen Philosophie); 1998 Forschungssemester in Bonn bei Prof. Honnefelder. Mitglied der Comissio Scotistica, welche die Herausgabe der kritischen Edition der Schriften von Johannes Duns Scotus besorgt. Seit 1999 Provinzial der Wiener Franziskanerprovinz.

Adresse: Franziskanerplatz 4, A-1010 Wien

Lobkowicz Nikolaus

Geboren 1931, 1958 Dr. phil., Universität Fribourg/Schweiz; 1960-1967 Associate Professor For Philosophy, University of Notre Dame, USA; 1967-1990 Ordinarius für Politische Theorie und Philosophie, Universität München (1971-1982 Rektor/Präsident), 1984-1996 Präsident der Katholischen Universität Eichstätt, seit 1984 Direktor des Zentralinstitutes für Mittel- und Osteuropastudien der Universität Eichstätt.

Veröffentlichung u. a.: • Theory and Practice, 1967; • Marxismus und Machtergreifung, 1978; • Wortmeldungen zu Kirche, Staat, Universität, 1981; • Was brachte uns das Konzil?, 1986; • Demokratizace univerzit a křesťanská kultura, (tschechisch), 1991; • Wendezeit, 1991; • Czas krysysu, czas przelomu, (polnisch) 1996; • Rationalität und Innerlichkeit,

1997; • Der polnische Katholizismus, 1998; • Duše Evropy, 2000 (tschechisch).

Adresse: Ostenstraße 26, D-85072 Eichstätt

Trojahn Dominicus Andreas OCist

Geboren 1958 in Gelsenkirchen, Deutschland, 1978 Eintritt in die Zisterzienserabtei Stift Heiligenkreuz, Studium an der Phil.-Theol. Hochschule Heiligenkreuz mit dem Abschluß eines Magister theologiae. Priesterweihe 1983; 1978 Studien der Jurisprudenz, Philosophie und Theologie in Freiburg, Bochum, Heiligenkreuz und Rom (Gregoriana). Lizenziat der Philosophie an der Gregoriana. 1995 Stiftsbibliothekar in Heiligenkreuz, 1999 Professor für Philosophie an der Ordenshochschule; seit 1993 vielfältige Arbeit in der Priesterausbildung. 1993-1994 Redaktion der Zeitschrift PASCAL, eines christlichen Literaturmagazins mit den Forschungsschwerpunkten Metaphysik (Thomas von Aquin), Neuzeitgenese, Religionsphilosophie und philosophische Theologie.

Adresse: Stift Heiligenkreuz, A-2532 Heiligenkreuz 1

Wallner Karl Josef OCist

Geboren 1963 in Wien; Studium ab 1981 an der Phil.-Theol. Hochschule Heiligenkreuz, 1982 Eintritt in das Zisterzienserkloster Heiligenkreuz, seit 1988 Priester mit verschiedenen seelsorglichen Aufgaben. 1992 Doctor theologiae sub auspiciis praesidentis an der Universität Wien mit dem Dissertationsthema über die Trinitätskonzeption Hans Urs von Balthasars in Abgrenzung von Hegel. Seit 1993 Professor für Dogmatik, seit 1997 auch für Sakramententheologie in Heiligenkreuz, seit 1999 Dekan. Pastorale Aufgaben: Von 1991 bis 1998 Pfarrer von Sulz im Wienerwald, von 1992 bis 1993 auch Pfarrer von Gaaden, von 1993 bis 1998 Dekanatsjugendseelsorger und Mitglied des Pastoralen Vikariatsrates der Erzdiözese Wien. Zahlreiche Exerzitienkurse, u. a. für Jugendliche. Seit 1999 Jugendseelsorger im Stift.

Wichtige Veröffentlichungen: • Gott als Eschaton. Trinitarische Dramatik als Voraussetzung göttlicher Universalität bei Hans Urs von Balthasar, Heiligenkreuz 1992 (ISBN 3-851-05006-1); • G. L. Müller / K. J. Wallner, Was bedeutet Maria uns Christen. Die Antwort des Konzils, Wien 1994; • Licht aus einer anderen Welt. Argumente für die christliche Offenbarung,

Wien 1997; ● Sühne – heute aktuell, Wien 1999; ● Ein trinitarisches Struk-
turprinzip in der Trilogie Hans Urs von Balthasars? in: Theologie und Philosophie 71 (1996) 532-546; ● „Geschmack finden an der Liebe Jesu." Die
Wurzeln der Herz-Jesu-Verehrung in der frühmittelalterlichen Bewegung
der Zisterzienser, in: Cistercienser Chronik 103 (1996) 263-276; ● Marien-
verehrung bei Luther?, in: Forum Katholische Theologie 13 (1997) 291-
303; ● Der Welt den Erlöser bringen. Marias bleibende Aufgabe in der
Theologie, in: F. Breid (Hrsg.), Maria in Lehre und Leben der Kirche, Steyr
1995, 203-228; ● „Auf's Ganze gehen". Bekenntnis zu Hans Urs von Balthasar, in: Sancta Crux 54 (Nr. 111: 1993) 28-42.

Adresse: Stift Heiligenkreuz, A-2532 Heiligenkreuz 1

Wehrmann Wolfgang

Geboren 1935 in Wien, 1953 Reifeprüfung am humanistischen Wasa-
Gymnasium; Studium der Nachrichtentechnik an der Universität Wien,
1961 Dip.-Ing. mit Auszeichnung, 1965 mit Auszeichnung zum Dr. techn.
promoviert, 1968 internationaler NTG-Preis, 1970 Leiter der Laborentwick-
lung, 1981 Leiter der Gesamtentwicklung, 1984 Gesamtprokura der Fa.
Norma. Seit 1970 als Universitätslektor, seit 1974 als Honorarprofessor der
Technischen Universität Wien tätig; Gastprofessor an den Universitäten
Breslau (Polen) und der Gesamthochschule Kassel (Deutschland), ebenso
an der Phil.-Theol. Hochschule Heiligenkreuz (Österreich); Dozent an der
Technischen Akademie Essligen und der Managementakademie der Universität Linz. 1989 Ernennung zum Hofrat und Leiter des Elektrotechni-
schen Institutes des Forschungszentrums Arsenal, 1992 Wissen-
schaftskommissär des Bundesministeriums für Landesverteidigung und lei-
tende Funktionen im Österreichischen Verband der Elektrotechnik, 1993
Leiter des Institutes für Weltraumprüftechnik, 1995 wissenschaftliche Leitung der Gesellschaft für Innovations-, Technologie- und Designforschung,
1998 Wahl zum Vizepräsidenten der IMEKO-Weltkonföderation. 6 Bücher,
über 60 Veröffentlichungen, ca. 250 Vorträge auf internationalen Tagun-
gen, 43 Patente und Anmeldungen im In- und Ausland auf dem Gebiet der
Meßtechnik, der Signalverarbeitung des Codierverfahrens.

Spezielle Forschungsbereiche: Stochastische Signal-, System- und Korrela-
tionstechnologie, Bildverarbeitung, Pattern-Recognition, Meß-, Prüf- und
Automatisierungstechnik, Signalcodierung, Real-Time-Analyse, Optimal-
modelle, Innovationstheorie, Theorie komplexer Wirklichkeiten.

Bücher: • Einführung in die stochastisch-ergodische Impulstechnik, R. Oldenbourg: Wien-München 1973 (ISBN 3-7029-0058-6); • / u. a., Korrelationstechnik – ein neuer Zweig der Betriebsmeßtechnik, Lexika-Verlag: Grafenau 1977 (ISBN 3-88146-104-6); • / u. a., Realtime-Analyse. Industrielle Signal- und Systemanalyse im Zeit- und Frequenzbereich, Expert-Verlag: Grafenau/Württ 1982 (ISBN 3-880508-726-X); • / u. a., Elektrische Leistungsmessung. Messung von Energie und Leistung, Expert-Verlag Grafenau/Württ. (BRD) 1985; • Innovation quantitativ. Bewertung, Optimierung und Strategie in Planung und Entwicklung industriell-innovativer Produkte, Metrica-Fachverlag: Wien 1994 (ISBN 3-900368-23-6); • Komplexe Wirklichkeiten Teil I. Aktuelle Probleme der katholischen Theologie aus der Sicht von Management und Technik (Heiligenkreuzer Studienreihe Band 8) Heiligenkreuzer Verlag 1994.

Adresse: Kahlenbergerstraße 82, A-1190 Wien

Heiligenkreuzer Studienreihe

Auslieferung:

Klosterladen
A-2532 Heiligenkreuz
Telefon 02258-8703-143; Fax: 02258-8703-114
Email: hochschule@stift-heiligenkreuz.at

Band 1:

Augustinus Kurt Fenz, Der Daniel-Memra des Simeon von Edessa. Die exegetische Bedeutung von BrM 712 Add 17172 Fol. 55b-64b, fototechnische Wiedergabe, Übersetzung und Erklärung seiner alttestamentlichen Grundlage (empfohlener Richtpreis S 380,-).

Band 2:

Höre, mein Sohn. Sammelband von Gastvorlesungen und Festakademien anläßlich der 1500. Wiederkehr des Geburtsjahres Benedikts und der 150-Jahr-Feier der Erklärung St. Bernhards zum Kirchenlehrer (empfohlener Richtpreis S 240,-).

Band 3:

Alberich Matthias Strommer, Anton Wohlfarth. 1801 bis 1836 Abt des Neuklosters in Wiener Neustadt, ein Repräsentant des Spätjosephinismus, ein Beitrag zur Geschichte des seit 1881 mit dem Stift Heiligenkreuz vereinigten Neuklosters (empfohlener Richtpreis S 140,-).

Band 4:

Folge mir nach – Jubilate Deo. Sammelband von Gastvorlesungen und Festakademien anläßlich der 850-Jahr-Feier des Stiftes Heiligenkreuz (empfohlener Richtpreis S 195,-)

Band 5:

Bernhard Johann Vosicky, In Liebe heilen. Die Begriffe "sacramentum" und "mysterium" in den Werken Bernhards von Clairvaux (empfohlener Richtpreis S 195,-).

Band 6:

Meinrad Josef Toman, Österreichische Zisterzienserkonstitutionen (1859-1984). Zeitdokumente einer Kongregation (empfohlener Richtpreis S 197,-)

Band 7:

Karl Josef Wallner, Gott als Eschaton. Trinitarische Dramatik als Voraussetzung göttlicher Universalität bei Hans Urs von Balthasar, Heiligenkreuz 199, ISBN 3-85105-006-1 (empfohlener Richtpreis S 240,-)

Band 8:

Wolfgang Wehrmann, Komplexe Wirklichkeiten - Band I. Aktuelle Probleme der katholischen Theologie aus der Sicht von Management und Technik (empfohlener Richtpreis S 300.-)

Band 9

Karl Josef Wallner (Hrsg.), Denken und Glauben. Perspektiven zu „Fides et Ratio", Heiligenkreuz 2000, ISBN 3-85105-121-1